제정신병자들

제정신병자들

문학동네 평론선

오은교 평론집

문학동네

책머리에

책의 제목에 대해

이 책의 가제는 '오염의 시간, 감염의 문학'이었다. '오염' '시간' '감염' '문학'이라는 네 개의 키워드는 여성주의 서사와 담론을 공부하고, 팬데믹과 광장의 시공간을 통과하며 내내 각별히 살폈던 어휘들이다. 섹슈얼리티, 권력, 근대성, 감정, 문학이라는 이 책의 여러 관심사를 아우를 수 있는 제목이었다. 그러나 책의 출간을 결단하지 못해 시간이 처참하게 흐르는 동안 그 단어들을 노려본 끝에 결과적으로는 조금 더 수사적인 '제정신병자들'이라는 제목이 낙점되었다. 제정신과 안 제정신이라는 무궁무진 속에서 예술이 새어나온다고 여겨졌고, 그것은 이 책에 실린 글들의 의견을 함축한다.

모두가 나름의 제정신을 차리기 위해 노력하며 살아간다. 하지만 제정신으로는 못 버티는 나날들이 반드시 온다. 정동적으로 온다. 그 파라노이아는 제정신이라는 상태가 임시적임을 깨닫게 하고 그 허구적 정상성과 항구성을 점검하게 만든다. 정신병자라는 말의 낙인을 염두에 두고 '제정신병자'라는 조어를 사용하다보니 수치심과 자부심이 동시에 들었다.

이때의 '정신'은 근대 철학적인 의미의 용례이며 '제정신'은 그것을 구현하는 제도적, 정서적 규율과 끌림 일체를 일컫는다. 그것은 차별이자 차이이며 아직 무언가가 아닐 수도 있지만 이미 무언가인 어떤 것이다. 시대와 형편에 따라 한 생명의 우연이자 개인의 운명이 되는, 지극히 가변적인 '제정신'은 어떤 대상이 아직 좋고 나쁠 수 있다는 예감의 윤리뿐만 아니라 영영 옳고 그를 수 있다는 판단의 도덕을 낳아 특정 행동과 감정을 강제하고 억압하며 동시에 다른 존재가 될 기회의 쾌락과 틈을 부산물처럼 생성한다. 그 잠깐을 조금 더 강렬하고 선명하게 현시하고 알아채는 일에 삶의 기예로서의 문학이 있다. 문학은 과연 제정신병자들의 놀이터다.

개인의 행위성을 과도하게 신뢰하지 않으면서도 비유와 의미화 과정을 통해 분명 다른 차원의 형식과 흐름을 열어가는 노동을 비평이라는 장르에서 발견했다. 개도, 애도, 남편도 없지만 한국 여자로 키워지며 갈 곳 없는 공격적 돌봄 욕구를 키워온 이십대의 내가 고등교육을 통해 비평이란 장르에 빠져든 건 우연이 아니다.

되고 싶지 않은 인간을 부러워해본 적 있는지. 남들과 경험을 나누지 못하면 시들어버리는, 그러나 그럴 만한 데도 딱히 많지 않은, 그래서 외로움과 스트레스를 허언과 강박으로 푸는, 그러다 가끔 자신만의 트립의 땅에 도달하는, 그럼에도 다시 정신을 차리려 오늘도 모닝커피를 때려넣은, 모든 제정신병자들에게 이 책을 바친다.

이 책에 실린 글에 대해

여기에 가려 정리한 글들은 2018년 문학동네신인상을 수상하며 처음 지면에 발표한 이후 청탁을 받아 쓴 것으로 2018~2024년 사이 주로 문예지에 실렸다. 책은 총 5부로 구성되어 있는데, 모두 이른바 2010년대 중후반 점화된 페미니즘 이론의 대중화 국면에서 맞닥뜨린 여러 논제들을 한국문학이라는 프리즘을 통해 살폈던 기록이다. 미투 운동, 한일 '위안부' 합의 파기 소송, '낙태죄' 폐지 운동, 차별금지법 제정 촉구 운동 등 2010년대 중후반에서 2020년대 초중반 우리 사회의 중요한 화두로 제시되었던 여성주의 운동의 쟁점들을 겪으며 썼다.

1부 '도전하는 섹슈얼리티'는 대규모 성범죄와 여성주의 정신의 확산 이후 친밀성의 경제에 대한 논의를 묶은 것이다. 성적 관계 자체가 공포이자 리스크 요소로 체험되는 가운데, 친밀성 세계의 근본적 재편이 다양한 성적 실천의 계기들을 생성해내는 순간들을 포착해내고자 했다. 동시에 그것이 신자유주의적 정치 경제 체제와 호응하며 억압된 여성의 성적 실천을 위축시키고 빈곤과 퀴어에 대한 혐오를 재생산할 수 있음을 논의하였다. 상식과 교양, 안전의 이름으로 유지되는 중산층 신화가 신보수주의적인 성의 규범성을 포함하고 있으며 이것이 새로운 억압의 기제가 될 수 있음을 비판적으로 탐구하려 했다.

2부 '로맨스 비틀기와 스릴러 재장전'은 후일담, 스릴러, 로맨스 등의 여성주의 서사의 주요 장르로서 동시대 현장에서 발표되는 작품들과 직접 호흡을 시도한 글들을 모았다. 이성애 로맨스를 비틀고, 꼬집고, 분해하며 전유하고, 젠더화된 앎과 무지의 차이에서 오는 권력 관계의 기울기를 보여주는 스릴러 장르 등의 약진을 포착하고자 했다. 그곳에서 새로운 문법이 발명되고 있다는 사실을 부정할 수 없었다. 2010년대 후반과 2020년대 초중반 한국문학의 불만과 길항, 그 문제의식들이 이정표가 되어 비판적인 참조점이 될 수 있길 바란다.

3부 '동아시아의 소녀들'은 성장소설을 중심으로 동시대 한국문학 속 젠더 테크놀로지를 보여주는 작품과 그 비평들을 모았다. 동아시아의 신극우주의를 견인한 배제와 혐오와 정치가 어떻게 소녀들의 몸에 새겨졌는지, 그것에 저항하고자 했던 동시대의 방법론은 무엇이었는지를 묻고 싶었다. 소녀들은 한때 식민주의 대상이었지만, 동시에 식민주의 주체가 되는 노동자로 성장한다. 성폭력 피해, 가정 학대, 그리고 숨막히는 소녀들의 우정 테스트를 통과했던 그들의 유년과 청년의 서사가 한국 사회 공동체에서 어떤 시민-되기를 요구하는지, 나아가 그것이 동아시아라는 큰 맥락 속에서 어떤 문화적 지층을 이루는지를 더불어 살펴보고자 했다.

4부 '독자의 광장과 감염의 독서'의 키워드는 독자와 광장이다. 독자와 광장 없이 단독적으로 설 수 있는 작품이란 없다. 독자를 소비자로, 광장을 민원 창구로만 여기지 않을 때, 그간 한국문학의 타자들이 담론의 중심에 서게 된 풍경을 배경으로 썼다. 그것은 독해와 창작, 생산과 유통 문화를 양방향에서 전면 바꾸어냈고, 그것들이 충돌하며 빚은 감염의 순간들은 작품에 뚜렷한 흔적을 남겼다. 그 성취들을 물화하지 않으면서도 앎의 해상도를 높여주었던 그 여실한 도전들을 기억하고 싶다.

마지막 부 '취약한 신체, 불구의 사랑'에서는 페미니즘이 여성들이 잘 먹고 잘사는 자기 계발이나 능력주의와 호환 가능한 단어가 아니라는 걸 말하고 싶었다. 불편한 몸과 아픈 정신으로 지지부진한 일상을 살아내는 것, 그마저도 안 되는 것, 어떤 기행이든 다른 것들을 해보는 것. 타인이 그것을 이해하려고 노력하는 장면들에 각별히 밑줄을 친 까닭은, 혁명의 시간을 통과하며 느낀 난해한 불안을 이해하고 싶었기 때문이다. 임시적인 나만의 문학관을 마지막 글에 담았다.

목차의 첫 글부터 마지막 글까지 흘러온 방향을 보면, 이 책은 파라노이아에서 시작하여 파라노이아 너머를 상상하는 것으로 끝난다. 내게 혹은 내 세대의 여성주의가 파라노이아적인 앎의 체계였다는 것을 겸허히 인정하며, 그것을 극복해내고 싶었다. 모색은 진행중이다.

책 출간에 도움을 주신 문학동네 편집부, 서울문화재단, 그리고 추천사를 써준 강지희 평론가에게 감사의 인사를 드린다. 그가 언어로 문화재 한 채를 뚝딱 지어내는 일을, 수년째 가까이에서 지켜보고 있지만 아직도 그 미스터리를 풀지 못했다. 언니, 고마워.

그리고 어느 날

몇 년 전에 있었던 일이다. 버스 정류장 벤치에 앉은 여자가 전화 통화를 하더니 흐느껴 울기 시작했다. 조금의 시간 간격을 둔 후 나는 자리에서 일어났다. 옆에 누가 있으면 울기 불편할 것이라고 짐작했기 때문이다. 그런데 버스에 올라타 요금을 치르고 돌아서니 어느새 먼저 탑승해 있던 그 여자가 옆자리 승객 품에 안겨 더욱 구슬프게 울고 있었다. 버스에 탄 모든 이가 별안간 그 눈물바람을 듣게 되었다. 노이즈 캔슬링 기기를 낀 사람도, 외국인 여행자도 예외일 수 없었다. 그가 타고 있는 내내 이어졌던 울음과 신세한탄, 그리고 격앙된 그의 감정을 달래며 그래, 그렇구나 하던 옆자리 승객의 하모니를 덜컹이는 버스에 앉아 모두가 함께 겪었다.

나는 종종 그날로 되돌아간다. 무작위로 감정이 드러나는 상황은 피하는 것이 예의라고 생각했던 나에게로, 엉망으로 울고 있는 사람을 품에 안아 달래주며 쉬쉬 소리를 내던 또다른 여자에게로, 공공장소에서 크게 울기로 작정하고 그것을 끝까지 해내는 사람에게로, 상관없이 제 할일을 하는 버스 기사에게로, 느닷없이 남의 통곡과 위로의 곡조를 들으며 각자의 갈 곳으로 실려갔던 모든 승객들에게로, 그 버스 안에 조곤히 피어오르던, 호기심과 피로가 뒤섞인 관심의 공기에로 말이다.

오랫동안 회상 속 그날의 버스 안에는 세 명의 여자만 있었다. 그래서 나는 그중 내가 가장 후진 행동을 했다는 분노와 실망에 교착되어 있었다. 시간이 흐르며 여러 도움을 받아 기억 속 그날이 더 큰 폭의 풍속화처럼 넓어져 훨씬 많은 사람이 보이게 되었고, 누구나 어느 하루, 개중 누구도 될 수 있으며 된다는 걸 고통스럽게 이해했을 때, 이 책을 마무리짓게 되었다.

자비로운 편집자의 허락을 받아 마지막 교정지에서 발견한 오자 하나를 그대로 두었다. 그것을 고치면 반드시 다른 더 큰 잘못을 찾아낼 것이기 때문이다. 불안함과 통제욕, 흡족지 않은 해방감 속에서 여기에 있는 글들을 썼다. 모쪼록 재미있게 읽어주시길 바란다.

2025년 겨울, 서울시 난곡에서

오은교

차례

3부 동아시아의 소녀들

4부 독자의 광장과 감염의 독서

5부 취약한 신체, 불구의 사랑

1부

도전하는 섹슈얼리티

오염과 친밀성의 경계에서
—이성애 공포와 여성 섹슈얼리티 재현의 임계점들

1. 들어가며: 여성 테러리스트의 범죄 에로티시즘

1992년 출간된 양귀자의 소설 『나는 소망한다 내게 금지된 것을』[1)]은 독특한 범죄 에로티시즘을 보여준다. 아버지에게 매맞던 어머니와 집을 나온 뒤 음지의 금융업으로 막대한 규모의 부를 쌓은 스물일곱 살의 대학원생 '강민주'는 남성에 대한 분노로 피가 끓는 여자다. 남성에 대한 "응징의 대리인"(75쪽)을 자처하는 그는 곧 당대 최고의 미남 스타이자 애처가이며 다정한 아버지로 유명한 배우 '백승하'를 납치, 감금하는 것으로 인류사적 복수를 감행한다. 강민주가 이 복수를 실현하기 위해 선택한 인물이 폭력적이거나 거친 남성미를 뽐내는 남자가 아니라 가정적이고 겸손한 "부드러운 남자"(49쪽) 백승하인 까닭은, 그런 '좋은 남자'야말로 뭇 여성들에게 허튼 판타

1) 양귀자, 『나는 소망한다 내게 금지된 것을』, 살림, 1992. 이하 인용시 본문에 쪽수만 밝힌다.

지를 선사하는 인물이기 때문이다. "여자들을 교란시킨 죄, 여자들로 하여금 남자에 대한 미련을 못 버리게 한 죄, 자신이 택한 남자가 나빴던 것은 자신의 숙명이라고 여기며 여자들을 운명주의로 빠뜨린 죄"(51~52쪽)가 바로 그의 죄다. 강민주는 자신에게 절대적으로 복종하는 남성 집사 '황남기'의 도움으로 백승하를 납치, 감금한 후 채찍과 당근을 번갈아 쓰며 그를 길들인다.

양귀자를 스타성 있는 대중작가로 만든 이 소설에 대한 당대 평론가들의 반응은 썩 좋지 않았다. 이 소설은 87년 항쟁과 노동자 대투쟁, 전교조 운동 등 당대의 사회적 의제를 다루는 동시에 재개발로 밀려나는 도시 변두리 서민들의 삶의 애환을 연민적 필치로 그려냈던 작가가 행한 일종의 '배신'과 '전향'으로까지 여겨졌었던 모양이다. 이 작품을 1990년대적 탈이념성과 연관시켜 해석한 이는 이 소설이 "엄정한 리얼리즘적 정신의 유보"(98쪽)를 보여주며 변증법적 주체 대신 초월자적 형상을 내세움으로써 "현실에 대한 부정 의지나 극복 의지를 스스로 거두어들"(99쪽)인다면서 '통속문학'으로 진단한다.[2)]

한편 적극적인 여성주의 비평을 실천했던 페미니스트 평론가들도 이 소설을 좋게 보지 않기는 마찬가지였다. '올바른 여성문학의 정립을 위하여'라는 『여성과사회』 기획연재를 통해 이 소설을 평한 필

---

2) 류보선, 「불임(不姙)의 사랑, 모성의 공포」, 『경이로운 차이들』, 문학동네, 2002; "더이상 저 가슴 벅찬 '리얼리즘의 승리'를 믿을 수 없"(1393쪽)게 된 90년대 이후 양귀자 문학의 새로운 국면을 서술하며 '상품적 가치가 큰 작품'과 '정제된 미적 형식을 가진 작품'으로 그의 작품을 양분하는 필자 또한 "이념의 포기나 이념의 대체가 문학적 감동을 보증하는 것"(1406쪽)이 아니라는 말로 전자에 속한 이 소설의 가치를 짐짓 돌려 깎았다. 이광호, 「리얼리즘이 있던 자리—현길언·양귀자의 소설」, 『문학과사회』 1993년 겨울호.

진들은 이 소설이 우화적인 역담론을 취하고 있으니 경직된 리얼리즘의 잣대로 재단할 일은 아니라고 말하면서도, 결국 강민주가 모성과 사랑에 이끌리면서 "전반부와 후반부의 논리적 파탄"이 발생하고 "지배자와 지배받는 자의 구별이 모호해지면서 (……) 패배하게 되고 마는 것"(122쪽)이라며 작가의 "여성문제 인식의 얕음"(125쪽)을 지적한다.[3] 또한 양귀자의 방향 틀기가 "남성의 근육질에 의존"하고 있으며 소설의 결말이 "여러 모순들의 완벽한 결정체"(169쪽)라고 지적하며 던지는 다음과 같은 의문도 앞선 비평과 그 궤를 같이한다. "이 소설은 페미니즘을 가장한 반페미니즘 소설인가? (……) 독자는 왜 이토록 모순에 가득한 이 소설에 열광했던 것일까?"(같은 쪽)[4] 전통적인 리얼리즘 미학으로는 물론이거니와 페미니즘의 관점으로 보았을 때도 부족한 이 소설은 1990년대 '탈이념의 상업주의'와 '통속' 프레임을 통해 비평장 내에서 계륵처럼 취급되었는데, 동시에 이 작품이 수년간 베스트셀러였으며 역대급 영화 판권 경쟁[5]을 일으켰다는 사실은 독자성을 고민하는 오늘날의 관점에서 새로운 해석을 요구하는 면이 있다.

소설 속 강민주가 남자만큼 싫어하는 것은 바로 그 남자들과의 출구 없는 결혼생활을 이어가는 여자들이다. 여성 폭력을 상담하는 시

---

3) 김양선·김은하, 「양귀자의 『나는 소망한다 내게 금지된 것을』에 이르는 길」, 『여성과사회』 4호, 1993.

4) 박혜경, 「폐허 속에서 일구는 희망의 연대—양귀자의 작품세계」, 『문학의 신비와 우울』, 문학동네, 2002.

5) 「양귀자 소설 영화 판권 경쟁 과열 "장사 되겠다" 30여 감독 사투 벌여」, 경향신문, 1992. 9. 30.

민단체 상근자로 일하며 기혼 여성들의 불행을 수집하는 강민주는 남자에 대한 분노만큼 여자에 대한 경멸 또한 차곡차곡 쌓아간다. 강민주가 원하는 것은 점진적 구조 개선이 아니라 바로 남성에 대한 테러리즘 그 자체다. 남성과 사랑에 빠지는 여성을 적극적으로 비난했던 이 소설의 연재처는 그런데 독특하게도 『리빙센스』라는 잡지다. 1990년 창간한 『리빙센스』는 당시 비약적인 확장, 세분화 경향을 보였던 여성지 시장에서 인테리어, 패션, 요리를 중심으로 중산층 정상가족의 스위트 홈 신화를 꿈꾸는 신세대 여성들을 겨냥한 잡지였다.[6] 그렇다면 양귀자는 주인공 강민주가 가장 끔찍해하는 바로 그 대상을 향해 이 소설을 쓴 것이고, 강민주가 가장 경멸했던 여성이야말로 강민주를 탐독했던 독자였던 것이다. 이 부조화가 말해주는 것은 무엇인가.

현재의 관점에서 보자면 이 소설의 주인공 강민주는 여성향 서브컬처 서사에서 흔히 볼 수 있는 인물이다. 재력과 학력과 체력을 두루 겸비한 강남의 아파트 거주민인 이 여성은 고급 세단을 타고 조지 윈스턴의 피아노 연주를 들으며 올림픽대로를 달릴 때 가장 큰 쾌락을 느끼고, 돈으로 불우한 남성을 노예화하고, 힘으로 순진한 남자를 사육하는 전형적인 '광공' 유형의 인물이다. 여성의 폭력 판타지를 보여주는 이 범죄소설은 일종의 BDSM을 실험하는 듯도 보이는데, 가령 거구의 충직한 남성 황남기가 강민주에게 바치는 절대적 '맹종'과

6) 「특정층 겨냥 전문 여성지 쏟아진다」, 한겨레, 1990. 9. 13. 당대의 여성지 시장의 경향을 두루 설명한 이 기사에서 『리빙센스』는 『행복이 가득한 집』 『홈 인테리어』와 더불어 "비교적 생활에 여유가 있는 중산층 주부를 대상으로 센스 있게 집안을 꾸미는 요령, 가구 배치법, 조명, 커튼, 화초 가꾸기 등"을 소개하는 잡지로 설명되어 있다.

'굴복'의 행태, 청정하고 유순한 기운이 흐르는 다정한 남성 백승하를 '결박'하여 '사육'하는 강민주의 행각 등은 실현이 불가능하므로 금지된 것에 대한 여성의 소망이 범죄 미학의 문법을 거쳐 취향별로 나열된 듯한 인상을 준다.

강민주는 심신이 쇠약해진 백승하를 안아 달래주다가도 돌연 그의 안면을 가격하며 자신의 통제력을 과시하지만, 그를 지배하며 그에게 점차 성적 끌림을 느끼는 자신의 감정을 부인하지 않는다. "이 남자는 어디서 이토록이나 아름다운 웃음을 배웠을까. 내 손은 그의 얼굴을 만지고 싶어 자꾸 움찔거리고 내 이성은 움찔거리는 손을 자제시키느라 안간힘을 쓴다. 내가 만약 이 남자를 침대에 쓰러뜨린다면, 그런 일이 생긴다면 모두가 저 찬란한 웃음 때문이리라."(237쪽)

특히나 강민주와 백승하가 밀실에서 연습하는 연극 장면을 통과하며 강민주의 성적 판타지는 증폭되고 소설은 점차 야릇해져간다. 백승하가 살인자 선생 역을 맡고 강민주가 희생자 학생 역을 맡아 진행되는 이 연극은 둘 사이의 표면적인 권력관계를 뒤집으며 진행됨으로써 사도마조히즘 플레이의 연극성을 잘 보여준다. "연습에 임하는 동안만은 그가 나의 지휘자다. 나는 기꺼이 그의 통제하에 있다."(247쪽) "무대에서 다른 삶을 살아보는 일도 나쁘지 않다. 내가 나를 떠나 다른 나가 되는 일이 이처럼 신선할 줄이야."(303쪽) 그러나 강민주의 관심을 독차지한 백승하에게 질투심을 느낀 황남기가 이 공연에 끼어들어 강민주를 살해한다. 강민주의 죽음은 분명 여성 테러리스트가 도달할 수 있는 예정된 파멸이지만, 어떤 면에선 성적 판타지의 극단적 실현이기도 하다.

현실과 반대되는 힘의 논리로 진행되는 납치극, 그리고 그 안에서 공수가 한번 더 반전된 연극이 하나의 현실세계로 일치되어 이야기가 종결되는 순간, 강민주의 복잡한 욕망은 결정화되며 '동결'된 채로 남는다. 자신을 독차지하지 못한 하층계급 남성의 우발적 폭력, 무력한 상층계급 남성의 당혹과 절규, 순백의 실크 옷을 물들이는 낭자한 피, 그 모든 걸 지켜보는 강민주의 꺼져가는 의식, 그리고 죽음. 강민주가 남긴 노트 속에는 다음과 같은 말이 쓰여 있다. "여기 황홀한 비극이 있다. (……) 희극에는 결코 황홀함이 없다. (……) 그러나 비극에는 오르가슴이 있다. (……) 다른 모든 것은 다 절대자가 관장한다 하더라도, 그 감정만은 우리가 소유한다."(193~194쪽) 강민주의 죽음은 여성 판타지의 좌절일까, 혹은 판타지의 실현일까. 『나는 소망한다 내게 금지된 것을』은 남성과의 낭만적 사랑과 헌신의 희비극을 원하는 독자도, 반대로 남성을 향한 더이상의 지체 없는 테러를 감행하고 싶은 독자도 모두 일정 정도 쾌락을 얻을 수 있는 독특한 소설이다.[7)]

---

7) 할리퀸 로맨스의 폭발적인 성공 이후 여성의 로맨스 소설 독서 문화를 폭넓게 연구한 제니스 래드웨이는 낸시 초더로의 정신분석학적 모성 연구를 경유하여 로맨스 소설을 가부장제의 폭력과 피로를 보상하고 대리만족시켜주는 '보상문학(compensatory fiction)'으로 명명한다. Janice A. Radway, *Reading the Romance: Women, Patriarchy, and Popular Literature*, University of North Carolina Press, 1984. 타니아 모들스키는 여성 독자들이 대량 생산된 환상으로 현실의 불합리를 대리 보충하며 결과적으로 가부장제를 수동적으로 승인한다는 래드웨이의 지적은 여성들의 독서가 가질 수 있는 정치력을 무화하는 엘리트주의 해석이라고 반박한다. 래드웨이의 연구를 중심으로 한 영미권 여성 독서 연구 논쟁은 다음을 참고. 이정옥, 「로맨스, 여성, 가부장제의 함수관계에 대한 독자반응비평—제니스 A. 래드웨이의 『로맨스 읽기: 여성, 가부장제와 대중문학』을 중심으로」, 『대중서사연구』 51호, 2019, 349~383쪽. 모들스키에 따르면 여성 독자의 통속 로맨스 향유에는 권력을 가지고 남성을 조종하고자 하는 욕망이 있다. 그는 이를 '복수하며 사랑하기(loving

강민주의 욕망은 어느 면에서 봐도 정치적으로 올바르다고 보기 어렵다. 민주적 토론이 있어야 할 자리에 전횡적 폭력이 있고, 상호적 사랑이 있어야 할 자리에 독점적 지배가 있다. 남자를 죽이고 싶어하다가 남자에게 빠져 죽임을 당한다. 리얼리즘 미학을 배반한 통속소설이고, 여성주의의 가치를 저버린 반페미니즘 소설이라는 비판을 받은 이 소설에 그러나 당대의 여성 독자들은 열광적 지지를 보냈다. 그렇다면 이 열광을 중산층 스위트 홈 신화가 득세하고 페미니즘 인식론이 부상하는 상황 속에서 여성 독자가 여성의 섹슈얼리티를 복잡하게 보충하고 외삽하며 동시대의 사회적 각본들에 저항한 흔적으로 볼 순 없는 것일까. '통속'이란 이름으로 폄하되었던 이 독서에 특권화된 쾌락의 질서를 교란하고자 했던 여성의 보편적 행위성이 있다.

2. 지금 한국문학장에서 여성 섹슈얼리티를 상상하는 일

한국문학에서 여성의 섹슈얼리티를 재현하는 일이 난제가 아닌 적이 없었지만, 매일같이 여성에 대한 구조적인 혐오 범죄가 보고되는

---

with a vengeance)'라는 개념으로 논증한 바 있다. Tania Modleski, *Loving with a Vengeance: Mass Produced Fantasies for Women*, New York: Routledge, 2008. 피의 복수와 낭만적 사랑이 동시에 이루어지는 양귀자의 이 소설은 이 양극의 입장을 모두 포함하고 있는 것으로도 볼 수 있을 것이다. 소설 속 강민주와 백승하가 펼치는 '연극'이라는 무대장치가 이 양극을 매개한다. 강민주는 남성을 응징하며 한정된 상황 내에서 남성과의 낭만적 사랑을 향유한다. 정다연은 서브컬처 내의 노골적인 고수위 장르에서도 "여성 작가와 독자가 여자 주인공의 성적 무지를 선호하는 경향"이 있으며 "로맨스 장르는 현존하는 가부장제 질서 안의 남녀 불평등 구소 속에서 여성성의 온전한 승리와 보상을 꿈꾸기 때문에" 여성 독자의 쾌락 충족을 위한 다양한 연극적 장치들이 추가된다고 분석한다. 정다연, 「신음 소리에 담긴 한국 여성의 욕망」, 『비주류 선언—서브컬처 본격 비평집』, 텍스트릿 엮음, 요다, 2019, 127쪽.

오늘날 그것은 더욱 복잡한 관계망 안에 놓이게 된 듯하다. SNS에서 일탈 계정을 운영한 여성 청소년들에게 접근, 협박하여 동영상을 촬영시키고 그것을 불법 유통한 대규모 성범죄, 여성의 신체를 맥락 없이 오려붙여 성애화하는 디프페이크 능욕 범죄, 성폭력 피해자의 평범한 일상이 그가 무고한 피해자가 아니라는 증거자료로 유통되는 이 기술 복제 시대에는 여성이 섹슈얼리티 판타지를 시험하기는커녕 조금이라도 성적 욕망을 드러내는 일 자체가 위험해진다. 최근 한국 문학장에서 나오는 성적인 묘사는 거의 대부분이 강간이거나 대책이 필요해 보이는 딱한 성애뿐이다.

남성과의 인간관계 자체가 현실적 공포로 체험되는 가운데 '스릴러'가 주요한 여성주의 서술 문법으로 부상하거나[8] 레즈비언십이 대안적 기표로 채택되는 것이[9] 근래 한국문학장의 경향이다. 실로 근래

8) 강지희는 2000년대의 칙릿 로맨스 소설 속 이성애 연애의 위장 각본에서 '소비된 신체'로서 여성이 감지했던 불안이 근래 여성 스릴러의 문법으로 진화되었다고 분석한다. "최근 한국의 많은 여성소설들은 성적 위협을 넘어 납치, 유기, 살인 등 기존 여성 서사에서 잘 다뤄지지 않던 음험한 범죄들을 다루며 심리 스릴러의 문법을 적극적으로 차용하는 중이다. (……) 인내심이 바닥난 가운데 비틀린 충동과 광기를 가학적으로 실현해버린 후, 그들은 더없이 태연하고 평온한 얼굴로 되돌아온다. 강렬한 파토스를 담고 있기보다 어딘가 무심하고 피로한 여성들의 표정은 우리에게 이상한 두려움을 안긴다. 어떤 전략도 연기도 발휘하지 않는 이 여성들의 맨얼굴에는 우리가 처음 보는 권력이 스며들어 있다."(「투명한 밤과 미친 여자들의 그림자」, 『문학동네』 2020년 봄호, 91~92쪽) 또한 격월간 문예지 『악스트』는 2019~2020년 '여성 서사, 고딕-스릴러'라는 기획을 통해 여성주의 문법으로 쓰인 스릴러 장르 소설들을 연재하고 이를 단행본(『사라지는 건 여자들뿐이거든요』, 은행나무, 2020)으로 묶어 출간했다.

9) 여성 동성애를 폭력적 이성애에 대한 합리적 대안으로 여긴다는 점은 재고를 요청하지만, 남성이 공포스러운 존재로 체험되는 현실의 상황에서 문학이 여성 섹슈얼리티 재현을 위축시키고 있다는 다음의 지적은 현재의 작품 생산 경향을 확인해주는 측면이 있다. "여성을 대상으로 한 성범죄(강간, 데이트 폭행, 데이트 살인, 이별 살인,

문학장에 연애소설이라는 순정 문학 장르는 거의 사라지다시피 했다. 여성에게 가장 폭넓게 허락된 자율성의 영역이 이성애 사랑이었다는 점에서 제도권 문학장에서의 연애소설 감소는 물론 일종의 진보의 징후지만, 페미니즘 실천이 사회적 가시성을 획득해가는 와중에 여성의 성애에 대해 발화하는 것 자체가 금기시되는 경향 또한 숙의를 거듭하게 만든다. '탈성애'가 페미니즘 서사의 가장 유력한 마스터플롯이 되는 것은 지당한 일인가.

대안적인 남성 시민상을 개발하는 것이 도리 없이 어려워지고 있

그냥 무차별적 살인) 기사를 거의 매일 접하는데 어떻게 여성이 남성과의 낭만적 사랑을 상상할 수 있겠는가? 남자친구와의 섹스가 몰카 동영상과 리벤지 포르노가 되어 인터넷 음란물 시장을 돌아다니는 상황에서 남성과의 섹스는 공포가 아니겠는가? (……) 그런 맥락에서 최은영, 천희란, 박민정의 레즈비언 서사에서 시도되는 여성 간의 낭만적 사랑 이야기는 어쩌면 남자와의 사랑을 공포로 받아들이는 시대의 불가피한 징후일지도 모른다."(심진경, 「새로운 페미니즘 서사의 정치학을 위하여」, 『창작과비평』 2017년 겨울호, 45~47쪽) 대중 서사 영역에서 레즈비언 관계가 남성의 폭력성을 고발하고 대체하는 대안으로 동원되는 것에 대한 의심은 영화 〈아가씨〉(2018)에 대한 조혜영의 비판에서 찾아볼 수 있다. 식민주의와 가부장제의 폐해를 고발하기 위해 히데코와 숙희의 국적, 계급, 교육 수준 등의 모든 차이는 무화되어야 한다. "저는 남성 감독이 레즈비언 섹스 장면을 찍은 것이 문제라고 생각하지는 않아요. 다만 그런 생각은 했어요. 레즈비언 섹스가 너무 평등하고 동등하다못해 '데칼코마니'로 그려지는 것에는 이성애자인 남성 감독의 판타지가 들어가 있다고요. 여성들끼리의 관계는 무조건 동등하고 유토피아적일 것이라는 상상 자체가 레즈비언 관계를 대상화하는 거죠. (……) 영화에서는 그 둘의 연대가 너무 갑작스럽게 이뤄지죠. 서로가 서로를 속인 상황에서도 너무 쉽게 이해되고. 『핑거스미스』에서 두 주인공의 관계는 그렇게 동등하고 정치적으로 올바른 관계는 아니에요. 욕망과 착취, 권력이 작동하는, 그런 관계죠. 남성 감독이 자신이 속해 있는 가부장제와 남성 중심 문화를 비판하려고 할 때 여성들의 관계를 유토피아적 데칼코마니로 해석하는 것이 오히려 문제적이었다고 생각해요."(조혜영, 「〈아가씨〉와 〈비밀은 없다〉는 여성영화인가」, 손희정 외, 『을들의 당나귀 귀』, 후마니타스, 2019, 321쪽)

는 가운데, 이 연애소설 실종 사태가 진행되는 과정 속에서 이 몰락의 조짐을 발견할 수 있을 것이다. 웅숭깊은 내면을 가진 애인과 성욕 없는 남편을 대신한 자리에 들어오는 바르고 맑고 어여쁜 최은미 소설의 연하남들(『아홉번째 파도』(문학동네, 2017)의 '서상화', 『어제는 봄』(현대문학, 2019)의 '이선우' 등. 특히 서상화는 여주인공의 성장을 위해 가련히 희생되는데, 이는 전통적인 남성 성장소설에 등장하는 여성 캐릭터를 닮은 측면이 있다), 정세랑 소설에서 데이트 폭력을 가한 남자 다음에 오는 존재감이 희미한 외국인 애인(「효진」, 『옥상에서 만나요』, 창비, 2018)과 언제나 서운함만을 선사하는 연인을 대체하며 등장해 최고의 로맨스 판타지를 선보이는 외계인 남편(『지구에서 한아뿐』, 네오픽션, 2012; 난다, 2019) 정도가 지난 몇 년 동안 그나마 인상을 남긴 대안적 남성 파트너 상이다. 그러니까 '오빠'도 '한국인'도 심지어 '인간'도 아니어야만 간신히 아름다운 연애소설이 가능해지는 것이다. 2016년 이후 시간의 연장 속에서 그렇게 연애소설은 서서히 자취를 감추게 되었다.

2.1. 퀴어 묻은 무고 소설: 미투 운동은 어떻게 재현되고 있는가

2016년 문단 내 성폭력 해시태그 운동과 미투 운동은 이후 다양한 방식으로 소설 안으로 들어오기 시작했다. 천희란의 「우리에게 다시 사랑이」(『현대문학』 2019년 7월호), 윤이형의 「우리의 2010년대」(웹진 비유 2020년 1월호), 임솔아의 「눈과 사람과 눈사람」(『눈과 사람과 눈사람』, 문학동네, 2019) 등이 서사적, 형식적 장치를 통해 성폭력 피해 당사자, 가해자의 여성 동지들, 그리고 연대자들이 겪는 '분열' 감각을 사유하는 반면, 가해자로 지목된 남성들이 자신의 행태를 돌아보며 문학적 '회색지대'를 고집하는 작품들 또한 적지 않게 제출되고 있다는 경향 자체는 사실 그다지 새롭지 않다. 성폭력에 대한 해석은 역사적으로 반복되는 측면이 있기 때문이다.

가령 김종옥의 「스토킹」[10]은 성폭력 피해자의 언어를 해석하는 가장 오래된 전형을 반복한다. 같은 학과 사무실에 근무하는 학부 조교 '주경'은 대학원생 조교인 '엠'에게 자신이 스토킹을 당하고 있다고 고백한다. 학내에서 성희롱과 직장 내 괴롭힘에 관한 이슈가 대두된 상황에서 추문으로 지도교수가 사라져 불안정한 지위에 처한 엠에게 주경의 도움 요청은 부담스럽지만 올바르게 대처하지 않는다면 더 큰 역풍에 부딪힐 것이다. 주경의 주장에 따르면 스토커는 주경의 전 남자친구이자 학과 대표였으며 곧 총학생회장 선거에 출마할 예정이다. 주경의 부탁으로 스토커를 찾아간 엠은 그러나 남학생으로부터 "그녀의 말은 모두 거짓말입니다"(214쪽)라는 말을 듣는다. 그에 따르면 주경은 좋아하는 남성에게 접근한 뒤 그를 스토커로 몰아가는 작전을 쓰며 남성들을 괴롭히는 중이다. "그녀 마음에는 뭔가 비정상적인 것이 있습니다. 그것을 외로움이라 부를 수도 있겠죠. (……) 다만 지금 저의 가장 큰 걱정은 선배님이 마지막이 아닐지도 모른다는 겁니다."(215쪽) 누구의 말을 믿어야 할지 몰라 혼란스러워진 엠은 그러나 그때 이후로 차츰 주경에게 매혹된다. "엉덩이와 다리의 굴곡", 빛을 반사하는 하얀 얼룩 같은 "가슴"(212쪽) 등 주경의 육감적인 신체가 재차 상기되고, 그는 "게시판"과 "양성평등인권센터"(217쪽)가 없다면 주경을 끌어안고 싶다는 욕망에 사로잡힌다. 가난한 자신을 버

10) 김종옥, 「스토킹」, 『악스트』 2020년 1/2월호. 이하 인용시 본문에 쪽수만 밝힌다.

린 후 젊고 잘나가는 남자에게 가버린 전 여자친구에 대한 원망의 마음이 시시때때로 떠오르는 가운데 그는 주경의 곁을 스토커처럼 맴돌게 된다.

남성을 꾀어낸 후 성범죄자로 몰아세우는 편입생 주경은 과대망상증 환자로 남성을 스토커화하는 방식으로 자신의 욕망을 충족하는 듯 보인다. "제가 미친 것처럼 보이나요? 제가 그런 미친 짓을 할 여자라고 생각하신 거예요?"(216쪽) 어느 쪽의 입장이 진실인지 내내 모호한 가운데, 주경에게 당한 전적이 있는 남성들과 죽은 옛 동창의 원혼까지 나타나 엠을 말리지만, 소설의 말미에서 엠은 결국 양성평등센터 조사관의 방문을 받고 자신의 욕망을 시인함으로써 주경을 유혹자로 위치시킨다. 미래를 위해 처신을 똑바로 할 것을 충고하는 학생회장과 학과장, 그리고 이와 쌍을 이루는 죽은 친구와 해임된 교수 등은 성범죄를 원천 차단하기 위해 공직 주변에 문제적 여성을 배제해야 한다는 '펜스 룰'의 쓸모를 입증해 보인다.

「스토킹」이 낡은 '꽃뱀' 기표를 이용하여 우물에 독을 타는 전형적인 무고 논리를 반복한다면, 최근의 새로운 경향이라 할 만한 것은 가해자로 지목된 남성들이 무고를 주장하기 위해 '퀴어 정체성'을 소환한다는 점이다.

가장 대표적인 예가 김경욱의 「하늘의 융단」[11]이다. 스쿨 미투로 고발당한 중년의 고등학교 교사 '곽춘근'은 자신의 성정체성을 숨기고 살아가며 거짓된 외피에 고통받는 클로짓 게이다. 스쿨 미투로 동료

11) 김경욱, 「하늘의 융단」, 『문학사상』 2019년 1월호. 이하 인용시 본문에 쪽수만 밝힌다.

교사가 이미 날아간 가운데 곽춘근은 돌연 학내 익명게시판을 통해 "스타킹 올이 나갔다면서"(178쪽) 여학생의 다리를 만진 혐의로 고발당한다. 곽춘근은 "억울하기야 했지만 남학생보다 오히려 여학생을 대할 때 성적 긴장감에서 자유로운 까닭을 밝힐 수는 없었다"(180쪽)며 오히려 "남학생이었다면 손대지 않았"(184쪽)을 것이라고 생각한다. 무고함의 근거로 성정체성을 내세우며 스쿨 미투는 '권력'의 문제가 아니라 '성적 지향'의 문제로 전환된다. 곽춘근을 향한 비판은 퀴어의 수치심과 연결된다. 그는 진상조사위원회의 심사를 받는 중 성정체성을 커밍아웃하면 오해를 풀 수 있을 것이라 확신하지만 그러지 못하는 용기 없는 자신을 한탄하며 끝내 해명 불가능한 자리에 스스로를 위치시킨다.[12] 퀴어는 권력형 성범죄에 연루될 수 없다는 뜻이 아니다. 위계에 의한 성폭력은 특수한 '성욕'이 제어되지 못해 발생하는 '욕구'의 문제가 아니라 성욕이 '특수한 상황'에서 제어되지 않아도 되는 '권력'의 문제라는 점을 이 소설이 은폐하고 있다는 점이 문제인 것이다.

퀴어 진실의 담지자로서 억울함을 호소하는 방식은 이기호의 「위

12) 김건형은 페미니즘 리부트 이후 기득권 세력이 스스로를 '보통 사람'으로 입증하기 위한 전략으로 혐오 정치를 선동하고 있으며 이 소설 속 퀴어의 신체가 페미니즘 수행에 제동을 걸기 위해 '동원'되었음을 주장한다. "서사는 "'게슈타포' 네 글자"의 자리에 스쿨 미투를 위치시키고 추방된 남성 퀴어의 혐오스러운 형상에 힘입어 그를 비극적 피해자로 전환한다. (……) 부당한 박해에 굴하지 않고 비밀을 지켜낸 곽춘근의 숭고한 순교는 연민과 죄의식을 불러일으킨다. (……) 동성애자라는 사실을 절대 들켜선 안 되는 '비밀'로 다루면서 그것으로 그의 일생을 한정한다. 말할 수 없는 '천형'으로서 퀴어를 소모하며 문학적 진실을 성찰하는 기성 문법을 반복하면서, 퀴어의 신체(성)는 다시 게토에 갇힌다." 김건형, 「지금, 인간에 대해 말할 때 일어나는 일—혐오의 정치적 자원(화)에 대하여」, 『문학동네』 2019년 가을호, 626~627쪽.

계란 무엇인가?」[13]에서도 나타난다. 소설가이자 문창과 교수인 화자 '나'는 야심한 시각에 학부생 '박채연'의 방문을 받는다. 민소매에 반바지를 입은 이 학생은 정신과 약물치료를 받고 있는 것으로 짐작되는데, 잠이 오지 않는다는 이유로 새벽에 그의 연구실을 찾아오는 기행을 벌인다. 둘은 어느새 밤새 수다를 떨며 새벽녘 공원을 산책하는 "우정"(127쪽) 관계로 발전하지만, '나'는 "내 안에 채연을 향한 다른 마음이 있다는 것을 스스로 인정"(132쪽)하지 않을 수 없다. 어느 날 술에 취해 '나'의 연구실로 찾아온 박채연은 학과 선배 '정현지'를 만나러 가는 길에 동행을 부탁하는데, 그곳에서 경미한 몸싸움이 일어나고 이후 '나'는 학내 익명게시판을 통해 "문예창작과 이 모 교수가 같은 과 학생과 연애를 하고 있으며, 심지어 그 연애 상대가 학과 선배를 폭행하는 현장에까지 동행했다는 것, 그 폭행을 보고도 만류하지 않았다는 내용"(134쪽)의 고발을 당한다. 박채연과 정현지의 관계는 남다른 사이로 암시되지만, '나'는 물론 이를 밝히거나 확신할 수 없다. 박채연이 잠적하고 정현지가 졸업하는 것으로 사건은 일단락되고, '나'는 정년 보장 심사를 무사통과한다. 이후 '나'는 지루한 폭력 예방 동영상 강의 속에서 '위계'가 "지위나 계층을 나타내는 등급"인 위계位階가 아닌 "속임수나 상대방에게 오인, 착각을 일으키고 상대방의 그러한 심적 상태를 이용하는 것"(137쪽)인 위계僞計라는 것을 알게 되며 채연과 나눈 마지막 전화통화를 떠올린다. 사라진 채연은 억울함을 호소하는 '나'에게 "무서운 것과 불안한 것은 정말

---

13) 이기호, 「위계란 무엇인가?」, 『자음과모음』 2019년 가을호. 이하 인용시 본문에 쪽수만 밝힌다.

차원이 다른 이야기인 거 같아요. 제 말이 맞죠?"(138쪽)라는 겁박의 말을 남긴 채 전화를 끊었다. 위계의 의미가 '권력'의 행사에서 '오인'으로 인한 심리적 조종으로 전환되며 결국 '교수-학생' '작가-지망생' '중년-청년'이라는 이 소설의 모든 권력관계는 철거되고 상대에게 오해를 사게 했을 소통의 실책만이 위계 폭력의 원인이 된다. "저는 그냥 한번 무서운 게 더 나을 것 같은데…… 불안한 건 계속 이어지잖아요?"(126쪽) 이제 위력을 행사하는 주체는 을의 위치를 이용하여 '나'를 영원한 불안 속에 가둔 채연이다.

이 소설의 화자가 자신의 심리적 무고함을 내어주면서까지 말하고자 하는 것은 위계 권력의 작동이란 상대적이라는 것, 무분별한 온라인 폭로가 사태를 종합적으로 보지 못한 이들의 오해에서 비롯되었다는 것, 비밀스러운 퀴어의 진실을 지켜주기 위해서 가해자로 지목된 당사자가 해명을 온전히 할 수 없는 사정이 있다는 것 등이다. 수년간 우리 사회를 뜨겁게 달구었던 물음, '위계란 무엇인가'는 결국 정보 비대칭으로 인한 '실수'와 '착오'로 축소되고 개별화된다.

익명게시판, 인권센터, 조사위원회로부터 공격과 심판을 받아 생계의 위험에 처하는 중년의 남성 선생들을 그리는 이 문학적 작업들은 지금 한국사회에 터져나오고 있는 여성의 성폭력 경험 고백과 미투 운동의 의의를 무력화하는 수사와 상응할 뿐 아니라 현실의 권력 구조와 남성 동성 문화의 폭력성을 괄호 안에 둔 채 여성 인권과 퀴어 인권을 경쟁시키는 허구적 구도를 적극적으로 양산한다.[14)]

---

14) 이와 같은 구도는 작품뿐 아니라 비평을 통해서도 생성되고 있다. 2010년대의 문학성이 '퀴어 페미니즘'으로 정위될 것이라고 예견하는 한영인은 김비의 소설 속 시스젠더 여성이 트랜스젠더 여성의 신체를 낯설어하는 장면을 두고 "'퀴어'와 '페미니

문단 내에서 미투 운동을 의심하는 시도는 비단 작품 내부에서만 일어나는 일이 아니다. 성폭력 피해자의 이야기를 담은 글을 쓰고 이를 수정한 여성 작가에게 평론가가 왜 '자기검열'을 했냐는 의문을 담은 글[15]을 발표하고 그것을 작가의 '개인' 이메일로 송부하는 등의 행위를 저질러왔다는 사실이 밝혀지기도 했다. 작가 스스로 '검열'이라는 표현까지 하게 만든 것은 성폭력 생존자의 언어를 손쉽게 거짓말로 의심하는 오래된 부정주의 관습에 기인한다. 비평적 백래시라는 표현조차도 점잖게 느껴지는 이 일은 평자가 비단 성폭력 피해자의 감정을 손쉽게 재단하고 평가했다는 사실에만 있는 것이 아니라 남성 평론가가 비평을 여성 창작자 개인의 인격을 위협하고 모독하는 무기로 썼다는 데에 있다. 잘 알려져 있다시피 출판계에서 개고는 아주 흔한 일이다. 최인훈의 『광장』은 열 개 이상의 판본이 존재한다. 그는 작품이 출판사를 바꿔가며 출간되고 전집과 교과서에 수록된 이후에도 작고 직전까지 개정판을 냈다. 비교적 최근의 경우로 한 남성 시인이 작품집을 간행하며 여성혐오적인 표현을 고치고 일부 작

즘' 사이의 건널 수 없는 간극을 앞질러 예견"한다고 주장한다. "'퀴어 페미니즘'이 새롭게 마주해야 하는 적은 단지 '남성 동성 사회(성)가 생산하는 퀴어·여성혐오와 이성애 규범성'만이 아닐 것이다. 오히려 그것의 강력한 적은 페미니즘 내부에서, 그러니까 페미니즘과 퀴어를 한사코 분리해내려는 급진적 경계 짓기에서 올 가능성이 크다." 한영인, 「소급될 수 없는 기원?」, 『자음과모음』 2019년 겨울호, 315~316쪽 참조. 그러나 이원화된 성별 질서를 가능케 하는 전 사회적 젠더 장치들을 안타까운 자연으로 원경화하고 트랜스젠더에 대한 부정과 증오를 해부학적 신체를 둘러싼 여성들 내부의 갈등으로 축소하는 것은 시스젠더 남성을 비당사자화하며 페미니즘에 대한 적대와 성의 생물학적 결정론이라는 오래된 오독을 미필적 고의로서 강화한다.

15) 황현경, 「나는 소망한다 내가 금지한 것을—『어제는 봄』」, 『기획회의』 496호, 2019.

품에 대한 미수록 결정을 내렸다는 이유로 주목과 칭찬을 받는 사례도 있었다.[16] 남성 작가는 '시대의 서기'로 살며 새로운 시대정신에 발맞춰 글을 고쳐도 되지만, 여성 작가가 자신의 글을 수정하면 그것은 '자기검열'이 된다. 과거의 언피시함을 수습하려는 때늦은 시도가 된다. 대체 '검열'은 누가 한 것인가?

2.2. 없거나 없어야 하거나: 페미니즘 문학의 섹슈얼리티는 어떻게 독해되고 있는가

문학장 내에서 여성 섹슈얼리티 재현이 박한 이유가 과연 한국사회가 성적인 표현을 자제하는 조신하고 엄숙한 곳이기 때문일까. 그러나 페미니즘 인식론을 강하게 드러내는 최근의 작품 속 여성의 성적 욕망이 독해되는 방식은 여성 섹슈얼리티 재현에 대한 제동이 '표현' 영역이 아니라 '해석'의 영역에 있다는 점을 보여주고 있는 듯하다.

독자와 평단의 폭넓은 지지를 고루 얻은 강화길의 「음복飮福」[17]에 대한 비평장의 몇몇 독해들은 여성의 성적 욕망을 아예 읽지 못하거나 부러 읽지 않는 경향을 보인다. 이 작품을 '이 계절의 소설'로 꼽으며 찬사를 아끼지 않은 평자는 작가와의 대화에서 이 소설을 체념과 희생의 드라마로 읽었음을 밝힌다.

> 어쨌든 변화를 일으키기 위해서는 '정우'의 무지를 폭로하고, 그 자신의 무지가 권력일 수 있다는 사실을 깨닫게 하는 지점에서부터

---

16) 「"내 문학작품 속 여혐 수정" 새 풍경」, 한국일보, 2017. 2. 23.

17) 강화길, 『화이트 호스』, 문학동네, 2020. 이하 인용시 본문에 쪽수만 밝힌다.

시작해야 할 텐데요. 세나는 그런 갈등과 투쟁의 영역으로 들어서는 것을 꺼려합니다. "과연 그걸 선택이라고 말할 수 있는 걸까"라고 자문하지만, 다른 한편으로는 미래 세대의 여성 주체를 향한 바람을 다소 체념적으로 전하면서 끝을 맺는 것 같기도 합니다. 갈등을 매개로 한 계몽으로는 변화가 불가능하다는 세나의 허무주의적 냉소가 느껴지기도 하는데요.[18)]

질문자는 이 소설에 드러나는 여성의 권력에 대한 야심이나 성적 욕망을 완벽히 읽지 못한다. 그는 여성이 남성의 무지함을 깨우치게 해주는 것이 긍정적 변화를 추동할 수 있는 동인이 될 것이라 주장하면서 '세나'가 투쟁을 회피하며 허무와 냉소에 젖어 있다고 진단하는데, 이러한 해석의 인식 구조가 작품이 서사화하고 있는 남성상과 닮아 있다는 점에서 인터뷰 전체는 절묘한 웃음을 자아내게 하며 소설과 한 쌍을 이룬다. 정말 이 소설은 여성의 세계사적 패배가 전승되는 무력한 과정을 묘사한 작품일까. 아니, 이 여성은 정말 정의와 평등'만' 꿈꾸는가.

「음복」은 서술자가 해사한 남편의 얼굴을 반복적으로 묘사하며 여주인공의 성적 취향을 분명히 드러낸다. "서서히, 고요하게, 모든 그늘이 사라진 얼굴. 내가 좋아하는 얼굴이었다."(13쪽) 더 과감하게 분석하자면, 이 소설이 다른 남자와 관계해 낳은 아이를 황제의 아이로 속여 궁에 입성하는 평민 여성의 이야기를 담은 황실 치정극을 경

18) 강화길·강동호 인터뷰, 『소설 보다: 가을 2019』, 문학과지성사, 2019, 53쪽 중 강동호의 질문.

유한다는 점을 참조했을 때, 세나는 남편이 승계받은 일정 부분의 권력을 함께 누리며 사랑스러운 남편과의 안정적 혼인 관계를 유지하면서도 동시에 대담한 혼외 관계의 가능성까지 암시하는 것으로 보인다. 어차피 남편 “너는 아마 영원히 모를 테니까”(41쪽). 이 중국 드라마의 열혈 애청자인 남편이 아내가 그 이야기에서 얻을 수 있는 교훈이 무엇인지 전혀 알아채지 못하듯이, 다양한 위치에 처한 전 세대 여성의 행위성을 추적하며 은밀한 쾌락의 암시까지 추가해놓은 이 소설에서 여성의 무력함과 남성을 위한 올바른 계몽을 고민하는 독법은 가부장제 가족 체제 속에서 여성의 섹슈얼리티가 어떤 계선을 타고 수행될 수 있는지를 놓치고 있으며 바로 그 때문에 무지한 남성의 자리를 벗어나지 못한다.

한편 ‘돌봄노동’이라는 소외된 주제를 꾸준히 의제화하는 평자는 앞의 분석과는 달리 이 소설에 등장하는 여성들을 적극적인 행위자로 이해하며 「음복」과 「가원佳園」(『화이트 호스』)을 모성의 관점에서 해석한다. 그에 따르면 이 소설들은 딸/손녀/며느리들이 악역을 도맡으며 자식들을 길러온 위 세대 여성들이 감당해온 돌봄의 역사를 깨달아가는 과정으로서 세대간 여성 연대의 가능성을 마련하고 있으며, 여성은 권력의 재배치를 도모하며 불리한 역할을 기꺼이 ‘선택’해온 행위자들이고 그들의 돌봄노동은 “미래지향성과 재생산성 그리고 이타성을 함축하는”[19] 대안적 권력 모델에 부합하는 것이다.

---

19) 신샛별, 「불평등 서사와 정치적 효능감, 그리고 ‘돌봄 민주주의’를 향하여—김유담, 강화길, 장류진 소설에 주목하여」, 『창작과비평』 2020년 여름호, 45쪽. 이하 인용 시 본문에 쪽수만 밝힌다.

> 그의 소설은 대안적 권력 모델을 추구하고 행사해온 행위자-여성들의 삶을 조명함으로써 그러한 대안적 권력을 이미 가졌거나 앞으로 가질 수 있는 여성으로서의 삶을 긍정하게 해주고, 돌보는 권력을 향한 여성들의 헌신을 북돋운다. '돌봄'과 '권력'은 얼마든지 결합할 수 있고, 그럴 때 정치는 불평등을 심화하는 이해당사자들의 아귀다툼이 아니라 양육의 주체인 모든 시민, 공동체, 국가의 평등하고 다양한 미래에 대한 소원이자 그 소원을 이루려는 끝없는 경주를 가리킨다(……)(45~46쪽)

엄마들의 행위성에서 민주주의 가치의 갱신으로 이어지는 이와 같은 독해의 기저에는 여성이 가부장적인 남편을 승인하는 이유는 그로부터 얻을 수 있는 어떠한 종류의 만족감 때문이 아니라 모성으로서 아이를 보호하고 지켜내기 위해서여야만 한다는 불안이 내재되어 있다. 이를 위해 세나의 성적 취향이나 실천은 묵과되어야 한다. 어떠한 방식으로라도 기혼 여성의 성적, 정서적 만족이 강조되는 순간 모성의 가치, 나아가 '돌봄 민주주의'라는 의제를 말하기가 불편해지기 때문인데, 이는 돌봄노동을 여성의 몫으로 자연화하여 무급 서비스 취급하려는 가부장적인 세계가 정확히 원하는 어머니상이기도 하다. 성욕의 암시를 말끔하게 소거한 채 다음 세대 여성에게 더 나은 삶을 물려주기 위한 여성들의 선택을 강조하는 것이 도리어 모성을 다시금 특정한 방식으로 물화, 신성화하기 때문이다.

「음복」에서 세나가 남편의 천진한 얼굴을 욕망하는 이유는 그것을 자신의 딸에도 물려주고 싶기 때문만이 아니라 그것이 세나의 젠더화된 성적 취향이기 때문이다. 「가원」의 '연정'이 할아버지를 닮은 한

심한 한량만 골라 사귀는 이유를 묻지 않고 할머니와 연정 간의 복잡한 사랑의 내력을 설명하는 일은 재미없다. 이 여성들의 남자 취향은 너무나 지독스러운 데가 있어서 차라리 없는 욕망으로 치고 싶을 정도다. 그러나 최근 쏟아지고 있는 수많은 소설 중에서 이 소설들이 유난히 큰 주목을 받았던 건 가부장제 가족 체계 속 여성의 역사적 경험을 가장 설득력 있게 묘파했기 때문만이 아니라, 기혼 유자녀 여성의 피해와 행위성을 말할 때 성애를 말하면 안 된다는 금기를 어기려 하기 때문이다. 강화길은 모성의 정치력을 조명하는 동시에 엄마를 불투명한 쾌락을 누리며 성혼 체제 자체를 내부에서 이미 무력화하고 있는 주체로 설명해낸다. 자신은 어쩔 수 없었지만 자식만은 더 나은 삶을 살게 하자는 오래된 시각에 완전히 휩쓸리지 않으면서도, 가부장제 타파를 위해서 여자들은 아예 남자와 교제하면 안 된다는 새로운 소견에도 별로 굴복하지 않는다.

우리 사회에서 기혼 여성의 성애는 손쉽게 희화화되는 대상들 중 하나다. 아줌마의 성욕은 우스운 것, 감당하기 부담스러운 것, 그래서 함부로 대해도 되는 것으로 표상된다. 그렇기 때문에 이 소설에서 기혼 여성의 섹슈얼리티를 깨끗이 도려낸 채 체념의 드라마로 해석하거나 다음 세대 여성들을 위해 감행해온 모계 속 최선의 선택의 역사를 재발견하고 강화하는 분석은 그 의도와 무관하게 돌봄노동을 담당한 여성의 존재를 불완전한 선택지를 떠맡은 희생자로서의 엄마, 그럼에도 최선의 노력을 다하는 영웅으로서의 엄마, 나아가 돌봄노동에 대한 전 사회적인 박해 속에서도 자기 노동의 가치를 사회적으로 의제화하는 의연한 정치적 주체로서의 엄마라는 프레임에 유자녀 기혼 여성을 가두게 된다. 여성을 모범적인 방식으로만 승인하며 여성의 욕망과 저항의 도구를 '선별'할 때 여성의 행위자 주체성을 말하기는 더욱 어려워진다.

성애를 드러냈으니 추행에 동조했다고 단정한 후 무고로 몰아가고, 여성 억압의 역사와 모성의 가치를 말하기 위해서는 성애에 대해서 감쪽같이 침묵해야 할 때, 여성의 섹슈얼리티 재현이라는 난제가 다시금 공고화된다. 왜 소설이 여성 섹슈얼리티의 주체적 재현에 소극적인지를 고민할 것만이 아니라 해석 담론이 작품 속에 표현되어 있는 욕망들을 어떻게 읽어내고 있었는지를 함께 되물어야 할 것이다.

3. 오염 공포와 분할의 성 정치

최근 대중 서사 영역에서 여성의 섹슈얼리티를 적극적으로 실험한 작품이라 할 수 있는 영화 〈아워 바디〉(한가람, 2019)를 둘러싸고 일어난 해석 경합은 오늘날 '여성 서사'라는 깃발 아래 일어나는 갈등들을 잘 보여준다. 오랜 기간 공무원 시험을 준비하며 늘어진 몸으로 살아가던 '자영'은 시험을 포기한 후 우연히 '현주'를 만나 그를 따라 조깅에 빠져들면서 현주의 육체와 욕망을 모방하게 된다. 매번 공모전에 낙방하는 소설가 지망생 현주는 알코올과 운동 중독에 빠진 또 다른 우울한 청년일 뿐이지만, 그 육체적 외양의 탄탄함은 자영의 흠모의 대상이 된다. 현주의 몸을 따라가던 자영은 나아가 현주의 섹스 판타지까지 모방해보는데, 여기서 그 악명 높은 '부장 섹스'가 일어난다.

일부 여성 관객들은 이에 진저리를 쳤다.[20] 〈아워 바디〉는 '명문대

20) 이 영화를 둘러싼 SNS 속 여성 관객들의 반응은 듀나의 글에 정리되어 있다. "〈아

를 나온 여성이 입신을 포기하고 몸매를 가꿔 늙은 남자와 자는 이야기'로 회자되며 안티 페미니즘 서사로 낙인찍히는 철퇴를 맞았고, 그 때문인지는 몰라도 극장 관객을 채 일만 명도 동원하지 못했다. 이 영화를 기어이 "'달리기'란 운동을 통해서 자영이 자신의 인생을 되돌아보고 스스로 자신의 삶을 찾아가는 과정을 통해 여성의 욕망과 욕구 그리고 희망을 말하고자 하는"[21] 체육 영화로 읽는다면 이 서사의 모든 세부는 못마땅할 수밖에 없다. '부장 섹스'는 "여성에 대한 부정적 시선과 더불어 비판과 논란의 여지를 제공하는 한계점"(144쪽)을 가지며 "힘든 시기에 만나 정신적으로 의지하고 동경했던 존재인 현주와의 동성애 코드를 드러내려 한 연출 방식은 진정 그녀의 힘든 삶에 대한 진정성 있는 메시지를 저해"(같은 쪽)하고 미성년자인 자영의 여동생이 콘돔을 훔치는 장면은 "의아"(142쪽)하다면 그 까닭은

워 바디〉를 싫어하는 몇몇 관객들은 이 영화를 '중년 남자와 섹스하는 영화'라고 부른다. 마치 젊은 여자가 중년 남자와 하는 섹스가 한국 영화에서 흔하지 않는 것처럼. (……) 관객들이 이 영화의 섹스 신을 싫어하는 이유는 동성애 기반에 바탕을 둔 것일 수도 있고 이성애 기반에 바탕을 둔 것일 수도 있다. 자영과 현주의 관계만이 의미가 있다고 생각하는 관객들은 이성애 섹스가 지겨울 것이다. 하지만 더 많은 관객들은 영화가 그리는 모든 이성애 섹스의 환멸에 찬 묘사가 더 신경 쓰일 것이다. 보다보면 숨이 막힌다. 주인공은 자신이 이성애자라고 믿는데 이성애엔 답이 없다. 그리고 다들 질겁하는 마지막 섹스는 따지고 보면 자영이 할 수 있는 가장 동성애에 가까운 섹스이다. (……) 우리의 몸과 정신이 뒤섞이며 만들어내는 욕망은 결코 온전하게 납득이 가는 존재가 아닌 것이다. (……) 이런 이야기가 대부분 그렇듯 〈아워 바디〉는 우리가 전에는 전혀 생각하지도 못했지만 처음부터 존재할 수밖에 없는 욕망의 사각을 비춘다." 듀나, 「〈아워 바디〉」, KMDB, 2019. 11. 29. https://www.kmdb.or.kr/story/9/5302

21) 김혜진, 「〈아워 바디〉: 몸으로 삶을 대변하다」, 『독립영화』 49호, 2020, 145쪽. 이하 인용시 본문에 쪽수만 밝힌다.

여성주의 내러티브에서 여성의 성적 표현을 불순한 것으로 판단했기 때문이다. "여성이 주체가 되는 지위 향상이 아닌 스스로 비판적 현실을 수동적으로 받아들이는 상황을 보여주는 데 그치는 것이 아닌가?"(144쪽)라는 의문 밑에는 여성 성장에 대한 긍정적 비전을 위해 여성은 성애적인 것에 열중하는 대신 빠르게 안정적인 삶의 궤도에 안착해야 한다는 불안이 내재해 있다. 영화에서 자영에게 인턴 자리를 주선해준 친구 '민지'의 반응은 이러한 반응들과 상통한다. "야, 너 안 잤어도 인턴 됐을 거야." "근데 왜 다들 그렇게 생각해?" "뭐?" "왜 내가 인턴 되려고 정부장이랑 잤다고 생각해?" "하, (……) 그래서 뭐 연애라도 하기로 했어?" 자영의 섹슈얼리티 실험은 취직을 미끼로 한 '상납'과 진지한 '연애' 사이에서 '번역 불가능한 지점'이 된다.

〈아워 바디〉는 레즈비언의 생애를 보여주는 서사라기엔 남자랑 자는 여자들이 너무 많고, 카메라가 여자의 몸을 대상화하지 않는 것도 아니며, 깨달음과 성숙의 결말을 향해 나아가는 모범적인 페미니즘 성장영화와도 거리가 멀다. 여성들(자영, 현주, 화영, 자영과 화영의 엄마, 민지와 직장 동료들)이 서로의 몸을 훔쳐보고 모방하는 퀴어한 기운이 흘러넘치는 가운데 열락 없는 이성애 섹스가 지겹도록 반복된다. 영화는 주인공의 취업 성공이나 현실 각성의 기미와 같은 정상적 생애 주기에 대한 전망을 제공해주지 않는 것은 물론이거니와 자영이 마라톤 대회에 출전한다거나 하는 식의 개인적 성취를 재현하지도 않는다. 이야기는 회사를 그만둬 백수가 된 자영이 오성급 호텔에서 룸서비스를 시켜 먹으며 수음을 하는 장면에서 돌연 끝이 난다.

먹고살 길이 막막한 이 청년의 육체 실험은 낭비적으로 보이고 권력자 남성의 성욕을 충족시키는 일에 더러 기여하므로, 올바른 페미니스트가 되고자 하는 여성 관객의 콤플렉스를 자극하기에 충분하다. 이 짓궂은 영화가 그럼에도 겸허하게 수용하는 단 하나의 테제는, 여성의 욕망이 상당히 '오염'되어 있다는 것이다. 〈아워 바디〉의 미덕은 이러한 '욕망의 오염성'에 대해 도덕적 판단을 시도하는 대신 이를 인정하고 마주하는 것을 거부하지 않는다는 데에 있다. '마이 바디'인 줄만 알았던 한 포대의 몸뚱이는 기실 온갖 시선과 기율과 욕망이 교차하는 '아워 바디'인 것이다.

만인의 선망의 대상인 현주의 몸을 탐하는 자영의 욕망은 동성애적인가? 거울 속 자신의 몸을 현주의 나신과 견주는 자영의 시선은 여성에게 강요되는 보디 셰이밍과 하등 관련이 없는가? 현주를 떠올리며 부장과 자는 자영의 욕망은 이성애적인가? 부장을 향한 자영의 성욕은 결단코 기존의 성 질서에 남김없이 회수될 운명에 처하는가? 관객도 자영 본인도 이 여정의 끝이 어디인지 잘 모른다. 다만 하나의 실험이 막 지나갔을 뿐이다. 아마 여성 관객들의 비명은 이 불온한 오염 지점들을 적나라하게 관찰해야 했던 부담감과 별 보상도 없이 극장을 나서야 했던 허탈함에서 온 것일 테다. 음전하게 굴어도 살기가 팍팍한 여성들에게 자영이 선보이는 이 몸의 쾌락에의 몰두는 '근심'을 넘어 '경악'의 대상이 된다. 페미니즘이 시대정신이라는 지금 여기, '오염 공포'라는 '안보 체계'의 재작동은 그렇게 여성의 섹슈얼리티를 '통제'와 '관리'가 가능한 형태로 규격화할 것을 요구하게 된다.

3.1. 안전 공간과 친밀성의 경제: 공안 체제가 섹슈얼리티를 프로파일링하는 방식

전염병 통제를 위해 모두가 마스크를 착용하고 사회적 거리 두기를 실시하며 시민들의 동선이 샅샅이 공유되고 있는 팬데믹 상황은 한 사회의 '감염 및 오염 공포'가 어떠한 '분할 정치'를 수행했/하는지를 보여준다. 유럽 광장의 시위대가 마스크를 착용하지 않을 자유를 외칠 때 난민 캠프에서 집단감염이 발생하고, 시카고 흑인의 전염병 발병 및 사망 비율은 백인의 그것을 크게 웃돌며, 청도의 폐쇄 병동 집단감염으로 인한 국내 첫 사망자는 그곳에 이십 년째 입원중이던 무연고자였다. 전염병은 국적화, 인종화, 시설화 등 다양한 방식으로 계급화되어 있다. 그리고 지난 4월 말, 이태원발 집단 발병 사태는 퀴어의 '문란'한 삶을 지탄하는 방식으로 작동했다.[22] 전염병은 또한 지극히 강렬하게 젠더화되어 있다.

최은미의 「여기 우리 마주」[23]의 화자 '나'는 비누와 캔들을 만드는 공방을 막 차린 참이다. 살림 공간과 업무 공간이 분리되지 않은 홈 공방을 오래 운영하며 모든 노동을 능숙하게 분리하여 수행해야 했던 '나'는 전문성 있는 선생님으로 실력을 인정받기 위해선 "깨끗하

22) 최현숙은 전염병 확진자의 동선 공개와 언론을 통한 퀴어 증오 선동이 맞물렸던 순간을 다음과 같이 기록한다. "수많은 이성애자들의 '사랑하는 가족' 간 밀착 확산 사태가 좀 수습되어가던 4월 말 5월 초 연휴에 '젊은것'들이 이태원과 강남으로, 클럽과 노래방으로 떼로 몰려다니다가 터진 거다. 이때다 싶은 한 언론사는 코로나 재확산이 염려된다면서 5년 전에 써두었다던 '블랙 수면방' 기사를 올렸다." 이어 그는 퀴어 친구가 SNS에 게시한 글을 수정 인용하여 덧붙인다. "쓰레기 언론과 달리 방역의 대상으로라도 비로소 호명해주는 방역 당국에 대해 짐짓 감격하는 마음이 생겼던 게, 생각해보면 비참하다. (……) 누군가에게는 자칫 직장과 가족과 사회에서의 입지가 결딴날 수 있는 변수가 그들에겐 그저 행정상의 세부적 난맥이다." 최현숙, 「방역당국은 섹스를 금하라」, 경향신문, 2020. 5. 22.

23) 최은미, 「여기 우리 마주」, 『문학동네』 2020년 가을호. 이하 인용시 본문에 쪽수만 밝힌다.

고 멀쩡하게, 주부로서의 노동만을 선별해서 지워버"(274쪽)려야 한다고 믿는다. 그런데 '항균'과 '힐링' 제품을 만드는 이 공방은 개업을 하자마자 곧 위기를 맞게 된다. COVID-19가 유행하고 등교를 하지 못하는 아이들이 오직 '학모'의 책임이 되면서 '나'는 다시 완벽한 방역 주체로서의 주부가 되어야 하는 이중적 족쇄에 걸려들게 된다.

전염병이 한차례 잦아드는 듯했던 초봄, 친구 '수미'의 소개로 공방은 동네 맘들이 쉬어가는 공간이 된다. "그녀들이 숨쉴 곳을 찾아 어디라도 나와 있다는 것에 나는 이상할 정도로 안심을 느꼈다. 적어도 아이와 둘이 고립되어 있지 않다는 것에."(269쪽) 그리고 '나'는 또한 "여자친구 선물을 만든다면서"(271쪽) 온 남자 둘이 서로를 쳐다보며 웃는다는 것을 알게 된다. 전염병 사태로 가게 운영은 쉽지 않고, 사춘기에 접어든 딸아이와의 생활방식 협상은 날로 어려워지고, 살림과 육아를 뒷전으로 한 남편의 위로 같은 비난의 말을 끊임없이 들어야 하지만, '나'는 그럼에도 자신의 공방에서 손님들이 안전함을 느끼며 친밀감을 쌓아간다는 사실에 기쁨을 느끼고 자부심을 가지게 된다.

팬데믹은 "살짝만 당겨도 죽는 집단과 제대로 당겨도 죽지 않는 집단"(278쪽)이 무엇인지를 명백하게 보여주는 계기가 되었다. 캔들을 만들던 수미가 말한다. "우리가 취미질을 하던 여기가 확산의 진원지가 된다면, (……) 우린 아마 총살을 당할걸?"(같은 쪽) 학생들의 등교 계획이 발표되며 피로가 누적된 학모들이 서서히 자녀의 등교를 준비하기 시작했을 때 이태원발 무더기 확산이 시작되었고 "맘 카페는 폭발했다"(276쪽). "너네들이 클럽에서 처놀지만 않았어도./너네들이. 너네들이!"(같은 쪽) 불안과 적의는 내부를 향한다. '나'는 수미를 비롯한 맘들의 단톡방 초대를 거절하고, 게이 커플이 만지고 간 비누가 다 젖을 때까지 에탄올을 뿌려댄다. 같은 건물에 있는 "노래 주점"과 "건전 마사지 숍"과 "대화 카페"(265쪽) 대신 비누와 캔들을 만드는 공방이, 수미의 남편이 회식차 들른 "강남 B 룸살롱"(281쪽) 대신 수미의 딸이 갇혀 있는 가정집이 고립된 채 박살난다. 여성들의 아지트와 퀴어들의 게토와 어린이들의 놀이터가 거덜이 난다.

온라인 공간에 접속한 딸이 자신을 드러내며 했던 말은 "욕하지 말고 친근히 대해주세요"(282쪽)인데, N번방의 공포가 드리워진 세상에서 '나'는 다른 방법을 모른 채 그저 딸을 다그칠 수밖에 없다. "니 얼굴을 찍지 마. 어디에도 너를 올리지 마. 쓰지 마. 가지 마. 하지 마. 위험해. 너무 위험해. 다 차단해. 내가 안심할 수 있게 해줘. (……) 하지만 어떻게, 어떻게 가능할까."(279쪽) 운전과 승하차 보조를 한 번에 해결할 수 있다는 이유로 환영받는 '여자 기사님'인 수미가 만성피로와 남편과의 불화로 인한 예민함으로 자신의 딸에게 분노를 분출하고 죄책감을 물림하듯이, 이 시국의 '나' 또한 딸을 단속하는 것 외에 다른 방법을 모른다. "남편을 죽이는 대신 애를 잡는 여자들. 정말이지 좆같은 여자들. 좆빨러라는 욕을 먹어도 싼 여자들./하지만 내가 하고 싶은 건 자기혐오가 아니다. 좆빨러가 되지 않으려고 피오줌을 싼다고 말하고 싶지도 않다. 그게 전부는 아니니까. 나는 외로움에 대한 이야기를 하고 싶다."(273쪽)

섹슈얼리티를 프로파일링하며 작동하는 이 오염 공포는 안보를 자기 준거 삼아 스스로 동력을 얻고 몸피를 키워가며 더욱 강력한 분할 정치를 수행하고, 친밀성은 감히 욕심낼 수 없는 것이 되어간다. 그렇지만 '나'는 맘들이 그립다. "그 여자들이 이 봄을 어디서 어떻게 보내고 있을지를 생각한다. 그 여자들이 왜 어디에서도 보이지 않는 건지를 생각한다."(272쪽) 안전 공간을 희구할수록 안전 공간이 사라진다. 친밀함을 갈망할수록 외로움이 짙어진다. 친구들과 공방에 나와 모여 앉은 맘들조차 "서로한테 매력적인 사람이고 싶을수록, 테이블에 함께 앉아 있는 채로 고립되어"(274쪽)간다.

성 불평등으로 초래된 오염 공포가 광풍처럼 불어닥치는 이러한 상황에서 손쉽게 떠올려봄직한 대책은 남자가 아예 존재하지 않는 세계를 구축하는 것이다. 천희란의 「카밀라 수녀원의 유산」[24]은 여성 생활공동체를 배경으로 남자 없는 세계가 가져올 유토피아/디스토피아를 장르적으로 형상화한다. 미스터리한 자본가 '카밀라'는 어느 폐광촌의 대저택을 인수하여 "폭력으로부터 보호받지 못했거나 장기간 위협적인 현실에 노출되어 있던 여자들"(99쪽)이 사는 여성 전용 생활공동체를 꾸린다. '라우라' 모녀 또한 그곳에 입주한 여성들 중 하나로, 라우라는 "폭력의 공포에 몰아넣었던"(같은 쪽) 아버지들이 없는 그 세계를 "천국"(101쪽)으로 여긴다. 평생 이 저택에만 거주하고 싶은 라우라와 달리 라우라의 어머니는 '자립'을 주장하고, 공동체 바깥의 남자와 연애를 시작한다. 피학대 아동이었던 라우라에게 엄마의 새 애인은 이 천국의 평형상태를 깰 공포스러운 '오염원'이고, 학대 생존 동기인 엄마의 이성애는 검질긴 '천형'이다.

폭풍우가 몰아치는 어느 날 라우라는 어머니의 짐 가방을 내다버리려 하다가 "그간 마음속에 억눌려 있던 강렬한 충동을"(105쪽) 깨

24) 천희란, 「카밀라 수녀원의 유산」, 『악스트』 2020년 1/2월호. 이하 인용시 본문에 쪽수만 밝힌다.

닫는다. "나는 여기에 남을 거야. (……) 더는 그 삶에 휘말리지 않을 거야."(같은 쪽) 라우라는 엄마를 목 졸라 살해한다. 그리고 수녀원을 운영하는 여성들의 도움을 받아 시신을 매장하며 그들의 이야기를 듣게 된다. "나도 아주 오래전에 내 엄마를 죽였단다."(106쪽) 이후 라우라는 '카밀라'의 모친이 저택 지하실에 감금당해 있던 흔적을 발견한다. 완벽한 안전과 친밀성이 보장된 것으로 보였던 이 천국의 표면장력 아래에는 "이 저택에 살았고, 이 저택의 안팎에서 살고 죽어간 여자들의 서로 다른 비극의 기록"(109쪽)들이 넘쳐난다. 부친의 폭력에 시달렸던 레즈비언 딸이 남자를 못 끊은 엄마를 죽여버리는 이 소설은 여자들끼리만 살면 안전하고 평등한 페미니즘 공동체가 도래할 것이라는 레즈비언 유토피아 신화를 지그시 의심한다.

친밀성의 영역에 배치되어 돌봄과 가사를 담당했던 여성들이 친밀성을 상업화한 성 산업이나 불평등한 이성애 관계로 내몰렸다는 페미니즘의 오랜 교훈은 여성으로 하여금 안전에 대한 남다른 감각을 버리게 했는데, 사실 멸균 지대에서 구성되는 섹슈얼리티란 없다. 오히려 남성화된 욕망과 무관한 섹슈얼리티를 구성할 수 있다는 확신이 섹슈얼리티 내부의 위계를 설정하며 성차별적 질서를 강화하는 일에 기여할 수 있다.[25] 「카밀라 수녀원의 유산」은 남성에 대한 공포

25) 게일 루빈은 서구사회에서 성이 계층화되어 있다고 주장하며 정상적이고 축복받는 섹슈얼리티 특권 집단과 저주받고 금지된 섹슈얼리티 소외 집단을 도표로 제시한 바 있다. 섹슈얼리티의 이러한 위계질서화로 인해 특정한 정치적 순간마다 이 소외 집단을 억압하는 방식으로 정당성을 확보하는 증오 정치가 자행된다. "성적 행위들은 대개 아무런 내재적 관성이 없는 개인적이고 사회적인 불안을 표상하는 기표로 기능한다. 도덕적 공황에 빠져 있을 때 그러한 공포는 억세게 운 나쁜 어떤 성행위나 성적 인구집단에 부착된다. (……) 성 계층화 체계는 자기방어력이 결여된 희생자들을 공

와 대립각을 세우며 레즈비어니즘을 폭력적 이성애에 대한 합당한 대안으로 정립하는 측면이 있다. 그런데 정말 레즈비언 섹슈얼리티가 남성화된 시선에 조금도 오염되지 않고 평화롭고 안전하게 구성되는 일이 가능은 한 것일까.

3.2. 응시 구조의 다성성: 여성의 섹슈얼리티는 어떻게 수행되는가

대체로 맞기에 반드시 틀린 로라 멀비의 고전적 페미니즘 응시 이론[26)]은 남성은 남성 인물에게 이입하고 여성은 여성 인물에게 이입하며 주류 영화가 이성애자 남성 중심의 시각적 쾌락을 충족하는 일에 복무한다고 주장하며 캐릭터에 대한 독자 이입의 다양한 가능성을 무화한다는 합당한 지적을 받았다. 반박의 예는 무수히 많다. 퀴어 청소년의 성장담을 그린 시리즈 〈판타스틱 하이스쿨〉(2018) 1화에는 여성에게 끌리는 스스로에게 혼란스러움을 느끼던 '케이트'가 자신의 정체성을 확인해보기 위해 남자 학급 친구의 집에서 훔쳐온 포르노 잡지를 보는 장면이 등장한다. 그런데 물색없는 아버지가 노크도 없이 방에 들어와 독서는 중단되고, 당황한 아버지는 잠시 숨을 고른 후 딸에게 따뜻한 충고의 말을 전한다. "넌 이 잡지 속 여성들처럼 보일 필요가 없다는 걸 알아야 해. 진짜 남자는 여성의 몸매를 따지지 않고 사랑하는 법이지." 케이트는 애매한 미소를 지으며 고개를 끄덕인다. "알겠어요. 고마워요, 아빠." 헐벗은 여성이 잔뜩 나오는 이 도색잡

급하고, 그들의 운동을 통제하고, 그들의 자유를 축소하기 위한 기존 장치들을 제공한다." 게일 루빈, 『일탈—게일 루빈 선집』, 신혜수 외 옮김, 현실문화, 2015, 332쪽.

26) Laura Mulvey, "Visual Pleasure and Narrative Cinema", *Screen*, Vol. 16, no. 3, 1975, pp. 6~18.

지는 반드시 이성애자 남성 독자만을 위한 것이 아니었던 것이다.

이희주의 「사랑의 세계」[27]는 다양한 응시 방식을 보여주며 여성들의 욕망이 결코 단순하지도 올바르지도 않다는 사실을 드러낸다. 이 소설은 폭력적인 과거의 기억을 안고 사는 여동창생들이 대도시 도쿄에서 다시 조우하여 서로를 욕망하고 배척하는 피카레스크적인 플롯[28]을 취하고 있으며 펨/부치 도식과 '남성과 동일시하는 여성'의 형상을 적극 사용한다. 「사랑의 세계」의 주인공은 자기 욕망에 충실한 여러 인물들도, 채 밝혀지지 않은 의문스러운 범죄 사건들도 아니다. 이 소설의 주인공은 다양한 방식의 응시들이 교차되며 직조되는 '시선' 그 자체다.

국적과 계급과 섹슈얼리티가 다양한 이 네 명의 여성이 만들어가는 이 '사랑의 세계'에는 마음이 통하는 관계가 하나도 없다. 일본인인 펨 '마이'는 퀴어 화류계에 종사하는 듯한 부치 '서연'을 욕망하지

27) 이희주, 「사랑의 세계」, 『문학동네』 2020년 여름호. 이하 인용시 본문에 쪽수만 밝힌다.

28) 리타 펠스키는 여성주의가 개발한 가장 주요한 플롯 중 하나로 '레즈비언 피카레스크' 서사를 꼽는다. "레즈비언 피카레스크 소설은 여성들끼리의 사랑은 건전하고 평등하며 대체로 무성적이라는 믿음의 가식을 폭로하는 데서 기쁨을 맛본다. 이런 소설은 절박하고 예측 불가능한 성적 흥분의 리듬을 강조하며 사랑과 잔혹의 가족유사성, 매력의 수수께끼를 강조한다. 욕망은 윤리적 규범의 한계를 범람하며 레즈비어니즘과 여성주의를 하이픈(레즈비언-페미니즘)으로 연결시키고 성적 경향성과 정치를 연대시키려는 시도를 철저히 파괴한다. 무엇보다도 이런 장르는 '남성과의 동일시'를 여성에 대한 모욕으로 간주하고 레즈비언이야말로 본질적으로 여성과 동일시하는 여성으로 간주하는 여성주의 형식과 심각하게 충돌한다는 점이다. 그런 관점과 달리 피카레스크 장르는 탐욕스러울 만큼 남성의 자유와 쾌락을 가로채서 남성적인 문체가 주는 무모한 매력에 깊은 경의를 표한다." 리타 펠스키, 『페미니즘 이후의 문학』, 이은경 옮김, 여이연, 2010, 183쪽.

만, 서연은 헤테로 여성 '소영'을 욕망한다. 그러나 소영은 남자 없인 못 사는 여자다. 이성애자이자 외모에 대한 콤플렉스가 있는 '나'는 이들의 어긋나는 다각 관계를 지켜본다. 쓰레기를 쌓아두고 살면서 비굴하게 사랑을 구걸하는 마이는 안쓰럽지만 어쩐지 가소롭게 느껴지고, 끊임없이 남자의 사랑을 필요로 하는 소영을 한심해하면서도 그 미모와 솔직한 태도에 어쩐지 질투가 난다. '나'는 또한 남자같이 하고 다니는 서연을 혐오하면서도 그의 무관심에 기분이 상한다. 이 관계를 지켜보는 '나'의 응시가 '나'의 욕망을 그렇게 만든다.

'나'는 이성애자이지만 '나'의 욕망은 이미 퀴어함에 전염되어 있으며 전혀 올바르지 않다. 그리고 그것은 이 소설의 다른 여성들도 마찬가지다. 최루성 한류 드라마에 열광하는 마이의 취향은 동성애적이기만 한가? 헤테로 미녀를 좋아하는 서연은 헤테로 남성의 욕망을 따라 하는 것인가? 남자에게 인기 없는 헤테로 여성이 부치의 애정을 탐하는 것은 이성애적인가? 오리지널 욕망과 모방 욕망을 판별해내는 것이 당최 불가능해 보이는 이 사랑의 용광로를 보고 있자면, 차라리 가장 오리지널한 욕망이란 이 식별 불가능성과 번역 불가능성, 이 오염과 감염 상태 그 자체로 보인다.[29]

---

29) 이성애자 남성 관객들의 즐거움을 위해 제작된 영화 〈블랙 위도우〉(1987)의 주인공 '알렉스'의 캐릭터를 레즈비언 응시의 관점으로 해석한 밸러리 트라우브(Valerie Traub)는 레즈비언이 무엇이냐는 질문의 답으로 "레즈비언은 이것저것이다(A Lesbian is such and such)"(p. 305)라고 말하며 레즈비언과 그의 욕망을 정의하는 것의 모호함을 밝힌다. "레즈비언의 문제적인 존재론적 지위는, 존재자의 불연속적 질서를 규명하는 데에는 명사보다는 형용사를 사용하는 것(가령 레즈비언의 욕망)이 더 낫다는 사실을 알려준다. (……) 나는 레즈비언의 욕망을 확실히 정의하는 것(가령 알렉스는 레즈비언이다)보다는 레즈비언의 욕망을 구성하는 내부의 모순들을 탐색하는 보다 번거로운 과정을 제안한다. 젠더와 에로티시즘 사이의 수렴, 강화, 미끄

저마다의 위태로운 삶을 감당하며 살고 있는 이들은 모두 친밀성에 대한 독자적인 욕망에 몰두하며, 남성과의 협상, 심지어는 여성에 대한 폭력[30)]을 통해서라도 저 자신의 욕구를 관철시키려 한다. "사람이

러짐, 이동 들은 이분법적이지 않은 성적 쾌락에 대한 전망—'모든' 성적 주체들을 위한—을 제공하게 해준다."(p. 324) Valerie Traub, "The Ambiguities of 'Lesbian' Viewing Pleasure: The (Dis)articulations of Black Widow", *Body Guards: The Cultural Politics of Gender Ambiguity*, Routledge, 1991; 레즈비언 당사자임을 밝힌 필자는 안전 이슈로 인해 촉발된 멸균 지대로서의 분리주의 레즈비언 실천과 그 재현이 "오해될 바에는 재현되지 않기를 택함으로써 오해의 근원으로 지목된 가부장제에 우리를 정의할 권위를 다시금 심어주는 무력한 유토피아"임을 주장하며 차라리 "혐오스럽고 매혹적인 억압의 심상들이 레즈비언에 의해 전유되어 온전히 레즈비언의 욕망과 언어에 복무하는 극장으로 분리주의 유토피아의 풍경을 상상"하겠다고 주장하며 불온하게 오염된 섹슈얼리티 재현을 원한다고 고백한다. "레즈비언 유토피아의 가능성은 근사한 이상향들이 세련되게 함구한 여백을 지저분한 글씨와 더듬거리는 말들, 결핍과 선망 등의 추한 정서들을 포함하는 레즈비언의 기호로 전염시킬 때 또한 발견될 수 있다. (……) 나는 남성이 여성을 욕망하고 여성이 여성에 이입하는 정독을 이리저리 꼬인 오독에 예속시키는 레즈비언 관객 공동체를 파시스트처럼 원했다." 뚜이부치, 「레즈비언은 여성해방의 꿈을 꾸는가」, 웹진 SEMINAR 2호.

30) 여성이 물리적 폭력을 저지르는 일이 레즈비언 캐릭터를 통해 제시되고 있다는 사실은 주목을 요한다. 레즈비언 섹슈얼리티 서사의 폭력성을 연구한 린다 하트는 "레즈비언을 끊임없이 출몰하는 비밀로 만들어 유포하는 과정을 추적"하며 그 미스터리한 특성이 "이성애적/가부장적 문화가 자신이 필요로 하는 타자를 지워두기 위해서 오히려 끈질기고 눈에 띄게 이를 드러내고 생산해내는 대단히 편집증적인 문화의 병적인 반복"이며 그것이 동성애자를 범죄화하고 "이성애자를 동성애자로부터 분리시키려는" 담론적 장치임을 밝힌 바 있다. 린다 하트, 『악녀』, 강수영 · 공선희 옮김, 인간사랑, 1999, 10쪽. 「카밀라 수녀원의 유산」 속 엄마를 죽이는 라우라와 「사랑의 세계」 속 서연을 살해한 혐의를 받는 마이는 모두 레즈비언이다. 레즈비언이 범죄적인 것과 연루되고 있다는 사실, 이들이 임재와 부재를 반복하며(카밀라는 사회에서 단절된 수녀원을 드나들며 여러 차례 거처를 옮긴다. 마이는 아무 곳에서나 느닷없이 나타났다가 살인 혐의를 받고 흔적 없이 사라진다) 미스터리한 아우라를 만들고 있다는 사실을 주목하며 지금 이 사회에서 문화적으로 패턴화된 레즈비언 형상의 또다른 담론적 함의들을 발견해낼 수 있을 것이다.

외로운 게 죄니?"(289쪽) 이들은 이성애 중심주의적 핵가족 체계가 보장하는 친밀성이 아닌 새로운 친밀성을 거침없이 실현하며 밀어붙인다. 안타깝고 아스라한 정조가 지배하는 최근 제도권 문학장의 레즈비언 서사들 사이에서 이 소설의 존재는 단연 돌올하다. 불쾌한 이 욕망의 냄새들을 지우는 "락스 냄새"(294쪽)가 이 세계를 지배하고 있지만, "육욕의 죄를 지은 죄인들이 가는 곳"(263쪽)이라는 〈지옥의 문〉 조각상을 응시하는 이 여성 청년들의 뜨거운 시선은 완전히 지워지지 않는다.

「사랑의 세계」는 여성의 '응시'를 형상화한 소설로, 주고받는 응시를 통해 구성되는 여성의 욕망이 결코 평등하지 않으며 오염으로부터 자유롭지도 않다는 걸 말해준다. 이 소설에서 섹슈얼리티는 고정된 정체성이 아니라 시선들의 독해를 통해 구성된다.[31] 안정된 정체성이 욕망의 항로를 결정지어주는 것이 아니라 절대공간으로서의 사랑의 세계 속에서 시선의 교차를 통해 섹슈얼리티가 수행된다. '정체성으로서의 퀴어'가 아닌 '해석으로서의 퀴어'라는 이와 같은 서사적 전략은 퀴어베이팅을 상업화, 정치화하는 시스템 안에서 이성애 중심주의를 강화하는 계기가 될 수도 있고, 안정된 정체성으로 소급되

31) 오혜진은 헤테로섹슈얼 서사를 날조하여 퀴어 성애를 '연성'하고 '선동'하며 노는 대중 독자와 눈앞의 명백한 성애 표현을 두고도 기어코 우리네 삶의 보편적 진실을 읽으려는 비평의 정조관념의 간극을 지적하며 '퀴어성'이 경화된 당사자주의나 정체성으로부터 필연적으로 도출되는 '결과'가 아니라 독서 행위를 통해 수행적으로 발휘될 수 있는 '효과'임을 지적한 바 있다. "'퀴어 문학'이라는 라벨링과 무관하게, 퀴어 문학의 정치적 기획은 오직 이성애만이 '정상'으로 간주되는 사회에서라면 독자의 의지와 관습에 따라 자주 과잉 혹은 과소 해독된다." 오혜진, 「지금 한국 퀴어 문학장에서 '퀴어한 것'은 무엇인가—한국 퀴어 서사의 퀴어 시민권/성원권에 대한 상상과 임계」, 『문학과사회 하이픈』 2018년 겨울호, 81쪽.

는 '퀴어성'의 물화를 막는 장치가 될 수도 있을 것이다.

4. 나가며: '여성 서사'의 불안과 톤 폴리싱

페미니즘이 한국문학의 체질을 바꿀 것이라는 기대와 우려가 동시에 제기되는 지금, '여성 서사'라는 이름 아래에서 어떤 일이 벌어지고 있는가. 여성의 욕망을 성폭력을 부정하기 위해 사용하는 것, 모성의 가치를 말하기 위해 성애 실천을 누락시키는 것, 무해함이 연애 서사의 가장 중요한 덕목이 되는 것, 레즈비언 섹슈얼리티를 멸균 지대로 상상하는 것, 여성들 간의 섹슈얼리티 충돌을 '여성 연대'라는 명목으로 봉합하며 탈갈등화하는 것, 탈성애가 여성 성장 서사의 지표가 되는 것 등등의 예들은 여성의 '섹슈얼리티'가 여전히 '여성 서사' 기율을 해치는 가장 치명적인 뇌관임을 방증한다.

요철 제거하듯 서사의 섹슈얼리티 표현과 욕망들을 매끈하게 마감 가공하여 '여성 서사'라는 수식어를 붙이는 이 '톤 폴리싱' 행위는 단지 공허할 뿐 아니라 섹슈얼리티를 프로파일링하며 분할 정치를 수행하는 문화적 안보 체제를 수립한다. 이 분리주의 멘털리티가 향하게 될 자리를 성찰해야 한다.

(2020)

벽장의 문학과 사생활의 자유주의
—소수자 시민 가시화의 욕망을 둘러싼 한 쟁점

1. 들어가며: 법 앞에서

2021년 6월 14일, 시민운동계의 오랜 염원이었던 '차별금지법'이 국회 법제사법위원회에 자동 회부되었다. 2007년 법무부의 입법예고 이후 이 법안은 '사회적 합의'가 필요하다는 이유로 여러 차례 발의와 폐기가 반복되었는데, 올해 국민동의청원을 통해 10만 명의 연대 서명을 받으며 국회 소관 위원회에 다시 한번 상정된 것이다. 오랜 계류의 세월을 뒤로하고 시민들은 이제 이 문을 통과할 수 있게 된 것일까.

카프카의 짧은 이야기 「법 앞에서」는 유예의 정치학을 잘 보여준다. 이야기의 주인공인 시골에서 온 사내는 법의 문 앞에 당도하지만 말단 문지기에 의해 출입이 저지된다. 사내는 한참을 생각하더니 나중에는 들어갈 수 있느냐고 묻는다. "그럴 수 있겠지요." 문지기가 말한다. "그러나 지금은 안 돼요."[1] 활짝 열려 있음에도 정작 들어갈

1) 프란츠 카프카, 『소송』, 김재혁 옮김, 열린책들, 2011, 275쪽.

순 없는 문, 나중엔 가능하리라고 암시되지만 여하간 지금은 통과할 수 없는 문, 그 뒤로 더 많은 문들이 첩첩이 이어지는 그 문은 법의 보호 바깥에 놓인 인간의 난처함을 투영한다. 고대하던 '나중'은 이야기가 끝날 때까지 오지 않고, 사내는 죽음을 맞으며, 그를 내내 한자리에 묶어두었던 그 문은 굳게 닫힌다. 이 이야기는 법적 질서와 보호가 작동하지 않는 곳에서도 효력을 끼치는 법체계의 구성적 배제 원리를 설명하는 우화로 널리 알려져 있다.

새삼 카프카의 이야기를 떠올린 것은 '나중'이라는 희망보다 빨리 오는 죽음을 지금 우리가 살고 있는 이 사회에서도 자주 목격하고 있기 때문이다. 이야기 속 시골 남자가 법에서 소외된 모든 이를 상징하면서도 동시에 사적 역사와 성품을 지닌 개인이듯, 투쟁은 다수가 해도 고통은 단수의 몫으로 온다. 세차게 진행되고 있는 차별금지법 제정 촉구 운동과 더불어 수면 위로 떠오른 '비정상' 시민들의 가시화 과정과 그와 동시에 커지는 백래시의 광풍 속에서 (1인) 가정의 안녕을 볼모로 소진하지 않는 시민권 투쟁에 대한 논의가 긴요해지는 지금이다.

2. 가시화의 열망과 문학이라는 무대의 당사자성

작가 화자를 내세운 '소설가 소설'은 시대를 불문하고 활발히 쓰여왔는데, 최근 등장하는 수많은 소설가 소설의 주요 주제는 '여성 작가를 향한 원색적 비판에 대한 자기 변론' '굴절 재현되는 퀴어 당사자로서의 직접 발화의 열망' '문학적 도구화에 대한 우려' 등이다. 이는 당연히 자아의 성장과 세계의 발전을 연결시키며 세상의 주인공을 자임할 수 있었던 오래된 대의 예술 체제가 돌이킬 수 없이 흔들려버린 시대의 증상일 것이다.[2] 서사적 재현과 대상의 도구화 문제에 관해 사회 전반의 감수성이 섬세해지는 과정에서 오랜 세월 억압된 주체들을 적극 가시화하려는 페미니스트들의 열망은 맹렬히 증폭되었고 작품에 등장한 작가 지인들의 피해 공론화 문제까지 더해지며 소설은 그 자체로 스캔들의 무대가 되었다.

퀴어 소설가를 화자로 한 김병운의 「기다릴 때 우리가 하는 말들」[3]은 가시화의 불안을 잘 보여준다. '나'는 오래전 게이 인권 단체에서 만나 작품 집필 당시 도움을 받았던 '주호'의 초대를 받는다. '나'와 격조해진 사이 주호는 스스로를 논모노로맨틱으로 정체화하고 에이섹슈얼 모임에서 만난 '인주'와 동거중인데, '나'는 잠시 출타한 주호를 기다리며 "나를 꼭 한번 만나고 싶어서 주호에게 자리를 만들어달라고 여러 차례"(166쪽)나 부탁했다는 인주로부터 소설에 관한 여러 질문을 받게 된다. "퀴어 소설이 많이 나온다"(157쪽)는 말을 "게이 소설이 참 많이 나"(158쪽)온다는 말로 정정한 인주는 '나'의 소설에 대한 애정어린 독후감부터 책의 구체적인 판매량에 대한 궁금증까지 거침없이 쏟아내며 겸연쩍은 마음에 화제를 돌리려는 '나'에게 집요히 말을 붙여온다.

알고 보니 인주가 '나'를 그렇게까지 만나고 싶어했던 것은 주호에게 다른 사람이 생겼으며 그 사람이 '나'라고 짐작했기 때문이었다. '나'를 만난다고 말하고 외출한 주호의 뒤를 밟으며 인주는 그가 혼

---

2) 김미정, 「흔들리는 재현·대의의 시간—2017년 한국소설의 안팎」, 『움직이는 별자리들—잠재성, 운동, 사건, 삶으로서의 문학에 대한 시론』, 갈무리, 2019, 49~82쪽.

3) 김병운, 「우리가 기다릴 때 하는 말들」, 『릿터』 2021년 2/3월호. 이하 인용시 본문에 쪽수만 밝힌다.

자 연극을 보고 서점에 들러 '나'의 책을 구매해서 읽는 것을 목격한다. 그것은 '나'와 주호가 이전에 함께 외출할 때의 동선과 동일했고, 파트너의 거짓말을 확인한 인주는 주호가 '나'를 좋아한다는 사실을 알게 된다. '나'는 인주에게 "맹세컨대 우리에겐 아무 일도 없었다고, 걷다가 손끝이 한 번 스친 적도 없는 게 바로 우리"라고 강조하지만, 인주는 담담히 주호의 말을 전한다. "윤범씨는 죽어도 모를 거라고요."(168쪽)

"힘겹게 받아들인 정체성을 공고히 할 수 있는 경험"과 "비슷한 삶의 궤적을 그려온 사람들을 직접 만나야만 느낄 수 있는 위안과 위로, 소속감이 절실"(162쪽)한 사람들이 모여 있던 게이 인권 단체에서 주호가 주장하는 젠더의 유동성과 범주의 해체 등은 부차적인 것으로 취급되었고, '나'는 주호가 오랫동안 보내왔던 욕망의 신호들을 전혀 감지하지 못했던 것이다. 그날의 모임이 파한 후 책의 중쇄 소식을 알리며 수정을 제안하는 편집자의 메일을 읽던 '나'는 자신의 소설에서 새로이 눈에 들어온 문장을 보고 기겁한다. "차라리 무성애자였으면 좋겠어./아무 감정도 못 느꼈으면 좋겠고 누구도 사랑할 수 없으면 좋겠어."(171쪽, 강조는 원문)

그런데 소설은 단지 정체성은 무수히 다양하고 퀴어로 과잉 대표되는 게이 또한 맹점이 있으니 조심조심하자고 주의를 주려는 것만은 아닌 것으로 보인다. 주호의 마음을 전하던 인주는 말한다. "오늘 우리가 만난 얘기 쓸 건가요?" 인주의 기습적 물음을 "자신을 함부로 소재 삼지 말라는 경고"로 이해하던 찰나 '나'는 뜻밖의 말을 듣는다. "우리에 대해 쓰면 좋겠다고요. 그럼 5000명은 보는 거잖아요. 그쵸?"(168쪽) 당황한 '나'는 "당사자가 아니면서 그 삶에 대해 함부로 쓸 수는 없을 것 같다"고 말하지만 인주는 단호히 말을 끊는다. "저에 대해서가 아니라 우리에 대해서요. 오늘 윤범씨가 왔잖아요. 여기 베란다에 저만 있었던 게 아니고 윤범씨도 있었잖아요. 그런데 어떻게 이게 제 얘기예요. 우리 얘기지."(169쪽)

소설가에게 성소수자 재현의 권한을 대리, 위임하고 그가 그 무게를 앓으며 원고 위에서 도전과 실패를 반복한다는 점에서 이 소설의 구도는 어쩌면 위험하다고도 볼 수 있지만, 그렇다고 해서 다양한 퀴어 종족지를 가시화하려는 열망과 성소수자 공동체의 신뢰 관계까지 기각되는 것은 아니다. 가시화의 욕망과 범죄가 불가분한 원인은 가시화 대상의 속성이 아니라 그의 존재를 위법한 것으로 구성하는 공동체의 안보 레짐 때문이라는 것을 잘 아는 '나'는 그 사각지대를 드러내는 일에 도무지 포기할 수 없는 책무를 느낀다. 발화의 당사자성은 그 자체로 중요한 정치적, 미학적 의미가 있지만, 그렇다고 해서 퀴어 서사는 당사자만이 쓸 수 있는 것은 아니라는 점, 나아가 퀴어 서사에서 당사자란 퀴어로 정체화한 그 사람만이 아니라 퀴어라는 게토 범주를 만들고 유지해온 우리 모두라는 것을 이 소설은 주장한다.

가시화의 욕망과 실제 피해가 맞닿는 일은 박서련의 「그 소설」[4]의 중심 주제이기도 하다. 여성 소설가 '나'는 「내 얘기」라는 작품을 발표한 후 전 남자친구의 전화를 받는다. 임신중절수술 경험을 담은 「내 얘기」는 화자에 따르자면 "수업에 가져갔다면 자퇴를 결심할 만큼 혹평을 들었을"(304쪽) 만한 작품이다. "갓 스무 살 먹은 대학생들이 상상할 수 있는 가장 치명적인 사건"으로 "남자애들은 섹스, 그

4) 박서련, 「그 소설」, 『문학동네』 2021년 여름호. 이하 인용시 본문에 쪽수만 밝힌다.

중에서도 첫 섹스와 관련된 소설을 썼고, 여자애들은 임신이나 낙태를 중심 사건으로 둔 소설을"(같은 쪽) 주로 썼는데, 그런 소설은 교수와 동료들에게 진부한 클리셰 취급을 받고, 그런 소설을 쓴 여학생은 진위 여부를 추궁받아야 했던 것이다. '나'는 "생리가 하루만 늦어져도 씨발 임신인가?"(같은 쪽)라고 걱정할 정도로 정기적인 스트레스에 사로잡혀 있지만, "죽어도 다른 여자애들과 같이 도매금으로 취급받고 싶지 않다는 일념"(305쪽)으로 낙태에 관한 소설을 쓰지 않겠다고 굳게 다짐한 바였다. "같은 경험을 남자애들은 모험담처럼 쓰고 여자애들은 임신과 낙태에 대한 공포소설"로 쓴다는 사실, "섹스 해봤다 너무 신난다 광고하는 듯한 소설을 써온 남자애들은 절대 낙태 소설을 써온 여자애들만큼 망신을 당하지도 않"(같은 쪽)는다는 현실이 불공평하고 짜증나지만, 그럴수록 '나'는 결의를 다진다. 임신 소식을 듣고 이별을 통보한 남자친구 없이 홀로 임신 중단을 고민하던 중 계류유산 진단을 받아 "수술대에 누워 마취제 투여를 기다리던" 바로 그 순간에도 말이다. "아……/이걸로는 소설 쓰지 말아야지."(같은 쪽)

'나'가 지적하듯 문제의 핵심은 "여자 소설가가 쓴 소설의 주인공은 이따금 그 소설을 쓴 작가의 얼굴로 상상된다는 것"(305~306쪽)이다. 친족 성폭력 피해자의 이야기를 담은 '나'의 다른 소설을 도용당했을 때, 도용범으로부터 소유권을 되찾자마자 소설의 인물이 '나'의 얼굴로 전환되어 상상되는 것처럼 '나'는 이 소설이 진짜 '내 얘기'인지 확인하고 싶어하는 지인들의 연락을 받는다. 소설을 도둑맞은 후 "절대로 흉내낼 수 없는 내 얘기"(306쪽)를 쓰고 싶다는 생각에 낙태에 관한 소설을 쓰지만, '나'가 예상했다시피 '소설은 허구'라는 원칙은 순식간에 증발하고 사람들은 입을 모아 말한다. "보니까 마음이 좀 그렇더라. 고생 많았어."(310쪽) 임신 중단이 가능한 병원을 공유해주었던 같은 과 언니는 "혹시 내 얘기 아니니?"(같은 쪽) 물어오고, 엄마는 "어떤 새끼가 그랬어?"(311쪽)라며 화를 낸다. 지인들의 등쌀에 '나'는 "나중에 가서는 일일이 소설인데요라고 하기도 피곤해져서 아 네네 감사합니다 화이팅!"(310쪽) 하며 상황을 넘기지만, 「내 얘기」를 읽은 무수한 독자들은 수술을 받는 작중인물의 얼굴에 실제 '나'의 얼굴을 겹쳐놓는 일을 무시로 한다. 「내 얘기」는 물론 일정 부분 실화를 바탕으로 하지만, 그것은 당연히 작가에 대한 무례한 추정을 정당화할 사유는 아니며 작품을 실화로 읽는 일은 '나'의 목적이나 의도와는 무관하게 이루어진다. 더하여 '나'는 「내 얘기」가 '우리 얘기'라고 주장하는 전 남자친구의 연락을 받는데, 과거 '나'에게 임신에 대한 모든 책임을 전가한 후 사라졌던 그 남자는 협박의 말을 남기며 전화를 끊는다. "내가 다 폭로할 거야. (……) 네 소설 소설 아니라고. 넌 낙태충 살인자 년이라고."(314쪽) 이미 오래전 일이고, 그사이 낙태죄는 폐지되었고, '나'는 남자들이 억지로 부과하는 죄책감을 주워먹을 마음이 전혀 없지만, 작가로서 사생활이 폭로되어 구설에 시달릴 미래에 대한 불안감은 어쩔 수가 없다. '나'는 폭로가 올라오지 않는지를 확인하기 위해 뉴스 "피드를 힘껏 끌어당기고, 끌어당기고, 끌어당기고 끌어당기고 끌어당기고 또 끌어당"(315쪽)긴다.

2021년 2월에 발표된 김병운의 작품과 같은 해 6월에 발표된 박서련의 작품을 읽고 문학계에서 발생했던 일련의 사태를 떠올리지 않기 어려운데, '글쓰기의 자유에는 책임이 따른다'는 식의 일반론만으론 논의가 더 나아갈 수 없다. 소설은 허구라는 믿음을 견지하게 만드는 근대 서사학의 합의가 특정 순간에는 작동하지 않는다는 것, 소설을 허구로 파악하는 독서 관습을 멈추게 하는 기제가 여성 차별주의, 이성애 중심주의, 도덕주의가 발동된 순간이라는 것을 거듭 주목하는 것이 중요하다. 「그 소설」을 예시로 들자면, 미혼 여성의 임신과 낙태 이야기가 나오는 순간, 즉 현실의 인간을 표적화해서 대대적으로 수모를 겪게 할 수 있을 것 같은 소설 속 장면들에서 사람들은 빠르게 현실을 당겨온다. 그것은 아마 「우리가 기다릴 때 하는 말들」의 '나'가 써온, 그리고 앞으로 쓸 소설에서도 발생할 일일 것이다.

동성애와 낙태가 죄가 아니라는 사실이 가까스로 상식이 된 사회에서 수색과 능욕이 대부분 강요된 수치에 대해 용기 있게 발화한 이들의 말을 근거로 삼는다는 사실은 여전한 비극이다. 일전에 게이의 삶을 다룬 작품집을 출간한 작가가 언론사 인터뷰에서 '커밍아웃한 퀴어 작가'로 소개된 일이 있었다.[5] 작가의 반발로 사달은 '오보'로 갈무리되었는데, 특정 인구를 예외적 존재로 낙인찍어 그 사실에 대한 인식의 우위를 자동적으로 점유할 수 있는 사회에선 생판 모르는 남의 운명에 대한 결정권을 쥐고 흔드는 것이 권력이라는 걸 인지하기도 어려운 것 같다. 퀴어 서사와 퀴어 이론 등에 있어 당사자가 아닌 사람은 결단코 아무도 없다.

이처럼 혐오가 대상에 내재된 특성이 아니라 권력과 문화의 경제적 순환에 의해 비난받을 대상을 생성하고 이를 종족화시키는 힘[6]이라고 한다면, 혐오 생산에서 자유로울 수 있는 사람은 없고 그 책임은

5) 「문장으로 읽는 책 ⑭」, 중앙일보, 2019. 8. 8.

6) Sara Ahmed, "Affective Economies", *Social Text*, vol. 22, no. 2, pp. 117~139. 웹진 '인-무브'에 번역 전문이 실려 있다. 박구비 옮김, 단감 감수.

당연히 작가와 피해자만의 일이 아니다. 「그 소설」의 '나'부터가 자신 또한 여성 작가의 작품에 작가의 얼굴을 포개는 일을 부지불식간에 하게 된다고 자백하듯 혐오 정동에 익숙한 우리들은 누군가를 공격하기 위해 혹은 그저 쾌락을 위해 허구에 현실을 덧대어 욕을 받을 구체적 대상을 지목한다. 박서련 소설 속 '나'를 형체 없는 피로와 불안으로 몰아넣은 이는 임신 사실을 알리자 도망가놓고 한참 만에 연락해와서 쌍욕과 협박을 일삼는 같잖은 전 남자친구만이 아니라 소설을 읽고 위로와 동정의 말을 보태며 작품의 이면에 대해 캐물었던 '나'의 지인들, 그들과 비슷한 의심을 품을 것이라고 짐작되는 독자 및 예비 독자 전체다. 「그 소설」은 비단 소설쓰기의 윤리뿐만 아니라 저작권을 둘러싼 문학 사용의 윤리, 나아가 내용을 받아들이는 독자의 읽기의 윤리까지 재고하기를 요청한다.

통계적 중간치인 여성의 생애사를 다룬 작품 『82년생 김지영』(조남주, 민음사, 2016)을 '내 애기'라고 당겨 읽었던 독자군의 출현은 '김지영'의 속성이 비교적 너르고 두터워 구체적 프로파일링이 불가한 중산층 평균값에 머물 수 있었기 때문에 가능했던 일이었는지도 모른다. 그 평균값의 피해자성마저 의심하는 악지와 생떼에 맞서 김지영의 삶은 보편적인 '내 애기'가 될 수 있다고 말했던 공통 의지들은 지금 어떠한 진화의 가능태를 품고 있는 것인가. 지금 당장 미래를 상상하게 하는 공공 자원이 되지 못하고 나중으로 밀린 이들의 이야기가 얼마만큼 환대될 수 있는지는 중요한 의제다. 가령 트랜스 남성의 세대 간 성애 및 SM 플레이 여정을 그린 류진오의 글[7]이나 게이

7) 류진오, 「나는 홧김에 개집을 샀고 할아버지랑 섹스했다」, 『문학동네』 2021년 여

크루징 과정과 HIV와 관련한 '안전한 섹스' 담론을 비트는 유성원의 작업들은 이성애 규범성을 타파할 미래를 예비하는 이야기로 기꺼이 초대될 수 있을까. 그의 책 해설을 쓴 퀴어 활동가는 물었다. "과연 이런 서사'도' 자긍심의 언어가 될 수 있는지".[8)]

퀴어학이 섹슈얼리티 이론으로서 힘을 잃는 것을 경계한 리오 버사니라면 물론 이런 현상을 비판할 것이다. 그에게 게이 섹스는 무덤 같은 항문을 향한 죽음 충동과 같기에 동성애 규범성을 무력화한다는 대의를 위해 이를 이성애 섹스와 동일한 정도로 안전하고 충만한 것으로, 즉 받아들여질 만한 것으로 마름질하는 것은 한갓진 부르주아 휴머니즘이며 교묘한 리버럴리즘의 동화정책이자 퇴행적 문화정치의 반복이다.[9)] 중요한 것은 섹슈얼리티 실천의 옳고 그름과 좋고 나쁨의 위계를 해체하는 것이지 비규범적 섹슈얼리티 일부를 바른 이미지로 세탁해 규범성에 편입시키는 것이 아니기 때문이다. '여성 서사'와 '퀴어 서사'에 대한 환대 속에서 비규범적 섹스와 낙태와 에이즈 등의 주제를 놓고 여전히 공황 상태에 빠진다면, 기다릴 때 우리는 말을 고르게 될 것이고, 그렇게 '내 얘기'는 계속 고립되어야 할 특수한 한 사람의 이야기로 남을 것이다.

름호.

8) 나영정, 「우리는 우리 자신에 대해서 언제, 어떻게 말할 수 있는가」, 유성원, 『토요일 외로움 없는 삼십대 모임』 해설, 난다, 2020, 408쪽.

9) Leo Bersani, "Is the Rectum a Grave?", *October*, Vol. 43, pp. 197~222; *Homos*, Harvard University Press, 1995.

3. 벽장의 패닉과 사생활의 자유주의

지난 늦봄, 게이 데이팅 애플리케이션 잭디가 홍대 인근 버스 정류장 등에 섹슈얼한 게이 이미지를 담은 광고를 게시하자 일부 사용자들이 이에 반발하여 탈퇴 인증과 불매운동을 일으켰다. 많은 사람들이 오가는 번화가에서 앱을 광고하면 혐오 세력이 난입하여 아우팅의 가능성이 높아진다는 것이 주된 이유였다. 확진자의 동선을 샅샅이 뒤져 공유하는 감염병 사태 속에서 퀴어 커뮤니티가 증오의 과녁으로 삼아진 전례가 있었기 때문에 아우팅에 대한 이러한 공포심의 호소는 몹시 절박하다. 그런데 그 불안이 특히 퀴어한 섹슈얼리티 실천과 관련하여 드러난다는 사실은 더 분석이 필요하다. 해당 애플리케이션을 비판한 이들은 사용자와 비사용자를 막론하고 이 광고가 노골적으로 성적이고(벗은 몸) 문란한(다자 관계 암시) 이미지를 담았다는 사실을 큰 문제점으로 지적했는데, 이는 성소수자 보호를 위해 성적인 이미지의 재현을 삼가야 한다는 가시화의 불안을 전제로 한다. 물론 이성애자들이 주로 사용하는 대형 데이팅 앱 광고 또한 섹슈얼한 이미지를 가능한 한 덜어내는('동네 친구' 사귀기) 사실에서 알 수 있듯, 유교적 도덕주의가 만연한 사회에서는 데이트를 다룰 때 성적 지향과 상관없이 건전함을 강조하는 편이다. 하지만 데이팅 앱을 사용하는 이성애자의 성적 표현은 생계와 생존을 걸어야 하는 투쟁의 맥락으로 바로 진입하진 않는다는 점에서 문제의 경중은 다르다. 이제는 '동성애 코드'가 아니라 '동성애'를 다루는 대중 서사들이 주목과 인기를 끄는 사회에서 재현될 만한 올바른 퀴어의 이미지를 선별할 때 섹슈얼리티 이미지가 가장 빠르게 탈락 후보군에 오른 것인데, 그것은 '여성 서사'라는 라벨링 앞에서 섹슈얼리티 실천을 괄호에 넣는 전략과 다르지 않다.

퀴어 생애 서사를 가시화하려는 욕망 속에서 실제 아우팅 피해는 문단에서도 발생했다. 지난해와 올해, 소설가 김봉곤과 김세희의 작품에 등장한 실존 인물들이 아우팅 피해를 호소하며 재현 권력이 지인을 도구화한 사실과 그 정당성에 대한 문제를 제기했고, 지난 몇 년간 문단이 내홍을 겪으며 제도화되다시피 한 절차를 통해 해당 책들은 판매 중지 결정이 내려졌다. 퀴어 서사에 대한 대중의 욕망에 부응하며 널리 읽힌 그 작품들은 김봉곤 작가의 경우 '오토픽션', 김세희 작가의 경우 '자전적 소설'로 유통되었고 작품과 작가 개인의 현실이 상당히 동기화되어 있었기에 소설에 등장하는 인물들에 대한 특정이 쉬웠다. 공론화 이후 제출된 비평들은 대부분 비평의 조직적 역할에 대한 반성이나 소설 장르의 보편적 한계 등을 짚는 쪽으로 쏠려갔는데, 권위에 의문을 제기하며 구설을 무릅쓰고 생업을 포기하면서 공론장으로 나온 피해 당사자들의 질문에 대한 책임감 있는 응답은 문단에서 일어나는 모든 치부에 적용 가능한 제도권 비평의 자기비판만으로 갈음될 수 없다. 소설가에게는 수많은 지인이 있고, 작가가 그들과 나눈 경험이 직간접적으로 작품 안에 들어오게 되지만 특히나 근래 퀴어 서사를 두고 이런 일들이 반복된다는 사실, 피해자들이 소설에서 특정된 장면이 모두 자신의 섹슈얼리티를 드러내는 부분이라는 것을 개별적으로 주목해야 한다.

공론화 이후 가장 빠르게 비평을 제시한 이는 이 사태를 '표절' 문제로 명명했다. "비록 '오토픽션'일지라도 다른 사람과 문자로 주고받은 대화 내용을 그대로 옮긴다면 이는 표절에 해당한다고 볼 수 있다. 적어도 소설에 넣기 이전에 대화 내용을 상당 부분 재가공하든지, 아니면 다른 사람이 쓴 것을 인용했다는 사실을 소설에 표기했어야 한다."[10] 하지만 인용 표기는 인물 색출의 표지가 될 수도 있으며 각색의 강도를 높인다고 아우팅에 대한 염려가 완전히 불식되는 것도 아닐 것이다.

두 작가의 사건 모두에서 소설적 가공을 거쳤다는 소설가측의 주장과 아우팅 피해가 발생했다는 피해자측의 주장이 양립하는 까닭은 문제의 발생이 단순히 타인의 삶을 예술의 소재로 이용한 작가의 윤리의식만이 아니라 섹슈얼리티 실천을 드러낸 개인을 불분명한 일부 정보만으로 프로파일링하려는 사회 전반의 색출 논리에도 기인하기 때문이다. 이 색출 과정에 참여한 익명의 많은 이들은 인격적 주체로서 재귀성을 가지고 있지 않기 때문에 피해 발생의 책임은 온전히 작가가 지는 수순이 이어진다. 게다가 쟁점을 소설적 가공의 정도에만 놓으면 '소설의 어떤 구체적인 대목이 당신을 특정하는가'라는 팩트체크식 질의가 피해자의 발언의 폭을 축소시킬 가능성 또한 크다. 소설에 기재된 내용이 피해자의 프로파일과 일치하지 않아서, 그러니까 팩트에 대한 가공의 정도가 현저하다는 이유로 당사자가 손해를 입증받을 수 없다면 그것이야말로 가혹한 일이다. 비평적 논의가 정도의 차이를 계량하는 일을 넘어 아우팅의 불안을 유발하는 원인들에 대한 분석으로도 확장되어야 한다.

소설을 매개하여 일어난 신변 노출이 전통적인 의미의 아우팅이라기보다는 문학적 발화 형식을 통해 친밀성과 내밀함을 무대화한 작

10) 이소연, 「소금이 짠맛을 잃으면—비판 정신과 비평의 책무」, 『문학과사회』 2020년 가을호, 447쪽.

가와 준비 없이 소설로 끌려나온 인물 간의 인지적, 감정적 낙차, 즉 "작가와 실존 인물 간의 정동적 괴리가 불러온 문제"[11]로 분석하는 것은 불분명한 단서로 사생활이 드러난 인물들을 색출해내는 혐오 경제학을 비교적 유용하게 설명해주는데, 구체적 수색과 검출 작업이 실제 있지 않았다 하더라도 수치심이 유발되는 메커니즘을 포착하게 해준다는 점에서 더욱 그렇다. 근대문학이 여성을 둘러싼 소문을 소설로 소비하며 성립했다는 논의[12] 등이 잘 말해주듯 언론의 자유와 예술의 역사는 개인들의 사생활을 둘러싼 사회의 심성 체제와 함께 발전하는데, 표적 질문을 가능케 하는 사회 전반의 분위기, 그 저변에 두텁게 내려앉아 있다가 때가 되면 낙인 대상을 찾아 들러붙는 도덕주의와 이성애 중심주의 정동 경제는 불안을 강요하는 현상황을 잘 이해하게 해준다.

이 일련의 사건을 간섭되어서는 안 되는 사생활 보호라는 프레임으로 보는 것에 대해서 조금 더 논의를 이어나가고 싶다. 자신의 일부분을 SNS 등으로 드러내고 이를 공유하는 글쓰기의 물적 토대가 현 상황의 주요 동력이라는 분석은 틀림이 없지만 결코 "공개되지 말아야 할 내밀한 사생활"[13]을 지키지 못한 것을 모든 사태의 원인으로 돌릴 순 없다. 잘 알려져 있다시피 이브 세즈윅은 퀴어 섹슈얼리티를 뜯

11) 김경태, 「수치심의 글쓰기와 퀴어의 사랑/윤리」, 『문학동네』 2020년 가을호, 447쪽.

12) 심진경, 「여성문학의 탄생, 그 원초적 장면—여성·스캔들·소설의 삼각관계」, 권보드래 외, 『문학을 부수는 문학들—페미니스트 시각으로 읽는 한국 현대문학사』, 민음사, 2018, 46~69쪽.

13) 김상민, 「소셜미디어 시대의 오토픽션과 자신에 대한 글쓰기」, 『내일을 여는 작가』 2021년 상반기호, 76쪽.

어내며 정상적 이성애를 발명한 역사를 근대적 집단 도착으로 분석하며 이를 '벽장의 인식론'이라 명명한 바 있다. 그의 논의를 따르자면 섹슈얼리티를 포함한 시민의 사생활이란 개념은 그러므로 얼마간이 벽장 질서에 의해 정립된 것이다.[14] 퀴어 소설을 읽고 피어난 의심들을 더 적극적으로 표현하지 않았다는 진솔한 자책[15]과 이에 대해 작가에게 진위 여부를 캐묻는 것이야말로 폭력이 될 수 있다는 가당한 비판[16]은 비판적 성찰의 노력이지만 퀴어 서사를 대하는 우리의 언어가 이미 벽장의 패닉에 붙들려 있음을 보여주기도 한다.

실로 사생활이란 권력과 거의 직접적인 연관을 맺는다. 아우팅에 대해 논설한 록산 게이는 가렛 카이저의 『프라이버시*Privacy*』를 인용하며 사생활은 개인의 '권리'이기도 하지만 동시에 개별적 육체와 영혼의 양도권을 협상하는 문명사회의 '시험' 영역이기도 하다는 점을

14) 성 사생활의 근대성은 다음의 글에 잘 설명되어 있다. "『벽장의 인식론』에서는 서구 문화가 호모포비아라는 "만성적 현대의 위기"에 취약한 이유가 대상 선택에 따른 이분법에 매달려 "호모-섹슈얼의 정의가 지난 세기 내내 지배적인 용어로 군림하도록" 방치했기 때문이라고 갈파한다. 독립 범주가 될 수 없는 동성애와 이성애를 대립항으로 배치하려는 '무지'의 권력에 집착하는 한, 동성애를 소수화하거나 보편화하거나 또는 동성 선택의 심리를 젠더 분리주의로 설명하거나 젠더 통합주의로 설명하거나 어느 쪽으로도 이성애 중심주의가 배양한 호모포비아를 방임하는 인식론적 습속을 반영할 뿐이라고 논증한다. 즉 호모섹슈얼리티를 분석하는 우리의 언어와 논리가 이미 '패닉'에 포박되어서 어떻게든 동성애자를 외부의 적으로 생산하는 구조이기 때문에, '커밍아웃'은 해도 문제 안 해도 문제인 상황이 지속적으로 발생한다." 조선정, 서울대학교 영어영문학과 콜로퀴움 발표문 「Feeling Queer: Between Sexuality and Politics」, 2021. 3. 26. 인용문 내 영문 병기는 생략했다.

15) 백지은, 「왜 소설에 사적 대화를 무단 인용하면 안 되는가」, 『문학동네』 2020년 겨울호, 151~166쪽.

16) 한영인, 「김봉곤 사태와 창작의 쟁점들」, 『내일을 여는 작가』 2021년 상반기호, 55~69쪽.

역설하며 사생활의 유연한 (불)균형성을 주장한다.[17] 저명인사 혹은 이웃의 커밍아웃과 사생활 공유가 프라이드 정치의 중요한 디딤돌이 되기도 하듯이 개인적 삶과 사회적 삶은 때때로 분리가 불가능하다.

벽장문을 회전하며 마킹하고 커버링하는 교란적 퀴어 사생활은 21세기 전후의 정치경제학 속에서 새로운 국면에 들어선다. 신자유주의 질서 속 퀴어 정치의 연성화를 의제화한 리사 두건은 신자유주의 시대에 걸맞은 '신新동성애 규범성'이라고 부를 만한 새로운 정치가 삶의 안정성이 간절하여 "정체성/평등 정치라는 신자유주의적 브랜드를 채택"[18]한 부유한 엘리트 게이(해당 문맥에서는 '독립 게이 포럼 Independent Gay Forum')를 흡수하며 신흥 보수 세력화를 추진하고 있음을 밝히며 이들이 "조직적 결집으로부터 해제된 게이 구성원의 가능성과 가정생활 및 소비에 입각한 사사화되고 탈정치화된 게이 문화를 약속함으로써 이성애 규범성을 고수하고 지지하는 정치"(123쪽)를 펼친다고 분석한다. 이들은 퀴어 운동을 "'시민권 의제'와 '해방주의'가 아닌, 가정의 사생활 권리 보장 제도, '자유'시장과 애국주의에 대한 접근권으로 재정의"(124쪽)하므로 사실상 이렇게 약속된 평등은 벽장 속에 안전하게 머물 권한에 국한된다. 적법한 관계로 인정받았지만 그러므로 더 가만히 지내야 한다. 사생활의 안녕과 평안을 지키며 자유주의 공적 질서를 위협하지 않을 것, 그것이 동성결혼 법제

---

17) 록산 게이, 「세 개의 커밍아웃 이야기」, 『나쁜 페미니스트』, 노지양 옮김, 사이행성, 2016, 151~162쪽.

18) 리사 두건, 「평등한 퀴어라는 신자유주의의 신화」, 『평등의 몰락—신자유주의는 어떻게 차별과 배제를 정당화하는가』, 한우리·홍보람 옮김, 현실문화, 2017, 112쪽. 이하 인용시 본문에 쪽수만 밝힌다.

화라는 관문 앞에 섰던 미국의 새로운 성 정치였다.

포괄적 차별금지법이라는 법 앞에 선 한국사회는 어떠한가. 미국식의 사생활 논의와 그 분석틀은 사생활권이라는 개념이 희박한 집단주의 사회에 그대로 적용될 수 있는 것이 결코 아닐 것이다. 하지만 프라이버시라는 영역을 '억압의 (예비적) 보루'가 아닌 '사회적 자유'를 향한 '저항의 진지'로 전환시키기 위해선 사생활 보전을 공동체적 신의를 통해 함께 가꾸어가는 것으로 인식하는 사유 또한 요청된다.

지난 7월, 차별금지법의 국민청원 목표 달성을 앞두고 청원인 신변 보호에 무능했던 차별금지법제정연대의 실무 과실이 드러난 일이 있었다. 공개를 원치 않는 개인의 사생활은 보호받아야 한다는 주장은 지당하다. 여성이 불평등에 대해 목소리를 내는 일만으로도 온라인 테러가 일어나는 세상이기 때문이다. 그러나 이는 프라이버시 구획과 그 접근성에 대한 결정의 책임자는 오직 그 당사자뿐이라는 배타적 의미가 아니다. 당사자가 신변 노출에 위협을 느낀 것은 목표를 위해 개인의 삶을 정치적 자원으로 삼았던 단체의 부주의 이전에 여성의 신변 노출이 삶을 결딴낼 것이라는 불안을 이 세계가 강제했기 때문인데, 그렇다면 그 불안은 이미 가부장제에 의한 사생활 개입의 흔적이다. 안전하게 살아갈 권리를 욕구하는 것과 그러기 위해 생활을 음지화해야 하는 것은 다르다. 부의 혜택을 입지 못해 공격에 취약한 프라이버시를 가진 이가 지속적으로 삶을 모욕당해야 한다면, '사회적 자유'는 아무리 부유한 자라도 성취할 수 없는 것이 된다.

이성애자 남성의 사생활은 소란을 겪지 않아도 되는 공동체의 다복한 풍경으로 무사히 자리할 수 있지만, 여성과 퀴어의 사생활은 시시때때로 평지풍파의 공론장이 되어야 하는 일의 억울함은 어쩌면 끝내 통약되지 않을 '저주의 몫'으로 남을지 모른다. 그러나 '자기'라는 협애한 의식조차 대자적 관계 없이는 스스로에게도 이미 언제나 불투명하므로 "무지의 순간에 우리를 형성한 것이 우리 앞에 놓인 것에서 분기할 때, 타자와의 관계에서 훼손당하려는 자발성이 인간이 될 기회"[19]를 준다는 버틀러의 지혜를 더 오래 붙잡고 싶은 까닭은 궁극적으로 우리가 바라는 것은 '사생활 보호'가 아니라 '사생활 자유'이기 때문이다.

4. 나가며: 욕망, 응답, 책임

주체가 원본 없는 행위를 수행하며 자기 자신과 사회를 만들어간다는 것을 밝혀낸 것이 젠더 이론의 성과라고 한다면, 퀴어학은 욕망에 관한 이론인 동시에 책임에 대한 이론이라고도 할 수 있을 것이다. 소수자 정치를 논하는 책에서 자주 인용되는 토머스 키넌의 『책임의 우화*Fables of Responsibility*』는 문학이 전제와 근거가 없는 일을 설명하고 책임지는 방법에 대한 것이라고 주장한다. "근거가 없다는 것은 변명의 구실이 없고 우리의 결정을 참조할 만한 다른 사례도 없다는 의미다. (……) 우리가 무엇을 해야 하는지 정확히 알지 못할 때, 우리 행동의 결과와 조건을 더이상 계산할 수 없을 때, 그리고 우리가 더이상 의지할 곳이 없어서 심지어 우리 '자신'에게로 돌아갈 수도 없을 때, 우리는 책임이라고 할 만한 것과 마주한다."[20]

---

19) 주디스 버틀러, 『윤리적 폭력 비판—자기 자신을 설명하기』, 양효실 옮김, 인간사랑, 2013, 233쪽.

20) Thomas Keenan, *Fables of Responsibility: Aberrations and Predicaments in Ethics and Politics*, Stanford University Press, 1997, pp. 1~2. 번역은 다음의 책

정의의 요구에 의해 출현하는 취약한 삶들은 도덕과 책임이 출현하는 조건을 형성하고, 그 존재는 우리 각자의 자리에서 가능한 모든 응답들을 요청한다. 단지 삶이 드러났다는 이유만으로 신체를 투명하게 줄 세워 사생활을 난폭하게 들추는 혐오 경제에 맞서, 법적 보호가 변이체들을 관리하기 위한 행정을 넘어 규범에 대한 '불일치'의 다양한 감각을 확산시키게 보조할 그 책임의 역사를 축적하는 방식에 대해, 훌쩍 가까이 다가온 법의 문 앞에서 묻고 또 묻게 되는 것이다.

(2021)

에 인용된 일부분을 참조하여 수정했다. 더글러스 크림프, 『애도와 투쟁—에이즈와 퀴어 정치학에 관한 에세이들』, 김수연 옮김, 현실문화, 2021.

죽을 만큼 사랑해, 죽일 만큼 사랑해
—이희주론[1)]

1. 식민화된 몸과 미친 여자들의 자기 주체화

한국문학에서 이렇게까지 사랑에 미친 여자들의 성욕을 과감하게 드러내는 작품이 있었던가. 여성은 성적 욕망을 드러내면 안 된다는 금기에 한 번, 로맨스를 여성문학의 전부로 취급할 수 없다는 저항에 또 한번, 여성의 성공을 더 많이 재현해야 한다는 주장에 다시 한번, 여성의 섹슈얼리티를 사유하는 문학은 자주 기각되어왔다. 억압이 상시적인 이 문학예술계에서 섹슈얼리티를 중앙에 놓고 이를 적극적으로 탐색하는 이희주의 작업은 그러므로 단연 고유하다. 허황된 감정을 부풀리며 에너지를 탕진하고, 허구의 환상을 현실에 도입해 폭력을 저지르며, 달콤한 망상을 끌어안고 인생을 조지는 여자들, 그들이 바로 이희주의 인물들이다. 게다가 이 여자들은 자주 비도덕적이

1) 이 글에서 다루는 이희주의 소설은 다음과 같다. 『환상통』(문학동네, 2016), 「탐정 이야기」 「여름」 「또 하나의 신화」(『사랑의 세계』, 스위밍꿀, 2021), 『성소년』(문학동네, 2021). 이하 인용시 본문에 작품명과 쪽수만 밝힌다.

다. 잘생긴 사람을 덮어놓고 편애하며 약자성을 혐오하는 한심한 언사들에 은근한 동조의 마음을 싣고, 남들의 애달픈 외사랑을 향해 저열한 호기심을 드러내며 호의와 친절을 괄시와 하대로 해석하는 것이 체질이 되어 있을 만큼 자기혐오가 극심하다. 이들은 자본주의와 가부장제가 묵과할 수 없는 엄청난 낭비를 자행하는데, 그렇다고 여성주의가 모델로서 제시하기에도 다소 곤란한 종류의 사람들이다. 이 여자들은 대체 누구인가.

이들에 대해 이야기하기에 앞서 우리 사회에 대해 말하는 것이 온당할 것이다. 저성장 시대의 좌절한 청년들을 위해 수년간 온 사회가 옹호했던 '평등'이라는 가치는 자리를 막론하고 벌어지는 온갖 성 비위 사건들과 고위직 자제들을 위해 마련된 융단 길이 잇달아 고발되며 너덜너덜해졌다. 약자의 신체는 그 자체로 민폐라고 주장하는 세력이 높은 자리를 차지하고, 그 어떤 대안 세력조차 자본주의 시장이 형성해놓은 미디어 정글에서 살아남기 어려워지고 있다. 엄연한 구조적 차별을 그저 인정하는 것조차 거부당하는 지금,[2] 2020년대의 한국은 자의식 없는 차별이 상식으로 작동하는 '선량한 차별주의자'들의 사회, 희망이 환멸의 대상이 되는 '잔인성 체제'에 진입한 지 오래다.[3] 애초에 '가진 자'로 태어나지 않으면 존엄한 삶을 보장받기 어려운 이 무자비한 세상에서, '정체성은 태어나는 것이 아니라 만들어지는 것'이라는 사회이론의 구호는 정말 순진한 오류인지도 모른다.

---

2) 윤석열 전 대통령은 후보 시절 여성가족부 폐지 공약에 대해 "더이상 구조적인 성차별은 없다. 차별은 개인적 문제다"라고 말해 공분을 샀다.

3) 각각 다음의 책에서 시도된 명명이다. 김지혜, 『선량한 차별주의자』, 창비, 2019; 천정환, 『숭배 애도 적대』, 서해문집, 2021.

그래서 이희주 소설에서는 경제적 수준은 물론 '매력 자본'까지도 모조리 생득적인 것으로 나타나는데, '성적 자본'이 특히 그러하다. "모든 관계는 등가교환의 법칙하에 이뤄집니다. 연애 시장의 논리는 더 냉정하고요."(「여름」, 116쪽) 주로 애착 관계에 문제를 겪는 이희주의 인물들은 냉엄한 미추의 기준에 따라 지나치게 잘생기거나 지나치게 못생긴 사람으로 양분되는데, 그 미의 생득성은 생물학을 넘어 신화적 차원에까지 이를 정도이다. 가령 「또 하나의 신화」 속 극히 상반된 외모를 가진 쌍둥이 남매는 그 태몽부터가 다르다. 이 사태가 더욱 비극적인 것은 이들이 오직 타인과의 비교를 통해서만 자신의 가치를 확인할 수 있기 때문이다. 매력을 갖추지 못한 이들은 자주 "버드나무 가지처럼 늘씬한 내 친구들이 안팎으로 부는 육욕肉慾의 태풍에 휩쓸려 번민하는 동안 혼자 방망이 깎는 노인 같은 삶을 살았"(「여름」, 102쪽)다고 자조한다. 이희주의 세계를 이루는 건 이 속절없이 편파적인 세계에서 적절히 욕망당하지 못해 돌아버린 사람들이다.

이들이 태생적으로 완벽한 이들에 비해 초라한 자신의 모습에 끝없이 좌절하는 모습을 보이긴 하지만, 이를 단지 패배주의로 해석하기에는 잉여가 많다. 예컨대 타인의 성적 매력을 향한 찬탄과, 소위 '안 팔리는' 자들이 보이는 각종 부정적 감정의 발산은 그의 소설들에서 가장 탐스러운 대목이다. "그의 음울함을 사랑한다며 어떻게든 그의 다리를 벌리려고 애쓰던 멍청한 대학생과 함께"(57~58쪽) 밤을 보낸 『성소년』의 '미희'는 '처녀'와 '아가씨'를 운운하며 행동거지를 주의하라는 동네 노인의 말을 곱씹는다. "처녀라니. 그건 결혼하지 않은 여자를 뜻하는 거? 삽입만 안 하면 되나? 입으로 한 건? 엉덩

이는? 몸만 깨끗하고 정신은 너덜너덜한 건? 그 반대는? 구애를 내치고 혼자 남기로 결심한 처녀와 걸레가 되고 싶지만 실패한 처녀는? 둘을 같다고 할 수 있나?"(58쪽) '걸레 되기'에 실패한 여자도 순진한 '처녀'가 아니라는 이 반응은 단지 젊은 여자에 대한 부주의한 폄하에 대한 반박을 넘어, 엄숙주의를 모럴로 여기고 성을 모욕하는 것을 여성을 향한 최고치의 공격으로 간주함으로써 성적 피해를 입은 사람은 회복되기 어렵다고 말하는 고루한 인식에 대한 도전이 될 수 있다.

이 이상한 여자들이 보여주는 온갖 종류의 과잉 성애화와 탐닉, 깊은 좌절이나 질투 및 돌연한 공격 성향과 증오 등을 유심히 음미하게 되는 것은 이들의 언어가 여성에게 강요되는 어떠한 종류의 강박과 자기혐오의 틀 안에서 메타화되어 있기 때문이다. 이희주의 화자들은 대체로 사랑받지 못한 여자들이며 거의 대부분이 식이 장애에 시달린다. "비싼 피부과와 클리닉이 가꿔준 가장 예쁜 모습"(93~94쪽)을 가지지 못해 질투의 화마에 사로잡힌 『환상통』의 '만옥', "나 혼자 유전자조작 토마토처럼 뚱뚱해서 남자애들이 돼지 냄새가 난다고"(158쪽) 놀려 움츠러들었던 「여름」의 '효진', "장인이 단숨에 만든 역작" 같은 쌍둥이에 비하면 "쥐젖이고 여섯번째 손가락"(204쪽) 같은 자신의 모습에 열등감을 느끼는 「또 하나의 신화」의 '에리카', 그리고 아름다운 젊은이를 숭앙하는 『성소년』의 '안나' 같은 나이 많은 여성들이 체현하는 각종 '어글리 필링스'와 '마이너 필링스'[4]들은 여성의 '미모'와 '젊음'을 가장 큰 '성적 자원'으로 여기는 사회에서 남

---

4) 각각 Sianne Ngai, *Ugly Feelings*, Harvard University Press, 2007; 캐시 박 홍, 『마이너 필링스』, 노시내 옮김, 마티, 2021. 이들은 사회의 소수자들이 흔히 겪는 사소하지만 중대한 일상의 부정적 감정들에 대한 사회학적 분석을 시도한다.

다른 배움을 형성한다. 여성이 마땅히 굴욕감을 느껴야 한다고 여겨지는 상황에서 여성 주체가 그것을 기꺼이 수행할 때, 거기에는 역할과 수행 사이의 연극적 거리가 생겨난다. 이 광기어린 여자들은 마치 수전 보르도가 거식증자를 설명했던 것처럼 "특이하고 기이한 병의 희생자가 아니라, 스트레스를 주는 우리 문화를 짊어지고 있는 사람"[5)]들이다. 그러므로 이희주의 소설들이 이 자본주의 세계가 자동적으로 배태한 배금주의와 외모 지상주의를 그대로 수용하고 있다고 설명하는 것만큼 서운한 일은 없을 것이다. 그의 작품을 읽는 일에는 특수한 종류의 감수성이 필요하다.

2. 망상을 읽고 쓰는 여자들의 감정 교육과 변태 독자 되기

이희주의 인물들은 기본적으로 '보바리즘'의 신도들이다. 서구 문학사에서 가장 유명한 여성 독자인 엠마 보바리는 소설을 읽으며 낭만적 사랑이라는 각본에 취해 따분하고 무심한 현실의 남자를 관능적인 애인으로 착각하다 자기기만에 빠져 자살로 생을 마감하는 유한계급의 가정주부다. 이 인물의 가장 주요한 특징은 '감상주의' '과몰입' '무비판성' 등으로 이는 21세기 온라인에 주로 서식하며 다양한 2차 창작품을 만들어 공유하고 유희하는 속칭 '빠순이'들의 특징이기도 하다. 이희주 소설에 자주 등장하는 '빠순이'들은 '소년애' 취향의 오타쿠들로, 그들은 사랑에 빠지면 대상을 조각조각 내 그 작은 단위를 물화하며 즐기는 일에 영혼을 바친다. 신현아는 자본주의적 합리성의 논리를 따라야 하는 삼엄한 연애 시장의 피로 속에서 비합

5) 수전 보르도, 『참을 수 없는 몸의 무거움』, 박오복 옮김, 또하나의문화, 2003, 83쪽.

리적 소비와 애정을 지향하는 '오타쿠적 사랑'의 급진적 가능성을 다음과 같이 말한다.

> 유치하게 보여도 오타쿠는 절박하게 매달릴 수밖에 없다. 오타쿠들은 눈에 보이는 이 3차원의 현실만이 주어진 세계의 전부라는 것을 납득할 수가 없기 때문이다. 그들도 현실이 강력하고 지배적인 것을 알고 있다. 그럼에도 다른 현실이 가능하다고 믿어야만 자신의 잠재력과 새로운 신체를 해명할 수 있기 때문에, 계속해서 '다른 리얼은 존재한다'고 말하는 것이다.[6]

---

6) 신현아, 「변태하는 사랑과 갈라지는 현실」, 인문학협동조합 기획, 『내가 연애를 못하는 건 아무리 생각해도 인문학 탓이야』, 알마, 2014, 136쪽. 이 글은 포스트모더니즘과 서브컬처의 관계를 탐구한 문화연구자 아즈마 히로키의 논지 위에서 전개된다. 작품 전체의 완성도보다 캐릭터의 매력을 중요시하는 새로운 문학의 경향에 대한 오쓰카 에이지의 분석을 참조한 히로키는 문학을 투명한 언문일치를 통해 발전된 근대적 '자연주의적 리얼리즘'과 근대적 현실과 결별한 '애니메이션·만화적 리얼리즘'으로 구분하며 후자를 다음과 같이 설명한다. "캐릭터 소설의 문학적인 가능성은 현실을 자연주의적으로 묘사하는 것이 아니라 (그것은 애당초 무리이기 때문에) 투명한 언어를 사용하면 사라져버릴 것 같은 현실을 발견하고, 그것을 언어의 반투명성을 이용하여 비일상적인 상상력 위에 산란시키는 것으로 감춰져 있던 것이 서서히 나타나는 것 같은 굴절된 과정에 있다고 생각할 수는 없을까. (……) 일상을 묘사하기 위해 비일상적인 상상력을 어떻게 필연적인 것으로 할 수 있는가, 바로 거기에 전근대의 이야기와도 근대 자연주의와도 다른 캐릭터 소설의 문학적 도전이 있는 것은 아닐까."(아즈마 히로키, 『게임적 리얼리즘의 탄생—오타쿠, 게임, 라이트노벨』, 장이지 옮김, 선정우 감수, 현실문화연구, 2012, 78~79쪽, 강조는 원문) 히로키는 거대 서사의 소멸 이후 문학은 '데이터베이스형 소비'를 향한다고 분석하는데, 이희주 소설에 자주 나오기도 하는 2차 창작, 굿즈, 모에(萌え)의 활성화 같은 것이 그 예이며 동시에 이 결핍된 통합성과 해리는 종종 또다른 폭력으로 이어지기도 한다. 아즈마 히로키, 『동물화하는 포스트모던』, 이은미 옮김, 선정우 감수, 문학동네, 2007.

'빠순이'를 전면으로 내세운 이희주의 데뷔작 『환상통』의 주인공 만옥과 'm' 또한 보이 그룹의 멤버 '민규'에게 빠져 다른 세상을 창조해내는 여성들이다. 이들은 학교를 다니는 둥 마는 둥 하며 아르바이트로 번 돈과 시간 모두를 팬 활동에 쏟아붓는다. 그러나 두 사람이 아이돌 문화를 향유하는 방식은 정반대다. 멀리 있는 자신의 '최애'를 알아보지 못해 충격을 받은 경험이 있는 m은 아이돌을 실견한 모든 날들의 경험을 글로 남기기 시작한다. 처음에 m은 '사실'과 '인상'을 적바림하는데, 그 기록이 결국 "존나잘생김1" "존나잘생김2" "존나잘생김3"(39쪽)으로 분류되어 그들 간에 아무런 차이를 표시하지 못한다는 것을 깨닫는다. 특히나 반복되는 언어의 사용은 모든 순간의 고유성을 위협한다. "예를 들어 '아름답다'는 표현은 이미 수백 년 동안 '아름다운 것'을 위해 봉사한 언어" "너무 닳아버린 언어"(38쪽)다. m은 "인양된 조각상에서 따개비를 긁어내듯, 언어를 긁어내"(39쪽)기 위해 세계 명작 소설을 읽고 필사하며 미문을 빌려오기로 한다. 그의 참고문헌은 '고전 연애소설'과 'BL 문학'이다. 그러나 두 참고문헌도 한계가 있다. 고전문학 속 님펫 도식은 지긋지긋하다. "나는 대부분의 연애소설에 공감할 수 없었다. 여자 화자들은 이해되질 않았으며 남자 화자들은 소름 끼쳤다. (……) 내가 정말 견디기 힘들었던 것은 '금빛 모래를 뿌린 것 같은 젖가슴'이나, '털로 뒤덮인 둔덕' 따위의 묘사였다."(41~42쪽) 그는 오직 남성의 기표를 이용하는 BL 문학에만 탁월한 "사랑의 정수가, 사랑의 고통이"(43쪽) 있다고 여기지만 이내 그곳에 특수한 얼굴을 대입하는 일에 한계를 느낀다.

연애소설 읽기는 그렇게 좌초되지만, m은 그를 통해 하나의 교훈을 얻는다. 바로 예술작품 속에서 향유 거리를 '재전유'할 수 있다는 점이다. 예컨대 m은 고전문학에서 드러나는 불편한 여성 묘사들에 저항하는 동시에 그곳에 열린 달콤한 열매들을 누린다. 만옥은 에로티시즘 문학의 정전이자 동시에 여성혐오 문학의 고전으로 인식되는 저 유명한 『롤리타』에 대한 양가적인 감정을 고백하며 말한다. "변태 같잖아요. 늙은 남자가 갈 곳 없는 어린 여자애 꼬시는 내용. 어우, 혐오스러워. 그런데 이번에 다시 그 책을 읽는데, 어떤 문장이, 진짜, 기분 나쁘게 확 와닿는 거예요. (……) '아, 사춘기의 공원, 이끼 낀 나의 정원에 나를 그냥 내버려두라. 그들이 영원히 내 곁에서 뛰놀게 하라. 영영 자라지 말고.' 어때요. 대단하죠?"(86쪽) 이들은 롤리타를 대하는 험버트, 로테를 대하는 베르터 등 여성을 무지하고 덕성스럽게 신화화하는 남성들에게 공감하며 물화된 여성 캐릭터에 자기 아이돌의 얼굴을 덧댄다. 고전문학이 여성혐오에 기반하고 있다는 것은 상당한 진실이지만, 그렇다고 해서 독서 행위가 인물과의 공유된 정체성을 통한 자기 인정이라는 단일한 기능만을 가지고 있는 것도 아니다.[7)]

이러한 '거슬러 읽기'는 새로운 비평의 출발점이기도 했다. 재현세계의 소수자들은 자신의 정체성을 부정하는 한정된 텍스트를 읽으면서도 자신을 계발해야 하는 환경 속에서 성장한다. 남성들 간의 친밀한 관계를 드러내는 작품을 읽으며 그것을 성적 긴장의 충돌로 해석한 이브 세즈윅의 '거슬러 읽기' 및 '변태적 읽기'는 다형 동일시적 친화력을 예시하며 퀴어 이론의 중대한 결절점이 되었다.[8)] m 또한

7) 리타 펠스키, 『페미니즘 이후의 문학』, 이은경 옮김, 여이연, 2010.

8) Eve Kosofsky Sedgwick, *Between Men*, Columbia University Press, 1985.

이렇게 말한다. "적극적으로 오독한다는 점에서, 나는 새로운 유형의 독자가 된 건지도 몰랐다."(44쪽) 그는 이입해 읽고, 거슬러 읽고, 탈취해 읽고, 변태적으로 읽는다. 이제 참고문헌은 문학작품을 넘어 모든 것이 된다. m은 역사책, 요리책, 성서 등 세상의 모든 텍스트를 잡스럽고 변태적으로 탐식한다. 비판적 정신이 결여되어 있다고 여겨지는 여성 오타쿠들의 독서 현장은 그러나 동일시와 저항, 검열과 타협 등이 발생하는 치열한 협상의 현장인 것이다.

그리고 기록의 최종 단계에서 m은 이제 저자가 되어 일인용 사전을 편찬한다. 이런 식이다. "눈/1. 마주치는 순간 너의 눈은 갈고리처럼 내 심장을 꿴다. 나는 청새치처럼 네 배에 매달려 살이 다 뜯겨도 좋다. 가지려거든 나의 백골을 가지렴. 너로 인해 순결하고 깨끗해진 내 뼈를. (……) 오르가슴/오늘은 너의 눈을 수놓은 카펫 위에서 몸부림치며 울고 싶구나. (……) 자본주의/너와의 만남을 가능하게 했고 불가능하게도 함."(47~51쪽) m은 성스러운 사전, 즉 성서를 집필하고 이렇게 "기존의 언어를 재정비하는 이 과정은 어떤 의미에선 실어증 환자의 재활치료처럼 느껴진다"(54쪽).

냉철한 인식, 아찔한 비유, 야릇한 물화들로 흥건한 소녀의 성서. 무성적 타자로 취급받았던 소녀들은 자신의 성적 욕구를 마음껏 펼치는 중이다. 더욱 흥미로운 것은 이 소설과 소설 속 사전이 실제 팬문화를 위한 참고문헌으로 기능하고 있다는 점이다. 『환상통』은 온라인 속 다양한 '덕질 계정'들을 통해 절찬리에 인용되고 있다. 고전문학을 패러디하며 나온 이 소설 자체가 2016년 이후 등장한 모든 미소년, 미소녀 아이돌을 검색해주는 일종의 정렬 함수로 기능하게 된 것, 이 작품의 탄생 비화가 다른 창작물의 마중물이 되고 있다는 사실은 정독과 오독을 넘나드는 보바리즘의 마르지 않는 생산성을 예후한다.

한편 m과는 달리 복제된 이미지와 실재 사이의 간극을 견디지 못하는 만옥은 사진이나 영상 따위에 전혀 만족하지 못한다. "사진이 가장 정확한 기록이라면 거기에 담겨 있어야 마땅한 환희와 충격, 정지의 순간은 어디로 간 거죠? (……) 사람의 세포는 칠 년이 지나야 모조리 바뀐대. 그렇다면 적어도 칠 년 동안은 내 안에 과거의 한순간이 떠돈다는 게 아닐까. (……) 그렇다면 몸은 그 자체로 살아 있는 박물관이 아닐까……"(23~25쪽) 만옥은 복제 이미지를 포기하고 모든 감각기억을 신체에 저장하기로 다짐하며 '사생 팬'이라는 금기의 강에 발목을 적시기 시작한다.

사랑의 방식이 달랐던 것만큼 사랑의 끝도 다르다. 자신이 구축한 가상을 매개로 '덕질'을 했던 m은 어느 날 문득 인공 눈을 코트에서 털어내는 방식으로 이 사랑을 끝낼 수 있지만, 사랑의 모든 순간을 자기 몸에 저장해놓은 만옥에게 끝은 신체의 종료를 의미한다. 그는 시뮬라시옹을 견딜 수 없는데, 그렇다고 현실에서 그 사랑을 다 번역해낼 수도 없다. 이 소설에서 만옥의 죽음은 소설적 미스터리를 전혀 형성하지 못하고 심지어는 자연스럽고 당연한 귀결처럼 느껴지기도 한다. 유가족조차 그의 돌연한 죽음에 당황하는 기색을 보이지 않는다. "거기엔 갑작스런 비극 앞에서 허둥대는 몸짓이 아니라, 어떤 예감—심지어는 비통하다고조차 할 수 없는 확신에 찬 몸짓이 있었다."(135쪽) 만옥을 죽음에 이르게 한 사고는 종내 공백으로 남고, 흥분, 기절, 수음, 과로 등으로 가득찬 고압력의 일상을 보내던 만옥은 소설이 진행되는 내내 "씨발" "죽어도 좋다"를 외치다가 정말로 아이돌을 너무 좋아해서 죽음에 이른다.

이 허구적 존재를 향한 사랑과 현실의 대상을 향한 사랑이 그렇게까지 구분되는 것은 아니다. 오직 아이돌 민규와 같은 이름을 가졌기에 만옥의 이목을 끌었음이 분명한 현실의 민규는 만옥을 오해하는 만큼 사랑한다. "그가 나를 좋아하는 이유는 다음과 같다. 그는 내가 낡은 가방을 들고 다니면서도 기죽지 않아서 좋아한다. 말수가 적어서 좋아한다. 자기의 말을 조용히 들어줘서, 무언가를 요구하지 않아서 좋아한다.//웃기는 소리//그가 말한 낡은 가방은 일본 옥션에서 사십오만원을 주고 산 빈티지다. 내가 말수가 적은 건 그에게 말을 하는 일에다 에너지를 낭비하기 싫어서다. 내가 그의 말을 듣기만 하는 건 딴생각을 하느라 마땅히 대꾸할 말을 찾지 못해서다. 내가 그에게 뭘 원하거나 요구하지 않는 것은 모두 그를 거절한다는 저항의 표시다."(125쪽) 팬들이 아이돌을 향해 애정을 투여하는 방식이 민규가 만옥을 사랑하는 방식과 별반 다르지 않다는 것은 전자의 사랑이 후자의 사랑보다 결코 하등한 것이 아님을 말해준다. 원치 않은 호의를 주며 그것을 좌절된 교환관계로 이해하는 남성의 자기 연민 발라드를 얼마나 많이 보아왔던가. 상대를 향한 사랑으로 치자면 더 '리얼한' 사랑을 한 쪽은 만옥이다.

이 '빠순이'들은 자신들을 향한 세간의 시선을 잘 알고 있고, 그 인식이 거대 엔터테인먼트 산업의 일부와 공모하기도 하지만, 이들은 여전히 현실과는 다른 세계, 즉 여성에게 억압적이거나 폭력적이지 않은 남성이 존재하는 세계를 믿는 우리 시대의 엠마들이다. 이 답답한 현실에서 닿지 않는 존재를 향해 손을 뻗으며 비웃음거리가 되는 이 여자들의 '덕질'은 참으로 절박한 판타지가 아닐 수 없다.

팬덤에 대한 담론과 작품들은 적지 않게 제출되고 있는 중이고, 그것은 주로 정치적 주체로서의 여성을 부각하며 '빠순이'에 대한 경멸을 새롭게 전유하는 방식으로 전개된다.[9)] 가령 '빠순이' 재현의 전환점이 되었던 드라마 〈응답하라 1997〉의 주인공은 BL 팬픽을 쓰던 재능을 살려 꼴찌 성적으로 명문 대학을 간다. 반면 이희주가 그리는 여성 팬들은 소수 인종, 여성, 퀴어의 민권운동이나 독재 정권 국가의 민주화 운동에 영향력을 행사하는 정치적, 산업적 주체와는 거리가 멀뿐더러, 그들의 의의를 '덕질' 재능을 살려 미래를 도모하는 임파워링 등으로 갈무리할 수도 없다. 이희주의 인물들이 '사생 팬'으로 활동하면서 생리대, 머리카락, 사제 폭탄 등을 투척하는 테러를 통해 폭력적인 애정을 드러내거나, '오빠'의 범죄 이력이 밝혀졌을 때 침묵을 지키고 악플을 읽으며 자해를 하는 등 사랑의 어두운 이면을 전혀 숨기지 않는 것은 이들의 사랑을 '소비'라는 현실 기준에 맞춰 재단할 수 없음을 보여준다.[10)] 이희주 소설의 목적은 사랑의 올바른 가치를 전도하는 것이 아니라 마땅히 존재하지만 언제나 가장 빠르게 폐기 처분되는 사랑의 파괴적 면모를 더 깊이 들여다보는 데에 있기 때문이다. 만옥의 사랑을 지켜보는 민규에게 그의 친구가 일갈하듯

9) 이지영, 「'집단 지성'과 그 저항적 역할을 통해 형성되는 팬덤 정체성—방탄소년단 아미를 중심으로」, 『인문콘텐츠』 63호, 2021, 171~188쪽; 류진희, 「초국적 서비스로서 걸 그룹 노동과 여성 서사—소설 「소녀 연예인 이보나」와 『라스트 러브』를 경유하여」, 『여성문학연구』 52호, 2021, 36~61쪽.

10) 김수아는 '모성 이데올로기' 교육 연구를 밑절미 삼아 케이팝 팬덤과 아티스트 간의 '희생-투여-보상'의 구조로 이루어진 생산성의 욕망 구조 안에만 있다면 팬 활동이 신자유주의적 성공 및 소비 신화 담론으로 흡수될 수 있음을 지적한 바 있다. 김수아, 「저항하는 팬덤과 소비자-팬덤의 모순적 공존」, 류진희·백문임·허윤 기획, 『페미돌로지』, 빨간소금, 2022.

이 말이다. "야, 넌 뭐 사랑이 고귀한 건 줄 아니. 그런 개 같은 것도 다 사랑이지."(162쪽)

3. 퀴어 섹슈얼리티의 마조히즘과 텍스트 에로티시즘

"나는 고통이 좋았고, 어떤 면에선 그것을 자발적으로 원한 사람이었다."(『환상통』, 70쪽) 사랑의 마성은 합일의 지복이 불발된 자리에서 더욱 강화된다. 이희주가 그리는 인물들은 이룰 수 없는 사랑을 하고 있다는 사실을 의문스러워하지만, 사실 '닿을 수 없다'는 구조적 여건 자체가 그 사랑을 그토록 압도적인 것으로 만든다. 이희주의 연작소설집 『사랑의 세계』에선 이 어긋남이 더욱 심화된 형태로 제시된다. 여기에는 수많은 쌍의 애착 관계가 나오지만, 아무의 마음도 일치하지 않는다. 이들을 보고 있자면, 이들이 과연 사랑 때문에 고통스러워하는 건지 경멸받기 위해 로맨스를 활용하는 것인지 당최 구별하기가 어렵다. 성욕을 통제하던 인류가 기어이 사랑을 발명해냈듯이 차라리 이 여자들에게 있어 사랑이란 감정은 그들의 성적 유희를 위해 활용되는 서사적 장치로 보일 지경이다. 애착은 달성될 수 없기에 인물을 더욱 성애화시키고, 끝없이 이어지는 이 '수치 플레이'는 문학을 달아오르게 만든다.

빈자로서, 퀴어로서, 외국인으로서, 박색으로서, 늙은이로서 안정적 '성적 자본'을 갖추지 못한 여자들은 마조히즘을 그 메커니즘으로 적극적으로 수용한다. 리오 버사니는 섹슈얼리티가 마조히즘적 쾌락 전개에 다름 아니라고 주장한 바 있다. 버사니는 동성애를 포함한 다양한 성적 일탈을 '병리'가 아닌 '일상'으로 설명하던 프로이트가 자신의 이론을 '이성애적 발전론' 안으로 수습하면서 모든 퀴어한 성적 실천들을 생명 지속의 원칙에 기반한 '정상적 자아' 구성 시나리오로 밀어넣으며 광범위하고 보편적인 성애 실천을 실패로 간주했다고 비판한다. 버사니는 이 실패, 자아 확립의 미끄러짐 자체가 자아를 지속적으로 존립 가능하게 만드는 힘이라고 보고, 그 실패와 전능함이 어우러진 쾌락을 주목한다. 버사니가 보기에 정신분석학은 스스로의 이론을 붕괴시키는 힘들에 대한 이론적 설명을 시도하는 분과에 다름 아니다.

> 섹슈얼리티는 순전히 육체적인 쾌에 대한 어떤 가설이 아니라, 오히려 애초부터 몸의 경험을 설명하지 못하고 몸의 경험에 적합한 개념들을 찾아내지 못하는 정신의 실패를 가리키는 기호이다. 욕망의 환상은 정신이 스스로의 기능적 실패를 재생산하려는 시도라고 해야 할 것이다.[11]

자아를 훼손하며 인간성을 탈구성하는 이 힘들 속에서 버사니는 퀴어 섹슈얼리티의 역능을 보았다. 드러내기 부담스러운 '훼손된 여성성'을 마조히즘적 '밈'으로 삼으며 성적 유희를 즐기는 것은 타자화의 시선에 맞선 새로운 주체화의 기획일 수 있다. 이희주의 여성 인물들이자 서브컬처계의 많은 병리적 여성 캐릭터들, 즉 애착 대상에게 사회통념을 넘어선 방식의 집착을 보이는 '얀데레', 박살난 정신 건강을 전시하는 '멘헤라', 남성 동성애를 연성하며 스스로를 썩

11) 리오 버사니, 『프로이트의 몸—정신분석과 예술』, 윤조원 옮김, 필로소픽, 2021, 141쪽.

은 여자 집단이라 부르는 '후조시' 등 사회 곳곳에서 은밀히 서식중인 우리 시대의 '비정상' 여성들이 바로 그런 짓을 하는 사람들이다. 이들은 냉엄한 연애 시장과 관심 경제의 한복판에서, 세상이 여성에게 허여한 자리, 즉 '무력한 여자'라는 시나리오 안에 스스로를 던져 놓고 쾌락을 자가 조절하는 법을 익힌다. 사랑받지 못해 미친 여자라는 낙인을 즐기고, 자신을 보호되어야 하므로 공격받아서는 안 되는 자리에 위치시키며 만족을 얻고, 남성 신체를 빌려 내밀한 성적 판타지를 가동시키는 등 이들은 공개적으로 추구하면 안 되는 여성의 성욕을 여러 겹의 장막을 통해 생생히 현시한다. 욕망이 역동적 네트워크 안에서 계발되기 때문에 소수자의 쾌락은 종종 억압의 한복판에서 피어난다. 이들은 미쳤고, 불쌍하고, 더러워 보이지만 자기 쾌락의 주체다.

『사랑의 세계』는 '지윤' '이 상' '윤' 등으로 불리는 한국 출신의 이십대 퀴어 여성의 죽음이라는 미스터리를 중심에 둔 일종의 범죄소설이지만, 범죄 문학이 추구하는 '분석적 쾌락'에 공헌하는 작품은 아니다. 도쿄를 배경으로 여러 국적의 청년들 사이에서 발생한 범죄를 둘러싸고 진행되는 이 소설은 범인을 찾는 일에 몰두하거나 비합리적 미스터리를 해명하지 않음으로써 추리 결과로 연역되지 않는 우수리들의 '정동적 쾌락'을 선보인다. '펨-부치' 등의 도식을 활용하며 섹슈얼리티가 이분법을 경유해 다양하게 뻗어나갈 수 있음을 과감히 보여주는 이 소설은 섹슈얼리티의 퀴어한 발전 경로를 화려하게 제시한다.[12)]

---

12) 『사랑의 세계』에 대한 담론적 분석은 이 책에 수록된 「오염과 친밀성의 경계에

연작의 첫 작품 「탐정 이야기」는 여성 전용 셰어 하우스 '호박마차'와 윤락업소 지구의 '모텔', 이주민인 '에이샤'의 가족이 일하는 '할랄 마트'를 중심으로 대도시 빈자들의 생활과 욕망을 생생히 보여준다. 직업도 꿈도 친구도 없는 '나'와 취직이 어려워 국외로 도망 나온 '지헌'은 여성 공용 숙소에 거주하면서 각각 편의점 아르바이트와 모텔 청소 일을 하며 생계를 해결한다. 이 숙소와 일터에서 연작소설의 중심이 되는 지윤의 생활상이 언뜻 엿보이지만, 편의점과 화류계를 오가는 이중 노동과 스토킹 피해 속에서 지윤은 동향임을 어필하는 이들에게 거리를 두다가 금방 사라진다. 이 젊은 여자들의 거주, 노동 환경은 위험하고 지저분하며 그 때문에 관음과 강박, 시기와 공난의 히스테리가 팽배해 있다. "어떤 곳은 최저시급도 못 맞췄고 또 어떤 곳은 지나치게 높아 수상"(28쪽)하며 겨우 구한 청소 일자리에서는 "똥의 카니발"(76쪽)로 난장판이 된 객실을 청소해야 한다. 금남의 규칙을 어긴 이에게 그가 지난밤 사용한 콘돔을 주워와 투척하기도 하고, 오밤중에 괴한이 문을 따고 침입해 들어오는 사고는 일상이다. 그러나 이 곤궁한 대졸자들에게도 '창녀'와 "좀 그런 피부"(88쪽)의 외국인은 여전한 타자여서, '나'와 지헌은 지윤과 에이샤 가족을 비롯한 경계인의 삶에 더 접근하지 못한 채 결국 인종차별로 귀결되는 자기 안의 뜨거운 혐오를 마주한다.

두번째 작품 「여름」은 지윤이 겪은 연애 소동의 전말과 피살 동기를 추측하게 해준다. 그는 퀴어 화류계에서 일하다 만난 일본인 '마

서—이성애 공포와 여성 섹슈얼리티 재현의 임계점들」에서 시도한 바 있고, 이 장은 그 글의 논증을 일부 공유하며 발전시킨 것이다.

이'에게 원한을 산다. 마이는 지윤을 사랑하지만, 지윤은 '지은'을 사랑하고, 지은은 남자와만 데이트를 한다. 지은에게 선물한 과자가 다른 남자에게 가 있는 것을 알게 된 지윤은 입성은 깨끗하지만 집에 온갖 쓰레기를 두고 살아가는 마이에게, 그러니까 더 낮은 곳에 있는 사랑의 약자를 향해 폭언을 내쏟는다. "이상해. 너랑 있으면 말이야, 어딘지 썩은 냄새가 난다고."(170쪽) 이 모든 상황을 지켜보는 건 지윤과 지은의 고교 동창이자 그들과 폭력적인 기억을 공유하고 있는 화자 '효진'으로, 그는 명문대를 나와 작가가 되기를 소망하지만 외모 콤플렉스에 시달리고 "싸구려 자해"(108쪽)를 하며 살아가는 또 한 명의 소외된 여성이다. 그런 효진이 지은을 두고 남자에게 구걸하며 사는 여자라고 매도하는 것은 지윤의 폭언과 마찬가지로 자기 콤플렉스의 발현인데, 이혼 가정에서 위태롭게 성장한 지은은 친구들의 공격에도 주변의 호의를 흡혈하는 자신의 삶을 전혀 창피하게 여기지 않는다. "너처럼 아무것도 해본 적 없는 애가 뭘 알아? 그래. 나 남자에 미친 년 맞아. 구걸한 걸로 먹고사는 것도 맞아. 근데 그게 죄야? 사람이 외로운 게 죄니?"(173쪽) 도쿄에서 조우한 옛 동창들이 얽힌 이 욕망의 소용돌이 둘레를 소요하며 효진은 폭력이 섞여 있어도 좋으니 욕정의 대상이 되고 싶다는 오랜 소망을 불태우며 분열된 스스로의 모습에 몸을 떤다.

연작의 마지막 작품인 「또 하나의 신화」는 사라진 지윤의 행방을 추리할 수 있게 해준다. 에리카는 자신과 쌍둥이이지만 월등히 아름다웠던 죽은 '쇼타'를 그리워하며 정신과 상담을 받는 중이다. 그러던 중 배우와 호스트를 따라다니며 살았던 할머니의 새로운 애착 대상인 윤에게서 쇼타의 모습을 발견하고 그를 따라다니게 된다. 남장을 하고 다니는 것으로 암시되는 에리카의 쇼타를 향한 욕망과 윤에 대한 집착은 분명 어느 방향으로나 동성애적이고 동시에 트라우마적이다. 일찍 사망한 할아버지, 가족을 버리고 도망간 아버지, 대지진으로 죽은 아들 등 남성 가장이 떠난 집에서 "그 모든 걸 잊고도 먹고, 자고, 매일매일을 살아야 했던"(256쪽) 할머니, 엄마, 에리카로 이어지는 삼대 여성은 아이돌과 호스트를 따라다니고, 섭식 장애를 겪으며, 가족의 죽음을 인정하지 못해 공상에 몰입하는 등 안정적인 애착을 형성하지 못했다. 결국 에리카는 할머니와 엄마를 떠나 외딴 곳에서, 비밀을 통해서만 사랑이 유지되는 신화를 완성하기로 한다. 쇼타를 닮은 윤의 시체와 함께 완벽한 환상 속에서 살아가기로 한 것이다. 사랑하는 이와 더이상은 헤어질 수 없으므로, 에리카는 마이에게 칼을 맞은 윤을 한번 더 찌른다. "괜찮아. 아프지 않아. 금방 끝나."(269쪽)

죽은 피해자의 정체가 대체 무엇인지, 그가 정말 죽기나 한 것인지, 지금 그는 어디에 있는지 등의 종합적 진실을 알기 어려운 까닭은 그가 쉽게 '식별'하거나 '색출'할 수 없는 종류의 인간, 즉 외국인, 퀴어, 성 노동자이기 때문이다. 그는 평범한 학생이었다가 편의점 알바생이었다가 레즈비언 화류계에 종사하는 성 판매 여성으로 자신의 모습을 시시때때로 바꾼다. 누군가에게 그는 "조선 보지"(213쪽)에 불과하지만, 누군가에게는 일생일대의 연인이거나 그리운 망자의 대리물이다. 그는 사라졌다 나타나기를 반복하고 심지어는 죽었다고 가정되는 이후에도 목격되는 등, 도플갱어처럼 증식하며 모두의 눈에 밟히지만 결코 붙잡을 수 없다.

이 소설의 모든 이들은 다양한 환경적 조건 속에서 서로의 욕망을 경유한다. 모텔 청소 일을 하며 아무와도 연애하지 않는 결벽증자 지헌, 규범적 남성성을 깍듯이 실천하는 지윤, 성별 무관 미인을 따라다니며 노예 역할을 수행하는 '아이코', 시체를 애호하는 에리카, 부치의 애정을 탐하는 이 연작의 수많은 여자들 등, 이들의 욕망의 향방은 성기 모양만이 기준이 되는 것도 아니고, 이들의 성적 실천을 단지 이성애와 동성애로만 나눌 수도 없다.[13] 가령 이 작품 속 여성성의 화신이자 유일하게 확고한 이성애자처럼 보이기도 하는 지은조차 매우 퀴어한 배치 안에 있다. 그는 폭력인지 로맨스인지 알 수 없는 유년 시절의 경험 이후 나이 차이가 많이 나는 남성만을 만나는데, 동시에 자기 앞에 무릎을 꿇어 운동화 끈을 매주고 사소한 말 한마디조차 놓치지 않고 조공품을 헌납하는 부치 지윤을 용인하며 친밀성의 허기를 충족한다. 즉 퀴어는 단지 '대상 선택'의 문제만이 아니라는 것, 비가시화되어 있을지언정 '규범적' 애정 관계에서도 이미 언제나 퀴어한 기척들이 존재해왔다는 것, 친밀성의 세계는 그 모든 지향이 실험되는 장이라는 것, 자기를 훼손하며 재구성하는 이 사람들의 사랑이 그것을 풍성하게 예증한다.

4. 모성의 그림자, 실패하는 생명과 성공하는 욕망

남성상을 성애화하며 그 권력을 무력화시키는 것이 여성의 주요 전략이기도 하지만, 어쨌든 '오빠'를 맘놓고 좋아하긴 어려운 시대다. 돈과 열정을 갖다 바친 '오빠'들이 성범죄자가 되는 현실은 팬들

13) 케이트 본스타인은 지정 성별이나 파트너의 젠더가 아닌 다양한 관계 용어를 사용할 것을 제안한다. 케이트 본스타인, 『젠더 무법자—남자, 여자 그리고 우리에 관하여』, 조은혜 옮김, 바다출판사, 2015.

에게 통한의 딜레마를 안겨준다. '최애'가 팬을 폭행한 사실이 폭로되어 번민의 나날을 보내며 성장하는 여고생의 이야기인 우사미 린의 『최애, 타오르다』, '성덕'을 자임했지만 '오빠'의 성범죄 이력이 밝혀진 후 팬덤 산업을 반성하는 십대 팬의 일지를 담은 오세연의 다큐멘터리영화 〈성덕〉(2021), 이 두 1999년생 여성 창작자의 작품은 '미투 운동'을 통과해온 팬덤의 공감을 얻으며 발표 직후 자국의 소셜미디어를 뜨겁게 달구었다. 애정을 쏟을 대상이 부재함에도 팬들은 여전히 공동체를 이루어 활동하고 있다. 그렇다면 '덕질'을 모두 관두라는 조언은 팬 공동체를 존중하지 않는 일이기도 하다. 남성의 기표를 이용했을지언정 그것은 여성들의 문화이자 산업이었으며, 손쉬운 대안으로서의 '탈덕'은 그 문화 실천을 모두 '소비주의'로 환원하는 일이 되기 때문이다.

문제가 여자들의 사랑이 아니라면, '사랑하지 않는 이야기' 대신 '사랑해서 죽이는 이야기'도 전략이 될 수 있을까. 『환상통』에 미약하게 드러났던 성상 파괴의 꿈은 『성소년』을 통해 가뿐하게 달성된다.

이희주의 소설에서 심심치 않게 등장하는 운동권 남성들은 모두 자신의 좌절된 이상과 콤플렉스를 여성을 향한 분노와 폭력으로 해소하는 인물들로 나오는데, 평등의 가치를 맹렬히 수호하던 이들조차 혐오로부터 자유롭지 않다는 사실은 회복적 정의에 대한 깊은 불신으로 이어지고, 이희주의 인물들은 곧장 응보주의에 기반한 사적 복수를 감행한다. 네 명의 여자가 미남 하나를 납치해 약을 먹여 무력한 상태로 만들어 가지고 놀다 강간하고 죽고 죽이는 이 이야기에서, 죽을 만큼 사랑했던 여자들은 이제 죽일 만큼 사랑하는 데까지 간다.[14] 정념 문학의 끝판왕으로서 구라하시 유미코의 『성소녀』, 스티

븐 킹의 『미저리』, 양귀자의 『나는 소망한다 내게 금지된 것을』 등을 레퍼런스로 삼은 이 소설은 팬픽션의 형식을 통해 감금 판타지의 극치를 보여준다.[15)]

'안나' '희애' '나미' '미희', 이 네 명의 여자는 각기 다른 이유로 당대 최고의 미남 스타 '요셉'을 납치하기로 공모한다. 이 기획의 설계자는 사십대의 귀부인 안나다. 부잣집 딸로 태어나 미술을 전공한 뒤 교수 사모님으로 살아가는 안나의 그림 같은 삶의 이면에는 가정폭

---

14) 이 글의 제목에 쓰인 '죽일 만큼 사랑해'라는 표현은 영화 〈아무르〉에 대한 신형철의 비평 「죽일 만큼 사랑해」(『정확한 사랑의 실험』, 마음산책, 2014)에서 온 것이다. 신형철의 글은 사랑이 자체적인 윤리 기준을 설정하고 있음을 말하며 이 영화에서 제시되는 살인이 반증은 불가능하나 호혜성과 상호 인정의 형태를 띨 수 있음을 넉넉히 논증한다. 한편 이희주 소설의 맥락에서 사랑의 자체적 윤리는 비약적인 일방성을 통해서 지지되고 있으며 작품에서 제시되는 살인 및 교사는 '윤리적으로도' 명백한 범죄에 가깝다.

15) 섹슈얼리티의 어두운 경로를 탐색하며 진행되는 이러한 팬픽션 장르는 작가와 독자 사이의 두터운 합의가 전제되어야 한다. 이 장르는 충분한 합의 없이, 혹은 이 합의의 맥락이 절단된 채로 유통되기에는 다소 위험하기 때문이다. 가령 2021년 '알페스 방지법'을 발의한 국회의원은 알페스를 '제2의 N번방 사태'로 명명하며 해당 문화를 곧장 디지털 성폭력으로 이해한다. 디지털 성폭력 패닉이 결국 여성 문화에 대한 검열로 이어진 것인데, 엔터테인먼트 기업이 알페스 문화를 이용하거나 사실상 장려한다는 사실은 차치하고서라도 이는 팬픽션의 생산, 소비 과정에 대한 철저한 무지를 기반으로 한다. 팬픽션이 현실과 완전히 무관한 절대적 무풍지대로서 무엇이든 용인받을 수 있다는 것이 아니라, 팬픽션의 독자들이 일상적으로 수행하고 있는 검수, 심의, 편집, 자정, 토론 등과 같이 커뮤니티 내부에서 강력하게 수반되고 있는 합의 문화를 충분히 고려하는 과정이 필요하다. 팬픽션을 광범위하게 연구한 크리스티나 부세는 일종의 파라텍스트인 '헤더'를 적극적으로 사용하는 팬픽션 공동체 문화가 취향을 안내할 뿐 아니라 트리거 워닝 등의 기능을 통해 독자를 협상 주체로 설정하고 작품 감상에 책임감을 가지게 한다고 분석한다. Kristina Busse, "Fictional Consents and Ethical Enjoyment of Dark Desires", *Framing Fan Fiction: Literary and Social Practices in Fan Fiction Communities*, University of Iowa Press, 2017 참조.

력과 '소년애'라는 비밀이 있다. "시대의 종말. 정치의 멸망. 자본주의의 번영"(80쪽)에 아파하던 남편을 친정의 도움으로 유럽 유학까지 시키지만 이내 남편의 우울함과 방치에 메말라가던 그는 아버지가 몰래 부쳐준 돈으로 명품 쇼핑을 하며 살아가다 우연히 동구권 출신의 성 판매 소년을 만나 그의 단골손님이 된다. 어리고 예쁜 남자를 씻기고 먹여 그를 매력적인 사내로 만들어가며, 안나는 소년과의 "달콤한 불확실성"(83쪽) 속에서 적적한 삶을 달랬다. 귀국 후 가뿐히 전향한 남편의 폭력과 임신 실패, 시부모의 정신적 학대 속에서 그는 지인의 양아들인 요셉을 만나게 되고 다시금 소년에 대한 욕정을 발동시키지만, 요셉에게 자신은 그저 '아줌마'일 뿐이라는 사실만을 확인하고 만다. 절망 속에서 안나는 요셉을 영원히 품안에 넣을 납치 범죄를 기획하기 시작한다.

안나가 이 기획의 공모자로 선택한 이는 그사이 유명 아이돌이 된 요셉의 광팬인 미희와 나미, 그리고 요셉의 생모이자 안나의 입주 가정부였던 희애다. 폭력적인 남자와 사랑에 빠지는 엄마에게 질려 가출해서 집도 절도 없이 살아가며 죽음 충동에 사로잡힌 미희, 신병을 앓던 엄마와 엄마를 차로 쳐서 사망에 이르게 한 뒤 본인도 그 자리에서 즉사한 아빠의 부재로 무당인 이모 집에서 성장하며 학교에선 왕따를 경험한 나미, 그리고 어린 나이에 가정부로 일하다 주인댁 도련님 친구의 아이를 낳은 후 쫓겨나 홀로 아들을 부양하다 결국 그마저 빼앗긴 희애까지, 저마다의 폭력으로 얼룩진 삶을 살아온 이 네 명의 여자는 어여쁜 남자 하나를 잡아다 원하는 만큼 함께하기로 결정한다. "사람은 누구나 기묘한 꿈을 꾼다. 그걸 실제로 저지를 힘을 가진 사람이 있고, 아닌 사람이 있을 뿐이다."(70~71쪽) 안나의 재력을 통해 처음으로 이 여자들은 자기 안의 야성을 모두 꺼내게 된다.

세기말, 대한민국 최북단, 박제 동물로 장식된 외딴 산장을 배경으로 이 여자들의 파괴적인 BDSM 파티가 거행된다. "당신을 돌보는 게 우리의 기쁨이에요."(23쪽) 네 여자는 사고로 기억을 잃은 요셉에게 약을 먹여 침대 위에서 옴짝달싹할 수 없게 만든 후 그를 씻기고 먹이고 대소변을 받아가며 전능함을 누린다. "자, 몸에서 힘을 빼고…… 바지 내리겠습니다……"(17쪽) 대체 누가 여자의 돌봄노동을 거룩하다 하였는가. 여성을 무력하고 무구한 상태에 놓으려는 영구적인 성차별 구조를 정반대로 뒤집어 전개하는 이들의 사랑은 가히 엽기적이다. 여자들은 요셉의 날씬한 몸매를 유지시키기 위해 식단을 엄격하게 관리하고, 체계적으로 약을 먹여가며 회복을 방해하고, 약에 취한 상태의 그를 강간한다. "너를 낳아서, 수백수천 명을 낳아서 이 도시를 가득 채울 거야. 이건 인류를 위해서 좋은 일이야. 아름다움을 증식하자."(237쪽)

그러나 이 광란의 파티가 오래갈 리 없다. 산장 주인인 안나 지인의 손자와 그의 '혁명 동지'들이 드나들고, 그들의 출입을 계기로 경찰이 방문하는 소동이 벌어지기 때문이다. 하지만 여자들의 사랑을 방해하는 이들은 즉각 사살당해 냉동고에 처박히는 신세가 된다. "어쩔 수 없잖아요? (……) 부자들은 부러 돈 주고 냉동 인간이 되려는데……"(199쪽) 이들에게 살인을 저질렀다는 두려움보다 중요한 것은 요셉을 속히 안전한 공간으로 옮겨 영원히 차지하는 것이다.

더이상 요셉을 공유할 수 없는 상황에 이르자 이 범죄 조직은 급격히 와해된다. 이 소설에서 가장 치열하게 재전유되는 것은 '모성 이데올로기'로, 네 여성의 요셉을 향한 돌봄의 파괴적인 면모는 모성이란 이름으로 자연화된 여성 노동에 대한 신화를 깨부순다. 부잣집 자제의 아이를 밴 하녀로서 출산 이후 버려져 어렵게 생활하다 결국 아이마저 빼앗긴 불행한 어미로 소설에 처음 등장한 희애가 알고 보니 문제적 어머니였다는 반전으로 어머니로서의 '성스러운 소명'은 신랄하게 전복된다.[16] "야, 희애야. 영기 오빠 진짜 통 크더라. 그 돈이면 못해도 아파트 두세 채는 샀겠던걸? 그 정도면 애를 뺏긴 게 아니라 돈 주고 팔았다고 봐야 하는 거 아냐? 근데 너 그 돈은 다 뭐에 쓰고 그러고 사니? (……) 하루가 멀다 하고 남자 갈아끼우고 사는 엄마 옆에서 애가 뭘 보고 자라겠니? (……) 희애야, 하나만 묻자. 그 사람들이 애를 개 패듯이 패는 걸 보면서 아무 기분이 안 들든?"(303~304쪽) 안나는 자신의 목적을 위해 희애의 죄책감을 부추기고, 요셉을 닮은 조각상으로 그를 오인하게 만들어 결국 자살에 이르게 한다. 요셉을 차지하기 위해 어머니의 자리를 능멸한 안나는 파트너 자리의 라이벌인 젊은 여성 미희를 공격한다. "불공평하잖아. 자기만 젊고 예쁜 거. 얼굴을 어떻게 못하겠음 머리라도 잘라. (……) 싫구나. (……) 그럼 죽어."(311~312쪽)

여자들의 이어지는 자살과 요셉의 실종, 그리고 자신이 요셉의 딸이라 주장하는 한 여자의 에필로그를 통해 요셉에 대한 물화는 정점에 이른다. "아버지는 아무것도 아닌, 어차피 썩어 없어질 몸뚱이를 오로지 자기의 살로만 주린 배를 채우고, 자기의 피로만 목을 축일 수 있는 불쌍한 여인들에게 나눠주기로 결심했던 거구나. (……) 아버

16) 에이드리언 리치, 『더이상 어머니는 없다—모성의 신화에 대한 반성』, 김인성 옮김, 평민사, 2018.

지는 성인이었습니다. 아무도 사랑하지 않기로 하고 모두를 사랑하기로 한 성소년이었습니다."(340쪽)

수간 혐의를 받는 이 대저택의 주인이 "가장 아름다운 순간의 잉꼬를 영원의 박물관에 가두고 싶어"(233쪽) 동물들을 죽여 박제하고 전시했듯이 여자들은 요셉의 소년미를 영원히 박제하는 꿈을 실현한다. 그 꿈이 비록 자신의 목숨을 대가로 할지라도 말이다. 이희주의 소설들에서 숭앙의 대상이 되는 소년들은 이미 이름부터가 페티시즘의 정점에 있다. '옥돌 민'에 '별 규' 자로 구성된 『환상통』의 '민규', 롤리타의 대립항이자 일반명사로 쓰이는 『사랑의 세계』의 '쇼타', 신의 은총을 받은 성경 속 인물 이름이기도 한 『성소년』의 '요셉'과 같은 이름은 곧 인격의 형식과 내용을 드러낸다.[17] 약물 강간을 통해 요셉의 여식이 수태된 것이 맞는지, 그 딸이 소설 마지막에 등장하는 화자인지 등의 객관적 진실은 별로 중요하지 않다. 그저 그들이 그렇게 생각한다는 것만이 중요하다. 구세주의 부활은 보지 않아도 믿을 수 있듯 성인을 성인으로 만드는 것은 객관적 진실이 아닌 추종자들의

17) 이희주의 소설에서 '소년애'는 '유독한 남성성'을 소거하여 여성의 공포를 조절하기 위한 장치에 가깝지만, 그렇다고 소년애가 반드시 이성애적 실천인 것만은 아니다. 케이팝 문화 속 '퀴어페스'를 연구한 권지미는 '소년애'가 퀴어적 욕망의 발로일 수 있음을 지적한 바 있다. 권지미, 『알페스×퀴어—케이팝, 팬덤, 알페스, 그리고 그 속의 퀴어들과 퀴어함에 대하여』, 오월의봄, 2022. 「또 하나의 신화」 속 남장 여자 에리카의 쇼타를 향한 욕구, 『성소년』 속 게이인 스스로를 혐오하는 '박'의 요셉을 향한 질투 등이 그러한 예가 될 수 있다. 『성소년』에서 네 여자들의 범죄 계획에 유효한 타격을 가한 이는 박인데, 그는 데뷔하지 못한 연예인 지망생으로서 게이에게 강제된 치욕으로 요셉을 죽음에 이르게 한다. 자본주의 사회의 승자지만 자신의 성정체성과 불화하며 패자처럼 살아가는 기원의 남자와 외국인 여성을 성매매에 이용하는 포주의 동성애 혐오 등의 팽배한 혐오 정동 안에서 그가 가진 소년애적 성향, 그로 인한 성적 무능과 수치심, 공격성은 소설 속 다른 여성들의 파괴적 욕구와 공명한다.

믿음이다. 가여운 미남자 하나를 잡아다 성인으로 옹립시킨 이 여자들의 믿음이 수행적으로 이 기묘한 주장을 보충할 것이다.

현실의 기준에서 본다면 결국 다 죽고 잡혀갔으니 이 여자들은 실패했다고 볼 수 있지만, 욕망의 입장에서 본다면 이 여자들의 꿈은 성공적으로 달성된 편이다. 요셉의 딸을 통해 복음 전도의 경로까지 마련되었으니 말이다. 이 여자들의 욕망은 물론 세상에 적절히 번역되지 못한다. "모든 건 사랑에서 비롯됐다는 나미의 자백을 귀담아듣는 사람은 없"(329쪽)어서 이 납치 범죄는 산장을 무단 점거한 학식이 낮고 가난한 '여자 깡패들의 소동극'으로 갈무리된다.[18] 하지만 독자는 그것이 전부가 아님을 안다. 웨딩드레스를 입고 동네를 떠돌며 방언을 하는 여자와 계속해서 발견되는 거세된 남자들의 시체, "광인은 그 스스로는 누구보다 행복할지 모른다. 보는 사람이 괴로울 뿐이지. 인간은 서로 기대고 살아야 한다. 운좋게 제때 짝을 찾은 자신 같은 존재도 있지만, 아닌 존재들도 있다. 그들을 긍휼히 여겨야 한다"(161쪽)는 섬뜩한 독백. 특이점이 온 이 사랑을 무어라 불러야 할까.

---

18) 서구 범죄소설의 역사를 광범위하게 연구한 마르크스주의자 에르네스트 만델은 계급투쟁이 철저하지 못했던 국가들에서 고전 범죄소설이 번성한 것이 부르주아 계급의 요청과 맞물린 결과라고 주장한다. 즉 사유재산과 자기 신체를 보호하기 위해 하층계급을 감시하고 갈등을 해결 가능한 것으로 만들려는 욕구가 범죄소설과 고전 추리소설에 반영되어 있다고 보는 것이다. 맹목적이고 이해 불가하며 결함투성이인 인간들의 비합리성은 귀족 탐정 및 공권력의 부분적 합리성을 통해 봉합된다. "부르주아 합리주의에는 언제나 합리성과 비합리성이 결합되어 있으며, 전체적으로 비합리적 경향을 낳는다."(에르네스트 만델, 『즐거운 살인—범죄소설의 사회사』, 이동연 옮김, 이후, 2001, 84쪽) 이희주의 범죄소설에서는 무당, 예지몽, 환각 등이 비합리적이고 불투명한 욕망을 설명하는 기제로 제시되고, 사건은 종합적인 해결을 이루지 못한 채 종결된다. 『성소년』에서 일어난 범죄는 빈민 여성들의 주거침입죄로 오해되고, 『사랑의 세계』는 돌아"갈 곳이 없"(70쪽)던 불법체류 가족의 추방으로 종결된다.

기존의 성 정치학을 뒤집는 이희주의 여자들은 '좋은' 성적 각본, 즉 결혼과 출산이 중심이 되는 이성애 가부장제뿐만 아니라 '안정'과 '성숙'이라는 온건한 가치마저 배반하며 거침없이 전진한다. 소설의 끝에서 이들에게 허용되는 것은 죽음, 수감, 추방, 실종이 거의 전부여서 동성애 박해와 여성 억압이 스포츠인 사회를 돌이켜볼 때 다소 트라우마를 유발하지만, 적어도 이 '실패의 기술'[19]은 인물을 생득적이고 선험적인 차원 너머로 나아가게 한다. 규범적 각본 너머의 삶은 아무것도 내정하고 있지 않기에 실패가 필연이며, 나아가 승패의 질서로는 측정할 수 없는 곳이 아니던가. 이희주의 소설은 언제나 타인의 성적 실천을 관찰하고, 해석하고, 자신에게 적용하며 전진하고, 실패하는 시점으로 쓰여왔다. 치욕과 수모에도 불구하고 그렇게 살 수밖에 없는 것이 인간의 어쩔 수 없는 조건이라는 것. 사랑이 우리를 파멸시킬지라도 그 경로가 규범적 세계의 질서를 바꾸어낼 동력이 된다는 것. 이 험난한 아이러니들을 옹호하는 이희주의 문장은 언제나 불투명한 빛을 발산한다.

젠더 전쟁과 소수자 시민권 투쟁이 가장 큰 화두가 된 이 시대에, 약자들의 삶을 '협상 가능한 것'으로 만드는 설득의 수사학만큼, 어쩌면 그보다 더, 규범적 재생산을 위해 소용되지 않는 다양한 신체들의 몸짓을 펼쳐 보이는 것 또한 중요한 일일 것이다. 관용의 오브제 되기를 거부하는 이희주의 여자들은 예술의 이름으로 정치적 안전지

---

19) 경제 위기 이후 잭 핼버스탬은 필연적인 실패자를 양산하며 분열을 조장하는 자본주의 체제 안에서 다양한 '실패의 기술'이 극소수의 승자에 대한 급진적인 대항 담론이 될 수 있음을 주장한다. Jack Halberstam, *The Queer Art of Failure*, Duke University Press, 2011.

대에 머무르려는 욕망을 가뿐히 뛰어넘는다. 이희주의 소설엔 '올바름'은 없지만, 그 기존의 잣대로는 절대로 출입할 수 없는 미지의 세계가 있다. 재생산주의에 대한 패러디로서, 낙오된 인간성의 전복으로서, 미계발된 감각에 대한 탐구로서, 이 소설들에 펼쳐진 다양한 욕망은 이 억압적인 세상에서 새로운 주체화를 위한 급진적 상상력을 제공한다. 무엇이 심기를 거스르는가. 우리는 이런 이야기들을 더 들여다볼 필요가 있다.

(2022)

명사 퀴어와 형용사 퀴어
—퀴어는 대상 선택의 문제인가

스스로를 퀴어로 정체화한 인물들이 여럿 나온다고 해서 그 소설을 곧장 퀴어 문학이라고 부를 수 있을까. 라벨링이 중요하다면 그 간단한 사실을 엄격히 부정할 필요는 없겠지만, 특정 인구 집단을 종족화시킴으로써 배제의 기능을 수행해온 성의 역사를 살핀다면 라벨링은 영토 경쟁의 대상이 아니며 그 자체로 문제적 현상이다. 소수자 시민운동과 더불어 전방위적으로 확산되고 있는 퀴어 서사의 대중화가 봉착하는 여러 이슈 중 이 글에서는 성소수자의 재현이 '퀴어'를 '대상 선택'의 문제로 한정하는 사유와 쉽게 연동되는 것과 그 징후에 대해 논의해보고자 한다.

담담한 퀴어 정동?

발표 이후 잔잔한 주목을 받은 안윤의 「담담」[1]은 내게 이러한 문제

1) 안윤, 「담담」, 『자음과모음』 2023년 겨울호. 이하 인용시 본문에 쪽수만 밝힌다.

의식을 촉발시킨 작품이다. 소설은 양성애자인 '혜재'('나')가 레즈비언이었던 '수윤'과의 긴 연애를 마친 후 소개팅을 통해 아내와 딸을 사고로 잃은 '은석'과 새로운 사랑을 시작하는 과정을 담은 연애소설이다. 내키지 않는 소개팅 자리에 나가게 된 '나'는 인사말에서부터 대뜸 "저는 바이"(170쪽)라고 내지르고 만다. 성정체성을 서둘러 밝히는 방식으로서 피차 곤란해지거나 피로해질 상황을 만들지 않기 위함이었는데, 오랫동안 '사별자'라는 정체성에 괴로워했던 은석은 '나'의 고백을 충격이나 어색함 속에 방치하지 않고 대화를 유연하게 확장시킨다. "근데 혜재씨한테는 그게 가장 중요한 정체성인가요?"(171쪽) '나'의 예상과는 다르게 이 첫 만남은 순조롭게 진행되고 둘은 이내 연인 관계가 된다.

혜재와 은석은 좋은 사람들이다. 삶의 우발성과 그에 대처할 수 없었던 미숙함 때문에 자신과 타인에게 상처를 주고받으며 살아온 세월이 길었지만, 그 아픔과 실수의 시간으로 인해 이제는 더 나은 연인이 되고자 노력하는 사람이 될 수 있었다. "대체 불가한 적확한 표현을 발견하는 것"을 직업적 소명이자 실존적 과제로 살아온 혜재가 그런 것이란 "애초에 존재하지 않는 것"(184~185쪽)을 깨닫는 과정으로 이행하는 이 소설의 메시지는 차분하고 명확하다. 인간의 정체성은 고정될 수 없으며 그 부정확성을 인정하거나 이해하거나 교환하는 방식으로 사회적 관용이나 대안적인 친밀성의 체계가 구축될 수 있다고 말이다.

소박하고 도덕적인 교훈이지만, 이러한 인식의 발견은 혜재의 섹슈얼리티가 '대상 선택'에 관한 것이라는 변치 않는 테제와 함께 발전된다. 레즈비언와 바이 여성의 관계, 바이 여성과 이성애자 남성의 관계 속에서 모두 지속적인 이질감을 느끼는 혜재의 혼란은 양성애가 여성/남성과 모두 성관계를 하는 자라는 정의에 부합하는 방식으로만 작동한다. 그 혼란의 내용은 관계마다 다를지언정 형식은 언제나 동일한 것이다. 양성애가 동성애나 이성애의 반대말로 활용되기 때문이다. 섹스 도중에 흘러나온 "좋아?"(176쪽)라는 은석의 물음이 "여자와 하는 것보다 더 좋은지 묻는 것처럼"(177쪽) 들린다는 혜재의 인식 혹은 굴절된 피해의식이 드러나는 장면은 퀴어의 이질적 감정이 오직 '파트너 선택'의 문제에 국한되고 있음을 잘 보여준다.

동성애자란 동성과 성관계를 맺는 사람이라는 정의는 부족하다. 이 소설이 그렇듯 섬세한 문체를 사용하는 문학의 묘사 기법이 인간의 사유와 느낌이 작동하는 경계, 표면 등을 변동시키는 움직임을 포착하는 기제로서 특별히 유용한 매체라 말할 수 있다면, 퀴어 문학은 양성애자가 양성애자이기 때문에 이런저런 어려움을 갖는다고 말하는 데에 만족할 수 없다. 「담담」에는 성숙, 깨끗함, 배려, 차분함이 과잉 표현되며 미려한 감동을 자아내지만, 그것은 사실 미숙, 더러움, 무례, 충격이라는 퀴어 서사의 지배적 정동을 뒤집은 것뿐이다. 성소수자가 인정되지 않는 대상을 욕망하는 일로 차별을 받아왔다는 사실에도 불구하고, 아니 그러한 사실과 더불어 퀴어 서사는 '대상 선택'의 문제가 아닌 인간의 다종다기한 욕망의 흐름이 왜 언제나 '대상 선택'의 문제로만 한정되는지에 대해 물어야 한다.

퀴어학에는 인식에 '정념'의 문제를 기입하고자 했던 스피노자의 철학적 유산을 받아 성장한 갈래가 있다. 오늘날의 퀴어 정동 이론은 사물의 성질이 대상에 내재하는 것이 아니라 대상들 간의 부딪힘과 마주침에 따른 진동의 효과라고 설명한다. 가령 인류학자 서보경은

HIV/AIDS 전염병 현상을 '휘말림'이라는 우리말 개념어로 제시하며 가해와 피해, 침입과 방어, 공격과 수동 등에 내재한 일방향성의 의미화를 재고할 것을 요청한다. 시작과 끝을 가늠할 수 없는 상황의 뒤엉킴을 나타내는 '휘말림'이라는 용어의 사용은 현실이 개체에 내재한 속성들의 필연적 결과물이 아니라는 점에서 정동 이론의 정치적 제안과 맞닿는다. "감염이라는 생물사회적 사건을 이처럼 휘말린 상태로 사고함으로써, 이 현상을 '하다'와 '당하다'의 구도로 단순화하는 낡고 폭력적인 사고 체계의 밖으로 나아가고자 한다."[2)]

이처럼 퀴어란 존재가 아니라 행위라면, 즉 명사가 아닌 형용사라면 양태 변화를 일으키지 않는 '담담한' 퀴어 소설은 독자를 어디로 이끌어갈까. 연인을 속속들이 알고자 하는 "투명한 열망은 상대에 대한 통제와 통치의 기제로 변모"[3)]하기에 연인의 통곡에도 아무것도 묻지 않는 사려 깊음이 계기가 되어 "혜재의 트라우마와 불안은 은석의 말없는 포옹에 의해 조금씩 녹아 사라진다"[4)] 등의 해석들 속에서 "서로에게 말하지 않은 것들"(185쪽), 즉 각자의 특이성과 취약성으로 말미암은 여백은 잠재태로서 운동성을 획득하기도 전에 포옹하고 이해해야 하는 배려의 영역으로, 이른바 정상 성애를 실천한다고 믿는 이들의 수동성으로 은멸되는 안전감의 귀소처가 된다.

고통은 언제 정치가 되는가

명사 퀴어는 넘쳐나는데 형용사 퀴어는 부재한 동시대 여러 작품

---

2) 서보경, 『휘말린 날들—HIV, 감염 그리고 질병과 함께 미래 짓기』, 반비, 2023, 28쪽.
3) 한영인, 「깊이와 넓이」, 『문학들』 2024년 봄호, 49쪽.
4) 전승민, 「여백을 끌어안을 것」, 『문학동네』 2024년 봄호, 431쪽.

들의 난감함과 위화감에 대해 어떻게 이야기해야 할까. 이를 소수적 감정의 발생과 정치적 주장화의 문제와 연결시켜 사유해보는 것이 도움이 될 수도 있겠다. 웬디 브라운은 하위 주체의 정치가 상처에 대한 물신화에 기대어 정체성을 형성하면 복수의 원한을 반복하며 되려 상처를 고착시켜 행위의 역량을 축소시킬 우려가 있기에 고통을 정치적 자원으로 삼는 일을 경계해야 한다고 주장한다.[5)] 이에 반박하는 사라 아메드 또한 하위 주체의 고통을 명사화함으로써 피해의 책임을 특정인에게 묻고 결국 공적 자원에 가까운 이들의 고통만이 보상의 득실을 따질 수 있게 하는 문제에 동의하면서도, 특권적 물화의 저지는 폭력과 정체성 간의 연상을 끊어내는 것이 아니라 이를 지속적으로 해석하고 번역하는 작업을 통해서만 가능할 것이라고 주장한다. "우리가 해야 하는 일은 몸을 지닌 주체가 애초에 상처를 입게 된 이유가 무엇이었는지 기억하는 법을 배우는 것이다. 이는 우리에게 두 가지를 요청한다. 하나는 고통을 해석하는 법을 배우는 일이고, 다른 하나는 고통이 표면화되는 강렬한 과정 가운데 고통이 이미 해석된다는 것을 알아차리는 일이다."[6)]

이러한 정동 이론을 따르자면 고통을 발음하는 것과 고통을 해석하는 것은 동시적으로 일어나는 사건이다. 상처를 발음만 하고 해석할 수 없다거나 해석만 하고 발음하진 않는다는 발상 자체가 형이상학적 시간 조작인 셈이다. 대인, 대물 관계를 통해서만 일시적이나마

---

5) Wendy Brown, "Wounded Attachments", *States of Injury: Power and Freedom in Late Modernity*, Princeton University Press, 1995.

6) 사라 아메드, 『감정의 문화정치—감정은 세계를 바꿀 수 있을까』, 시우 옮김, 오월의 봄, 2023, 371쪽. 웬디 브라운에 대한 반박은 해당 책의 1장 '고통의 우연성' 참조.

주체성을 증류할 수 있는 인간의 조건은 형용사와 명사가 서로 간의 지속적인 자리바꿈과 의미변화를 통해서만 존속할 수 있음을 보여주고, 그렇다면 소수자 정치의 과제는 명사로서의 퀴어를 취득하는 것이 아니라 형용사로서의 퀴어를 지속적으로 들이붓는 행위에 있을 것이다.

퀴어가 되는 일, 퀴어가 하는 일

직장 선후배 사이인 두 사람이 겪는 미묘한 감정 변화를 그린 서장원의 「리틀 프라이드」[7]는 퀴어란 그 어떤 선진적인 명명이나 조건 충족에도 불구하고 그 실체를 증명해내기가 까다로운 존재론적 현상이라는 것을 잘 보여준다.

소설의 화자인 '토미'는 몸담고 있는 패션 회사의 선배 '오스틴'과 가까워진다. 쇼트 폼 영상의 인터뷰어로 활약하며 회사를 알린 오스틴은 해박한 패션 지식과 예리한 눈썰미, 상대방을 적절히 추어올리는 재치 있는 언변의 소유자로, '나'는 그 특성들이 자신이 "트랜스 남성으로서 될 수 있는 한 익혀야"(169쪽) 했지만 그러지 못했던 종류의 자기 연출이라고 생각한다. 오스틴은 '동문'이나 '전우' 같은 구시대적 동맹 관계를 강조하는 고루한 사람일 뿐만 아니라 온라인에서 인터뷰이에게 몰래 치근덕거리다 징계를 받게 되자 쇼트커트를 한 페미니스트가 남자에게 차이고 자신에게 분풀이를 했다는 궤변으로 성추행한 사실을 부인하는 여성혐오자로 '나'를 매번 경악게 하지

7) 서장원, 「리틀 프라이드」, 『자음과모음』 2024년 봄호. 이하 인용시 본문에 쪽수만 밝힌다.

만, '나'는 끊임없이 남성성의 조건을 가정하고 확증하며 초조해하는 그의 위태로운 마음까지 모르긴 어렵다. 그리고 징계 과정에서 오스틴은 결국 자신에게 성적 매력이 없기 때문에 이런 고초를 겪었다고 여기며 평생의 콤플렉스였던 작은 키를 성형하는 대대적인 사지연장술을 받기로 결심한다. "그렇게 해서라도 새출발을 하고 싶어요. 좋은 여자도 만나고요. 페미가 아닌 좋은 여자."(176쪽)

화자는 "오스틴과 함께 있으면 마음이 편할 때가 많았는데, 이제와 돌이켜보면 그가 내 앞에서 감정적인 모습을 자주 드러"(173쪽)냈기 때문이라고 생각한다. 수평적 관계를 추구하는 젊은 스타트업 창립자의 긍휼과 자비로 트랜스젠더인 자신이 고용되었을 것이라고 여기는 화자가 편안함을 느끼는 상대는 세련된 무관심을 보임으로써 '나'를 어쩐지 비굴하게 만드는 상사나 매사에 일어나지도 않은 피해 가능성을 하나하나 따지고 드는 토미의 태도가 피곤하다며 떠나간 애인이 아니라, 너무나도 감정적이고 취약한 오스틴과의 남성 동성사회인 것이다. 그 편협한 사회 내에서는 여자 친구가 있다는 사실 자체가 남성적 우월함의 지표가 될 수 있기 때문에 화자는 자신에게 멋지고 개방적인 여자 친구가 있다고 거짓말을 하기도 하고, 오스틴을 호모포비아로 판단하면서도 법적 성별 정정을 위한 인우보증서를 부탁하기로 마음을 먹기도 한다.

화자는 오스틴을 만나며 여러차례 감정과 생각의 변화를 겪는다. 다양한 몸을 보여주는 퀴어 스트립쇼와 퍼레이드를 보며 환호했던 전 애인의 말에서 전혀 다른 의미를 발견하게 된 것이다. 젠더를 횡단한 흔적이 있는 자신의 몸은 멋있는 것일 수 있을지언정 여성들로 하여금 성적인 매력을 불러일으킬 수 없다고, "환자복을 입은 채 담배를 피우고 거리낌 없이 침과 가래를 뱉는 남자들 사이에서, 아주 천천히, 그러나 분명하게"(181쪽) 느끼게 된 화자의 소외감은 오스틴과 같이 스스로를 남성으로서의 매력 자원이 불충분하다고 판단하는 사람과 만나게 됨으로써 발전된 것이다.

트랜스 남성인 토미와 이성애자인 오스틴 간의 관계성을 따라가면 퀴어란 파트너 선택에 있어 유사한 문제를 겪는 이들이라 말하기 어렵다. 어떤 의미에서 오스틴은 충분히 퀴어하다. 소설은 이처럼 퀴어를 가슴이나 성기의 모양에 따른 판단, 성소수자에 대한 진보적인 관념의 유무, 행정 담당자들의 변덕에 의존하는 서류 등과 같이 획득 가능한 것에 기인한 주체의 대상 선택의 문제가 아니라 계급, 학력, 외모, 매너처럼 발화되거나 수행되는 동시에 변동되고 해석되는, 일상적이고 전 생애적이며 끊임없이 의미를 바꾸는 정동적 사안으로 만든다. 자아 존재감이 부풀어들고 쪼그라드는 순간들, 정치적 의식을 고취하는 "그 쇼가 과거 우리가 얘기했던 것처럼 정말 혁신적이고 대안적인 것이 맞는지 생각"(같은 쪽)해보게 되는 의문들, 사상도 역사도 이해관계도 다른 두 남성이 서로에게 휘말려 겪는 미묘한 감정의 변화들을 엽렵하게 낚아채는 이 작품의 파도에 몸을 맡기는 일은 스릴이 넘친다.

오스틴의 그 모든 문제적 발언과 행동에도 불구하고 그가 '감정적인 사람'이라는 사실, 그 사실로 인해 화자가 어떤 종류의 "친밀함"(171쪽)을 느낀다는 점은 중요해 보인다. 역사를 옳고 그름의 이성적 판정에 따른 진보적 시간관이나 논리로부터 도출하지 않고도 감정의 이동 경로를 통한 역량 변화의 장으로 상상해볼 수 있기 때문이다.

“오늘날 퀴어 이론은 단지 젠더/섹슈얼리티의 규범에 도전하고 성적 경계를 교란하는 퀴어한 존재들에 관한 것만이 아니라, 이들을 퀴어하게 주조하고 주변화시킨 역사와 지식 체제 그 자체에 관한 일종의 메타이론으로서 스스로를 위치 짓는다.”[8] 퀴어 이론이 이처럼 보편적 비판 이론로서 기능하고 있다면 퀴어 문학 또한 단지 특정한 성애를 하는 퀴어 존재들에 관한 것만이 아니라 이들이 퀴어한 존재로서 생성되고 소멸하는 삶의 무수한 이음새와 옹이들을 살피는 방식이 되길 바란다. 퀴어 문학이 되는 일이 아니라, 퀴어 문학이 하는 일을 더 많이 보고 싶다.

(2024)

8) 정민우, 「불가능한 퀴어 이론」, 『문학동네』 2023년 여름호, 134쪽.

총수님과 낙태죄
: 박완서의 『그대 아직도 꿈꾸고 있는가』 다시 읽기
—'낙태죄' 헌법불합치 판결에 부쳐

호주제 문제를 다룬 박완서의 중편소설 「그대 아직도 꿈꾸고 있는가」[1](1990년 2위)는 1990년 베스트셀러 목록[2]에서 유난히 도드라져 보인다. 냉전 체제의 해체 이후 자본주의의 전 세계적 확산에 따라 『세계는 넓고 할 일은 많다』(대우그룹 김우중/1990년 1위)거나 『사랑과 비즈니스에는 국경이 없더라』(진도그룹 김영철/1990년 5위)고 분연히 외치던 대기업 총수의 자서전들 사이에서 남편이 미국에서 바람이 나 졸지에 빈털터리 이혼녀가 된 한 여자의 이야기를 담은 박완서의 이 작품은 '아메리칸 드림'류의 서사가 누락시킨 공백을 메우는 듯하다.

흥미로운 것은 이 회장님들의 글로벌 성공 신화와 더불어 서민들의 섹슈얼리티를 드러내는 소설 또한 유행했다는 사실이다. 당시 베

1) 박완서, 『그대 아직도 꿈꾸고 있는가』, 세계사, 2012(초판 1999). 이하 인용시 본문에 쪽수만 밝힌다.

2) 여기서 말하는 베스트셀러 목록은 교보문고에서 발표한 것이다.

스트셀러 차트를 함께 석권했던 남성 작가의 소설들이 일제히 성적 콤플렉스를 그린다는 사실은 자못 흥미롭다. "뿌듯함을 넘어 일종의 포만감까지 주는 그들〔서양인—인용자〕의 아랫도리"(295~296쪽)에 중독된 첫사랑을 총으로 쏴 죽이는 남성을 그린 이문열의 치정 연애소설 『추락하는 것은 날개가 있다』(1990년 11위)가 대표적인 경우다. 이때 여자들은 더이상 조신한 '성녀'가 아니라 문란한 '창녀'로 표현되며 상처 입은 남자들에게 모욕과 부담을 선사한다.

「그대 아직도 꿈꾸고 있는가」에도 비슷한 구도가 반복되는데, 여자의 입장에서 그려지기 때문에 조금은 다른 필치로 묘사된다. 결혼을 약속한 상대와 뜨거운 초야를 치른 후 돌연 남자는 침대맡에 십자가를 치우지 않았다며 여자에게 화를 낸다. "난 신앙은 없지만 저런 걸 보면 경건해지는 정도의 양심은 있는 사람이라구. 저런 것이 내려다보는 데서 정사를 벌일 수 있는 당신만큼 뻔뻔스럽지가 못해."(21쪽) 남자는 노기등등하여 곧장 옷을 입고 집을 나가버리고 여자는 황당해한다. 남자가 왜 화가 났는지, 왜 자기에게 이해할 수 없는 죄책감까지 심어주려고 하는지 여자는 도무지 이해할 수 없다. 스스로를 자문하던 여자는 이내 고개를 젓는다. "아아, 그만 그만…… 그 여자는 다시 어제의 착오점으로 돌아가려는 자신을 황급히 제어했다. 오랜만에 맛보는 행복감, 충족감을 그런 식으로 망치고 싶지 않았다."(23쪽)

그러나 그렇게 조신함을 강조하던 남자는 임신한 여자친구를 버리고 돈 많고 순하며 결혼 경력이 없는 다른 여자를 만나 혼인하고, 출산 소식을 알려온 여자를 야멸차게 떼어낸다. 미혼모가 된 여자는 교직 사회에서 퇴출당해 베이비시터 일을 하고 반찬가게를 운영하며 홀로 아들을 키운다. 더 기가 막힌 대목은 그렇게 아이의 친부임을 인정하지 않았던 남자가 아내가 딸만 낳고 자궁 수술을 받자 전 여자친구를 찾아와 아들을 내놓으라며 소송을 건 것이다.

「그대 아직도 꿈꾸고 있는가」는 가정법원 조정위원으로 활동했던 박완서가 법원에 불려 나온 여자들의 사정을 속속들이 들여다보며 구상한 소설이다. 이 소설은 호주제 폐지에 대해 가장 열띤 토론이 일어나고 있었던 지면인 '여성신문'에서 연재되었고, 그해 정기 국회의 마지막 날 헌정사상 가장 대대적인 가족법 개정안이 통과되었다.

박완서 개인의 생애사적 차원에서도 이 소설은 특별한 데가 있다. 일찍 아버지를 여의고 홀어머니 밑에서 성장한 박완서에게 '부계 가족의 부재'는 언제나 그의 삶을 관통하는 문제이자 작품의 중요한 테마였다. 박완서의 등단작 『나목』에는 어머니가 전쟁 중 딸이 아닌 아들이 죽었다고 딸을 원망하며 산송장처럼 살아가는 이야기가 담겨 있는데, 여기에는 한국전쟁 중 죽은 오빠에 얽힌 작가의 자전적 경험이 반영되어 있다. 그리고 「그대 아직도 꿈꾸고 있는가」를 연재하기 직전 해인 1988년 박완서는 남편과 아들의 죽음을 연달아 겪으며 집필 활동을 모두 중단했었다. 그러니까 이 소설은 아버지와 오빠, 남편과 아들까지 작가 박완서의 '호주'였던 남성들이 모두 세상을 떠난 직후에 나온 소설인 셈이다. 그는 연재를 예고하며 다짐하듯 덧붙였다. "그 여자가 구호口號나 박제剝製가 되지 않거늘, 나도 그 여자와 더불어 살아날 수 있기를 기도하는 마음으로 쓰겠다."[3)]

호주제는 진작 역사의 뒤안길로 사라졌지만, 2020년 가을 여성들은 또다시 '낙태죄'와 싸워야 하는 상황에 처했다. 그렇게 어렵사리

---

3) 신문 연재 당시의 '작가의 말'. 「순진한 여자 이야기」, 여성신문, 1989. 2. 3.

없애놓고는 또다시 재생산을 '여성'만의 문제로, '죄'의 문제로 다루겠다는 것이다. 애인에게 낙태를 권하고, 친자를 버린 채 살다가 아들이 필요해지자 갑자기 친자 소송을 건 남자와 홀로 낳아 기른 아이를 지키기 위해 "육법전서를 비롯해서 몇 가지 법률 서적"(181쪽)을 달달 읽으며 법원에 출두한 여자, 그 사이에 놓인 수고와 노력의 불균형함이 지금까지도 잔존한다.

성애를 즐기는 여성을 두려워했던 1990년, 초음파를 통한 성별 감별이라는 최신 기술과 백말띠 여성은 드세다는 민간신앙이 만나 역사상 최악의 신생아 성비불균형 수치를 기록한 1990년. 무사히 태어나 그해의 베스트셀러였던 이 책을 읽게 된 나는 이 소설의 제목이 어쩐지 미묘한 데가 있다고 생각한다. 소설 속 여자는 말한다. "저의 가장 찬란한 꿈이 뭔 줄 아세요? 남자로 태어났으면 마땅히 여자를 이용하고 짓밟고 능멸해도 된다는 그 친부의 권리로부터 자유로운 신종 남자로 키우는 거죠."(191쪽) 그런데 작가는 그 꿈에 대해 실컷 연설해놓고는 이 소설에 다소 아이러니한 제목을 붙였다. '그대 아직도 꿈꾸고 있는가'는 감탄문 같기도 하고 반어법 같기도 하다. 그 꿈을 계속해서 열심히 희망하라고 격려하는 것인지, 그런 꿈은 절대로 이룰 수 없으니 어서 포기하라고 암시를 주는 것인지 영 헷갈린다. '낙태죄'에 대한 헌법재판소의 불합치 판결(2019) 이후에도 여전한 입법 공백을 헤매는 우리에게 이 모호한 제목은 여전히 유효한 질문처럼 들린다. 우리에겐 겨우 자신의 행동에 책임을 지는 '신종 남자'보다는 더 나은 꿈을 꿀 권리가 있지 않은가.

(2020)

2부

로맨스 비틀기와 스릴러 재장전

여성, 타인에게 가는 길
: 여성 서사의 성장환경과 은희경 다시 읽기
—은희경론[1)]

1. 들어가며: 페미니즘의 시대와 '객관적 자기 인식'이라는 젠더화된 감각

자기 인식에 대한 상대성이 강화되는 시기다. 여성의 목소리가 드물게 가청 영역에 들어온 시대에도 그러나 '객관성'이라는 합리적 외피를 쓴 백래시들이 번성하여 여성의 발화를 다시 억압하려 든다. 여

1) 이 글에서 다루는 은희경의 소설은 다음과 같다. 『새의 선물』(문학동네, 1995), 「먼지 속의 나비」「빈처」(『타인에게 말 걸기』, 문학동네, 1996), 『마지막 춤은 나와 함께』(문학동네, 1998), 「멍」(『행복한 사람은 시계를 보지 않는다』, 창비, 1999), 『그것은 꿈이었을까』(현대문학, 1999), 『마이너리그』(창비, 2001), 「누가 꽃피는 봄날 리기다소나무 숲에 덫을 놓았을까」「딸기 도둑」「아내의 상자」(『상속』, 문학과지성사, 2002), 『비밀과 거짓말』(문학동네, 2005), 「아름다움이 나를 멸시한다」(『아름다움이 나를 멸시한다』, 창비, 2007), 『소년을 위로해줘』(문학동네, 2010), 『태연한 인생』(창비, 2012), 「프랑스어 초급과정」「스페인 도둑」「T아일랜드의 여름 잔디밭」(『다른 모든 눈송이와 아주 비슷하게 생긴 단 하나의 눈송이』, 문학동네, 2014), 「정화된 밤」(『중국식 룰렛』, 창비, 2016), 『빛의 과거』(문학과지성사, 2019). 이하 인용시 본문에 작품명과 쪽수만 밝힌다.

성의 경험을 도무지 믿어주지 않으니 허구의 장르인 소설에도 통계 수치를 도입한 조남주, 자신의 발화 권력을 끊임없이 점검하다 벼려지고 깎여 이윽고 '작은 마음'이 되어버린 윤이형의 인물들, '자기 객관화가 뛰어난 퀴어 소설'이라는 평자들의 코멘트를 반복적으로 곱씹으며 자의식 과잉 금지에 대한 강박을 보이는 박상영의 소설가 화자 등의 형상에는 계속해서 자기 인식의 객관화라는 문제에 시달리는 작가들의 고뇌와 투쟁이 묻어 있다.

소설가뿐만이 아니라 여성주의 서사를 연구하는 연구자-독자들 또한 비슷한 고민을 안고 있는 듯하다. 가부장제 혁파를 위해 중지를 그러모아도 시원찮은 시국에 균형 잡힌 구조적 앎이 결여된 듯한 '멍청한 여자'들을 좋아할 수 없었다는 고백[2], 여성의 섹슈얼리티 실험을 위해 개발된 장르에서 겹겹의 메타 구조화를 통해 성적 쾌락을 상대화하고, 그것을 올바른 페미니스트로서의 자의식과 합일시키려 하는 독자들에 대한 비판[3] 등은 여성과 퀴어 서사의 급부상 속에서 '객관적 자기 인식'이라는 기제가 강하게 작동하고 있음을 보여준다.

그러나 객관적 통계자료를 풀어 쓴 소설이 가장 큰 백래시에 부딪힌 사태를 보건대, 여성들에게 요구되었던 것이 '객관성'만은 아니었다는 사실이 이제는 명백해졌다. 여성에게 객관적으로 발화할 것을 요구하는 회유적이고 고압적인 태도는 여성의 경험을 '주관적' 피해의식이나 자격지심이라고 치부해왔던 오래된 여성 억압 방식의 수사적 변주였을 뿐이다. 페미니즘 리부트 이전 시대의 문학이 어떤 주관

2) 오혜진, 「멍청한 여자」, 웹진 펀치, 2019. 7. 17.

3) 김효진, 「페미니즘의 시대, 보이즈 러브의 의미를 다시 묻다—인터넷의 '탈BL' 담론을 중심으로」, 『여성문학연구』 제47호, 2019.

적 자의식의 극한 속에서 기존의 자아를 극복하고 새로운 자아로 거듭나는 서사라고 말할 수 있다면, 최근 자주 감지되는 이 '자기 객관성에 대한 강박'은 명백히 젠더화된 감각이다.

고통과 기쁨의 자기 경험을 부정당하고 조롱당해온 세월 속에서 하위 주체들은 권력의 구조를 보기 위해 자기혐오를 직면하는 과제 앞에 선다. 부서진 마음들을 어렵사리 주워모아 끝내 '마음의 법정'을 세우고, 다시 스스로를 추스리는 일에 온 애를 쏟아야 하는 김금희 소설의 미학이 이에 닿아 있다. 객관성과 상대성에 대한 예민한 자의식을 탑재한 최근의 문학은 그리하여 단독 주체적 인식의 상승과 고양을 통해 달성될 '숭고미'와 자폐적 '주이상스'의 임계점 앞에서 잠시 호흡을 고른다. 웅장하고 대대적인 자기 변혁을 통해 세계와의 친화/불화를 이룩하는 장엄한 성장 서사나 상징계의 우수리들을 모아 외부와 실재만을 노래하는 엉뚱한 반성장 서사들은 좀처럼 없다. 드물게 이루어지는 소중한 만남의 끝자락에서도 타인을 타자로 소비하지 않기 위해 끝내 정화작용을 삼가는 최은영의 소설, 스스로의 경험을 이해하기 위해 자기 삶에 치열히 지식을 도입하는 한정현의 소설, 피해망상증 환자와 거짓말쟁이라는 오명 속에서 혐오의 에너지를 모아 장르물을 만들어내는 강화길의 소설 등은 모두 이 시대 여성주의 소설이 도달한 어떤 윤리와 과학과 쾌락의 지점들이다.

이러한 와중에 지난 이십오 년간 한국문학장에 여성주의 서사를 각인해왔던 은희경이 『빛의 과거』로 돌아왔다. 소설은 화자 '김유경'이 그의 대학 동창인 '김희진'을 통해 자기에 대한 새로운 인식에 도달하는 과정을 그린다. 자기 인식의 상대화의 가능성을 톺으면서 이야기는 사십 년의 시간을 오가며 흐른다. 『빛의 과거』 출간 직후 진행된 거의 모든 인터뷰에서 은희경은 이 소설을 당대의 청년들에게 보내는 '반성문'이라고 말한다. 그는 과거에 자신이 여성문제에 대해 제대로 싸우지 않고 회피했기 때문에 작금의 여성 청년들이 고통을 받고 있다는 생각이 들었고, 그 반성의 심정을 담아 이 소설을 썼다고 말한다. 기성작가 누구로부터도 반성문을 크게 원한 적 없고, 만약 꼭 받아야 한다면 그것은 은희경이 아닌 다른 사람으로부터 발송되어야 했겠지만, 자기 독해법의 개발과 반성의 실력 또한 젠더화된 능력임을 이제는 안다. 그리하여 은희경은 『빛의 과거』에서 자신의 이름을 둘로 쪼개어 김유경과 김희진을 만들어내고, 그 둘이 서로를 보게 한다. 희진은 유경을 통해 자기 생존의 논리와 쾌락의 구조적 진실을, 유경은 희진을 통해 자신의 무른 태도에 깃든 체제 부역성을 마주하게 된다. 가장 친한 친구는 아니지만 가장 오래된 친구로서 서로의 증인이자 알리바이로 살아온 이 여성들은 상대방을 썩 좋아하지 않으면서도 함께 축적해온 세월의 주름을 통해 스스로를 변명하거나 보완하고 반추하다가 깨닫는다. '나'는 '나'가 알고 있던 '나'가 아니라는 것을 말이다.

2. 냉소주의라는 젠더 테크놀로지와 반反로맨스 투쟁기

서로를 보는 변증법적 거울상으로서의 '두 명의 여자'라는 모티프는 이미 은희경 세계 속 여성 인물의 핵심 형상이기도 했다. 그 유명한 '보여지는 나'와 '바라보는 나'라는 여성 주체의 자아 분리술이 '두 명의 여자' 모티프의 원형적 형태였다.

내가 내 삶과의 거리를 유지하는 것은 나 자신을 '보여지는 나'와

'바라보는 나'로 분리시키는 데서부터 시작된다. 나는 언제나 나를 본다. '보여지는 나'에게 내 삶을 이끌어가게 하면서 '바라보는 나'가 그것을 보도록 만든다. (……) 그러므로 내 삶은 삶이 내게 가까이 오지 못하도록 끊임없이 거리를 유지하는 긴장으로써만 지탱돼 왔다. 나는 언제나 내 삶을 거리 밖에서 지켜보기를 원한다.(『새의 선물』, 12쪽)

은희경의 특허품으로 알려진 냉소적 자아 분리술과 애착의 탈낭만화, 상대와의 거리 두기 등은 지난 이십여 년간 다양한 관점에서 해석되어왔다. '관료주의, 소비 숭배, 대중매체, 전통의 단절, 역사의 종말 등을 경험하면서 개인들이 불가피하게 체득한 자기보존 방식으로서의 나르시시즘'[4], '자본과 대중문화의 영향력이 커진 사회에서 반복강박의 증세를 앓는 멜랑콜리한 시장적 주체'[5], '시스템의 근대화와 심성의 근대화의 어긋남 속에서 부단한 긴장을 통해 진정성을 추구하는 이데올로기와의 유연한 격전'[6] 등이 그것이다. 은희경의 여성 인물들이 보이는 삶의 전략을 근대화 프로젝트의 억압된 이면으로만 보거나 시장적 주체의 부정적인 증상으로 파악하는 것은 모두 전시대, 즉 1980년대적인 것이라 일컬어지는 참여적 경향과의 차이를 부각하는 방식들이다. 그러나 1990년대에 새로이 발견되었다고 여겨지는 '개인'이나 '여성의 일상' 등은 그냥 발견된 것이 아니었다. 그것은

4) 황종연, 「나르시시즘과 사랑의 탈낭만화」, 『타인에게 말 걸기』 해설, 343쪽 참조.

5) 서영채, 「냉소주의, 죽음, 매저키즘—90년대 소설에 대한 한 성찰」, 『문학동네』 1999년 겨울호, 440~441쪽 참조.

6) 신형철, 「거대한 고독, 인간의 지도」, 『몰락의 에티카』, 문학동네, 2008, 618쪽 참조.

소위 전시대 문학의 주인공들이었던 참여적 주체인 남성들에 의해 억압되었던 인물들이 가시화되는 한 방식이기도 했던 것이다.

실로 은희경이 제시하는 남성 인물들은 안팎으로 일관되게 폭력적인 인물들이 아니다. 그들은 전쟁을 위해 동원된 군인, 부패 관료를 비판하는 언론인, 노동운동 하는 대학생, 유신 개헌안에 반대하는 시민 등 민주화 투쟁의 대단한 주역들은 아닐지언정 소위 근대화 프로젝트의 희생자나 대의 민주주의 체제의 수호자들이다. 그런 이들이 가정이라는 공간 내에서 행해왔던 일을 다시금 산업 근대화 과정의 내적 모순만으로 설명하려 하는 것은 젠더 권력과 성 계급에 관한 문제제기를 모호하게 하는 측면이 있다. 이는 단지 프레임의 배율이 조금 다른 정도의 문제가 아니라 여성의 문제를 제대로 파악하지 않으려 하는 태도가 될 수 있는데, 이데올로기와 역사의 비극을 말하며 약자를 향해 대물림되는 폭력의 필연적 연쇄를 강조하는 것은 의도치 않게 가해의 불가피성을 주장하거나 나아가 그것을 변호하는 인식을 낳을 수 있기 때문이다. 오히려 친밀성의 영역에 있는 여성에게 가해졌던 일상의 폭력들이 국가 주도의 근대화 프로젝트의 결과가 아니라 그것과 공모해, 동시에 이루어진 사건이라 말해야 한다. 역사가 몰락하는 사태에 두드려 맞은 남성들이 집에 와서 아내를 때린 게 아니라 아내를 때리는 그 역사가 몰락한 것이라고 말해야 한다. 따라서 은희경 소설에 자주 등장하는 위장과 탈낭만화 경향을 대문자 역사의 종언 이후에 도래한 소비주의 사회의 증상이나 새로운 진정성의 추구라는 탈젠더화된 인식론만으로 파악할 것이 아니라, 집밖에선 의협심 넘쳤던 남성들이 가정 내에서 자행해왔던 일상적 폭력을 감내하거나 그것에 맞서며 생존을 도모해야 했던 여성들의 수행성으로,

'젠더 테크놀로지'로 적극 독해해야 한다.

『새의 선물』의 열두 살 소녀 '진희'는 "남편이여 그대, 월남 가서 돈 부치고 빈총 맞아 죽어라"(84쪽)라는 아이들의 무심한 노랫소리가 울리는 골목에서, 자신을 강간한 이와 결혼한 후 남편의 매질과 외도 속에서도 홀로 육아와 살림, 돈벌이를 책임져야 하는 이웃집 여성과, 성형수술 후 애인에게 배신당하고 지역의 민족문화를 탐방하러 온 서울대 학생과 관계해서 생긴 태아를 홀로 낙태한 뒤 결국 순정적 마초인 동네의 놈팡이와 결혼하는 혈육을 지켜보며 자란다. '여자 팔자는 뒤웅박 팔자'라는 "할머니의 결론이 마음에 들지 않"(67쪽)는 진희는 두 가지 감정, 즉 어린 자신을 기둥에 묶어둔 채 가출하고 끝내 정신병을 앓다 자살한 어머니가 환기시키는 '미친년에 대한 공포'와 새장가를 든 아버지를 대신하여 자신을 거두어 기른 외조모로부터 버림받을 수도 있다는 '유기 불안'에 시달리며 공포와 불안을 관리하는 생존 테크닉으로서 자아 분리 기술을 개발한다. 누구도 알려주지 않았기에 스스로 개발해야 했던 이 자기통제술이 얼마간 여성의 정신건강을 보호해주었음은 분명해 보인다. 실제로 상처받거나 버림받는 것은 '진짜 나'가 아니라는 자체 필터링을 통해 은희경의 소녀는 지역사회의 가족공동체를 벗어나 고등교육을 받고, 자유연애를 하고, 직장생활을 하는 성인으로 성장할 수 있었으니 말이다.

그런 점에서 은희경은 '낙관주의의 잔인함'을 가장 잘 알고 있는 작가들 중 하나라고 할 수 있다. 로런 벌랜트Lauren Berlant에 따르면, 비참한 사회에서도 사람들은 막연한 희망을 유지시켜주는 낙관적 이미지에 기댄다. 그것은 분화된 개개인들에게 사회와의 연결감을 갖게 해준다는 점에서 긍정적이지만, 그 애착 관계가 주는 강한 리비도로 인해 주체가 스스로의 존엄을 부정하도록 만들 수도 있다는 점에서 잔인하다. 우리는 우리를 거부하는 이미지들에도 매혹됨으로써 자기 존재의 존엄을 부정하는 일에 얼마든지 가담할 수 있는 것이다.

> 잔혹한 낙관주의란 실현 불가능한 순전한 환상에 불과하거나 혹은 너무나도 실현할 수 있을 것 같기에 치명적인, 어떤 타협된 가능성의 조건들에 대한 애착 관계를 말한다. 이 같은 애착 관계가 그저 불편하거나 비극적일 뿐만 아니라 잔인하기까지 한 것은, 욕망의 대상/장면 x를 간직한 주체들이 그 x의 존재가 주체의 안녕을 실제로 위협할 때조차 그것의 상실을 견뎌내지 못하게 되기 때문이다. 왜냐하면 애착의 내용이 무엇이든지 간에 애착이라는 연속적 형식 자체가 주체로 하여금 삶을 지속해나간다는 것, 세계 내에 존재하는 것을 기대하는 것이 무슨 의미인지 등에 관한 감각적 연속성을 제공하기 때문이다.[7)]

이는 일견 애착 대상을 상실했지만 그것을 인정하지 못하는 트라우마 주체의 인지 방식과 유사한 듯하지만, 현대사회 낙관주의의 잔인함은 트라우마 주체의 멜랑콜리와는 다르다. 트라우마가 상실 경험 '이후'에 일어나는 반응이라면, 낙관주의는 대상의 상실이라는 상황이 일어나기 전에 '미리' 그것에 대한 애착을 간직하기로 마음먹는 것이다. 트라우마가 과거에 머무르는 경향이라면 낙관주의에는 미래가 있다. 망가졌지만 망하지는 않은 채로 주체와 세계는 계속된다. 자

---

7) Lauren Berlant, *Cruel Optimism*, Duke University Press, 2011, p. 24.

연재해와 인종차별, 금융위기 등의 문제를 겪고 있는 미국 사회를 진단하는 벌랜트의 논의는 이후 낙관주의를 배양하는 환상적 매개들에 대한 비판으로 이어진다.

'서정적인 여자'가 되어 잔혹한 운명에 말려드느니 혼자가 될지언정 '이지적인 여자'가 되어 주체적으로 살아남겠다는 은희경의 여성들의 결단은 이 같은 낙관주의의 잔인함에 속지 않겠다는 서늘한 거리 두기의 결과였으며 그로 인해 홀로 감당해야 했던 '고독'은 더 나은 삶을 예비하기 위한 생존 전략에 다름이 아니었다.

절망의 많음과 희망의 없음은 동일하지 않다. 절망할 수 있는 건 능력이지만, 희망하지 않는 건 타락이며 개인의 실존 양식은 공동체를 구성하는 환경이므로, 희망을 포기하지 않는 것은 인간의 중대한 사회적 능력이다. 그렇다면 은희경의 여성들은 얼마만큼의 희망을 유지했는가. '다락방의 미친 여자'가 되지 않기 위해(물론 은희경의 소설 속에는 '다락방의 미친 여자'의 형상 또한 엄존한다) 진행해왔던 이 심리의 맞불 작전은 어디까지 유효했는가.

먼저 여성에게 환상을 유지시켜준 매개가 무엇인지 살펴볼 필요가 있다. 『빛의 과거』에서 김유경이 읽는 케이트 밀렛의 책 『성의 정치학』이 잘 말해주듯이 여성에게 최대치로 허여된 자율성의 영역은 단연 '이성애 로맨스'다. "밤에 돌아다니는 계집들은 사내들한테 익혀놓은 음식"(『새의 선물』, 422쪽)이라며 '자가 단속'을 로맨스를 빙자한 폭력에 대한 유일한 방지책으로 내미는 진희의 할머니 같은 봉건제의 마지막 세대나 해방과 전쟁을 전후로 일자리를 얻기 위해 고향집을 떠났다가 성폭행을 당해 팔려가듯 혼인해 불행한 결혼생활을 이어가는 이웃집 여성이나 어머니 세대에게 결혼이 재생산을 통해

가산을 불려나가는 초기 이농 산업화 시대의 생존 양식이라면, 트랜지스터를 끼고 살며 일찍부터 외국인과 펜팔을 주고받는 이모 세대나 서울로 대학 간 삼촌이 보던 양서와 잡지들을 몰래 따라 읽으며 교양을 쌓는 진희 세대에 와서는 특히 낭만적 로맨스가 중요해진다. 더구나 딸이라는 이유로 교육 기회를 차별받은 이모에게 로맨스는 유일한 '구원'이다. 하지만 불행한 가정사로 인한 그늘을 안고 있으며, 주변의 모든 가정들이 집안의 모든 노동력과 자산을 아들에게 '몰빵'하고 여성들은 가혹한 폭력과 노역에 시달리는 세계에서 성장한 진희가 로맨스를 탈신화화하는 성인으로 자라난 것은 어쩌면 지극히 당연한 귀결일지도 모른다. 1990년대 중반 은희경의 여성들의 고투는 가부장제 이성애 체제에 대항하는 반로맨스 투쟁기 그 자체였다.

여아가 "태어난 지 백일 만에 연약한 숨이 끊어짐으로써 집안 모두를 행복하게 만"(「아름다움이 나를 멸시한다」, 108쪽)드는 세계에서, 동네 남성 어른들과 선생들로부터 끊임없이 성추행에 시달리고 또래 남학우의 무자비한 폭력도 감내해야 하는 세계(「누가 꽃피는 봄날 리기다소나무 숲에 덫을 놓았을까」)에서, 아버지로부터 버림받은 어머니가 "막내인 남동생만이라도 아버지 집으로 보내서 키우게 하려고"(「딸기 도둑」, 172쪽) 하는 세계에서 성장한 여성들이 익힌 교훈이 무엇이었겠는가. 성인 여성을 중심인물로 한 은희경 소설들에서 나타나는 수많은 불행한 결혼과 불륜 서사, 고아이거나 편모 가정의 서자라는 자의식, 실패하는 섹스와 불임과 낙태 등은 이성애 로맨스를 근간으로 한 근대의 정상 가족 신화에 대한 대항들이었다.

초창기 은희경의 여성들은 빈번히 성적 편력이 화려한 커리어우먼으로 등장하곤 했다. 가령 "같이 잔 남자가 섹스중에 무슨 말을 했는지 낱낱이 적은 섹스 어록을 만들고 있다"(260쪽)는 「먼지 속의 나비」의 작가 '선희'는 "그녀를 함부로 안기에는 너무나 그녀를 아끼고 있"(263쪽)지만 그녀가 정말 소문대로 '걸레'인지 확인하고 싶어하는 남성 화자에게 "넌 길음동이나 청량리 안 가? 남자들은 좋아하는 여자랑 자는 것과 창녀랑 자는 것을 꼭 구분하려고 하더라. (……) 난 그런 구별은 안 해"(264쪽)라고 날카롭게 응수한다. 이후 화자는 그토록 원하던 선희와의 하룻밤을 보낸 뒤 정복감에 젖어 선희가 쓰는 칼럼의 진위 여부와 남성 편력에 대해 묻는데, 선희는 조용히 자리에서 일어나 옷을 꿰어 입고는 지갑에서 돈을 꺼내 남자에게 내민다.

> "매춘으로 하자."
> "그게 무슨 소리야?"
> "돈 받기 싫으면, 성폭행으로 치든지."
> 선희의 말에는 아무 감정도 들어 있지 않았다.(276쪽)

한 번의 관계 후 곧장 소유권을 주장하려 드는 남성에게 돈을 줌으로써 순정한 척하는 마음도 기실 성매매와 구조적으로 유사하다는 것을 알려주고, 돈거래가 있으면 성폭행이 성폭행이 아닌 게 되는 성매매와 강간 문화의 알짬까지 교육시켜주는 여성의 이야기를, "결혼은 청부업이고 매춘은 임대업"(『마지막 춤은 나와 함께』, 133쪽)이라는 신랄한 인용을 일삼는 여성의 이야기를, "삶은 폭력 남편과 비슷한 점이 있다. 때린 다음에 반드시 울면서 안아준다. (……) 절대 이혼하지 못한다. 사실은 이혼할 필요도 없다. 그런 과정 자체가 결혼이니까. 삶은 커다란 속임 속의 작은 믿음을 익혀가는 과정일지도 모른다"(같은 책, 260쪽)라며 싸늘한 체념을 굳혀가는 여성의 이야기를, 그럼에도 불구하고 "은희경의 여자들에게 가족은 견디기 힘들지만 감내해야 하는 숭고한 무엇"[8]이라고 해석하는 관습이야말로 정말로 여성의, 여성 작가의 비극이 아닐 수 없다.

『마지막 춤은 나와 함께』의 여성 화자가 남자를 소유하지도 자신도 누군가에게 소유되지도 않은 채로 파트너를 바꾸어가며 영원히 춤을 추겠다고 한 것은 애착과 소유가 발생시킬 잔인한 낙관주의에 속지도 않고 포기와 체념이 만들어낼 무력한 비관주의에 포섭되지도 않으려 했던 생존 전략이었다. 그러나 그 현실주의자에게 가능했던 쾌락의 범주는 지극히 제한적이었으며, 그 전략은 임신과 출산이 가능하고 육체가 포르노적으로 소비되는 여성의 특수성으로 인해 너무 많은 부당한 희생을 감내하게 하는 방식이기도 했다. 그의 소설에선 정조관념 따위는 가볍게 비웃음의 대상이 되었지만 쾌락을 탐구하는 일은 좀처럼 없었다. '섹스를 거부하지도, 그렇다고 성적 열락을 취하지도 못하는'[9] 이 여성의 분방한 남성 편력이 여성의 성을 취하는 것 자체를 목적으로 한 남성 권력에 역이용될 수 있는 지점이나, 직장에 부도덕한 연애 관계가 알려진 뒤 투쟁이나 연대를 모색하는 대신 미련 없이 곧장 사직서를 써버리는 결정을 감행함으로써 결과적으로 일하는 여성들이 더 불안정한 자리에 내몰리게 되었다는 사실 등은

8) 방민호, 「가족이 지배하는 세계의 '농담'과 연민」, 『행복한 사람은 시계를 보지 않는다』 해설, 295쪽.

9) 고미숙은 『타인에게 말 걸기』에 나오는 여성 인물들을 중심으로, 이들이 보이는 불모화된 성적 편력이 가진 한계를 지적한다. 고미숙, 「'순정'과 '냉소' 사이에서 표류하는 페미니즘—『착한 여자』(공지영)와 『타인에게 말 걸기』(은희경)에 대한 단상」, 『작가세계』 1997년 겨울호 참조.

오늘날의 사정에서 더 논의가 필요한 대목들일 것이다.

3. 속물주의와 2000년대 남성성, '개인주의'와 '고독의 연대'라는 귀결의 사정

일종의 연작인 『새의 선물』과 『마지막 춤은 나와 함께』 이후 은희경의 장편소설에선 여성 화자가 완전히 사라졌었다. 『빛의 과거』는 은희경이 칠 년 만에 출간한 장편소설이기도 하지만, 이십일 년 만에 내놓은 '여성 장편소설'이기도 하다. 그리고 그 사이를 채운 것은 그 여성들의 형제나 애인, 남편이나 아들인 남성들의 목소리다. 장편만을 두고 말한다면 이때를 은희경의 '가족 신화 성립/붕괴 탐구'나 '남성성 연구' 시기로 파악할 수 있을 것이다. 의사 면허 시험을 앞두고 고시 공부를 위해 떠난 곳에서 묘령의 여성을 만나 겪는 남성들의 성장과 입신의 환상 소극인 『그것은 꿈이었을까』, 전국 팔도와 이국을 넘나드는 58년 개띠 남성 사 인방의 '먹고사니즘'과 약 삼십 년의 우정을 그린 『마이너리그』, 경제개발기에 토목사업으로 일가를 이룬 집안의 삼대손 형제를 중심으로 근대 가족 신화의 붕괴를 소묘한 『비밀과 거짓말』, 폭력 성향의 리더십을 기반으로 한 남성성을 요구받는 편모 가정 아들의 성장담인 『소년을 위로해줘』 등은 한국의 근현대사와 맞물려 진행된 각 세대 남성들의 이야기를 다루고 있다. 여성 화자를 통한 여성 목소리의 직접적인 기입이 반드시 여성주의 서사의 필요조건이 아니라는 것은 당연하다. 「멍」 「빈처」 「아내의 상자」 등은 남성의 목소리를 통해 재현된 페미니즘 소설들이다. 문제는 화자의 성별 그 자체가 아니라 남성 인물의 목소리를 통해 여성의 삶이 위치지어지는 방식이다.

이 시기 마지막 장편인 『태연한 인생』은 옛 연인이었던 '류'와 '요셉'이라는 두 인물을 축으로 하여 진행된다. 류에게 할당된 이야기의 대부분은 류 자신의 이야기가 아닌 류의 부모의 이야기다. 젊은 시절 아버지는 어머니에게 한눈에 반해 적극적인 공세 끝에 결혼에 성공한다. 어머니 집안의 원조로 젊은 부부는 유학길에 오르지만, "어머니의 집에서 부쳐오는 돈으로 두 사람이 함께 공부하는 건 불가능하다는 결론에 이"(11~12쪽)른다. "자기 쪽의 공부가 훨씬 빠르고 성적도 우수했지만 어머니는 아버지가 먼저 공부하는 쪽을 택"(12쪽)한 후 부잣집의 입주 가정부로 들어가지만, 어머니가 지근거리에서 사라지자 아버지는 외도를 한다. 어머니는 "적국에 부역하는 포로"(190쪽)로 살다 결국 이혼을 택하고, "남의 나라에 태어난 소년"(같은 쪽)처럼 근원적 상실감에 시달리던 아버지는 자살한다. 그리고 류는 홀로 한국으로 돌아와 문화재단에서 일하며 살아가고 있다. 한편 요셉에게 할당된 이야기는 별 볼 일 없는 중견 소설가의 일상들이다. 그는 "전체주의적이고 패턴화된 진단 방식을 멸시"(207쪽)하며 문단과 언론과 학계의 허위의식을 모조리 비웃고, 그 권력화된 세상으로부터의 소외를 은근한 훈장으로 삼은 채 요란한 인용구들을 돌려써가며 자신을 따라다니는 유부녀 '도경'을 비롯한 여성 팬들과의 만남으로 소일하며 살아가고 있다. 그리고 요셉의 과거 제자이자 류가 일하는 문화재단으로부터 영화제작 지원금을 받게 된 영화감독 '이안'이 두 사람을 재회시키려 한다. 『태연한 인생』의 하이라이트는 이안과 요셉 등이 모여 있는 술자리 장면으로, 이안은 이를 몰래 촬영하여 요셉의 속물성과 이중성을 폭로하는 영화를 만들 계획이다. 술에 취해 더욱 과감하게 파렴치해지는 요셉과 그런 요셉의 속물성을 폭로하고 싶은 이안 모두 애타게 류를 기다린다. 그러나 류는 이안이 자신보다 더 젊고 촉망받는 또다른 남성 예술가에 대한 열등감을 참지 못하고 폭력을 휘둘러 술자리가 엉망이 된 뒤에야 나타났다 곧장 자리를 떠버리고 만다.

그렇다면 류는 왜 이렇게 늦게 도착하는가. 그러고는 왜 곧장 자리를 떠버리는가. 류의 등장이 이토록 늦은 것은 이 남성 예술가들이 서로의 허위를 폭로하기 위해 혈안이 된 자리에서 류가 오직 류로서 존재할 수 없기 때문이다. 이곳에는 요셉의 잃어버린 뮤즈로서도, 이안이 찍는 영화의 중요 등장인물로서도 아닌, 류가 오직 류로서만 존재할 수 있는 자리가 없다. 류는 요셉과 함께할 수 없다고 마음먹은 지 이미 오래이고, 그렇다고 요셉의 민낯을 까발리는 일에 동참해줄 것을 요구하는 이안의 영화의 도구적 인물도 될 수 없는 외로운 단독자다. 뒤늦게 나타난 류는 "코트도 벗지 않은 채 맥주를 두 잔쯤 마"(244쪽)시다 "아무 말 없이 술값을 계산하고는 눈 내리는 골목으로"(245쪽) 조용히 사라진다. 그리고 류가 온 것을 알았지만 초라한 자신이 창피해 몸을 숨긴 요셉은 류가 사라지자 도경과 함께 술자리 싸움을 말렸던 재단 여직원의 속옷 색깔에 대해 지껄인다.

이안이라고 다를까. 이안이 스승이었던 요셉의 속물성을 폭로하는 것은 요셉의 삶의 양식이 억압하고 있는 타자들을 가시화하기 위함이 아니다. 그는 별 볼 일 없는 왕위라도 갖고 싶은 86세대의 차남일 뿐이다. 이안은 요셉의 실체를 폭로하기 위해 주변에 있는 여성들을 적극 기용하고, 이 남성들의 인정투쟁 현장에서 이제 여성들은 일제히 주변부로 물러난다. 이 소설의 여성들은 남성 예술가들에게 진작에 질려 떠나간 '잃어버린 뮤즈'이거나 외로움도 돈도 지적 호기심도 많은 '그루피'들이다. 마치 속물주의와 진정성 담론의 주요 텍스트였던 2000년대 홍상수 영화에서, 남성들보다는 언제나 조금씩은 더 철이 들어 보이는 여성들이 남자가 모인 자리에 앉자마자 환멸을 느끼고 완전히 사라져 소문으로만 존재하거나, 한심한 남성들에게 '일침을 가하는 존재'들로서만 기능하다 음주와 섹스 후 총총히 이야기 바깥으로 나가듯이 말이다.

『태연한 인생』이 출간된 당시의 비평들은 요셉의 비루한 삶에 주목하며 이를 삶의 의미를 상실한 개인들의 실존의 문제로 파악했다. 그러나 "류와는 달리 요셉"이 "세계의 여러 인식의 문을 거침없이 열어젖"힐 수 있었던 건 그가 "집단의 패턴에 맞서 개인의 고유성을 사수해야 한다"[10]고 생각하는 창의적인 사람이기 때문이 아니라 그가 '집단-패턴'과 '개인-고유성'을 동일한 선상에서 교차시킬 수 있는 인식적 권력을 가진 남성 예술가이기 때문이다. 업계에서도 학계에서도 더이상 크게 환영받지 못하는 이 중년 작가의 고유성을 보장해주는 건 그가 돌아가며 만나는 여성 팬들이며, 그는 패턴이 쌓이지 않는 "밑 빠진 독"(52쪽)과 같은 "헤픈"(같은 쪽) 여자들과의 수다와 섹스를 통해 자신이 고유성을 사수하고 있다는 환상을 보장받는다. 아니, 오히려 그 '집단-패턴'이라는 것이 요셉이 스스로 주장하는 자기 고유성의 아류적 효과는 아니었을까. 모험과 매혹이 넘치는 남편의 '고유한' 세계로부터 소외되어 홀로 생활을 지키고자 애쓰던 류의 어머니의 삶은, 그로부터 영향받은 류의 고통은 왜 성찰이 결여된 '패턴적 삶'으로 은유되며 폄하되는가. 이 여성들은 더이상 가부장제 로

10) 신형철, 「예리하고 우아한 어떤 '인식'」, 『한겨레21』 제918호, 2012.

맨스를 거부하며 홀로 설 것을 다짐하는 '고독'한 개인들이 아니라 그 질서에 순치될 수 없어 결국 사회적으로 '고립'되어버린 개인들에 가깝다. "류의 침묵, 요셉의 냉소와 인용, 도경의 멈출 수 없는 웃음, 이안의 모방은 고고한 삶을 살아가는 이들이 사용하는 각기 다른 위장술"[11]인 것이 결코 아니다. 그들은 동일한 이유로 고통받고 있지도 않을뿐더러, 그 대응 방식들이 '고고'한 것은 더욱 아니다. 위계에 의한 성적 향락을 일삼는 이를 고고하다고 할 수 있는가. 은희경 소설에서 여성들이 어쩌다 이렇게까지 소외되었는지, 왜 비평은 이를 '고통이 모두에게 공통적으로 필연인 세계'에서 '삶의 태도를 노정하는 개인의 윤리'로 분석하려 했었는지 돌아봐야 한다. 『태연한 인생』은 "예리하고 우아"[12]하다기보다 기괴하고 참혹한 소설이다.

류의 이 뒤늦은 등장과 뒤이은 빠른 퇴장은 무엇을 의미하는가. 은희경 소설에 나타난 이 여성 고립을 제대로 파악하지 않았던 비평의 욕망은 무엇이었던가. 2000년대는 비평이 유례없이 활발한 시기이기도 했다. 문학이 망했다는 소문과 싸워야 했기 때문이다. 2000년대 담론은 독특한 남성성의 서사적 특징을 가지는데, 이른바 '실패한 남성'의 서사가 그것이다. 당시 성행했던 담론들은 86세대가 미끄러져간 지점의 계급성을 파악하던 문학사회학자들과 거대 체제의 붕괴 이후 제기된 서사의 몰락을 걱정하던 한국문학 연구자들이 주도한 속물주의 담론, 역사의 몰락 이후의 진정성과 윤리학 복권 담론들이다. 특히나 속물주의 담론[13]은 『태연한 인생』 속 요셉의 이야기를

11) 서희원, 「고고한 인생 혹은 우연한 소설」, 『문학과사회』 2012년 겨울호, 470쪽.

12) 신형철, 「예리하고 우아한 어떤 '인식'」.

13) 속물주의와 진정성 복권 담론을 견인했던 가장 대표적인 글은 다음과 같다. 김홍

해설하기에 맞춤하다. 그러나 그 담론은 86세대의 남성성을 성찰하는 데 얼마간 유효했을지는 몰라도, 놀라울 정도로 남성 동성 사회만을 분석하기 위한 틀이었다. 그 이론들에서 남성 속물들의 진정성을 보장해주는 마지막 보루로 인용되었던 예술계 모임, 영화계, 문단, 아마추어 시 동인 등을 비롯한 각종 소모임에서 무슨 일이 있었는지 지금에 와서 낱낱이 고발되지 않았던가. 왜 『태연한 인생』은 예술계 내에 만연한 남성우월주의와 여성혐오의 문제를 고발한 소설로 독해되지 못했었던가. 이제는 그 진정성 담론이라는 것이 86세대 남성들에게 성찰적 계기를 마련하기는커녕, 비록 현재는 창피한 속물로 살아가고 있지만 마음으로는 진정성을 추구하고 있다는 서사를 제공하여 그 웅장했던 진정성 추구의 과정에서 약자들을 함부로 대했던 스스로를 용서하는 사기 속죄의 각본으로 활용되었던 것은 아니었는지 돌아봐야 한다. 사회적으로는 볼품없어진, 그래서 역으로 자아는 더 비대해진 그 속물들에게 필요했던 건 초라해진 자신을 복권시킬 내면의 진정성이 아니라, 초라해진 채로도 위력자로 행사할 수 있었던 자기 권력에 대한 엄정한 반성이다. 소설의 엄연한 한 축이지만 현재 이야기의 주인이 될 수 없는 류의 허망하고 쓸쓸한 등퇴장은 많은 것을 시사한다.

기울어진 사회에서 위악의 파급력은 권력을 가진 이들에 의해 행해질 때 더 거세진다. 소설은 긴장감 있던 냉소적 제스처로서의 위악이 86세대 남성들에 의해 이윽고 뻔뻔스러운 '태연함'으로 형질 전환

중, 「진정성의 기원과 구조」 「스노비즘과 윤리」(『마음의 사회학』, 문학동네, 2009); 심보선, 「1987년 이후 스노비즘의 계보학」(『그을린 예술』, 민음사, 2013).

되고, 위악의 세계로부터도 결국 소외된 여성들이 내몰렸던 지점을 아프게 드러낸다. 의지적 자아 분리술은 류가 보여주듯 더이상 통하지 않거나 도경이 보여주듯 이용될 수 있는 수준에서만 통한다. 상처받거나 버림받는 건 '진짜 나'가 아니라는 '두 명의 여자'의 필사적인 인지 방식은 상처 주거나 버리는 건 '진짜 나'가 아니라는 '두 명의 남자'의 폭력을 정당화하는 구실로 완전히 뒤집혀버렸다.

한편, 단편을 통해 직접 재현된 2000년대 중후반과 2010년대 초중반 은희경의 여성들은 초창기 은희경의 여성 인물들과는 꽤 다른 모습이다. 그들은 더이상 남자들을 돌아가며 만나지도 않고, 남성 동료들과 대거리를 하며 회사에 다니지도 않는다. 그들은 결혼을 했고, 직장을 그만두었고, 매를 맞진 않지만 방치되어 있는, '이름 붙일 수 없는 병'에 걸린 중산층 가정의 주부들이다. "방치하는 건 방향이 없다는 점에서 대처하기가 더욱 까다로운 폭력"(「스페인 도둑」, 103~104쪽)이지만, "요셉〔남편—인용자〕은 젬마〔아내—인용자〕를 이해해주려는 너그러움에 사로잡힌 나머지 그 너그러움이 필요 없다는 얘기에는 귀를 기울이지 않"(「정화된 밤」, 191쪽)는다. 남편의 무관심과 방관 속에서 메말라가는 신도시의 여자들, 오지 않는 남편을 기다리다 오밤중에 홀로 호프집에 가는 임산부(「프랑스어 초급과정」), 남편의 사업 실패로 위장 이혼한 뒤 아들과 외국으로 도망가 동네의 '가라지 세일'을 좇아다니며 온기의 흔적을 찾아 헤매는 중년 여성(「T아일랜드의 여름 잔디밭」) 등, 이들이 찾은 잠정적 해법은 당시 '고독의 연대'라고 이름 붙여진, 단발적인 위안이었다.

허기와 절망. 그런 감정들은 행복의 변방에서 서로를 알아본 순간 경계를 넘어 조용히 연대한다. 서로 이용하지만 거짓은 끼어들지 않는다. 스치듯 짧은 포옹을 끝낸 뒤 영원히 다시 만나지 않기를 바란다는 점에서 아마 세상에서 가장 쓸쓸한 연대일 것이다.(「T아일랜드의 여름 잔디밭」, 116쪽)

이 시기 발표된 은희경의 단편들을 해설한 이는 이를 '스토아주의'로 명명하며 "소설 속의 금욕적 인물들이 최소한의 매뉴얼과 반경으로 삶을 축소하고자 했던 건 관습적인 삶을 원해서가 아니라 관습대로 살기를 거부했기 때문"[14]이라고 설명하고, 그것이 삶에 대한 존중과 예우의 한 방식이라고 말한다. 무력해진 채로 명멸하는 짧은 온기에 간신히 위로받는 이 여성들이 보인 삶에 대한 응전이 속된 욕망을 단절하고 성념이 없는 상태와 부동의 경지를 추구하는 '스토아주의'라면, 그것은 지독히 슬픈 데가 있다. 욕망을 최소화함으로써 실천하는 여성주의가 무엇일 수 있단 말인가. 그것을 의지적 스토아주의로 뒤집어 해석하는 대신, 구조의 시그널 그 자체로 파악했어야 했다.[15]

---

14) 황정아, 「소설의 스토아주의가 삶을 존중하는 방식」, 『중국식 룰렛』 해설, 209쪽.

15) 차미령은 '눈송이 연작'이 모자 서사로 이루어져 있으며, 이 이야기들이 아버지로부터 방치된 어머니를 지켜보며 성장한 아들의 목소리를 통해 전해지고 있다고 명확히 지적한다(차미령, 「이식의 고통과 고독의 연대—은희경의 '눈송이 연작'이 우리에게 묻는 것」, 『문학동네』 2014년 봄호). 그는 「스페인 도둑」에 대한 분석에서 서로에게 완전히 이방인인 부자 관계가 거리감이 없어 실패했던 부모 관계를 재조명하거나 극복하는 대안이 될 수 있는 가능성을 타진하지만, 그러나 그 가능성은 아버지와 어울리지 않고 살았던 아들이 어머니를 학대했던 아버지에게 아무런 책임도 묻지 못하고 그 어떤 생산적 대화도 지속하지 못한 채, 한밤중에 집에 들어온 아버지에게 발길질을 당하고 무의미한 술자리에 몇 번 동석한 끝에 결국 다시 짐을 싸 어머니의 집으로 향하는 결말을 취함으로써 좌절된다. 문제는 너무 멀거나 가까운 개인들 간의 '거리'가

그 누구도, 심지어는 가장 사랑하는 사람마저도 자신을 진정으로 이해해주지 않는 세상을 홀로 건너야 했던 여성들은 어떻게 다시 청년들의 삶과 접속하게 되었는가. "남편이란 점만 빼고는 나무랄 데 없는 사람"이지만 "결혼에 대처하는 태도에 있어서는 일종의 미성년자"(137쪽)였던 이와 이혼하여 홀로 아들을 키우는 『소년을 위로해줘』의 중년 여성은 이제 자녀에게 필사적으로 '개인주의'를 교육한다.

> 사람들 앞에서 울면 그들은 너를 달래주려 하겠지만 마음속으로는 깔보기 시작하는 거야. (……) 고독은 학교 숙제처럼 혼자 해결해야 하는 것이지만, 슬픔은 함께 견디는 거야. (……) 고독을 학교 숙제와 같은 방식으로 처리하라는 것. 나한테는 몇 대 맞을 각오로 무시해버리라는 뜻이 된다. 조금 아프긴 하겠지만, 쓸데없이 심각해진다거나 쩔쩔매는 것보다는 낫겠지.(19쪽)

사람들 사이에서 고립되는 문제적 고독은 오직 혼자서 해결해야 하고, 파생 감정만을 나눌 수 있다는 부모의 이 같은 감정 교육은 쿨한 듯 보이지만 기실 모질고 가혹하며, 실용적일 순 있겠지만 고독의 사회적 구조를 보지 못하게 한다. 가족주의와 집단주의 의식이 성한 사회에서 개인주의는 중대한 합리적 가치를 가지지만, 이 소설의 맥락에서 응용되는 개인주의는 아무리 사랑하는 사이라도 서로를 이해할 수는 없다는 소통의 근원적 불가능성의 차원으로까지 번진 것으로 보인다. 아들은 엄마에게 "염세주의는 정말로 유익한"(140쪽) 것

아니라 성별 차이로 인해 발생한 가정 내 폭력의 구조이다.

이라는 교육을 받고 고민한다. "늦은 밤, 식탁에서 혼자 술을 마시고 있는 엄마와 내 방 거울 앞에 서 있는 나. 아무리 가까운 사이라 해도 서로의 고독에 대해서는 아무것도 해줄 수 없다. 모두 다 그런 것일까."(47쪽)

계집애 같다는 욕을 듣지만 개인주의를 통해 극복하라는 교육을 받고, 남자다운 박력을 요구하는 세상에 대항해 "우리 모두는 궁극적으로 우주의 어린 아들, 즉 소년들"(389쪽)이니 소년을 '위로'해주라는 랩 음악에 심취한 이 소년이 어떤 어른으로 성장했을지, 지금에 와서 문득 섬뜩함을 느낀다면 과민한 것일까. 적어도 "억압이 많"(424쪽)은 엄마 세대와는 달리 다음 세대 페미니스트들의 덕목의 "베이스는 섬세함과 배려심, 공정함"(425쪽)일 것이라 예견하는 엄마의 남자친구의 추측은 틀린 것으로 판명난 것 같다. 페미니즘을 리부트시킨 오늘날 여성 청년들의 별칭이 '지옥에서 온 페미니스트'가 아닌가. 외로웠지만 평온했던 그 개인이라는 심연은 어찌하여 여성 청년들에게는 지옥이 되었는가. 은희경이 당시 잠정적인 대안으로 내놓았던 '고독의 연대'나 '개인주의'는 2000년대와 2010년대 초중반까지의 사회와 당시 비평계에 페미니즘 담론이 지극히 적었던 현실, 즉 비평의 무능이 귀결시킨 지독한 여성 고립의 산물인 것으로 보인다.

4. 개인주의 페미니즘의 불가능성, 다시 '다름'과 '섞임' 속으로

"자신은 사라져버린 별을 너무 오래 바라보고 있었다. 사라진 것은 완결된 것이며 완결된 것은 변하지 않는다. 죽은 것이다. 어머니는 눈을 감았다. 고독 역시 스스로 의식함으로써 살아 있을 뿐이었다."(260쪽) 『태연한 인생』의 류의 어머니는 이미 사라져버린 밤하늘의 별을 그만 바라보기로 했고, 류 또한 고독의 "적요로운 평화"(265쪽)를 받아들이기로 했다. 그러나 『빛의 과거』는 이미 오래전에 사라진 빛을 보고자 시도하는 소설이다. 하늘의 빛은 오래전에 사멸한 것들이 현재에 닿은 궤적이므로, 지금 도착한 이 분광을 이해하기 위해서는 과거를 다시 바라봐야 한다.

소설 속 과거에 대한 서술부는 은희경이라는 작가의 부재를 상상하는 가정이 아찔하게 느껴질 정도로 당대 여성의 삶을 생생히 복각해내고 있어 그 자체만으로도 고증 자료로서의 가치가 대단히 높은 세태소설로도 볼 수 있지만, 『빛의 과거』에서 과거가 재생되는 이유가 단지 시대의 풍속도를 제시하고자 하는 목적 때문만은 아니다. 오히려 소설은 '세태'라는 말에 묻어나는 낭만적인 기류를 걷어내는 방식으로 직진해나간다. 작가는 불우하고 불리했던 시대적 상황 때문에 이기심과 회피가 불가피했다는 세태소설적 항변이 완전히 통하지만은 않는 세계로 인물들을 세차게 밀어넣는다.

1977년 서울의 한 여자대학교에 입학하게 된 지방 출신의 청년 김유경은 기숙사에 입사하면서 '다름'과 '섞임'의 세계 속으로 들어가게 된다. 그는 말더듬증을 숨기느라 타인의 결정과 처분에 스스로를 맡기는 수동적인 방식으로 폭압적인 시대를 건너왔다. 한편 2017년의 김유경은 결혼에 실패하고 홀로 아이를 키우며 넉넉지 않은 형편으로 살아가고 있는 중년 여성이다. 그런데 2017년의 김유경이 우연치 않게 1977년 같은 기숙사에 살았던 동기생이자 현재는 작가가 된 김희진의 자전소설 『지금은 없는 공주들을 위하여』를 읽고 자신이 "그녀에게 차별과 모욕을 행사하는 공주"(279쪽)로 묘사되어 있는 것을 알게 된다. 소심했던 자신이 다른 이의 기억 속에선 허영심과 이기심이 넘치는 사람이었던 것이다. 과거에 대한 완전히 다른 해석본의 존재는 김유경으로 하여금 스스로의 삶을 반추하게 만드는데, 그러면서 시작되는 김유경의 과거 서술 또한 김희진의 소설 못지않게 일종의 자의적 편집으로 각색된 기억, 즉 허구가 되어버린다.

김유경이 말하듯 "약점이 있는 사람은 세상을 감지하는 더듬이 하나를 더 가진다. (……) 그들에게는 자신의 약점이 어떻게 취급당하는가를 통해 세상을 읽는 영역이"(112쪽) 있기 때문이다. 그러나 1977년의 김희진과 김유경은 서로의 상처와 콤플렉스를 눈치채거나 보듬을 수 있을 만큼 성숙한 존재들이 아니었다. 따라서 그들 각자의 경험과 기억에는 "비극이라고 이름 붙일 만한 서투름과 욕망의 서사가 개입될 수밖에"(28쪽) 없었고, 그 미숙함은 큰 파국을 초래하는 단초가 되기도 한다. 김희진이 알지 못했던 김유경의 비밀은 김유경이 말더듬증을 앓았다는 사실이고, 김유경이 알지 못했던 김희진의 비밀은 김희진이 너무나 가난했다는 것이다. 가난이라는 더듬이로 세계를 보는 김희진은 김유경이 자신의 상처를 감추기 위해 침묵하거나 도망갔던 순간들을 "결핍되지도 나약하지도 않으면서 자주 상처받는"(172쪽) '드라마 퀸'의 가식과 허영으로 여긴다. 한편 말더듬증이라는 더듬이로 세계를 보는 김유경은 김희진의 거침없는 행동과 발언들을 "끊임없이 자신을 중심으로 돌아가는 관계의 자장磁場을 만들어내고 우월감과 피해의식을 번갈아 써가며 그것을 정당화"(12쪽) 하는 '관심 종자'의 자극으로 여긴다. 이 같은 단견은 다른 기숙사생들에 대한 서술에서도 여실히 드러난다.

친언니와 함께 서울로 상경하기 위해 부모와 의절하다시피 한 김희진은 끊임없이 아르바이트를 하며 늦은 밤거리를 돌아다녀야 했고, "붉은 조명이 켜진 유리 쇼윈도 아래 진한 화장을 하고 한복 차림으로 앉아 있는 여자"(191쪽)들과 "여자들이 나타날 때마다 바지를 끌어내리는 변태와 젊은 여자 뒤만 집요하게 쫓아다니며 위협하는 거지"(192쪽) 등 도시 빈민의 생태를 자세히 알게 된다. 또한 그는 언니의 가르침을 통해 여성들이 "어떻게 고향의 어둑신한 부엌을 뛰쳐나와 고달픈 도시의 변두리에 편입되었는지"(191~192쪽)와 "때 이른 임신도 문제였지만 그보다 여자들은, 게으르고 무능하고 겉멋과 헛바람이 든 남자들을 먹여 살릴 값싸고 힘들고 모욕적인 일자리를 손쉽게 구할 수 있다는 것이 더 큰 문제"(174~175쪽)라는 것 또한 알고 있기 때문에 로맨스가 독이 될 수 있음을 강박적으로 되새기며 각종 미팅 및 연애를 목적으로 이뤄지는 온갖 이벤트들에 열 올리는 동기생들을 모두 세상 물정 모르는 '공주'로 취급한다. 실제 김유경은 가난과 궁핍에 대해 무지했고, "산동네의 유일한 대학생으로서, 연좌제로 사회활동이 막힌 아버지의 기대와 공장에 다니는 누나들의 헌신을 한몸에 받"(180쪽)고 있는 남자친구와 데이트를 하며 산동네의 풍경이 "동화 속의 유리성"(152쪽) 같다는 말을 해 연인에게 상처를 주고, 그가 자신에게서 멀어져간 이유들에 대해서도 전혀 짐작하지 못한다.

김희진 또한 자신의 사정에만 집중한 나머지 '공주들'에 대한 자신의 치기 어린 분노와 선망이 불러일으킨 파국을 알지 못한다. 오픈하우스 행사 후 김희진의 고발로 인해 적극적으로 학생운동을 하면서도 장학금을 놓치지 않으려 새벽까지 자습하던 '최성옥'이 퇴학당하고, 그런 최성옥에게 의지하며 삶을 지탱해왔던 '송선미'가 뒤이어 자퇴한다. 후일 알려지는 바에 따르면 그 연쇄적인 방출의 상황을 직접적으로 초래한 운동권 남학생은 삼선 국회의원의 보좌관이 되어 당시 상황에 관계한 이들 앞에 뻔뻔스레 재등장해 허접한 농담을 일삼는 중년이 되었지만, 퇴학당한 최성옥은 고시에 실패한 남편 대신 생계를 책임지기 위해 다단계 사업에 빠져들고, 자퇴한 송선미는 여러 차례 결혼과 이혼을 반복하기도 하고 화가로서의 삶을 누리기도 했으나 광기를 이겨내지 못해 결국 타국에서 자살로 생을 마감하고 만다. 게다가 김희진은 또다른 기숙사생인 '곽주아'가 치른 초야나 지도교수를 좋아하여 그에게 이용당하는 기숙사 부사감의 마음을 자기 소설의 소재로 사용해 조롱하는 일도 서슴지 않는다. 소설은 '여성들의 좌절'이 '여성들 간의 반목'으로 자리잡히는 과정을 구체적인 시대적 상황을 통해 진술하며 여성 연대의 어려움을 여실히 보여준다. 그곳에 아름답고 숭고한 자매애는 없었다.

그리고 은희경은 김유경의 반성의 서사를 쓰며 이제 분명히 말한다. 자기의 내적 투쟁이 얼마나 투철했든 나는 내가 생각하는 그 사람만도 아니고, 또한 단지 행위하지 않고 생각만 하는 사람도 아니라는 것, 내가 얼마나 복잡하게 좋은 사람일 수 있는지와는 무관하게, 모든 개인은 행위되는 타인의 환경이라는 것, 개인의 약점 더듬이가 아무리 크고 섬세할지라도 타인의 시선을 통해 스스로에 대한 겹눈을 갖출 수 없다면 성장은 가능하지 않다는 것, 무지도 폭력이고 자신의 상처에만 집중하는 행위 또한 모종의 무책임이며, 적극적으로 무언가를 선택하지 않았다고 해서 자신이 그 결과에 책임지지 않을 수는 없다는 것, 즉 공동체라는 운명의 진실들이 김유경의 삶을 통해 드러난다.

다시 은희경의 여성들의 생존 전략이었던 '두 명의 여자' 모티프를 통해 개인의 인식 투쟁이 가진 내적 결함을 성찰해볼 수 있을까. 상처와 불행을 최소화하기 위해 수행한 자아 분리술이라는 작전에서 '바라보는 나'가 수행하는 긴장이 느슨해지거나 도리어 역이용당하고 오직 분리라는 그 형식만이 유지될 때, '보여지는 나'가 얼마든지 외따로 독립하여 타인의 삶에 영향을 끼치는 존재로 기능하게 되는 것은 아닐까. 형식을 통제하는 감각이 뚜렷해도 내용이 독립을 이루어 나가는 것이 삶의 현실이니 말이다. 물론 작가는 이에 대해서도 언제나 성찰적이었다. 은희경 소설에 자주 등장하는 재현물들, 즉 일기, 소설, 칼럼, 영화, 블로그 등은 '보여지는 나'를 통제하고 있는 '바라보는 나'라는 인물이 가진 이중적 면모를 폭로하는 기능을 맡았었다. '스스로를 바라보고 있다고 생각하는 보여지는 사람'이라는 이미지를 다시 재현함으로써 주체의 자기 통제력이 지닌 구조적 허술함이나 그로 인해 발생하는, 결과적으로 누구도 책임지지 않는 위악을 폭로하는 자기비판을 시도한 것이었고, 그것들은 투서이자 '데스 노트'였다. 그리고 『빛의 과거』에 이르러 주체는 그 데스 노트에 자신의 이름이 쓰여 있는 것을 발견하게 되고, 그 정확한 목도와 부서짐의 충격이 이후에 전개되는 이야기를 구동시키는 기폭제가 된다. 『빛의 과거』에서 김유경이 김희진의 소설 『지금은 없는 공주들을 위하여』를 통독하며 '보여지는 나'가 타인에게는 어떻게 '보이고' 있는지를 '바라보는 나'가 다시 바라보게 되는 것이다. 이를 통해 '두 명의 여자'로 구성된 자아라는 옹성이 완전히 철거된다. '나'는 '내가 원하는 나'도 아니지만, '내가 원한다고 생각하는 나'도 아니었다. '나'에게는 두 사람이었던 '나'는 타인에게는 오직 한 사람일 뿐인 것이다.

"각자의 기억은 그 사람의 사적인 문학이란 말 못 들어봤니?"(334쪽) 각기 다른 여러 인물들이 가진 기억의 여러 버전을 병렬시킨 후 서로의 진실을 맞대어보는 이 소설의 구조가 은희경식 개인주의의 또다른 변주점인지, 혹은 새로운 항로를 향한 변곡점인지 아직 확실히 알 순 없을 듯하다. 각자가 가진 진실의 합과 차를 결과적으로 산출하고 반성해보는 것만이 가능한 일의 전부라면 자기만의 서사를 쓰는 개인의 오류와 실수, 그 서투름으로 인한 비극은 반복될 것이다. 우리가 결국 공통의 서사를 만들어가는 일에 실패하는 것은 각자가 자신의 입장과 논리를 상대화하거나 타인과 대화하지 않기 때문일 것이다. 오랜 세월 함께 친목을 쌓아온 김희진이 자기반성을 시도하는 김유경의 알리바이성 타인이 아니라는 점은 완전히 확신할 수 없지만, 그럼에도 『빛의 과거』에서 드러나는 주체의 자기성찰은 기존의 은희경 소설에서 자주 볼 수 있었던 자기성찰의 방식, 즉 자기 인식에 대한 비판적 관점을 소설 말미에 짐작하는 정도로만 표시하거나 재현물을 통해 은유적으로 드러내는 방식들과는 꽤 상이하다. 지속적으로 '타인에게 말 걸기'를 시도해온 은희경의 문학적 여정에서 김희진은 어떤 의미에서 진정한 첫번째 '타인'이다. '보여지는 나를 바라보는 나'를 바깥에서 바라보며 '나'의 서사에 적극 침입해오는 사람으로서의 김희진은 더이상 은희경 소설에 잦게 등장했던 반성의 증거로서의 가상적 재현물이 아닌 하나의 독립적인 인격을 갖춘 타인이니 말이다. 상처받거나 훼손되지 않기 위해 외부마저 자아의 회로에 가두어놓고 문제적 자아를 반성의 거울방 속으로 끊임없이 되밀어넣기보다 자기 존재 밖의 타인을 대면하고 그들과 부딪치려는 이 변화를 주목해볼 만하다.

김유경은 김희진이 자신을 고독한 사람이라고 평가한 것에 대해 발끈하는데, 은희경은 더이상 '여성의 사회적 고립'을 '인간의 실존적 고독'으로 번역하지 않으려는지도 모른다. 서로를 좋아하거나 인정하지 않으면서도, 심지어 위로의 외피를 쓴 비난을 주고받으면서도 한사코 서로의 곁을 맴돈 두 사람이 보이는 타인에 대한 뜨거운 갈망의 징후로부터 다시 시작해볼 수 있을 것이다. 자신이 원하지 않는 삶의 주인이 되어버린 김유경 또한 결국 김희진이 만들어낸 자기에 대한 다른 이미지에 의지하기도 했었다는 사실에 기대를 걸어볼 수 있을까. "내가 원하던 인생에서 너무나 멀어져버렸다는 두려움과 불안. 아마 그것이 나를 김희진의 그룹으로 달려가게 만들었을 것이다. 거기에 내가 원하던 나는 없었다 해도, 결코 좋아할 수 없게 변해버린 나와는 다른 내가 있었다."(282쪽) 중년의 김유경이 고독과 불안 속에서 다시 오해와 차이에 희망을 걸며 타인의 서사 속으로 들어간 순간이 중요해 보인다.

소설은 '다름'과 '섞임'의 세계 속에서 불화했던 기숙사 생도들이 모두 모이는 김희진 소설의 한 장면으로 끝이 난다. 그것이 김유경이 '잊은 기억'인지, 김희진이 '지어낸 기억'인지는 영영 알 수 없지만, 소설의 허구적 힘을 통해 잠시 가설된 이 시공간 속에서 서로의 미래를 응원해주던 모두의 마음만은 진짜였음이 분명하다. 미욱했기에 미워하는 방법밖에 몰랐지만, 동시에 상대가 잘살기를 바랐던 여성들의 우정의 기억이 누구에게나 있을 법하다.

분리주의로서의 냉소는 여성을 생존하게 해주었을지언정 여성에게 다른 생존법이 있다는 것을 알려주진 못하고, 고독은 자주 여성을 격리하려는 세상이 써먹기 좋은 자원이 된다. 허튼 낙관주의에 속지 않으려 하면서도, 그러나 세상이 나아질 수 있다고 믿는 어떤 '제2의 낙관'의 이름을 페미니즘이라 하고 싶다. 여성이 홀로 서기 위해 자처한 고독을 고립화하는 세계에서, 여성이 새로운 삶을 살아가기 위해 마주한 불안을 공포화하는 세계에서, 여성은 오직 다른 여성들과의 연대를 통해서만 나아갈 수 있다.

5. 나가며: 비평과 여성 서사의 성장환경

페미니즘 담론이 치열히 이루어지는 시대에 은희경의 소설들과 그에 대한 수용사를 읽으며 여성 서사의 성장과 발전을 위해서는 비평의 성장 또한 필수라는 사실을 재차 확인한다. 은희경이 여성 작가로서는 드물게 심각한 경력 단절 없이 왕성히 활동하며 오랜 시간 독자들의 큰 사랑과 지지를 받아온 덕에 한 여성 작가의 작품활동의 궤적 속에서 그와 함께 성장해온 비평의 발자취 또한 가늠해볼 수 있었다. 은희경식 냉소주의가 고독이나 개인주의로 되먹혔던 과정을 일람하고 『빛의 과거』의 김유경이 여성의 사회적 고립이라는 비관적 현실에 조응하여 수동적인 삶을 살아온 자신을 반성하며 "아이러니하게도 그런 수동성이야말로 비관보다는 낙관의 도움을 바라는 태도"(329쪽)였다고 말한 것을 다시 새긴다. 비평은 언제나 더 강력한 제2의 낙관의 힘으로, 작가들이 어렵게 전개해나가고 있는 다양한 여성 서사들이 지속되고 성장할 수 있도록 그 길을 넓히는 일에 온 힘을 써야 할 것이다.

(2019)

아내가 죽은 후에 벌어진 일들: 홀아비 스릴러의 탄생
—편혜영의 『홀』[1)]

1. 들어가며: 기혼 여성의 서사—'어머니'와 '아내'라는 여자

한국은 아내를 폄훼하는 것이 유머이자 어머니를 숭배하는 것이 도덕인 사회이다. 아내와 어머니는 동일한 여성을 지칭하는 두 개의 서로 다른 호칭일 뿐이지만, 이 한 사람에 대한 가족 구성원들의 평가가 극단적인 절하와 절상을 오간다는 사실은 정상 가족 내에서 여성에게 주어졌던 정체성의 복잡다단한 지위의 단면을 날카롭게 시사한다. 유자녀 기혼 여성을 이해해보고자 시도했던 이야기들은 대부분 당사자의 목소리가 아닌 다른 가족 구성원들의 목소리를 경유하는 경우가 많다. 이는 자신만의 독립된 목소리를 가질 수 없었으며 가족-내-존재 이외에는 별다른 사회적 자아를 부여받지 못했던 여성의 사회적 지위를 반영한 결과일 것이다. 이 역할을 조금 더 면밀히

1) 이 글은 아내의 죽음을 겪은 남편의 내면을 기록한 편혜영의 『홀』(문학과지성사, 2016)을 살핀다. 이하 인용시 본문에 쪽수만 밝힌다.

들여다보면, 이 여성들은 아내라기보다는 어머니의 역할이 더욱 강조된다. 발화 주체의 시점을 의인화하여 이야기의 성격을 조금 더 강조해본다면, 많은 기혼 여성 서사는 남편이 쓰는 아내의 서사가 아니라 자녀가 쓰는 어머니의 서사들이라 할 수 있다. 어머니에 대한 무수한 이야기들은 돌봄노동이라는, 쉽게 기록되진 않지만 모든 가정에서 빠짐없이 행해지고 있는 보이지 않는 여성들의 노동을 재평가한다. 또한 이는 앞서 언급했듯 아내이자 어머니인 한 여성에 대한 가족 구성원 간의 극단적인 시각 차이 때문에 발생한 필연적 결과이기도 하다. 결혼만 하면 어느새 세상에서 흔적도 없이 사라지지만 자식에게는 한때 세상의 전부였던 어머니의 존재는 한국문학의 영원한 주제로 그 수많았던 '어머니 소설'들은 이 지워진 여성들의 가치를 사후적으로나마 보상하려는, 사회적 젖값에 대한 일종의 문화적 살풀이였다.

대중적 어머니 서사의 정점을 찍은 신경숙의 『엄마를 부탁해』에는 유자녀 기혼 여성에 접근하는 고래의 방식과 태도들이 모두 들어 있다. 이 소설이 어머니의 실종이라는 계기를 통해서 시작된다는 사실에서 드러나듯이, 여성들은 사실상 사라져야만 그들에 대한 이야기를 시작할 수 있는 기회를 부여받는다. 어머니가 사라진 자리에 남은 것은 참회와 통한의 눈물을 흘리는 남은 자들의 목소리이다.[2)]『엄마

---

2) 이 어머니 실종 서사는 최근에 작성된 아버지 실종 서사들과의 비교하면 그 정서적 차이가 더욱 극적으로 대비될 수 있는데, 이 같은 차이는 작품이 생산된 시대 때문이기도 하지만 아버지와 어머니에 대한 자녀들의 심리적 거리 때문이기도 하다. 이주란의 「우리가 이렇게 함께」(민음사, 2017), 조남주의 「가출」(『창작과비평』, 2018년 봄호) 등 아버지의 실종과 가출 사건을 다루는 근래의 소설들이 흥미로운 것은 아버지가 집을 나갔다는 사실이 남겨진 가족들에게 크나큰 비극으로 받아들여지거나 통한

를 부탁해』에 등장하는 어머니는 아이 넷과 시동생을 키우고, 심지어는 연정을 품었던 남자의 자식에게 젖동냥까지 해준 모성의 화신으로 등장한다. 자녀들 걱정에 이승을 쉽게 떠나지 못하는 어머니는 혼이 되어 가족들이 거쳐갔던 삶의 자리들을 돌아다니다가 마지막 즈음에 이르면 자신이 떠나면 남편을 돌봐줄 다른 모성적 존재들을 호명한다. 가족을 버리고 집을 나갔다가 돌아오기를 반복했던 남편을 돌봐줄 이들은 이제 남동생을 아들처럼 키웠던, 어머니에게는 시어머니와 다름없었던 큰시누이, 그리고 며느리들이다. 남편을 다른 여성들에게 부탁한 후 넋이 된 어머니가 최종적으로 귀착한 곳은 자신이 태어난 고향집 마루이다. 마루에는 어머니의 어머니가 앉아 있으며 어머니는 자신의 어머니의 얼굴에서 자신의 얼굴을 본다. 모성이라는 가치를 중심으로 두 모녀가 합일하는 것이다. 소설은 어머니가 그 자신의 어머니 품으로 돌아가면서 끝이 난다. "엄마는 알고 있었을까. 나에게도 일평생 엄마가 필요했다는 것을."[3] 이로써 『엄마를 부탁해』는 어머니에게도 어머니가 필요했다는 미치도록 슬픈 물귀신 모계 연대를 완성하였다.

그런데 최근 한국문학장에 어머니보다는 아내라는 지위에 더욱 방점이 찍힌 기혼 여성의 죽음을 다룬 소설들이 등장하기 시작했다. 이는 당연히도 여성을 새롭게 인식하고자 하는 시대의 거대한 흐름과 무관하지 않다. 교통사고 후 사지가 마비된 채로 홀로 깨어난 남편의 내면을 다룬 편혜영의 『홀』, 우주여행에 다녀온 후 자살한 아내의 마

과 반성의 계기를 마련하지 않는다는 것이다. 이 소설들에서 가족들은 아버지가 돌아오기를 바라지만, 사실 아버지가 없이도 일상의 평형점은 금새 회복된다.

3) 신경숙, 『엄마를 부탁해』, 창비, 2008, 254쪽.

음을 헤아리기 위해 우주여행을 떠나는 남편의 이야기인 천희란의 「화성, 스위치, 삭제된 장면들」, 아내의 죽음 후 자식과의 관계가 어색해져버린 중년 남성의 이야기인 권여선의 「모르는 영역」 등은 기존의 기혼 여성을 다루었던 소설들이 전달했던 것과는 조금 상이한 접근 방식을 가지고 있다. 2010년대 중반 이후 실없는 죽음과 미처 끝마치지 못한 애도의 서사가 매 계절 파도처럼 밀려왔지만, 그중에서도 아내 상실의 서사는 남편이라는 발화자의 특수한 지위로 인해 페미니즘 대중화의 사회상과 직접적으로 공명한다.

현진건의 명작 「운수 좋은 날」이 세상에 나온 지 어언 백 년 가까이 되어간다. 아내가 젖먹이 아이만을 남기고 숙환으로 사망하자 내내 아내를 부리며 살아왔던 남편 김첨지는 죽은 아내의 사체에 설렁탕을 내던지며 통한의 눈물을 흘렸다. 인력거꾼 김첨지의 시점에서 다루어진 이 소설은 '상황적 아이러니'라는 미학을 통해 식민 시기 민초들의 현실을 문학적으로 승화시켰다는 평가를 받았다. 김첨지가 노동 세계에서 얻은 유별난 행운이 가정 세계에서 앓고 있는 아내의 사정과 대비되어야 하므로, 이 '상황적 아이러니'는 당연 "아내의 목소리가 기입되는 순간 불가능해진다".[4] 김첨지가 흘리는 이 통한의 눈물을 홀로 갓난아기를 독박 육아해야 하는 상황에 대한 억울함과 자신의 어두운 면을 모두 떠안아줄 여자가 더는 존재하지 않는 상황에 대한 자기 연민으로 읽는 것은 지나치게 고약한 독해일까. 2018년 늦여름에 출간된 『릿터』 13호는 현대의 여성 작가들이 국민 문학의

4) 서영인, 「문학에서 멈추지 않고, 문학을 통과하여 현실로」, 『문학과사회 하이픈』 2018년 겨울호, 6쪽.

정전으로 일컬어지는 작품들을 아내의 입장에서 다시 써보는 '여성-서사' 특집을 마련하였고, 김이설 작가는 현진건의 이 소설을 비틀어 「운발 없는 생」이란 패러디 소설을 제출했다. 제목에서부터 알 수 있듯이, 현진건의 소설에서 남편의 불운은 갑작스럽게 닥친 어느 하루를 관장하는 것에 불과하지만, 김이설의 소설에서 아내의 불운은 생의 전반을 걸쳐 지배했던, 여자라는 존재의 운명으로 드러난다. 김이설의 소설은 폭력과 음주를 일삼는 남편에 대한 원망, 굶고 있는 갓난아기에 대한 연민, 이웃집 아낙의 도움의 손길 등에 대한 감사와 부러움이 아내의 시점을 통해 전해지고 있다. 시점이 바뀌면 진실은 변화한다. 김첨지는 더이상 불우하고 불쌍한 남성이 아니라 가정 학대를 일삼는 폭력범이 된다. 또한 이 소설에는 끝내 아내가 죽은 결정적 장면이 전달되지 않고 있는데, 이는 겨우 목소리를 부여받은 여성이 쉽게 자신의 비극적 종말에 대해 말하지 않겠다는 의지의 표현으로 읽히기도 한다.

아내가 죽은 남편의 이야기를 담은 소설 또한 이상문학상을 받은 김훈의 「화장」[5]이 있다. 최고의 상찬과 함께 심사위원 만장일치로 그해 이상문학상 대상을 받은 이 작품은 아내의 죽음으로 시작하여 아내의 장례 절차가 종료되는 시점에서 끝이 난다. 이 소설은 화장품 회사의 전무인 일인칭 화자가 화장품 콘셉트를 기획하는 것과 아내의 시신을 화장하는 장례 절차를 동시에 경험하고 있는 상황을 묘사하며 '화장'이라는 어휘의 동음이의어적 속성을 이용해 삶과 죽음을

5) 김훈, 「화장」, 김훈 외, 『2004년 제28회 이상문학상 수상작품집』, 문학사상사, 2004. 이하 인용시 본문에 쪽수만 밝힌다.

하나의 단어로 꿴다. 문제는 이 소설에서 형상화하고자 하는 생명의 켜짐과 꺼짐이 여자 나이의 고저, 성기의 상태, 섹스의 가능성, 꾸밈 노동의 유무로 유비된다는 사실이다. 아내의 다 꺼져가는 마른 몸과 대비되는 대상은 일인칭 화자가 집요한 시선 강간을 통해 건져올린 딸뻘의 젊은 여직원인 '추은주'의 육감적 몸체이며 이는 다시금 그가 룸살롱에서 본 여성들의 화려한 치장과 냄새나는 몸과 대비되며 더욱 성스럽게 물신화된다. 아기를 낳은 추은주의 "어둡고 젖"어 있는 산도와 밥알을 흘리는 추은주 딸의 "분홍빛 입속"(43쪽), 그리고 "검버섯이 피"(44쪽)어 있으며 오물을 스스로 닦지 못해 악취가 나는 아내의 성기를 하나로 연결한 후, 이를 전립선염 때문에 "오줌이 빠지지 않는"(29쪽) 자신의 생리 현상과 결부시켜 생의 활기와 결핍을 사유하는 방식은 이 국민 작가가 기대고 있는 삶과 죽음에 대한 비유의 축이 무엇인지를 매우 선명하게 보여준다. 아내의 장례 후 화자는 아내가 그뒤를 부탁한 반려견을 지체 없이 안락사시키고, 새로운 시즌에 내놓을 화장품의 콘셉트를 '여자의 내면 여행' 대신 '여자는 여름에 가벼워진다'로 결정한다. 사실 이 소설은 내내 아내가 죽었다는 시간적 상황 속에서 전개되지만, 정말로 '아내의 죽음' 그 자체를 성찰하진 않는다. 이곳에 등장하는 모든 여성들은 모조리 성기의 상태와 몸냄새를 통해 상징화된 삶과 생명에 대한 비유일 뿐이다.

반면 최근 여성 작가가 쓴 '아내의 죽음' 테마는 달라진 시대적 상황에 따라 변화한 부부관계에 대한 비판적 성찰들을 포함하고 있고, 남편의 입장보다는 아내의 숨겨진 심리에 대해 끈질기게 추적하는 경향을 보인다. 흥미로운 것은 이 최근의 작품들이 아내의 죽음을 애도하는 전형적인 멜로드라마 대신 심리 스릴러의 장르적 화법을 부분적으로 차용하고 있다는 사실이다. 아내들은 여전히 죽음으로써 침묵하는 자리에 머물지만, 그 죽음으로 인해 필연적으로 초래된 침묵과 암흑의 상태는 여성의 목소리를 배제시키기보다 남편의 목소리를 통해서만 제공되는 굴절된 아내상에 대한 진실을 내포한다는 인상을 준다. 또한 죽은 아내를 대리하여 그 암흑에 대한 공포를 자극하고 추동할 다른 여성 존재들이 남편의 삶에 침입해 들어온다. 홀로 남겨진 남편들은 슬퍼하기보다는 무서워하고, 상실을 통해 진실을 깨닫는 대신 아무것도 모른다는 무지의 상태에 도달한다. 그들은 아내를 매개로 관계했던 가족관계 내의 다른 여성들과의 사이에서 어려움을 겪는다. 그들은 무엇이 무서울까. 그들이 몰랐던 것은 무엇이었을까.

2. 아내는 왜 죽었는가: 데스 메시지와 공포의 기원

『아내 가뭄』의 저자 애너벨 크랩은 여성의 사회적 성취도가 낮은 이유가 아내에겐 아내가 없기 때문이라고 분석한다. 즉 한 사람이 경제적 성취나 명예를 얻기 위해선 그를 지지해주고, 가정의 일상과 뒷일을 챙겨줄 사람이 별도로 필요한데, 그 역할의 이름이 바로 '아내'라는 것이다. 이후 크랩은 기혼 남녀 노동자들의 근로 형태와 임금에 대한 다양한 통계 분석을 통해 '아내'가 수행하는 경제적, 정서적 직분과 임무를 설명하고, 여성들은 개인의 자질 부족 때문이 아니라 자신을 도와줄 '아내 가뭄Wife Drought' 사태에 직면해 있기 때문에 고위직에 오르기가 어렵다고 결론짓는다. 이성애 정상 가족을 기준으로 두고 무급 가사노동을 하는 여성의 낮은 사회적 지위에 대한 분석은 사실 새로울 것이 없는 이야기지만, 문제의 이 상황을 '살림과 육아를 하며 일까지 하는 어머니'가 아닌 '남편의 몫까지 다 해야 하는 아내'라는 프레임으로 구성한 것은 자못 흥미로운 시사점을 던져준다. 전자가 모성과 사회적 성취를 대립시키며 여성의 일·가정 양립 가능성에 대해 의문을 던진다면 후자는 여성의 사회적 성취와 가사노동의 분배를 대립시키며 여성들의 문제가 사실은 가사노동에 적극적으로 참여하지 않는 남성들의 문제라는 것을 더욱 강조한다. 전자가 여성의 죄책감을 부추긴다면, 후자는 남성의 책무감을 상기시키는 것이다.[6] 이제 '아내 가뭄' 사태에 직면하게 될 이들은 비단 여성들뿐만이 아니다. 여러 국가에서 이미 시행중인 동성 간 결혼 법제화를 비롯하여 로맨스만을 기반으로 하지 않은 생활동반자법 등은 기존의 이성 간 결혼생활의 전제가 되었던 성별 구도에 따른 역할 분배, 출산 및 양육에 대한 상상력을 변화시키고 있다. 그리고 이 변화들이 그간 아내들의 무급 노동을 통해 남성들이 누려왔던 사회적, 경제적 지위에서 추락하는 남성성의 위기 사태를 초래할 것이라는 사실은 전망도 예언도 아닌, 이미 엄연하게 다가오고 있는 우리의 현실이다.

3. 홀아비 스릴러: 편혜영의 『홀』

페미니즘 리부트 시대에 다시 돌아온 기혼 여성의 죽음을 테마로 한 최근의 소설들에서도 여성들은 모성적 존재라기보다는 남편의 무

---

6) 『아내 가뭄』(애너벨 크랩, 황금진 옮김, 동양북스, 2016)은 내내 가사와 육아 노동에 대해 말하면서도 모성을 관리하는 법 대신 남성들의 가사노동 참여 문제에 대해 호소한다. 크랩은 여성들의 사회적 성취를 가로막는 '유리 천장'에 빗대어 남편들을 회사 밖으로 나오지 못하게 하는 '유리 비상계단'이 있다고 주장한다. 따라서 성평등의 문제를 해결하기 위해선 단순히 여자를 일터로 끌어들이는 게 아니라 남자들을 일터에서 끌어내릴 필요가 있다고 주장하며 일자리 분배 정의에 대한 문제로 나아간다.

관심과 무시로 인해 고립된 존재로서 그려진다. 편혜영의 『홀』은 아내와 함께 여행을 가던 중 자동차 추돌 사고로 정신을 잃었던 '오기'가 병원에서 눈을 뜨는 장면으로 시작한다. 아내는 즉사하였으며 오기는 전신 마비 상태로 깨어났다. 혼수상태에서 깨어난 지 얼마 지나지 않은 어느 날, 몽롱한 상태로 침대에 누워 있던 오기는 누군가 병실 문을 열고 들어오는 소리를 듣는다. 희뿌연 옷을 입은 그 사람은 순식간에 천장으로 떠올랐다가 점점 오기 쪽으로 내려온다. 오기는 두려움에 눈을 꾹 감아버리지만, 자신의 몸 가까이로 바투 다가온 이의 얼굴에서 아내의 향기를 맡는다.

아내의 유령이 자신을 덮치는 환영의 선명한 감각처럼 『홀』은 아내의 죽음이 남편 오기의 삶과 심리를 옥죄어오는 상황 전체를 오기의 목소리로, 즉 공포를 느끼는 당사자의 육성으로 생생히 중계한다. 이 소설에서 소개되는 남편과 아내의 직업, 취미, 관심사 등은 성차로 인해 다른 커리어를 만들어온 어느 전형적인 중산층 부부의 도식 속에서 소개된다. 특히나 오기에 대한 전사가 "여자들은 종종 오기의 삶에서 전환점이 되었다"(15쪽)라는 문장으로 시작하듯이, 한 남성의 삶은 그를 돌봐주고, 뒷바라지해준 여러 여성과의 관계 속에서 설명될 수 있다. 오기가 열 살 무렵 우울증을 앓다 약물 자살한 오기의 어머니, 반평생을 함께해온 아내, 그리고 아내가 죽은 후 유일한 가족으로 등장하는 장모가 바로 오기를 돌봐준 여성들이다. 이중에서도 아내와의 관계는 가장 전형적이라 할 만하다. 공평한 선에서 출발했던 관계에는 점차 학위의 개수, 노동 경력과 그로 인해 발생하는 사회적 관계 등의 차이로 인해 기울기가 생겨난다. 이는 정확히 결혼을 통해 보다 안정적으로 커리어를 만들 수 있었던 남편과 경력 단절을 겪은 후 집안에만 고립된 아내라는 젠더 사회학적 표상과 일치한다.

오기와 아내는 대학 시절부터 사귀는 사이였다. 졸업할 무렵 오기는 결혼을 하고 싶어했지만 아내는 공부를 더 하고 싶어했다. 아내는 오리아나 팔라치 같은 종군기자가 되고 싶어했고, 오기는 지도교수의 권유에 따라 전망이 좋다는 지도학을 전공했다. 함께 공부를 시작했지만, 학위를 끝마친 쪽은 오기뿐이다. 아내는 학위를 끝마치지 않은 채 이런저런 소규모 언론사들을 전전하다가 제법 규모가 큰 출판사에 취직하지만, 출판사 대표의 성희롱 발언을 사내 인트라넷에 게시한 후 면직당한다. 아내는 유수의 출판사에서 출간 계약을 맺어 사회 고발 논픽션을 쓰기로 했지만, 집필 도중 번번이 오기에게 지적을 당하고 결국 위약금을 물고 계약을 파기한다. 오기는 박사논문을 완성하여 늦지 않게 모교에 자리를 잡는다. 이들 부부가 가진 전형성은 두 사람의 커리어적인 측면뿐만 아니라 성격적인 면에서도 드러난다. '속물적이고 위선적인 남편'과 '신경질적이고 의심이 많은 아내'는 임금노동을 하며 사회적 관계를 쌓아가는 남편과 가사노동에 전념하며 가정 내에 고립된 아내라는 위치가 양산한 스테레오타입과 같은 성격상의 특질들이다.

별다른 사회적 성취를 거두지 못하고, 임신에도 실패한 아내가 집착하기 시작한 것은 정원을 가꾸는 일이다. 오기는 "아내가 열중하는 일이라면 그게 무엇이든 응원하고 싶었다. 재능은 있지만 계속해서 헛된 시도를 하고, 어떤 성취감도 얻지 못한 채 비아냥과 조롱만 늘어가는 아내가 애틋했다. 오기가 지난 시간을 제 영역을 확장하는 데 보냈다면 아내는 시간을 보낼수록 홀로 남겨졌다"(84쪽)고 생각하면서도 한편으로 아내가 "흙 묻은 손으로 밥을 하고 국을 끓여준다고 생각하면 밥맛이 떨어졌다"(87쪽)고 여기며 아내의 취미생활이 가사노동에 영향을 미치는 것을 은밀히 혐오한다. 특히나 아내가 정원 가꾸기에 더욱 심하게 집착한 계기는 "오기가 정원에서 동료들과 밤 늦도록 술을 마시며 떠들고 많이 웃고 다음번 모임을 기약하고 헤어진 이후"인데, 오기는 이를 자신에게서 "정원을 빼앗기 위해서"(80쪽)라고 해석한다. 즉 아내가 친구가 많은 남편을 선망하고 질투하기 때문이라는 것이다. 오기는 아내에게 식물을 키우는 일이 아니라 스스로 "성장할 만한 일"에 몰두할 것을 제안하지만, 아내는 "나는 이미 성장기가 지났"(89쪽)다고 체념적으로 대꾸할 뿐이다. 아내가 죽은 후 정원의 덩굴식물은 "더욱 무성해지고 흡착력이 강해져서 오기의 창을 잠식해 시야를 막아버릴 것"(91쪽)같이 자라난다.

이 소설의 장르적 색채는 오기가 사건 현장에 대해 질문하는 보험회사 조사원와 나누었던 석연치 않은 문답에부터 시작되어 이들 부부가 사고 직전, 심각한 부부 갈등을 겪었다는 사실이 드러나며 점차 강화된다. 이들 부부관계의 갈등은 아내가 남편과 남편의 후배인 '제이' 사이에 애정 관계가 있었다고 오해하고, 그 오해가 사실이 되어가며 폭발하게 된다. 오기에 따르자면 아내는 "꼬투리를 잡아 뭐든 최악의 일을 상상하고, 그 일이 실제로 일어날 확률을 과장"했으며 "자신의 생각만 믿었고 그것을 진실로 확신"(82쪽)하며 오기를 몰아붙인다. 이 과정에서 오기가 외도를 했을 뿐만 아니라 제자에게 위계에 의한 성폭력을 저질렀다는 사실까지 암시된다. 그러나 독자에게 전달되는 것은 오직 오기의 입장뿐이며, 오기의 목소리로만 이야기를 전하는 시점 제한 탓에 독자와 화자 사이 불신과 정보의 불균형성이 발생한다. 소설은 이 의심과 불균형성에 기대어 아내의 죽음이 단순한 사고사가 아닐 수 있다는 암시를 주면서 본격적으로 장르화된다.

말미에 가서야 재현되는 문제의 교통사고 현장에서 아내는 오기에게 이혼을 요구하며 오기의 부정을 폭로할 "한 인간에 대한 고발문"(182쪽)을 완성했다는 것을 밝힌다. 아내는 "속물이 된 남자가 성공을 위해 어떻게 우연과 술수를 활용하는지, 그의 도덕적 해이가 얼마나 심각한 수준인지"(같은 쪽)를 알려줄 관찰기를 작성 완료하였으며 이 문서에는 그가 후배와 오랫동안 부적절한 관계를 유지했다는 사실이 포함되어 있다고 말한다. 그리고 아내는 그 고발문을 "학과나 학교 본부, 학회 및 동료들에게"(같은 쪽) 송고할 것이라고 선언한다. 궁지에 몰린 오기는 그러나 이미 수동적으로 살아오는 것에 길들여진 아내가 이혼을 하거나 협박의 내용들을 실행할 수 없다며 "아내의 무능을 조롱"(184쪽)한다. "당신에게 남는 것도 없잖아? 어떻게 먹고 살려고 그래?"(같은 쪽) 오기의 비아냥은 결국 아내에게 결정적 트리거가 되고 아내와 오기는 운전대를 잡은 채로 몸싸움을 벌인다. 그리고 잠시 후 그들이 탄 차량은 맞은편 차선에서 다가오는 차량과 충돌한 후 전복되고 만다.

> 차가 앞차에 부딪히고 가드레일을 받고 아래로 굴러떨어진다는 걸 깨닫자, 편안해졌다. 모든 것이 끝난 것 같았다. 마음이 놓였다. (……) 아내가 질주하는 오기를 살리려던 것인지 오기의 질주를 도우려던 것인지 알 수 없는 채로, 오기는 살아남았고 아내는 죽었다.(185~186쪽)

사고를 낸 당사자가 아내인지 오기인지 확정되지 않았지만, 그럼에도 불구하고 오기가 "살기 위해 결정적인 순간 제 쪽으로 핸들을 꺾"(31쪽)었다는 사실과, 오기 혼자만이 살았다는 사실만은 분명하다. 대체 누가 누구를 위험에 처하게 했는지 명백히 드러나지 않지만, 결국 아내는 죽었으므로, 또한 이 사건에 대한 정보들이 모두 오기의 목소리를 통해서만 전달되고 있으므로, 이 소설은 명백히 남편인 오기에게 그 죄와 책임 소재를 심문하는 이야기이다. 사고가 나자 차라리 마음이 편안해졌다고 말하는 오기의 고백 속에서 자신의 커리어를 위협하는 아내를 미필적고의에 의해서라도 제압하고자 했던 남편의 속마음이 선뜩하게 드러난다.

『홀』은 모두 아내의 죽음에 대한 책임 소재를 확정하거나 아내 편에서 본 진실의 면모를 드러내기보다 남편의 공포감을 상기시키는 방식으로 마무리된다. 이는 죽은 자는 말할 수 없다는 한계—아내들은 냄새, 혹은 환영으로만 남편 앞에 등장한다—때문이기도 하지만, 원론적으로는 이 이야기들의 목적이 모든 인물의 진실을 소외 없이 드러내는 것이 아니라 남편들이 느끼는 공포감의 전모를 풍부하게 보여주는 것에 있기 때문일 것이다. 그리고 그 목적은 진범 추적, 시점 제한, 반전 등의 요소를 포함하는 심리 스릴러의 장르적 문법을 통해 더욱 효과적으로 달성된다. '전신 마비'라는 상황 설정이 말해주듯 아내가 죽은 남편들이 느끼는 공포의 감도나 스케일은 매우 거대하고 압도적이다. 그리고 이 두려움의 기원에는 자신이 그 죽음에 일조했다는 자각이 있다. 이렇게 아내의 죽음을 살피자면 결국 스스로를 기소할 수밖에 없게 되는 남편의 공포감과 변명을 담은 서사들을 일컬어 '홀아비 스릴러'라 명명할 수 있지 않을까.

4. 복수하는 장모

팔 개월 만에 병원에서 퇴원하여 집에 돌아온 『홀』의 오기는 이제 그의 유일한 가족이자 법적 후견인인 장모의 돌봄을 통해 살아간다. 처음에는 입주 도우미가 오기를 간호했지만, 그가 침대에 누워 옴짝달싹할 수 없는 오기를 모욕하고, 알코올 문제를 일으키는 자신의 아들을 끌어들여 결국 도벽을 저질렀다는 사실이 장모에게 발각되면서, 장모가 오기의 집으로 이사를 온다. "성격이 깔끔하고 분별 있는 장모"(43쪽)는 홀로 깨어난 오기에게 딸의 유품인 다이아 반지를 자신이 가져도 좋겠냐는 허락을 구할 정도로 신중하고 조심성 있는 사람이다. "그애 건 이것뿐이야."(42쪽) 장모는 오기가 의지할 수 있는 유일한 존재이다. 그러나 이사 이후 그 교양 있고 세련된 장모는 우회적인 방식으로 점점 오기를 고문하기 시작하는데, 오기는 그것이 아내가 남긴 고발문과 오기에 대한 원망이 섞여 있는 메모들을 장모가 알게 되었기 때문일 것이라고 짐작한다.

> 장모는 좀처럼 아내의 방에서 나오지 않았다. 아마 처음에는 방을 치우는 정도로 둘러보았을 테지만 점차 아내의 책상 위, 책상 서랍, 메모가 붙은 벽면을 살펴보았을 것이다. (……) 장모는 아내가 쓴 것들을 모두 찾아 읽을 것이다. 딸이 그간 말하지 않은 많은 얘기들을 알게 될 것이다. 장모는 오기에 대해 아내와 같은 생각을 하게 될 것이다. 같은 오해를 하고 미움을 품을 것이다. 그게 오기를 두렵게 했다.(127~129쪽)

화자와 독자 간 정보의 불균형성이 사건의 전개 방식을 장르화시켰다면, 이 미스터리를 더욱 증폭시키는 것은 화자와 다른 인물 간의 정보의 불균형성이다. "장모는 많은 걸 알고 있었다. 자신이 알고 있다는 걸 오기에게 숨기지 않았다. 어쩌면 아내가 안다고 믿었던 걸 모두 알게 되었을 수도 있었다. 문제는 오기가 도대체 아내가 알고 있는 게 뭔지 잘 모른다는 것이었다."(158쪽) 실제로 그 고발문이 존재하는지, 존재하지 않는지는 중요하지 않다. 중요한 것은 그것이 존재할 것이라는 가정이 지금의 오기를 미치게 만들고 있다는 점이다. 아내의 복수를 대신 실행할 주체로 장모가 등장한다는 것, 그리고 그 복수의 방식이 전통적인 돌봄 및 가사노동의 방식과 동일하다는 점은 이 이야기를 스릴러물을 젠더의 문제로 독해할 수밖에 없게 만든다.

장모라는 존재는 아내의 어머니이기도 하지만, 아내의 '선배 아내'이기도 하다. 이 소설에서 장모의 전사는 오기의 아내의 전사와 '아내로서의 삶'이라는 측면에서 매우 유사하다. 윤리 교사로 근무했던 장인이 동료와 연애를 하게 되며 이르게 직장에서 불명예 퇴직했던 전력이 있었던 것이다. 장모는 그런 장인을 "교장 선생님"(58쪽)이라고 부르며 사정을 모르는 이들이 보기에는 매우 교양 있는 방식으로, 그러나, 그래서 더욱 치명적이고 교묘한 방식으로 남편을 조롱하고 조련하는 노후를 보냈다. 또한 장모는 부모의 이혼과 이사로 인해 일본인인 친어머니를 수십 년간 만나지 못하고 살아왔으며 최근에야 친척의 도움으로 친어머니의 유골함을 인도받은 전력이 있다. 즉 이 3대 모녀는 시대도, 국적도, 교육 수준도, 살아온 이력도 모두 다르지만 결혼생활에 관해서는 단일한 공통점이 있는 셈이다. 남편의 외도 혹은 억압과 무시로 인해 고통받았다는 점이 바로 그것이다. 어느 날 오기는 눈을 뜨자 "푸른빛이 도는 자기 두 개가 나란히"(174쪽) 놓여 있는 것을 보고 "보자마자 그게 뭔지 알아차"(175쪽)린다. 하나는 장모 어머니의 유골함, 그리고 다른 하나는 아내의 유골함일 것이다. 침대 위에 누워 있는 오기의 곁에 이 3대 모녀가 모여 있는 형국이다. 여성들의 관계가 다시 가족적인 관계로 공회전하는 듯하지만, '아내'라는 지위의 특수성에 대해 이야기하기 위해 '선배 아내'라고 할 수 있는 장모와 아내의 할머니를 등장시킨 것은 수긍할 만한 귀결이다. "나한텐, 딸뿐이고, 자네한테는 나뿐일세. 그걸 알아야 하네."(170쪽)

장모의 복수 방식이 흥미로운 것은 그것이 전통적인 돌봄노동과 가사노동의 형태와 유사해서다. 스스로 몸을 움직일 수 없는 이를 간호하는 일은 갓난아기를 육아하는 일과 유사하다. 장모는 사위의 알몸을 씻기고 입히며 먹히며 그가 배출해낸 배설물들을 치운다. 또한 징모는 아내처럼 가드닝에 몰두하는데, 이 가사노동은 이제 복수의 수단이 된다. 아내의 가드닝이 정원을 아름답게 가꾸어 자신의 결핍을 채우려 했던 행위였다면, 장모에게 가드닝은 복수를 완수하기 위한 어떤 준비 과정이다. 장모는 나무를 옮겨 심어 바깥에서 안쪽을 볼 수 없게 만들어 시야를 차단하고 정원 한구석에 큰 구멍을 파기 시작한다. 타인의 시선이 닿지 않는 곳에서 점점 커져가는 깊은 구멍, '홀'은 홀로 고립되어버린 아내의 삶의 공허를, 홀로 남편과 사위에게 복수하는 분노한 장모의 상태를, 홀로 살아남아 공포에 떨고 있는 오기의 무지와 칠흑 같은 마음을 두루 의미한다.

장모는 물리치료사를 해고하고, 오기를 병원에도 데려가지 않고, 그에게 식사와 약을 제때 챙겨주지도 않는다. 장모는 오기가 현재의 상황을 유지할 수 있을 정도로만 그를 보살핀다. 오기가 외부인에게 현재의 상황을 알리려는 시도는 번번이 좌절당한다. 그리고 이제 장모는 결혼반지 말고는 아무런 유품도 없는 딸을 대신하여, 딸에게 결혼반지를 쥐여줌으로써 많은 것을 것을 얻을 수 있었던 사위의 모든 것들을 그의 눈앞에서 무참히 파괴한다. 우선은 돈. 장모는 기도를 통해 병을 치유한다는 사이비 기독교 종파 집단을 불러다 기도회를 열고 오기가 보는 앞에서 목사에게 돈을 건네주는 장면을 연출하고는 금세 "한푼이라도 줄여야"(133쪽) 한다고 말하며 오기의 재활을 돕는 간병인과 물리치료사를 해고한다. 다음은 커리어. 장모는 마냥 기다리는 "학생들에게 못할 일"(157쪽)이라며 오기 대신 학교에 사직서를 냈다고 사위에게 통보한다. 휠체어에 탈 수 있을 만큼만 몸이 회복되면 학교로 복귀하고자 했던 오기의 기대는 산산조각이 난다. 그리고 다음으로 파괴되는 것은 오기의 체면이다. 장모는 오기의 대학 동료들, 즉 일전에 정원에서 함께 파티를 열었던 동료들을 초대하고는 추레한 옷을 입고 등장해 부적절한 언행을 반복한다. 병문안 온 손님들에게 술을 권한다든가, 불륜에 관한 불필요하고 지나친 농을 던진다든가 하는 것이 그것이다. 특히 장모는 오기의 연인이었던 제이에게 어떤 암시를 주는 듯한 말을 하며 분위기에 찬물을 끼얹는다. 그리고 모두가 보는 앞에서 장모는 오기의 오줌통을 갈고 바지 앞섶을 풀어 오기가 소변을 보게 한다. "아픈 사람인데 이러는 게 당연하죠, 안 그래요?"(156쪽) 『홀』에서 장모가 발휘하는 모성은 한량없는 시혜와 사랑이 아니라 끝없는 학대와 고문이다. 안온한 돌봄노동과 결합되어 있는 모성성은 이데올로기의 껍질이 벗겨지는 순간, 순식간에 위압적인 권력관계와 결부된다. 돈과 커리어, 그리고 체면까지 모두 박살난 후 마지막으로 저격의 대상이 되는 것은 오기의 목숨 그 자체이다. 장모가 외출한 사이 조금씩 움직일 수 있게 된 오기는 탈출을 시도하지만 이내 장모에게 발각되고 만다. "장모는 오기를 데리고 들어갈 만큼 힘이 세지 않지만, 오기를 방해할 정도의 힘은 있었다."(203쪽) 오기는 자신을 내려다보는 장모의 얼굴에서 아내의 얼굴을 본다. 장모는 기어다니는 그를 정원의 구멍으로 인도하고, 오기는 깊은 구렁텅이에 빠지고 만다.

오기는 구멍에 처박힌 채로 아내와 주고받았던 이야기를 떠올린다. 어느 날 홀연히 아내를 떠나 다른 도시에서 새로운 가족을 일구어 살아가는 한 남자의 이야기를 하며 아내는 울었고, 오기는 울고 있는 아내를 달래기 위해 자신은 "어떤 일이 있어도 저 너머로 홀로 가지 않겠다고"(208쪽) 약속했다. 그리고 오기는 이 약속을 지키지 못했으며, 아내는 그와 다투다가 세상을 떠났다. 『홀』은 구멍에 처박힌 오기가 울고 있는 장면으로 끝이 나는데, 작가는 그러나 오기가 "아내의 슬픔을 알게 된 건 아니었다"(209쪽)고 못박는다. 즉 그의 눈물은 아내에 대한 미안함과 뉘우침이 섞인 회개의 눈물이라기보다는 죽음에 이른 이의 불안과 죽음에 가까워져서야 알게 된 자신의 전모에 대한 공포의 눈물이다.

여자가 죽으면 애인이나 남편이 가장 먼저 유력한 용의자가 될 수밖에 없는 사회에서[7], 어머니를 가여워하고 아내를 사랑하는 자신

---

7) 시민단체 한국여성의전화는 2009년부터 매해 남편이나 애인에게 살해된 여성들의 숫자를 통계적인 수치로 발표하고 있다. 2017년 남편이나 애인에게 살해된 여성의 숫자는 최소 85명이며 미수에 그쳐 살아남은 여성은 최소 103명이다. 다른 조사에 따르면 당해 발생한 살인 사건의 5건 중 1건이 아내 살해였으며 애인 간 살해를 합치면 이는 전체 살인 범죄의 27%를 차지한다. 자료는 한국여성의전화 홈페이지의 자료실 게시판과 다음의 뉴스를 참고. 「지난해 국내 살인사건 5건 중 1건은 남편이 아내 살해」, KBS 뉴스, 2018. 11. 28.

을 전시하는 일에 골몰하는 것으로 자신의 페미니스트 된 도리를 다한다고 생각하는 이들이 여전히 목소리를 높이는 사회에서, 여성 작가들이 쓴 '아내의 죽음'을 겪은 남편들 이야기들이 전하는 메시지는 매우 징후적이다. 이 소설들에서 남편들은 아내 살해범은 아닐지라도, 남편과 아내의 권력관계로 인해 발생한 결과를 두려워하고 있는데, 이는 그간 억압되어 있던 여성들의 목소리로 터져나오고 있는 현실의 사회상과 공명하고 있다. 이 현실에 직면한 남편들이 느끼는 주요한 정서는 아내에 대한 죄책감이라기보단 자기를 보호할 수 없을 것이라는 공포감이다.

이름도 없이 '아내'라고만 호칭되는 이 여성들은 죽어서야만 재현세계의 성원권을 부여받은 이들이지만, 여성 작가들은 죄 많은 남편의 입장을 차용하는 방식으로 '사라지는 매개'로서의 여성들의 이야기를 역으로 조명하는 방식을 택했다. 남편의 사회적 성공을 매개하고, 남편을 다른 가족들과 매개하던 아내들은, 죽음으로써 다시 새로운 이야기를 촉발시키는 매개가 되지만, 그렇게 시작된 이야기들에서 죽은 여성들은 그들과 관계 맺었던 다른 여성들의 분노를 통해 다시 불려나와 홀아비들을 자극하고 있다. 그리고 그 과정에서 아내들의 욕망과 심리 또한 조금씩이나마 드러난다. 사라졌던 매개들이 돌아오고 있다.

(2019)

여성주의 가족 스릴러
—강화길의 「음복飮福」[1)]

하룻밤의 제삿날 풍경을 그린 강화길의 가족 서사 「음복」의 장르는 스릴러다. 스릴러는 일반적으로 앎과 모름이라는 인지의 시차를 이용하여 공포감을 자극하고, 그 기울기 조정을 통해 쾌락을 구성해 나가는 장르다. 그리고 그 인지의 시차가 단지 객관적인 시각 차이가 아니라 성을 근간으로 한 권력의 차이임을 밝힐 때, 스릴러 장르의 문법은 여성주의 인식론과 결합한다. 가부장제의 핵심 상징 제의인 제사를 묘사한 이 소설에서 긴장감을 조성하는 축은, 여성 인물들은 모든 걸 훤히 아는데 남성 인물들은 아무것도 모르는 사태를 촉발시킨 가족 내 성 기울이다. 여성 인물을 앎으로부터 소외시키는 방식으로 현실적인 공포를 물화하고 그것을 자극하며 쾌락을 추구해온 스릴러 장르의 역사에서, 그 인지 관계를 역전한 「음복」은 고전적인 스릴러

1) 강화길, 「음복(飮福)」, 강화길 외, 『2020 제11회 젊은작가상 수상작품집』, 문학동네, 2020. 이하 인용시 본문에 쪽수만 밝힌다.

장르 기획에 대한 전복이기도 하다. 제사 또한 언젠가는 판에 박힌 장르 문법의 클리셰가 되어 더이상 그 어떤 신선한 감각도 불러일으키지 못하는 낡은 소재가 되는 날이 올까.

작가 강화길은 언제나 혐오스럽고 이상한 여성들의 삶에 관심을 보여왔다. 그는 모두가 동의할 수 있는 모범적인 페미니스트 서사가 아니라 여성들도 싫어하는 여성의 욕망을 탐구하는 일에 자신의 커리어를 바쳐왔다. 이 짧고 강렬한 소설에서 그가 탐구하는 여성들은 바로 '가부장제의 부역자'로 불리는 가족 내 여성 구성원들이다. 패악질을 일삼는 정신 나간 시할머니, 듣기 싫은 소리만 해대는 시고모, 자기 아들밖에 모르는 시어머니, 가족 행사에 혼자만 쏙 빠진 시사촌, 그리고 남자에 대한 사랑 때문에 구습 재생산에 가담하는 젊은 새댁인 화자 '나'까지, 결혼이라는 제도에 얽혀 가부장제에 부속된 그 모든 혐오를 맨몸으로 입고 있는 전세대 여성들의 다른 면모들이 서서히 그 모습을 드러낸다.

이 사납고 음울한 여성들은 가족 내 분란을 선동하는 악인일 뿐 아니라 가부장제 착취 구조의 피해자이자 나름의 방식으로 자신의 삶을 도모해야 했던 생존자들이기도 하다는 것을 말이다. 이들은 남편의 무능과 멸시 속에서 홀로 가족을 부양해야 했던 아내이고 남자 형제를 대신하여 상처받은 엄마를 돌봐야 했던 딸이자 시가족 내의 갈등 속에서 자식을 지켜야 했던 엄마이며 여자라는 이유로 교육 기회를 차별받은 손녀이고 다음 세대 여성에게 더 나은 자리를 마련해주고 싶은 선배이기도 한 것이다. 소설은 진실의 구조를 밝혀낸 후 여성의 죄책감을 부추기는 대신 이 체제의 수혜자인 남성의 무지를 겨냥하는 방식을 택한다. 한국문학사에서 가족 서사를 지배했던 장르, 즉 눈물과 감동을 자아내는 멜로드라마는 이제 첨예한 여성주의 의식과 압도적인 스토리텔링 기술을 보유한 강화길을 통해 지독하고 서늘한 여성주의 스릴러의 문법으로 갱신된다.

'무지'라는 권력, 아버지의 법과 여성 집행자들

절대적인 권력은 자의식을 가질 필요가 없다. 권력을 의식해야 하는 이는 권력의 피지배자들이다. 권력이 그저 존재한다는 사실만으로도 위력이 행사되는 곳에서는 아는 것이 힘이 아니라 모르는 것이 힘이다.

가부장이라는 권력이 절대적인 사회에서 앎은 온전히 젠더화되어 있다. '나'가 생전 처음 치르는 시댁 제사 자리에 가서 식사 한끼만 해도 삼대손 집안의 알력 관계를 능히 꿰뚫어볼 수 있을 때, 평생을 나고 자란 집에서 일어나는 가내 정치에 대해 까맣게 모를 수 있는 남편의 그 산뜻하고 안온한 무지가 바로 권력이다. 후궁들 간의 암투를 그린 청나라 시대극에 빠져 있는 남편은 정작 자신의 삶에서 수십 년째 벌어지고 있는 진짜 대하드라마를 보지 못하고, 할머니의 이해할 수 없는 말들이 정말 "한때 그녀가 열심히 봤던 일일 드라마의 내용"(11쪽)일 뿐이라고 믿는다. 현실을 보지 않을 수 있는 남편은 그래서 종종 지루해한다. "그만한 드라마가 없어. 참 시시해."(10쪽)

칠 년을 연애하고 석 달을 함께 사는 동안 '나'는 남편에게 가족에 관한 "온갖 이야기를 다 했"(17쪽)던 반면 남편은 '나'에게 객관적인 정보 외에는 아무런 가족사도 전해주지 않았는데, 이는 가족 내에서 딸이자 며느리인 '나'의 경우 아주 사소한 정보마저도 짯짯이 공유하여 재빠르게 자신의 지위를 파악한 후 그에 맞는 전략을 세워야 하는 삶에 익숙하지만, 아들이자 사위인 남편은 그저 밥 잘 먹고 인사를 잘 하는 것만으로도 도리를 다할 수 있는 삶을 살아왔기 때문이다. 가족 비극의 씨앗이 되었던 시할아버지의 베트남 참전 이력조차 말해주지 않았던 남편은 조부모가 "금슬이 좋아서 네 식구가 어려운 시기를 잘 넘"(26쪽)기며 살아왔으며 고모는 "진중하고, 속이 깊으"(12쪽)신 분이고, 아픈 할머니를 모시며 할아버지 제사도 꼬박꼬박 챙기는 "엄마는 영원한 미스터리"(31쪽)라고만 했을 뿐이다. 그 때문에 시댁 제사에 가서 계속해서 "처음 듣는 이야기"(16쪽)를 듣고, 예상치 못한 갈등관계를 알게 되는 '나'는 당황한다. "다…… 거짓말이었니?"(13쪽)

제사라는 가족 행사가 잘 보여주듯 가부장제의 법은 아버지의 것이지만, 그것을 집행하는 노동자는 여성들이다. '여자의 적은 여자'라는 범용한 여성혐오적 경구의 참뜻은 가부장제라는 차별적 이데올로기를 매끈하게 만드는 모든 지저분하고 치사한 인식, 행위, 감정노동 들을 여성들이 도맡고 있다는 뜻이다. 제사상의 주인은 시할아버지이지만 시댁의 살림을 이끌어온 이는 시할머니이고, 제사를 집전하는 이는 시아버지이지만 제사를 준비하는 이는 시어머니이며, 만찬을 즐기는 이는 남편이지만 제사가 무사히 진행되도록 뒤치다꺼리를 하는 사람은 시고모이다.

제기에 바르게 놓인 전통적인 제수용 한식들 사이에서 '검은색 르크루제 무쇠 냄비에 담겨 있는 토마토 고기찜'이라는 혼종적인 음식에는 이 모든 불평등한 사태가 응축되어 있다. 셀러리와 고수가 듬뿍 얹혀 있는 그 이국적인 요리는 귀환한 후 집안에 틀어박힌 채 유령처럼 지내면서 "아내가 매일 출근하며 차려놓은 밥상엔 손도 대지 않"으며 "시큼하고 느끼하고 짭짤한"(30쪽) 맛만 찾았던 시할아버지를 위해 시어머니가 고안해낸 특식이었다. "아내가 만들 수 없는 음식, 먹고 싶지 않은 음식, 먹어본 적이 없는 음식, 함께 먹을 수 없는 음식"(31쪽)인 토마토 고기찜은 바로 시할머니, 시고모, 시어머니의 울분과 노동력으로 빚어진 음식으로, 시어머니가 양껏 마련한 그 슬픈 음식에 지금 손을 대는 이는 시할아버지의 사랑을 듬뿍 받으며 그와 겸상할 수 있었던 장손인 남편뿐이다. 대체 여성이 일하고 남성이 누리는 이 가족 내 불평등구조는 어떻게 양산된 것인가.

아들과 딸, 젠더 분배의 성 정치

남성은 아들로 길러지고, 여성은 딸로 길러진다. 자녀의 성별은 본인의 의사와 무관하게 확정되어 그에 따른 사회적 역할을 배분받는데, 기울어진 사회에서 딸은 가족 내 육체적, 정서적 돌봄노동에 대한 의무를 학습받으며 성장하게 된다.

소설의 딱 절반이 지났을 때 새로 등장하는 시할머니가 식사 도중 자신의 남편과 꼭 닮은 손자를 보고서 돌연 분노를 참지 못하고 "꺼지라고. 제발 꺼지라고"(27쪽) 소리치며 숟가락을 던진 끝에 밥상을 엎으려 했을 때, 시할머니의 두 자녀인 시아버지와 시고모의 상반된 반응은 아들과 딸에게 각기 배분되었던 가족 내에서의 역할이 무엇인지를 단박에 보여준다. 매사에 눈치도 행동도 빠른 시어머니와 달리 내내 과묵하기만 했던 시아버지가 시할머니를 방으로 격리하라는 자신의 말에 맞서는 여동생에게 말한다. "네가 같이 있으면 되잖아."(28쪽) 이 소설 표면을 팽팽하게 지배하는 긴장, 즉 남편을 중심으로 한 시고모와 시어머니 간의 긴장 관계의 숨겨진 상수는 바로 아들이므로 돌봄노동을 면제받은 시아버지다.

남편의 폭력에서 기인한 아내의 원한은 딸이라는 감정 처리반과 며느리라는 노동자를 거쳐 여성 가족들에게만 대물림된다. 시할머니는 딸인 시고모에게만 자신의 고통을 토로하고, 그렇게 평생 어머니의 아픔을 달래온 시고모는 오빠 내외, 그리고 자신의 딸과 동등한 항렬이지만 아들이므로 차별적 혜택을 누린 조카, 즉 '나'의 남편에게 분노를 송출한다. 그러나 시할머니를 모시고 제사를 열심히 챙기는 대신 시댁 식구가 아들 부부의 삶에 간여할 수 없도록 시아버지와 모종의 거래를 한 시어머니의 비호로 인해 남편은 아무것도 눈치채지 못한다. 그리고 남편에게서 튕겨져나온 시고모의 화와 욕을 대신 받게 된 '나'는 이 모든 사실을 시어머니의 문자메시지를 통해 알게 되고, 남편의 평안을 위한 침묵의 사슬에 동참해줄 것을 강권받는다. "정우는 다 모르게 해줘."(33쪽) 딸들이 "네가 나를 이해해줘야지. 네가 아니면 누가 나를 이해해줘"(25쪽)라는 말을 주고받으며 모녀 관계에 단단히 옭아매져 질기고 억센 가족 내 감정노동에 휘말릴 때, 아들은 여성들의 희생을 통해 무지할 수 있는 권력을 대가 없이 승계받는다.

'나'가 시댁의 악역인 시고모의 마음을 온전히 헤아릴 수 있는 이유는 유사한 관계 구조가 '나'의 가족 내에도 존재하며, 시고모와 같은 악역이 '나'의 엄마이기 때문이다. 외할머니의 아들 편애 때문에 대학 진학을 포기하고 경제적 지원도 받지 못한 '나'의 엄마는 한때 외삼촌과 절연했었고, 다시 화해한 후에도 "외할머니가 보는 앞에서 외삼촌의 아이들에게"(34쪽) 무례한 잔소리와 질문을 하는 방식으로 분풀이를 했다. 그리고 시할머니가 시고모에게 했던 것과 마찬가지로, 외할머니는 속상한 일이 생길 때마다 늘 엄마에게만 속을 풀어왔다.

"하소연하고, 짜증을 내고, 온갖 말을 다 쏟아내는 그런 사람"(33쪽), 딸에게 말이다. 가족들 누구로부터도 존중받지 못한 채 미움만 사는 엄마의 눈물을 보며 성장한 '나'는 자신만이라도 가여운 엄마를 이해해야 한다고 다짐했던 바로 그만큼 시고모를 이해할 수 있다.

그리고 이제 '나'는 아들로서 자란 남편이 가진 그 무지라는 권력을 인정하고 또 이용하기로 하는데, 그것이 꼭 "시어머니의 문자 때문"(35쪽)만은 아니다. '나'가 시어머니에게 물려받은 냄비에 토마토 고기찜을 만들고, 시댁 가족 희비극 속에서 남편이 "진짜 악역이라는 것"(38쪽)을 알려주지 않기로 한 데에는 그를 향한 '나'의 사랑 또한 이유로 작용했기 때문이다.

여성 쾌락의 구조 역학과 내적 전복

작가가 반복적으로 묘사하는 남편의 얼굴, 그러니까 무슨 일이 벌어지면 조금 걱정을 하다가도 이내 "서서히, 고요하게, 모든 그늘이 사라진 얼굴. 내가 좋아하는 얼굴"(13쪽)은 무엇으로 이루어져 있나. '나'가 시댁에 들어선 후 "인사를 마치기가 무섭게"(10쪽) 시고모로부터 첫 공격을 받을 때 남편의 속 편한 코는 새집 냄새를 걱정한다. '나'가 난감한 질문 세례에 어쩔 줄 몰라할 때 남편의 무료한 눈은 핸드폰 속 "국제정치 기사를 읽고 있"(15쪽)다. '나'가 시고모의 "왼손을 꽉 쥐고 있"(26쪽)는 시할머니 때문에 시고모가 식사도 제대로 못하는 것을 알아차릴 때 남편의 게걸스러운 입은 쉴새없이 음식을 삼킨다. '나'가 시고모와 시할머니가 나누는 그 오래된 대화에 꼼짝없이 귀를 기울이게 될 때 남편의 무심한 귀는 바로 그 옆에 있음에도 꽉 막혀 있다. "절대 모를 수 없는 이야기"(32쪽)를 모르는, 자신을 향한 미움의 에너지조차 감지하지 못하는, 온 집안을 표표히 떠도는 그 모든 사랑과 증오의 정치로부터 자유로울 수 있는 그 구김살 없이 해사한 면상이 바로 권력의 얼굴이다.

집으로 돌아오는 길, 비밀을 지켜줄 것을 당부하는 시어머니의 문자를 받은 후 '나'는 남편의 천진하고 고운 그 얼굴을 가만히 떠올리며 되새긴다. "그래. 그래서 나는 너를 사랑했다. 지금도 사랑한다."(38쪽) 따라서 남편을 향한 '나'의 사랑은 권력에의 욕망이기도 하다. 그리고 이어 '나'는 '아무것도 몰라도 되는 딸'이라는 미래의 존재를 어둠 속에서 조용히 꿈꾼다. "걔는 아무것도 몰랐으면 좋겠어. 아무것도."(39쪽) 이상적인 의미에서 '무지한 딸'의 존재란 가족 내 성별 위계 구조가 완전히 철거되어 여성 또한 아무것도 알 필요가 없는 성평등한 세상의 도래를 뜻하지만, 현실적인 의미에서 그것은 여전히 어떤 특권을 뜻한다. 그러므로 작가가 남편의 얼굴을 향한 '나'의 응시를 검질기게 묘사하며 결국 건져올리는 것은 오만 추저분한 욕망을 덮는 거룩하고 성결한 로맨스가 아니라 한 여성의 집요한 성적 쾌락의 추구와 계급 상승의 열망이다.

여성주의 인식의 확산 속에서 차별 구조에 기여하는 모든 젠더화된 욕망을 단념해야 한다는 전도된 금욕주의가 슬그머니 고개를 내밀 때 강화길의 소설은 말한다. 여성들의 문제적인 욕망을 교정할 것이 아니라 그것이 배치되는 방식을 사유해야 한다고, 아버지의 법에 지배당하며 살아왔지만 이 법의 내용을 훤히 알게 된 집행자들로서 이제 여성들은 이 법률의 내용과 해석 체계 모두를 바꿔나갈 것이라고, 끝내 바뀔 때까지 여성들은 이 구조 내에서 가능한 한 많은 쾌락을 취하며 살아갈 것이라고, 여성들은 겨우 악역이 되는 일 따위에는 이제 더이상 두려움을 느끼지 않는다고 말이다. 주문처럼 소설 전체를 휘감고 있는 문장, "너는 아무것도 모를 거야"(9쪽)는 미래에 태어날 딸에 대한 염원이자 아무것도 모르는 남편을 향한 경고의 메시지다.

첩첩의 차별 구조 속에서 무력과 냉소를 학습하는 대신 도약과 전복의 야망을 품는 여성이 여기 있다. 후사의 정체에 대한 거짓도 진실로 만들어버리고 자신이 원하는 것을 모두 이뤄가는 드라마 속 주인공처럼 "아주 능숙하고 대담"(10쪽)한 여성 말이다. 어떤가. 이런 이야기가 여전히 참…… 시시한가?

(2020)

공공장소에서 생긴 일
—김지연의 「공원에서」[1)]

모든 이에게 열려 있는 평등한 공간이지만 누군가에겐 여전히 진입 불가능한 장벽이 쳐진 곳, 모두가 익명으로 존재할 수 있지만 어떤 이에겐 끊임없이 자기 신체의 정당성을 확인하게 만드는 곳, 여유와 휴식을 위해 설계되었지만 그렇기에 언제나 갈등과 투쟁이 발생하는 곳. 「공원에서」의 배경은 도시의 공원이다.

소설의 주인공 '나'('수진')가 드나드는 공원도 그런 곳이다. '나'는 환한 낮이 아니면 늘 대로변으로 다니는 버릇이 있고, 애인 '기영'에게서 되도록 공원을 이용하지 말라는 조언까지 들은 터라 그쪽으로는 더더욱 지나다니지 않았다. 화와 불쾌를 피하기 위해서는 위협에 처하기 쉬운 당사자들이 조심하는 것이 상책이기 때문이었다. 물론 피해자가 먼저 유의해야 한다는 식의 조언과 경고가 부당하다는 걸

---

1) 김지연, 「공원에서」, 임솔아 외, 『2022 제13회 젊은작가상 수상작품집』, 문학동네, 2022. 이하 인용시 본문에 쪽수만 밝힌다.

알지만, 그럼에도 '나'는 조심과 주의를 몸에 새기며 살아온 보통 여자다.

그러던 어느 날, 기영의 설레는 부름에 마음이 급해진 '나'는 우연히 공원을 가로지르게 되고 상상했던 것과 달리 여유롭고 평온한 풍경에 감탄한다. 비록 들개를 조심하라는 현수막이 붙어 있긴 하지만, 주민들이 삼삼오오 모여 운동을 즐기고 대화를 나누며 반려동물을 산책시키는 모습은 퍽 안전하고 평화로운 기분이 들게 한다. "공원은 이제 이 도시에서 내가 가장 좋아하는 장소가 되었다."(153쪽) 그리고 얼마 후, 이 가장 좋아하는 장소에서 '나'는 한 남성에게 무참히 짓밟힌 피해자가 되어 목격자를 찾는 현수막의 주인공이 된다. 공공장소는 그 이름의 뜻과는 달리 아무나 환대하진 않는다.

'묻지마 폭력'에서 '여성혐오 범죄'에 이르기까지

도심 속 공원을 배경으로 소설은 젊은 여자에게 일어날 법한 일을 재현한다. 기영과 스스로조차 온전히 납득할 수 없는 연애를 하는 '나'는 기영의 집에 방문할 때마다 공원을 경유하며 시끄러운 속을 달랬지만, 그곳에서 늘 유쾌하고 화평한 시간만 보낸 것은 아니다. 큰 키에 짧은 머리, 화장하지 않은 얼굴에 헐렁한 옷을 입고 다니는 '나'는 검열과 충고 및 추근거림의 대상이 된다. 폐지를 줍는 노인은 '나'를 "아들"로 칭하다가 얼굴을 뜯어보고는 "딸"(154쪽)이라는 걸 깨닫고 "일찍일찍 다녀요. 말만한 처녀가"(155쪽)라는 말을 조언이랍시고 건네고, '나'가 앉은 벤치 옆에 굳이 자리를 잡고 앉아 전화통화를 엿듣던 남자는 불쾌한 추근거림을 시도하다 '나'가 자리를 박차고 일어서자 "어디 가. 안 잡아먹어"(157쪽)라는 말을 농담이랍시고 던진다.

"근데 너 남자야, 여자야?"(155쪽)라는 질문을 받고 여자임이 밝혀지면 가슴을 스캔당하는 일, 옷차림과 화장에 관해 조언을 듣는 일, 알고 보면 여성스러운 사람이라는 뒤틀린 위로를 듣는 일들로 얼마간 노이로제에 사로잡혀 있는 '나'이지만, 그렇다고 해서 이 공원을 완전히 포기할 마음은 없었다. 그러니까, "뭔 여자가 남자같이 하고 다"(159쪽)니냐며 시비를 거는 취객에게 욕으로 대꾸했다는 이유로 얻어터지는 일이 일어나기 전까지 말이다.

동기와 의도 없이 우발적으로 발생한다는 이른바 '묻지마 폭력'이 기실 여성, 어린이, 장애인, 성 소수자, 이주민 등과 같은 약자를 겨냥하며 일어나는 '혐오 범죄'와 중첩되어 있다는 사실은 이제 상식이다. 2010년대 페미니즘 대중화의 기폭제가 되었던 '강남역 화장실 살인사건'은 조현병에 시달리던 한 남자가 저지른 또하나의 '묻지마 살인'으로 수사가 종결됐지만, 대중들은 이를 '여성혐오 범죄'로 명명하며 추모 운동을 일으켰고 사회에 만연한 증오의 정동과 페미사이드를 가시화했다. 폭력의 복합적 원인을 규명하기 위해서는 그간 그래왔던 것처럼 정신이 온전치 못한 개인의 일탈로 범행 동기를 일축할 것이 아니라 폭력이 주로 낮은 곳을 향해 흐른다는 사회학적 속성을 함께 고려해야 한다는 것이었다. 이처럼 여성들에게 일상적으로 일어나는 난행과 모욕이 성차별 사회의 구조적 폭력으로 명명되기까지, 별 이유가 없으니 묻지 말라는 사건들에 대해 묻고, 되묻고, 캐물어왔던 투쟁의 역사가 있다.

이 소설의 화자 '나'가 겪은 사건도 그러하다. 차림새가 여자답지 않다고 훈계하며 화장실 앞까지 따라붙은 술 취한 남자에게서 위험을 감지한 다른 여성이 남편을 불러 상황을 피하자고 제안하듯, 여성들은 그런 식의 위협이 결코 이유나 조건 없이 발생하는 폭력이 아니라 성을 근거 삼아 일어나는 여성혐오 폭력임을 이미 알고 있다. 화가 났다고 해서 '누구에게나' 화를 내는 것도 아니고, '아무나' 골라 패는 것도 아니다. '나' 또한 남자에게 화가 난 상태이지만, "나는 실제로 그렇게 하지는 않았을 것이다"(160쪽). 반면 남자는 자기 말에 고분고분 대답하지 않았다는 이유로 낯모르는 이의 머리를 때린 후 도망가려는 사람을 사정없이 짓밟고 침을 뱉으며 지껄였다. "계집년이 어디서 까부냐고"(같은 쪽). 게다가 현장에는 '나'가 맞는 동안 "하던 일을 멈추고 쫓아와 모든 걸 지켜"(같은 쪽)본 사람들과 그것을 동영상으로 찍은 사람까지 있었다. 우발적이라는 이 모든 낱낱의 과정에는 '젠더화된 선택'들이 개입해 있었다.

그런데 상해를 입은 '나'가 더욱 패닉 상태에 빠지게 되는 이유는 신체의 통증이나 주취 상태를 심신미약으로 간주하여 감형해주는 사법 관례에 대한 우려 때문만은 아니다. 달아난 가해자를 찾는 일도 목격자 진술을 확보하는 일도 어려워진 상황에서 홀로 피해를 입증해야 하는 '나'에게 가족과 경찰은 같은 질문을 한다. "어디 가는 길이었습니까."(161쪽)

'피해자다움'의 정치학

성차별이 만연한 사회에서, 여성이 피해자일 경우 선량함과 무결함과 같은 전형적인 '피해자다움'에 합치하지 않는 것은 치명적이다. 여성의 옷차림과 태도를 지적하며 폭력의 원인을 피해자에게 교묘히 돌린 후 사생활까지 함부로 파헤치고 나면 사태는 이윽고 피해자의 행실을 기준으로 필연성을 갖추게 된다. '나'가 폭행 당시의 상황을 복기할 때 몇몇 구체적 사안들을 발설하는 일을 망설이는 것은 바로 그런 까닭이다.

'나'는 우선 시비를 거는 남자를 향해 "씨발, 그냥 꺼지세요!"(159쪽)라고 응수했던 것을 애인에게 말하지 못한다. 남자의 위협에 겁을 먹은 '나'가 방어 전략으로 사용한 욕이 마치 폭력에 정당성을 부여하는 요건으로 받아들여질지 모르기 때문이다. 가해자가 "마치 우리가 합의하에 링 위에서 서로를 때리며"(160쪽) 싸웠다고 여기듯이 '나'는 자신의 말이 폭력의 빌미를 제공한 것은 아닌지 불안해한다. "내가 그 남자에게 씨발이라고 했다는 것, 꺼지라고 했다는 것은 얘기하지 않았는데 그 사실을 알게 되면 기영은 내가 모든 일을 자초한 것이라고 말할지도 몰랐다."(162쪽)

더욱이 '나'는 자신이 그 밤에 어디에 가는 길이었는지를 얘기하지 못한다. 유부남인 애인의 집에 가는 길이었다고, 아내와 주말부부로 지내고 있는 남자와 부적절한 관계를 맺고 있다고 말하는 순간, 사건이 다른 방향으로 흐르게 될 것이라는 불안이 엄습했기 때문이다. '나'의 연애 상태와 폭행 사건은 아무런 관련이 없지만, 그것은 알려지는 순간 가장 중요한 사안으로 부각될 것이었다. "어딜 가는 길이었는지는 전혀 중요하지 않은 것 같으면서도 굉장히 중요"(161쪽)해지는 수사 과정 속에서 '나'는 산책을 나온 길이었다고 진술하게 된다.

'나'가 사건의 앞뒤를 꼼꼼히 말하지 못해 분열하는 그 모든 순간에도 함께 비난의 대상이 될 수 있는 기영은 차분하기만 하다. '나'의 몸에 난 상처에 연고를 발라주며 "그러니까 그리로 다니지 말라고 했잖아"(162쪽)라며 은근히 책망하고, 내연 관계가 밝혀질까 초조해하며 "우리 관계가 알려지면 아무도 네 편을 안 들어줄 거야. 너만 더 욕먹을 거야. 맞을 만한 짓을 했다고, 맞아도 싸다고 수군거릴 거야. 비도덕적인 인간의 말은 들을 가치도 믿을 이유도 없다고 하겠지"(161쪽)라며 충고한다. 마치 "자신은 무관하다는 듯"(162쪽)이 말이다. 가족, 경찰, 그 모든 이에게 다 밝힐 수 없는 비밀을 유일하게 공유하고 있는 애인에게조차 공포와 불안을 온전히 공감받을 수 없는 '나'는 그날 이후 지독한 '악취'가 자신을 싸고돈다고 느낀다. "아무리 씻어도 사라지지 않고 내내 나를 따라다녔다. (……) 길을 걸을 때면 사람들이 나를 흘깃거리며 저 사람한테서 악취가 나, 하고 수군대는 것만 같았다."(같은 쪽)

피해의식이 영혼을 피폐하게 하고 당사자를 말려 죽이듯, 명백한 폭력을 당했다는 사실조차 부정당할 것이라는 불안 속에서 '나'는 스스로의 언행을 검열하고 만사를 불신하는 강박에 시달리기 시작한다. "나는 원래도 논리정연한 사람은 아니었는데, 늘 뭔가를 빼먹고 까먹고 헷갈리기 일쑤였는데 이제는 사소한 실수 하나도 해서는 안 되었다. 그 실수는 내가 실제로 겪은 일의 신빙성을 훼손해서 그걸 가짜로 만들어버릴지도 몰랐다."(168쪽)

사전, '인간적인 짓'들의 분류학

인간의 사고와 감정을 담고 있는 언어는 언제나 편향적이며 그 언어를 먹고 자라는 인간은 차별주의를 재생산하기 마련이다. 불평등은 용례가 되고 정의가 되어 공동체의 정신적 기반으로 계승된다. 못난 아버지 밑에서 못난 자식이 나온다는 말이 "개가 개를 낳지"(163쪽)로 표현되듯 '나'는 인간의 파렴치한 행동들이 개와 같은 짐승에 자주 비유된다는 것을 깨닫는다. '나'의 불륜이 "발정난 거지 뭐. 사람 아닌 거지"(162쪽)라고, 남자의 잔인한 폭력이 "개 패듯"(163쪽)이라고 비유되듯 말이다.

여자라는 단어에 딸린 속담 또한 비슷한 처지다. 여자는 사흘을 안 때리면 여우가 된다는 둥 익은 음식 같다는 둥 하는 말들이 그러하다. "여자는 셋이 모이면 시끄러운 반면 남자는 셋이 모이면 뭐든 할 수 있었다."(164쪽) 모르는 남자에게 얻어맞고도 사전에서 가해를 정당화하는 말밖에 찾을 수 없는 '나'는 억울하고 황당하다. "그런 식으로 사전에는 인간의 온갖 차별의 역사가 고스란히 담겨 있었다. (……) 인간적이라는 말은 그런 것이다. 그런 말들은, 그런 역사들은 계속 추가되고 있었다."(같은 쪽) 인간의 언어가 종 차별주의와 성차별주의에 기반했다는 것을 알게 된 '나'는 불안과 편집증의 나날을 보내며 '복날에 개 맞듯'이라는 관용구가 등재되어 있는 모든 사전측에 메일을 보내 삭제를 요청하고, 기영은 그 사실을 알고는 기함하고 만다. "너 지금 너무 한 생각에만 빠져 있어. 그냥 결과를 정해놓고 그 결과로 갈 수 있는 길만 생각하는 꼴이라고"(165쪽), "네 고통은 알겠지만 그래도 억지를 부리면 안 된다"(168쪽)고. 연인의 고통을 경청하고 다독여주는 대신 판정관처럼 구는 기영의 면전에 대고 '나'는 결국 비명을 내지른다. "악! 아악! 악!"(165쪽)

폭력의 경험을 기존의 언어로 번역하는 것이 불가함을 느꼈을 때 터져나온 '나'의 비명은 오래된 것이었다. '나'가 "비명이 내가 느끼는 감정과 가장 흡사"(같은 쪽)하다고 느낀 뒤 떠올린 것은 스무 살 때 버스에서 경험한 성추행이다. 만원 버스 안에서 옆자리의 남자에게 추행을 당했고 그 모든 상황을 지켜보고 있던 다른 남자가 아무런

제지도 하지 않은 일이었다. 자리를 뜨려던 추행범은 팔꿈치로 '나'의 머리를 치더니, 단지 그 실수에 대해서만 얘기하듯 느물거리며 미안하단 말을 중얼거렸다. '나'는 뒤늦게야 비명을 질러 구조를 요청했다. "비명은 나의 언어였다. 그 순간 내게 가장 논리적이고 합당한 말이었다. 나는 사력을 다해 말하고 있었다."(167쪽) 그러나 남자가 되레 '나'를 폭행죄로 신고하겠다고 화를 내고 주변 사람들이 '나'가 남학생이 아니었냐며 수군거리자 '나'는 사건을 잊기로 했다. "그렇게 소거해버린 일들이 많았다. 그런 것들은 어디에도 기록되지 않는데, 그때의 기분을 뭐라고 해야 좋을지 알 수가 없는데, 범죄를 저지르고도 되레 억울해하는 그 남자 같은 남자를 일컬을 말이 없는데, 사전에는 많은 말들이 꾸역꾸역 쌓여 있었다. 그것들이 모두 역겨웠다."(167~168쪽)

들끓는 악취 속에서 자신의 멍청함과 편향됨을 의심하며 점차 필사적이 되던 '나'는 와이프가 방문하니 집에 오지 말라는 기영 앞에서 결국 말문이 막힌다. "사랑? (……) 나는 모든 언어들이 끔찍해졌다."(169쪽) '나'의 경험과 욕망은 언어화되지 못한 채 비명과 악취와 침묵이 되지만, '나'를 향한 비난의 말은 성차별주의를 타고 사전에 등재된다. '나'는 이 언어적, 정서적, 정치적 고립 속에서 이제 혼자다.

다시, 광장이라는 공공장소에서

사람들이 북적거리는 곳이라면 어디에서나 풍기는 악취를 피해 '나'는 공원을 다시 방문한다. '나'의 눈에 비친 평화로운 한낮의 공원 풍경은 서글프다. 목격자를 찾는 현수막 속 불운은 사람들의 시선을 끌지 못한 채 나부끼고, 공원을 거니는 "모든 남자들이 그날 밤의 남자였다가 아니었다가"(170쪽) 한다고 느끼는 '나'는 '공공'을 뜻하는 공원이라는 단어마저도 자신을 소외시킨다고 느낀다. 그래서 '나'는 "사전에서 나와 관련된 단어를 발견할 때마다 이상한 기분"(170~171쪽)이 든다. "그건 나를 포함하는 단어여야 하는데도 나를 배제해버린다."(171쪽)

그렇게 망연히 울고 있는 '나'에게 한 아이가 다가온다. "언니 울어요?"(같은 쪽) 그러나 '나'는 "우는 사람을 혼자 두고는 못"(172쪽) 간다는 그 아이 '서영'에게 차마 끔찍한 폭력 사건과 불륜 관계, 너덜너덜해진 마음의 이야기를 들려줄 수가 없다. 그렇게 말을 잇지 못하는 '나'에게 서영이 반려견 '토리'를 소개해주고, 셋은 잠시 다정하고 고요한 시간을 함께 보내며 교감한다. "개 패듯"(163쪽) 맞고 휘청이던 '나'는 개를 쓰다듬으며 문득 생각한다. "뜻대로 된 적은 별로 없지만 나는 사는 게 좋았다. 내가 겪은 모든 모욕들을 무슨 수를 써서라도 극복해내고 싶을 만큼 좋아한다. 그렇게 해서라도 사는 건 좋다. 살아서 개 같은 것들을 쓰다듬는 것은 특히나 더 좋다."(173쪽)

그러나 '나'의 마음은 여전히 극단을 오간다. '나'는 보드라운 강아지 토리를 쓰다듬으면서도 차오르는 적의를 여전히 감출 수 없다. "어떻게 하면 짓이겨버릴 수 있을까. 목을 졸라버릴 수 있을까. 찍소리도 못하게 아주 박살을 내버리고 싶다. 숨통을 끊어놓고 싶다. 그냥 쳐죽이고 싶다. (……) 개 같은 것들, 개 같은 것들, 개 같은 것들. 나는 그 말을 계속 되뇌었다. 되뇔수록 그 말은 내 속에서 박살나고 뭉개져서 원래 통용되는 의미로부터 벗어나 완전히 다른 의미로 조합되었다."(174쪽) '나'는 그렇게 들끓는 노여움과 부아, 순정한 호의와 애정을 롤러코스터처럼 오간다. 여성을 향해 반복되는 공공연한 폭력, 그 사실을 한사코 부정하려는 힘, 원한과 반성의 감각 속에 이 소설이라는 공원이 여기, 열려 있다.

'나'가 화를 입은 공원은 들개가 출몰한다는 소문이 떠도는 동시에 사랑스러운 반려견들이 산책하는 공간이다. 개를 '귀엽고 충실한 반려견'과 '고약하고 공격적인 들개'로 나누는 오래된 이분법은 인간의 가장 오래된 가축으로 진화해온 이 종족의 길들여짐과 유기의 역사로 인한 것이다. 들개가 짖으면 집개가 반응하는 이 공원은 다양한 계층의 사람들이 섞여 적대와 폭력, 기쁨과 사랑의 행위를 수행하고, 공유하고, 전파하는 공동체의 '광장'으로, 포함과 배제의 권력을 중층적으로 작동시킨다. '나' 역시 피해자인 한편 그러한 권력의 산물이다. 폐지 줍는 노인이 건넨 요구르트가 찝찝하고, 홀로 어슬렁거리는 사람보다는 가족 단위의 이용객을 볼 때 더 편안함을 느끼는 '나' 또한 중산층적 교양과 인구구성의 경계에 예민한 사람이다. '나'는 분노를 어떤 정치적 자원으로 승화시킬 수 있을 것인가. 원한과 복수의 재생산으로 지탱되는 '인간의 짓'을 또 반복하게 될 것인가, 아니라면 이제까지와는 다른 '인간의 짓'을 발명할 것인가.

그저 자신을 무시했다는 이유로 지나가는 여자를 무참하게 폭행하는 포악한 범죄자뿐 아니라 맞고 있는 사람을 멀찍이서 구경하는 목격자들, 가해자가 아니라 피해자의 동선을 수색하는 경찰, 그저 조심할 것을 강조하는 애인, 피해자의 사생활을 들추고 비난할 준비가 되어 있는 익명의 사람들까지. 우리는 이 광장에서 공중의 도덕과 시민됨의 윤리를 언제나 다시 협상해야 할 것이다. 개같이 사나운, 개같이 아름다운 소리가 웅성대는 이 공공장소에서.

(2022)

예술성의 안개를 걷으면

—전하영의 「그녀는 조명등 아래서 많은 시간을 보냈다」[1)]

예술사 젠더링

'예술이란 무엇인가'라는 질문은 2010년대 중후반 이후 새로운 기점을 맞이한 듯하다. 예술의 근대적 제도화 과정을 통해 수축, 확보해왔던 창작의 자율성이 현실의 불평등을 굴절 없이 반영하여 폭력을 미화하고 범죄를 전시하며 특정한 관점만을 집요하게 규범화하는 장치로 이용되기도 했음이 속속들이 밝혀졌기 때문이다. 2016년 시작된 '예술계 내 성폭력' 말하기 운동을 비롯하여 이후 전 세계를 휩쓴 '미투 운동'까지, 예술을 운운하며 저지른 폭력의 상흔들이 임계점에 다다랐을 때 터져나온 고발과 연대의 목소리는 우리 사회를 거세게 흔들었다. 작가는 초월적 개인이라는 신화와 작품의 폐쇄적 완결성을 중심으로 옹립되는 미학사는 이제 궤도 수정이 불가피하다.

---

1) 전하영, 「그녀는 조명등 아래서 많은 시간을 보냈다」, 전하영 외, 『2021 제12회 젊은작가상 수상작품집』, 문학동네, 2021. 이하 인용시 본문에 쪽수만 밝힌다.

여성들의 목소리가 한국문학의 체질을 바꿀 것이라는 기대와 우려가 동시에 쏟아지고 있는 지금, 애정어린 문화 향유의 경험을 창피하게 만드는 일들로 인해 허탈함을 자주 느끼게 되는 지금, 전하영의 소설 「그녀는 조명등 아래서 많은 시간을 보냈다」가 우리에게 도착했다. 청년기를 지나 중년기로 나아가는 독신 여성 예술인의 삶을 그려왔던 작가는 이 소설을 통해 과거와 현재의 인물을 둘러싼 삶과 예술의 환경을 견주며 맹렬하고도 겸허한 시차적 인식에 도달한다. 나를 키운 것이 나를 모욕하는 것이었음을 깨달았을 때, 나의 욕망은 이제 어디를 향하게 되는가. 성실한 학생이었으므로 더 짙은 자기혐오에 시달렸던 한 여자는 이제 시간을 돌아 예술사의 정전을 성립시키는 조건들을 차근히 돌아보며 새로운 미학적 현실을 길어올릴 채비를 마친다.

살아남은 자의 슬픔과 요절의 미학

소설은 '나'를 중심으로 크게 두 개의 시간으로 나뉜다. 대학에서 장 피에르를 만나 예술가를 꿈꿨던 '과거'와 한 대학 부설 연구소의 계약직원으로 일하는 '현재'가 그것으로, '나'로 하여금 두 시간을 오가게 해준 촉매제는 점심시간에 함께 담배를 나눠 피우며 "연구소 꼰대들에 관한 시니컬한 농담"(9쪽)을 주고받는 어느 유부남 연구자다. "단지 커피를 마시기 위해 브라질까지 무리해서 출장"(9~10쪽)을 갔다가 "정작 브라질리아에 도착해서는 커피가 아니라 건축에 꽂히는 바람에 건축과 관련한 에세이집을 펴내기도" 한 그는 "은근히 취향을 뽐내고 싶어"하는 다소 피곤한 타입의 중년 남성이지만, "계급 체계가 매우 철저"(10쪽)한 연구소에서 말단 직원인 '나'와 유일하게 사적 친교를 유지하며 격의 없이 구는 사람이기도 하다. '나'는 그의 그런 태도가 그가 속한 계급의 문화와 거리를 두는 방식으로 특별한 이미지를 추구하려는 이의 교묘한 권위적 제스처라는 걸 모를 수 없고, 아무나 애인 사이로 엮어대는 연구소 남자들의 허접한 장난질이 그와 자신을 향했을 때 그가 언짢아한 것도 그러한 무례한 짝짓기 문화 자체에 동의하지 않기 때문이 아니라 자신을 결코 욕망의 대상으로 치지 않기 때문이라는 것도 안다. 그러나 '나'는 "아침밥을 차려주는 전업주부 아내와 두 명의 자녀로 구성된 4인 '정상 가족'을 이상적인 삶의 형태로 여기는 2020년대의 희귀종"(12쪽)인 이공 계열 남성 박사들이 그득한 편향된 곳에서 평균 이상의 취향을 추구하는데다 상당한 미남자인 그의 허세를 짐짓 용인해주며 일상적 외로움을 달래는 중이다. 그러던 어느 날 그가 혼잣말하듯 중얼거린다. "스물한 살짜리를 유혹하는 건 정말 쉬운 일이에요."(13쪽) 그에게 학부생 애인이 있다는 소문의 진위를 확인하게 된 '나'는 "그에게 가졌던 희미한 관심이 순식간에 명확한 경멸로 변해가는 것"(14쪽)을 감지하며 그간 그로부터 느껴졌던 "정체를 알 수 없는 그리운 기분"(11쪽)의 실체를 마주하게 된다. "장 피에르. 그는 장 피에르를 닮았던 것이다."(16쪽)

'나'가 대학교 2학년 때 수강한 미디어 관련 교양과목을 담당했던 장 피에르는 그 시절 막 프랑스 유학을 마치고 돌아온 신임 강사였다. 그는 관념적이고 정치적인 영화를 보여주며 토론하는 자유분방한 세미나형 강의를 하고, 학생들과 사적인 술자리를 가지며 어울린다. 강원도 출신의 토종 한국인인 그에게 '장 피에르'라는 이국적 별명이 붙은 까닭은 그런 그의 독특한 아우라 때문이다. 그는 유력한 집안의 아들로 태어나 유럽으로 박사 유학까지 다녀온 수재이지만 어쩐지 사회 부적응자의 기운이 물씬한데, 그에게서 흘러나오는 "금방이라도 균형이 무너질 것 같은 섬세함"(17쪽)은 학생들로 하여금 동경과 연민을 불러일으킨다. 지적이고 잘생긴데다, 권위적인 교수들과 싸우고 다니기로 유명했던 그는 보호받아야 마땅한 자로 포지셔닝되며 곧 학생들의 흠모와 추앙을 받는다.

예술작품과 창작자의 인격이 불가분하게 연루되어 있다는 점은 예술가의 사회적 승격과 추락의 동일한 배면이지만, 성불평등 사회에서 그 조건은 주로 남성 예술가의 월등한 창조력과 인격적 독립성을 동시에 추인하는 장치로 기능한다. 장 피에르가 수업시간에 틀어준, 한 인물의 자살로 시작하는 어느 무성영화는 그 자신의 인상과 닮아 있다. "부서진 사물의 보이지 않는 역사. 연약한 식물 같은 내면. 평생 어떤 역할에도 적응하지 못할 것 같은, 왠지 자살하거나 정신병원에 갈 것만 같은 어색한 기운……"(20쪽) '나'를 비롯해 학생들은 그 영화가 장 피에르의 작품일 것이라고 짐작하지만 그가 "모호하게 부인하는 태도"(같은 쪽)를 취하는 바람에 작가와 작품의 불분명한 내적 연결이 생기고, 그 신비로움으로 말미암아 장 피에르를 둘러싼 매혹의 공기는 더욱 두터워진다. 낡은 롱코트 주머니에 장전된 총을 숨기고 다니는 어느 누아르 영화 속 주인공처럼 저항의 불씨를 가슴에 품고 못마땅한 세속을 견디듯이 살아가는 듯한 이 불란서형 미남자는 그가 "자신 있게 경멸"(21쪽)하던 '권위'와 대항하는 부정성을 지속적으로 자가 재생산하며 스스로의 삶의 근거를 마련하는 동시에 자신을 향한 주변의 열정을 강화해나간다.

군사독재의 지배를 받았던 후기 식민 사회의 엘리트로 문화 부르주아지이자 열혈 운동권이었던 그는 굉장한 집안의 자식인 덕에 "감옥에 가는 대신 파리에 가"(같은 쪽)는 것으로 부모와 타협한 뒤 이후의 삶을 잉여분으로 여기고 돌아갈 수 없는 청춘을 오래도록 애도하며 그리워했고, 그것을 예술에 투사하여 불만족스러운 현실을 대리보충한다. 장 피에르는 청춘을 폄하하는 듯 신격화하는 격언을 학생들에게 뿌리고 다니는 동시에, 요절해 영원한 청춘으로 남은 예술가와 오래 살았지만 "스무 살에 대한 꾸준한 취향"(22쪽)을 고수한 중후한 거장들을 번갈아 인용하며 낭만주의 신화를 떠받든다. 그에게 예술이란 탁월한 천재적 개인이 삶을 갉아먹으며 성취하는 것으로, 작품을 위해서라면 현실에 대한 착취가 정당화될 수도 있는 것이다. 장 피에르의 정전 목록에서 보듯, 작품 안에서는 불행한 남자를 구원하는 숭배의 대상으로 그려지지만, 현실에서는 그 불우한 처지를 구실 삼아 학대의 대상이 되곤 하는 뮤즈로서의 젊은 여성이 그 논리를 보장해주는 중요 계기로 기능한다. 그리고 그가 호위했던 그 예술성은 권위의 이름으로 학생들에게 교육되었고 그가 하사해준 지식은 지적 호기심이 왕성했던 '나'에게 그후 길고도 심대한 영향을 미치게 된다. "내 인생을 망치고 싶었다. 아무렇게나 내키는 대로 마음대로 살다가 서른 살 무렵에 죽는 것이 내 계획이었다."(30쪽)

문제는 "강사나 교수라기보다는 영원히 졸업하지 않으리라 결심한 나이 많은 학생"(20쪽)처럼 "자신을 소년으로 생각"(32쪽)하던 그가 엄연한 선생이었다는 것이다. 선생으로서의 명백한 권위를 지닌 자가 탈권위주의를 표방하며 교육자이자 연장자로서의 책임을 방기했을 때 발생하는 폭력은 표면적으로 명확하지 않기에 곧장 인지하기가 어려운 종류의 것이다. 그의 탈권위 행보는 권력 차이를 가로지르는 연애를 시도할 때 더욱 활발해지기에 그를 스승으로 삼은 여학생들의 일상은 나날이 경계 없는 위협에 노출되어간다. 80년대 학번인 장 피에르가 심도 깊이 체화한 '살아남은 자의 슬픔'이란 얼마나 권력자의 자기보존적 감정인지, 불행히 살아남아버리는 바람에 무사히 정교수 자리에 안착하게 된 그는 자기 우울을 변명 삼아 젊은 여학생들에게 이해와 연민을 호소하고 살갗을 붙여오며 지분거리고, '나'의 친구 '연수'를 대상으로 시작된 그의 추태는 한 학생의 용기 있는 폭로가 있기 전까지 십수 년 동안 이어진다. 그러니까 여학생을 향한 장 피에르의 모호한 행동이 '가스라이팅'과 '위계에 의한 성폭력'이라는 분명한 이름을 얻게 되기까지 말이다. 그땐 왜 그렇게 모든 것이 위대해 보였을까. "진짜 별것도 아닌 게."(54쪽)

대상으로서의 두 여자, 주체로서의 한 여자

장 피에르가 숭배했던 그 예술관이 단지 작품 내에만 국한된 문제가 아니었던 것처럼, 그가 가르쳐준 지식은 '나'의 꿈을 넘어 '나' 자신의 섹슈얼리티를 이해하는 방식에도 영향을 미친다. 장 피에르는 미모의 제자 연수를 유혹하고, '나'는 자신이 닮고 싶은 스승의 욕망의 대상이 되는 연수에게 동경과 시기심을 느낀다. 술이 들어가면 "연수의 무릎과 허벅지 쪽에 손을 가져다대는 방식으로 기쁨을 표현"(25쪽)했던 장 피에르는 연수와 '나'를 비교하며 '나'의 성적 존엄을 업신여기는 발언을 서슴지 않는다. '나'와 연수가 함께한 파리 여행에서 장 피에르는 연수를 향한 구애에 박차를 가하는 한편 연수가 없는 자리에서 '나'가 입은 캐릭터 티셔츠를 비웃으며 '나'를 주눅들게 만든다. 미감이 세련되고 완숙한 남자에게 무시를 당한 '나'는 스스로의 매력을 의심하며 수치심에 빠져든다. "언젠가부터 내 가슴이 너무 예쁘다는 생각을 했고, 아무한테도 그것을 보여줄 수 없다는 게 내 인생의 가장 큰 비극처럼 여겨진 적도 있었다. 그러니까 뽀와 뚜비 아래에는 다른 가능성도 있었다는 말이다."(37쪽)

장 피에르뿐만 아니라 '나'가 탐식하는 많은 예술작품들은 여성을 남성의 욕망의 대상으로만 취급하는 것이 보편적 사고방식이라고 말해주고 있었고, 이는 긴 시간에 걸쳐 '나'에게 내면화된다. '나'가 꾸준히 학습한 정전들에는 내면이 웅장한 남자들이 방탕함의 대가로 치른 비극조차 숭고하게 포장되는 서사뿐만 아니라 한 남자가 두 여자 친구 앞에 나타나 그중 더 예쁜 쪽과 연애를 하는 이야기 또한 수두룩했다. "연수와 다닐 때면 '다른 한 여자'의 역할은 항상 내 차지였다. 사랑에 빠지는 여자와 혼자 남는 여자. 세상에는 두 종류의 여자가 있었던 것이다."(46~47쪽) 파리에서 연수가 장 피에르와 은밀한 시간을 보내고 있는 것으로 추정될 때 '나'는 변태 백인 노인을 만나 불쾌한 경험을 하고, 시간이 흘러 뉴욕으로 어학연수를 갔을 때에는 두 여자와 한 남자가 등장해 마찬가지로 한 명의 여자를 들러리 삼는 영화를 제작한 남성 감독이 어리고 예쁜 애인을 대동하고 나타나 관객들에게 존경받는 것을 본다. "장 피에르처럼 살고 싶다"는 자신의 말에 "저런 우울감은 특권층"(23쪽)만 가질 수 있다고 반박하며 어린 여자만을 취하는 유명 영화감독에 대한 거북함을 표출했던 연수를 좀체 이해하지 못했던 '나'는 그저 자신이 "여자 주인공의 특별함을 돋보이게끔 하기 위해 평범함의 기준처럼 제시되는 삶"(47쪽)을 살고 있다고 여기며 애달픈 인정 욕망과 굴욕감을 연수를 향한 분노로 표출한다. 늦은 밤 파리의 숙소에서 '나'는 장 피에르와의 관계

때문에 혼란스러워하는 연수를 다그친다. "그렇게 좋냐? 좋아 죽겠냐고."(43쪽)

정말이지 '나'는 '나' 자신의 비참에 집중할 줄밖에 몰랐다. 언젠가 연수는 '나'에게 나이가 많고 유명한 남자와 사귀었다는 고백을 한 적이 있었다. 연수는 그 남자가 자신의 무력함과 아름다움을 칭송해주었다는 사실을 밝히며 복잡한 심경을 전했다. "나는 아무 힘이 없어. 나는 아무것도 아니야. 그 사람이 나는 아무것도 아니기 때문에 아름다운 거라고 말했어. 그런 상태를 오래도록 유지하는 것이야말로 제일 고귀하고 중요한 일이라고."(27쪽) 연수가 남자와 동침했다는 사실에 매혹된 '나'는 친구의 아픔을 달래주는 대신 그의 불안을 끊임없이 모방하며 좌절하기를 반복하고, 연수에게 그랬듯 연수의 어머니를 두고 제멋대로 시나리오를 꾸민다. 예쁜 외모 때문에 곤경에 빠지는 어리숙한 여자, 공부 대신 이른 결혼을 택해 후회로 삶을 냉소하는 똑똑한 여자, 집안에 갇힌 그렇고 그런 여자들 간의 애증…… '나'는 연수네 집 여자들의 삶을 불행한 것으로 가정하며 스스로를 위무한다. 한참의 시간이 지난 후에 연수와 다시 만난 '나'는 자신의 기억 속 연수가 낡은 예술관에 부합하는 가련한 미녀상에 불과했다는 사실을 깨닫게 된다. "연수에 대해서 내가 아는 게 도대체 뭔가."(54쪽)

가슴 확대 수술을 요구했던 전남편과의 짧은 결혼생활을 끝낸 연수는 문화센터에 다니며 글쓰기를 시도해볼 것이라 수줍게 말한다. "연수도 오랫동안 나처럼 뭔가를 창작하는 사람이 되고 싶어했다는 사실을 그동안 까맣게 눈치채지 못하고 있었던"(51쪽) '나'는 그렇게 긴 시간이 지나고 나서야 연수의 말을 진지하게 경청하며 그의 결심과 바람을 지지하고 북돋아주게 된다. 연수와 헤어질 무렵 '나'는 버릇처럼 책의 구절을 인용하며 '여자는 두 종류'가 있다는 식의 이론을 제시하고, 이에 대해 아리송한 반응을 보였던 연수는 며칠 후 '나'에게 문자를 보내 여자에 대한 전혀 다른 이론을 제시해온다. "우리는 기록하는 여자가 될 거야."(56쪽) 여성은 이제 남성의 간택을 받거나 받지 못하는 두 명의 여자가 아니라 자신이 겪은 일을 기록하는 한 명의 여자로, 남성의 욕망의 대상으로서가 아니라 그 자신의 행위 주체성으로부터 정의될 것이다.

연수와 함께 들른 서점에서 '나'는 단명한 천재로 이름난 남성 시인의 책을 아무도 찾을 수 없을 것 같은 서가에 숨기며 기도한다. "이 책이 서가에서 영영 길을 잃기를 바라면서. 나에게로 향하는 어떤 힘의 작용이 제 방향을 놓치길 바라면서."(55쪽) 이제 어떤 걸작의 리스트는 '나'에게 영향을 미치지 못할 것이다. 지식에 대한 뜨거웠던 열망만큼 여성을 하대하는 일에도 능숙했던 이 여자는 새로운 앎을 통해 여성에 대한 다른 이해에 도달한다. 여자는 영원히 어리지 않고, 세상은 변화하지 않는 것이 아니다. 쓰는 여자가 바꿀 것이므로, 그릇된 이가 전수해준 지식을 그 질서를 부수고 재배치하는 일에 사용할 것이므로.

연수에게서 온 문자를 음미하며 깨진 가로등을 올려다보던 '나'는 고요한 깨달음 속에서 다시 지난한 일상으로 발길을 돌린다. "나를 길들이는 데에 실패한 거대한 시스템의 세계로."(56쪽)

여성의 많은 얼굴들

물론 현실은 마음만큼 빠르게 갱신되지 않는다. 자신의 직위를 이용하여 여학생들을 추행하고 다녔던 장 피에르는 그간의 문제가 공론화되어 SNS에서 온갖 "난리 폭풍"이 일어났음에도 불구하고 "안정적인 삶"(49쪽)을 유지한다. 그를 지지해주는 수많은 저명한 동지들 덕에 그는 전설적인 운동권 출신의 교수라는 지위를 보전할 수 있었고, 공론화를 한 여학생들에겐 배후설이 제기되었다. "그가 대항했던 권위는 그 자신이 소화할 수 있을 정도로 커스터마이즈되어 찬란히 그를 에워싸고 있었다."(50쪽)

학부생 애인이 있다던 유부남 연구자의 경우에서 보듯 여성 제자를 향한 남성들의 위험한 콤플렉스 또한 결단코 청산되지 않는다. 연수와의 재회 이후 연구소 건물에서 꽃다발을 들고 서 있는 앳된 여자를 본 '나'는 그를 유부남 연구자의 타깃으로 짐작하고, 장 피에르가 끼친 해악을 떠올리며 돌연 다급해진다. "나는 얼른 그 아이에게 다가가 너보다 나이 많은 남자들의 개수작에 넘어가지 말라는 말을 해주어야겠다고 생각했다."(57쪽) 그러나 소설은 '나'가 일일이 쌓으며 도출해낸 앎을 마지막에 이르러 한번 더 비튼다. '나'가 계도하려 했던 여성이 기다리던 이는 그 유부남 연구자가 아니었던 것. '나'가 한참 만에 어렵사리 얻은 그 귀중하고 간절한 지혜조차 이성애 내지는 연애 중심주의적 사고방식에 불과했던 것이다. 구원자 여성 어른을 자처하려던 '나'는 묘한 허탈함을 느끼며 젊은 커플이 시야에서 사라질 때까지 그들을 바라본다.

조명이 각도와 조도에 따라 대상을 다르게 드러내듯이 '나'는 변화하는 세상의 시각에 힘입어 여성에 대한 여러 다른 관점을 얻게 되었고, 그 과정의 기록이 바로 이 소설 「그녀는 조명등 아래서 많은 시간을 보냈다」이다. 미래의 예술사는 어떻게 쓰일까. 예술관을 둘러싼 안개가 차례차례 걷히며 폭력적인 세계를 병풍처럼 펼칠 때, 그것이 현시대의 유산이라는 것을 더는 모른 척할 수 없을 때, 이 소설은 예술과 여성에 대한 관점을 더하는 하나의 조명등으로 현재의 자리를 밝히며 미래에 응답하고자 작성된 듯하다. 이 여자를 보라. 지금 우리는 이런 조명등 아래에 있다.

(2021)

사람들이 던진 돌로 쌓은 여자의 성채
—강화길의 『화이트 호스』[1)]

젠더와 내러티브 리터러시

나는 상당한 문학 훈련을 받은 남성 독자들이 강화길의 소설을 이해하지 못하는 것을 여러 차례 경험한 바 있다. 그의 소설이 너무 '편향적'이어서 좀처럼 동의할 수 없다는 식의 비판을 하는 것이 아니라 정말로 소설의 기본적인 줄거리를 파악하지 못하는 상황 말이다. 지난가을 문학 전공 대학원생들이 모인 어느 모임에서 「음복飮福」을 읽고 온 일군의 남성 독자들이 물었다. "그런데 남편이 모르는 게 뭐죠?" 장내가 물을 끼얹은 듯 일순간 고요해졌다.

내가 「음복」의 독서를 일차적으로 완료한 날은 이 소설이 실린 잡지를 읽었던 날이 아니라 위의 독후감을 들은 순간인 것 같다. 정적 속에서 나는 기이하고도 중층적인 전율에 휩싸였다. 첫번째 전율은

---

1) 강화길, 『화이트 호스』, 문학동네, 2020. 이하 인용시 본문에 작품명과 쪽수만 밝힌다.

쓴웃음이 나는 허탈함이었다. 소설 속 화자의 남편이 아무것도 모르듯이 남성 독자 또한 아무것도 모른다면 이 소설은 무슨 소용이며 나아가 문학의 보편적 호소력이란 것은 대체 무엇이란 말인가 하는 의문이 곧장 솟구쳤다. 두번째 전율은 은밀한 쾌락이었다. 내가 어떤 작품들을 영영 소화할 수 없는 신체를 가졌듯이 나에게도 내가 더 잘 해득할 수 있는 동시대 문학을 가지게 되었다는 기쁨이 조용히 일렁였다. 여성의 경험이 잘 이해받지 못하는 상황에서 늘 그렇듯 그날 나는 약간의 초조함과 더불어 침착하게 '해명'하고 싶다는 욕구가 발생하고 있음을 실시간으로 느끼며 속으로 말을 고르고 있었는데, 거기에는 절대로 기각할 수 없는 모종의 만족감이 분명히 있었다. 나는 그 의심스러운 만족감을 잠시 손에 쥐어보기로 했는데, 문학 텍스트를 '연구'하는 입장에서 참으로 드문 순간 중에 하나였다.

그렇게, 그러니까, '문학의 보편성'이란 문학작품이 많은 사람들의 공감을 얻을 수 있다는 뜻이 아니라 문학작품이 사람들의 보편적 이해 지평 그 자체를 심문한다는 것을 증명하기 위해 강화길의 두번째 소설집 『화이트 호스』가 도착했다.

문학적인 남성들의 가정사와 여자들 간의 전쟁

「가원佳園」과 「음복」에 등장하는 문제적 남성 인물들은 오랫동안 한국문학의 주인공이었던 이들이다. 식민지 시기 신구 갈등 속에서 길항하는 예술가로 등장하며 분열적 근대를 열어젖혔다고 평가받는 현진건 소설 「빈처」의 주인공, 전후 시기 서구 열강의 식민지 개척 정세 속 동아시아 파병 군인의 입장에서 전쟁의 참상과 부조리를 알렸다고 평가받는 안정효 소설 『하얀 전쟁』의 주인공 등이 바로 그들이다. 위 소설들 속에서 아내들은 밥벌이를 못하는 예술가 남편을 나무라며 살림을 꾸리는 모자라지만 순종적인 천사이거나 참전 후유증으로 성기능이 저하된 상이군인 남편에게 부담을 주며 다른 남자와 내통하다 결국 지아비를 떠나는 몰인정한 아낙네다. 「가원」과 「음복」은 한국사회가 처한 모순을 대표하는 표상으로 기능해온 이 문학적인 남성 시민들이 가정 내에서 어떤 남편, 형제, 아버지, 할아버지, 시부였는지를 여성들의 입장에서 살핀다. 그러므로 당연히 이 남성들은 더이상 매양 안타깝고 불쌍한 사람으로만 묘사될 순 없는데, 강화길의 소설은 이들에 대한 손쉬운 비난을 쏟아내는 대신 이들을 부양해왔던 전 세대 여성들 간의 갈등과 속사정에 더욱 초점을 맞춘다. 단지 남성의 가부장 권력을 까발려 이를 힐난하는 것이 목적이었다면 강화길의 소설이 이렇게까지 지독해지진 않았을 것이다.

살림에 대한 상식적인 대화가 불가능해 차라리 배제되어버림으로써 보호를 받아온 남자들, 해맑게 무지와 무능을 행사할 수 있어 이윽고 사랑스러운 사람으로 간주될 수 있는 남자들, 재능을 충분히 발휘하지 못했기에 지켜주고 싶은 아픈 손가락으로 추억될 수 있는 남자들, 세속의 무자비함에 상처받은 연약한 심성을 가진 이 남자들 곁에는 이들을 먹여 살려온 대대손손 여자들 간의 사나운 돌봄노동 대물림 투쟁이 있다. 이 소설들 속에서 문제적 남자들과 대거리를 하는 여자는 아무도 없다. 그들이 무서워서가 아니라 아예 말이 통하지 않는 상대이기 때문이다. 자신을 옭아매온 다른 여자들보다 그들이 자신에게 친절한 사람이었고, 자신에게 권력을 나눠줄 수 있는 사람이기 때문이다. 여자들 개개인들에겐 어차피 아무것도 모르는 해맑은 남자들이 모르는 내밀한 쾌락의 통로들이 있음이 암시되는 한편, 여자들 사이사이에는 분노와 환멸의 에너지가 거칠게 휘돈다. 집안의 공짜 노동력이자 감정 처리반으로 살아온 여성들이 다른 여성들을 아끼면서 기피하고 사랑하면서 동시에 증오한다. "왜 나는 항상 이 여자 때문에 미칠 것 같은가."(「가원」, 73쪽) 전작 『다른 사람』에서 세대 간 여성 연대를 통한 사법 고발로 의연히 나아가던 강화길의 시선은 이제 여성 연대의 불가능성을 더 깊이 탐구하기 시작한다. 여성이라는 동질성만으로 점화가 가능했던 투쟁과 연대는 이제 쉬이 찾아볼 수 없다.

피해와 망상 사이, 대상화와 욕망 사이

강화길 소설의 여자들이 느끼는 그 '미칠 것 같음', 즉 범죄나 불법이 아니라고 판단받아왔기에 오직 개인이 감당하고 해결해야 했던 여자들의 그 감정은 다시금 '피해망상증'으로 세상에 번역되어 왔다. 그 오명과 해명들의 복잡한 절차들과 다매체 시대에 끝없이 증식되는 복제 이미지들 속에서 여성도 차별주의자나 연쇄살인마가 될 수 있는 것은 지극히 당연한 일이다. 「손」과 「서우」에 등장하는 믿을 수 없는 화자들의 서술은 '피해'와 '망상' 사이에 놓인 여자들의 신경증을 적극적으로 물화하며 독자들을 몰아간다.

이 소설들은 여자들도 안티페미니스트일 수 있다는 사실을 증명하거나 여성도 능히 강력 범죄자가 될 수 있다는 것을 반전으로 제시하여 올바른 페미니스트가 되고자 하는 여자들의 강박과 콤플렉스를 자극하기 위한 것만은 아니다. 페미니스트인 작가를 얼추 믿기로 하고 이 여성 화자들의 고통과 분노에 이입하는 방식으로 소설을 읽기 시작한 독자는 어느덧 이들을 꼼짝없이 기소해야 하는 순간을 마주치게 된다. 이 여자들을 함부로 의심할 수 없다는 내적 저항감과 쉽게 의심의 대상이 될 수 없는 사실조차 의심해야 하는 상황 속에서 독자는 어느덧 '판관'의 위치에 서게 된다. 이 여자들이 지금 어떤 방식으로 말하고 있는가. 무엇을 보고 무엇을 보지 못하고 있는가. 어디까지가 피해이고 어디서부터가 망상인지 명확히 '구분'하고자 하는 욕망 그 자체, 작품을 재차 돌아보며 촘촘히 따지고 들게 하는 행위 그 자체까지 이 소설들의 기획이다. 마치 '피해'와 '망상'의 경계를 깨끗이 구분할 수 있다는 듯 독자로 하여금 책을 읽으며 민형사적 처벌이 가능한 범죄 요건을 자발적으로 구성해보게 하는 것, 그 절차야말로 명확한 '피해자성'을 추출하여 여성의 고통을 재단하는 자유주의 법치 질서의 어떤 단정한 광기와 멀지 않다.

「손」과 「서우」가 '모성'과 '성인 이성 살해' 라고 하는 주제를 통해 다소간 참작이 되는 사유를 소재로 삼거나 장르적인 문법을 빌려 '악녀 서사'를 선회했다면, 피해와 망상의 경계를 서사적으로 심문할 때 가장 조심스러워지는 것은 여전히 '섹슈얼리티'의 문제를 다룰 때일 것이다. 지난 몇 년간 성폭력에 시달리던 유명 여성 연예인들의 잇따른 죽음을 목격해온 한국의 독자들에게 유명 배우인 어느 여성이 가정폭력을 일삼는 남편에게 분열적으로 매달리다 결국 죽음을 맞는 이야기를 담은 「오물자의 출현」은 여러모로 곤혹스러움을 남긴다.

복제 이미지들에 휩싸여 살 수밖에 없는 한 여자의 본질이나 실체에 대해서는 누구도 알 수 없다는 이 소설의 메시지는 단순히 그 자신의 목소리가 소외되어 있다는 사실을 넘어 한 개체의 본질이나 실체 따위는 없다는 사실까지 암시한다. '성적 욕망'과 '성적 대상화'가 완벽하고 안전하게 구분될 수 없다는 명제의 아찔함과 정직함이 자리하는 곳도 그곳이다. "예스! 예스! 예스! 나는 매번 온몸에서 피가 다 빠져나가는 분노를 느꼈다. 동시에 흥분했다. 나를 지배한다고 생각하는 그를 떠올리면, 정말로 흥분이 됐다. 그 느낌은 그와 하는 섹스보다 훨씬 좋았다."(171쪽) 젠더 폭력 피해자의 욕망을 드러내는 이 금기 어기기는 그가 쓴 글이라고 하는 재현 매체에 대한 또하나의 해석적 결과일 뿐이지만, 이는 역설적으로 자살한 것으로 암시되는 주인공의 죽음이 있었기 때문에 가능한 서사적 구조다. 구설수에 오른 여성이 극단적 상황에 내몰려 대중의 이목과 관심을 결정적으로 끌어올려야만 가십이 더 무분별하게 확산되고 그래야 이 소설이 가능해지기 때문이다. 가령 '김미진'이 죽지 않았다면, 유명인 여성을 둘러싼 선정적인 난반사 이미지를 중첩시키며 끝내 실체적 진실 자체를 말소시키는 이 소설의 메커니즘은 작동할 수 없었을 것이다. 김미진의 소란스러운 죽음이 이 소설을 위한 필연적 성립 요건이 되는 것, 여성 섹슈얼리티에 대한 문화적 금기를 위반하며 그것을 확장시키려는 예술이 다시금 깨진 자개 조각으로 뒤덮인 피해자의 몸이라는 범죄 스펙터클 이미지와 그의 때 이른 죽음이라는 말로를 필요로 하는 것, 여성주의 스릴러의 가능성을 집요히 탐구하는 작가가 봉착한 난관이 아닐 수 없다. 이곳은 페미니스트들이 마주한 하나의 진퇴유곡인데, 강화길이 데려다주기 전까지는 잘 알지 못했던 곳이기도 하다. 낯설음과 기시감이 화려하게 교차되는 이 미궁 속에 그와 그의 독자들이 서게 된다.

'해명'하지 않는 새로운 낭만주의자들

숨어살아야 하는 레즈비언 커플을 어두운 시간에만 깨어 있을 수 있는 뱀파이어로 상정한 후 오래된 커플이 겪는 관계에 대한 권태와 종결 없이 살아야 하는 흡혈귀의 권태를 연결시킨 「카밀라」는 혐오받는 존재를 장르적 규약을 통해 변환시켜 한국사회를 살아가는 여성 퀴어에 대한 상징화 작업을 시도한다. 조국도 가족도 친구도 떠나야만 사랑하는 사람과 함께할 수 있는 레즈비언 커플에게 권태기는 삶의 위기 그 자체다. 연인이 지긋지긋한데, 그와 헤어지면 삶의 기반이 모두 흔들려버리기 때문이다. 레즈비언이면 사랑도 이별도 쉽지 않아지는 이 헤테로섹슈얼리티 세계의 규범과 배타적인 흡혈귀가 되어 서로를 물고 무는 레즈비언 커플이라는 존재는 썩 잘 어울린다.

불특정 여성을 납치해간다는 도시 괴담 속 범죄가 사실은 레즈비언들만을 조준하는 올가미라는 것, 밝은 햇살 아래에서 소멸되지 않기 위해 이들은 영영 이둠 속에서 서로만 보며 살아야 한다는 것, 그러다 지루해지면 또다른 사냥감을 찾아 영원치 않을 쾌락을 취하며 영겁을 잠시 견딜 만한 것으로 만든다는 것, 이 레즈비언 뱀파이어 스릴러는 기존에 양산되어온 불쌍하고 안타까운 존재로서의 레즈비언 재현을 넘어서려 한다. 굳이 설명되지 않는 이 작품의 공백들은 언제나 타당하게 설명되어야 하는 퀴어 서사에 대한 요구와 배치된다. 매혹적인 괴물로서의 퀴어라는 상투성과 괴물이 아니라면 절대 알 수 없을 무명의 쾌락 사이, '유진'은 '지우'를 물까?

사람들로부터 평가당하는 육체의 '주인' 혹은 '주체'조차도 나와 내가 만들어낸 것들을 완전히 통제할 수 없다는 것, 그리고 이 통제 불능 상태가 여성에게는 유독 집요하고 끈질긴 방식으로 엉겨 있다는 것, 이 작품집의 표제작 「화이트 호스」는 위와 같은 사태에 처한 여성의 새로운 존재론의 가능성을 타진한다. 한동안 글을 쓰지 못한 소설가 화자는 세간의 소문과 평가에 흔들리지 않는 사람이 되겠다고 굳게 다짐하며 깊은 숲속에 위치한 레지던스에 입주하는데, 그래 봤자 변명과 사족이 천성이 되다시피 길러진 이 여자는 그곳에서 자기가 듣는 초인종소리가 거짓이 아니라는 것을 또다시 '해명'하고야 말겠다는 의욕에 사로잡힌다. 억울하게 죽은 하인과 사라진 소설가의 원혼이 깃든 이 유령의 집에서 그는 우연히 동일한 모티브를 가진 노래들—가상의 작가 G. K. 체스터턴의 〈The Ballad of the White Horse〉, 영어 동요 〈She'll Be Coming Round the Mountain〉, 밥 딜런의 〈Absolutely Sweet Marie〉, 테일러 스위프트의 〈White Horse〉—을 차례대로 발견하며 강렬한 끌림을 느낀다. 손발에 엉겨 붙어 잘 씻기지 않는 송진 덩어리의 끈끈한 물성을 응시하며 이 여자는 섬광처럼 왔다 가는 깨달음에 전율한다. 그러니까 '해명'이 '오명'의 짝패적 진술 형태라는 것. 여자의 욕망은 왜 언제나 낱낱의 가혹한 증명 절차를 밟아야 하나. 어차피 믿어주지 않을 건데, "굳이 …… 해명해야 하나?"(216쪽)

해명하지 않겠다는 결기로 반대자로서의 페미니즘이라는 자리 바깥을 향해 가는 이 존재론적 위상 변화는 꽤 짜릿하다. 여러모로 셜리 잭슨의 영향을 물씬 느낄 수 있는 강화길의 두번째 단편집은 셜리 잭슨의 인장이자 고딕소설의 상징이 된 대저택의 육중한 정문을 표지로 삼고 있다. 이 하얀 성의 빛바랜 금빛 문을 열고 들어가면, 「화이트 호스」의 저택 초인종소리처럼 누군가에겐 들리고 누군가에겐 들리지 않는 노래들이 흘러나온다. 책을 덮고 나면 이 소설들이 당최 무슨 말을 하는지 모르겠다는 이에게 더이상 '오류 없는 설명의 말'을 전달하고 싶다는 욕구마저 씻겨나간다.

예술작품이 세상의 오명을 모르지 않으면서도 해명에만 매몰되지 않을 때, 여성을 애써 무구한 상태에 놓음으로써 추출해온 낭만이라는 미감의 내용도 조금씩 달라질 것이다. 테일러 스위프트가 자기 자신에게 바치는 곡으로 알려진 노래 〈New Romantics〉는 강화길 소설에 대한 내러티브 리터러시의 마성을 축복하는 곡으로 들린다. "*왜냐면, 베이비, 나는 사람들이 내게 던진 돌들로 성을 지을 수 있거든. 매일매일은 전쟁 같지만 우리가 함께하는 밤은 꿈만 같은걸. 베이비, 우리는 새로운 낭만주의자들. 이리 와, 여기 와 나랑 놀자. 시련은 우리의 국가 우리는 그것을 자랑스럽게 부르지. 우리는 황홀한 춤을 추느라 바빠. 베이비, 우리는 새로운 낭만주의자들. 최고의 인생을 사는 이들은 자유롭지.*"

(2020)

3부

동아시아의 소녀들

‘혐한’과 ‘노재팬 운동’ 속 일본 여성을 읽는 일

1. 들어가며: 문화 개방과 한일 여성들의 조우

한일 양국의 외교적 갈등이 심화되고 있는 상황이다. 이른바 ‘불가역적 최종 합의’로 불리는 ‘위안부’ 협상과 식민지기 산업 노역에 동원된 강제징용 피해자 보상 문제를 통해 촉발된 갈등은 일본의 신극우주의와 정치계의 조직적 우경화 등에 따른 혐한의 정동을 한국인에게 인식하게 만드는 계기가 되었다. 이에 대응하여 한국에서는 소비자 불매 운동이 대대적으로 확산되었으며, 국내에 입점해 있던 일본계 다국적 기업의 분점들이 연이어 폐점하고 일본 스타일의 소품이나 식료품을 팔던 작은 가게들에도 운영자의 국적과 제품의 생산지에 관한 해명의 방이 일제히 나붙게 되었다. 피식민국 혐오를 상업화한 ‘혐한 비즈니스’[1)]의 활황과 ‘노재팬’이라는 유례없이 강경한 대중

---

1) 노윤선은 혐한 기사가 실린 일본의 시사 주간지들이 이례적으로 판매 부수가 늘어나거나 혐한을 코미디화하는 만화, 방송이 인기를 끄는 등 혐한이 최근 들어 더욱 장사가 되는 아이템이 되었다고 주장한다. 노윤선, 『혐한의 계보』, 글항아리, 2019 참조.

소비자 불매 운동의 확산이 2010년대 끝자락 동아시아의 풍경이다.

그러나 외교적 대립의 양상과는 상이하게 한국에서는 지속적으로 한일 여성이 조우하는 대중 서사들이 생산되고 있기도 하다. 최은영의 「쇼코의 미소」, 박민정의 「행복의 과학」「A코에게 보낸 유서」 연작(이하 'A코 연작')과 「세실, 주희」 그리고 「나의 사촌 리사」와 「나는 지금 빛나고 있어요」로 이어지는 연작(이하 '리사 연작'), 배삼식의 「1945」, 한정현의 『줄리아나 도쿄』「소녀 연예인 이보나」「과학 하는 마음—관광하는 모던걸モダンガール에 대하여」, 영화 〈윤희에게〉(2019) 등은 모두 한일 여성들 간의 사랑과 우정, 갈등과 연대의 장면을 기록하고 있다.

이뿐 아니라 한국의 페미니즘 문학이 일본으로 수출되어 베스트셀러에 오르고, 이를 계기로 일본 문학계에서 여성 서사에 관한 담론이 전개되고 있다는 소식 또한 들려오는데, 이는 여성 서사가 플롯과 같은 작품 내부적 차원에 대한 고민뿐만 아니라 작품의 생산과 소비 제도 및 담론 전반에 대한 문제제기까지 시도한다는 것을 다시금 방증한다. 상기한 작품들에서 보여지는 한일 여성들 간의 이러한 서사적 조우는 식민주의와 자유주의 시기를 거치며 각 민족국가 내에서 저마다 다르게 혹은 유사한 방식으로 억압된 여성들이 식민주의 남성성의 발현과 소수자 차별로 구현되고 있는 신극우화 정세 속에서 동아시아 여성혐오의 역사를 함께 탐험하고자 하는 의지의 표명이다.

최은영, 박민정, 한정현, 그리고 일본 대학 사회 내 혐한의 분위기를 스케치한 「마지막 이기성」의 김금희까지, 1980년대생(혹은 인접한 시기에 태어난) 여성 작가들이 제출하고 있는 이 한일 여성 서사들의 공통점은 이들이 민족 비극에 대한 역사적 사명감에서 소설을 출발시키지 않는다는 점이다. 일본 사회를 서사화하는 경우 흔히 드러나는 반일 정서가 그들에게는 거의 없다. 오히려 이 작가들은 일본의 문화적 감각에 친숙한 편이고, 더러 그것에 깊게 매혹되어 있는 모습을 보이기도 한다. 이 소설들에서 일본 여성과 조우하는 계기로서 공통적으로 지시되는 시기는 '일본 대중문화 개방'이 허용된 1990년대 말 이후이다. "일본 문화가 한국에 전격 개방되던 해"[2)]에 "가장 영어를 잘하는"(10쪽) 학생으로 뽑혀 '자매결연'을 맺은 한국 학교를 방문한 '쇼코'와 쇼코의 홈스테이를 맡은 후 그 우정을 계기로 영화감독의 꿈을 키우는 '소유'의 이야기를 그린 최은영의 소설, 울트라맨을 보고 대중문화 비평가가 되어 오키나와로 연구 여행을 떠나거나, 하라 가즈오의 다큐멘터리를 보고 트위터를 통해 재일 조선인 친구를 사귀어 도쿄에 가는 한정현의 소설 모두 한일 간의 문화 개방이 월경의 주요한 계기이다. 특히나 노재팬 운동 속에서 윤리적 소비에 대한 작가적 고민을 토로[3)]하기도 했던 박민정의 소설에서는 일본 문화나 제품에 대한 선호나 매혹이 반복적으로 드러난다. "왜 예쁜 거, 한국에는 없을까. 이렇게 작고 튼튼한 물건. (……) 버블기 때 만화 봤어? (……) 코카콜라 광고 봤지? (……) 왜 우리에겐 OL이라는 말이 어울리지 않을까"[4)] "김대중 대통령이 일본에 왔었고, 오부치 게이조 총

2) 최은영, 「쇼코의 미소」, 『쇼코의 미소』, 문학동네, 2016, 10쪽. 이하 인용시 본문에 쪽수만 밝힌다.

3) 박민정, 「2019년 여름, 소비의 기억으로부터」, 『자음과모음』 2019년 겨울호, 171~175쪽 참조.

4) 박민정, 「나는 지금 빛나고 있어요」, 『현대문학』 2019년 5월호, 209쪽. 이하 인용시 「빛나고」로 약칭하고 본문에 쪽수만 밝힌다.

리와 공동선언을 하고 액션플랜을 발표"(122쪽)한다. 한국 학교와 자매결연을 맺어 혼혈 일본인이 한국인 친구를 사귀거나 문화 개방 직후 사촌 형제가 "용산"[5]이나 '코믹'에서 사온 물건들로 채운 '보물섬' 속에서 세상을 처음 배우는 여성도 있는데, 결과적으로 이 문화 교류와 소비의 기억은 그의 소설 속 갈등을 일으키는 원천이 된다. '코덕'이자 K뷰티 산업 노동자로 전범 기업의 화장품을 소비하는 한국 여성과 한류 스타의 팬으로 좋아하는 가수를 가까이 보기 위해 이주노동자로 살고 있는 일본인 여성이 결국 히메유리 학도대와 '위안부' 문제에 대해 토론하게 되는 상황에서 볼 수 있듯이 한일 문화 교류와 소비는 두 국가의 여성 청년들이 마주치는 접경지대로 작용한다.

2. '여성 예능인'이라는 동아시아 여성혐오의 문화적 표상

문화 개방을 통해 서로를 가까이 인식하게 되었기에 소설에서는 자연히 해당 산업에 종사하는 여성 노동자들의 이야기가 등장하게 된다. 그중 '여성 예능인'이라는 캐릭터는 동아시아 여성혐오의 표상으로 빈번히 극화된다. 자기표현의 주체로서 무대에 서는 여성이라는 기표는 페미니즘적 쾌감과 해방감을 선사하는 동시에 여성혐오적인 사회에서 그들의 꿈과 욕망이 유통되는 차별적인 사회적 맥락을 보여주기에도 용이하기 때문일 것이다.

한정현의 거의 모든 작품에서는 일본이라는 항이 중요하게 다루어진다. 그는 작품 속에서 동아시아 문화 연구자라는 서술자 정체성을 일관되게 유지하는데, 이 서술자의 텍스트 분석을 위한 가장 주요

5) 박민정, 「바비의 분위기」, 『문학과사회』 2017년 여름호, 122쪽.

한 인물군은 “서양 문물에 넋이 나간 모던 걸”로 폄하되었던 근대기 문화 생산·소비계층으로서의 여성상이다.[6] 「괴수 아키코」 『줄리아나 도쿄』를 통해 춤추고 노래하며 투쟁하는 여성 노동자의 반짝이는 형상을 그려냈던 작가는 「소녀 연예인 이보나」를 통해 4세대에 걸친 여성 예능인들과 그들의 주변 인물들을 스케치하며 동아시아 여성 청년들의 욕망의 계보를 좇는다. 일제강점기 시대 조선의 권번을 졸업하고 동경 유학 후 귀국하여 민속춤을 추는 만신이 된 ‘유순옥’, 2대 만신으로 해방 후 반공주의 공포정치로 인해 학살당한 트랜스젠더 ‘희’, 4·3 이후 후쿠오카로 밀항했다 한국전쟁 후 서울로 입국해 여성 국극 배우가 된 제주 해녀 출신 ‘이보나’, 동경에서 공부하다 한국전쟁 후 강제 귀국당해 여성 국극 배우로 살았던 게이 ‘주희’, 냉전시대 소련 유학을 꿈꿨던 생물학도이자 미군부대에서 노래하는 가수인 트랜스젠더 ‘제인’까지, 이 소설 속 중심 인물들은 모두 국가 이주를 통해 유연해진 섹슈얼리티 스펙트럼 속에서 예능인으로서의 자기 꿈을 펼치며 살아간다. 이들은 공산주의적 평등사상을 믿으며 빨치산이나 조총련계 활동을 했던 아버지, 형제, 남편들로 인해 연좌제에 얽혀 갖은 수모를 당하면서도 남성 가장을 대신하여 생계를 도맡고 버려진 형제의 아이를 거두어 키우며 대안 가족을 이루기도 한다. 식민주의, 레드 콤플렉스, 여성혐오 등이 복합적인 차별 구조를 지속적으로 생산하지만, 그럼에도 이 여성주의적 세계에는 젠더 프리한 예술이 있었기 때문에 고통 못지않은 기쁨과 억압 못지않은 해방의 정동이 넘실댄다.

6) 한정현, 「소녀 연예인 이보나」, 웹진 비유 2019년 8월호.

조선무용을 정립한 배구자나 노래와 댄스로 조선 예원에 데뷔하려는 꿈으로 현해탄을 건넜다던 나선교, 박옥초 같은 레뷰 공연의 선구자들은 어릴 때부터 체계적인 교육을 받은 예인들이었지만, 제국은 이들을 전선에 이용하기에 급급했다. 1940년대 경성역에 도착한 다카라즈카 가극단이 가장 먼저 한 것도 신사참배였다 (……) 여러모로 나는 예술노동자로서의 여성이란 1900년대, 그리고 현재까지, 너무나 쉽게 어떤 혐오의 대상이 된다는 지점에서 반복되는 것이 있다고 생각했다. 어쨌거나 제국이든 그 반대편이든, 문화와 문학은 전선을 가장 빠르고 쉽게 넘는 강력한 무기인 동시에 선전 수단이었다. 다만 1900년대와는 달리 케이팝과 한국문학은 이제 한국에서 일본으로 그 경계를 넘어서고 있었다.(「소녀 연예인 이보나」)

기술을 가진 전문 예인이자 국가에 의해 동원되거나 강제 해체되기도 하는, 더러는 숭고하고 더러는 유난스러워 보이는 여성 예능인들의 형상, 그리고 그들의 예술적 성취에 열광하고 위로받는 대중 여성들이라는 항. 이것이 한정현 소설의 주요한 구도인데, 그 같은 동경을 문화 연구자인 서술자를 통해 "과학하는 마음"[7]으로까지 연결시키는 작가의 작업은 어느 시대고 여성들의 소비를 삿된 허영으로 취급하는 일에 대한 저항이자 국가를 넘나들며 난민적 생활을 반복했던 여성들이 그 안에서 성취할 수 있었던 젠더 벤딩의 가능성을 살피

7) 한정현, 「과학 하는 마음—관광하는 모던걸(モダンガール)에 대하여」, 『악』 2019년 하권, 297쪽.

는 전복적 해석의 실천이기도 하다.

18세기의 프랑스 파리 형사사건 사료를 연구하는 아키비스트 역사학자 아를레트 파르주는 역사 서술과 구분되는 역사소설의 발생 미학을 다음과 같이 말한 설명한 바 있는데, 이는 한정현 소설의 작화 욕망과 상동한다.

> 아카이브에는 자료와의 거리를 잃어버리는 동일화의 위험이나 자료를 되풀이하면서 무미건조한 주석이 될 위험 이외에도 자료를 멀리서 또는 가까이에서 드라마화하게 될 위험이 도사리고 있다. 아카이브 안에 무수히 많은 역사들, 무수히 많은 일화들이 들어 있는 것이 사실이고, 그것들을 이야기로 듣고 싶은 것도 사실이다. 서로 엇갈리거나 서로 무관하게 제 갈 길을 가는 무수한 운명들 사이로 주인공héro의 면모를 갖춘, 버림받은 돈키호테 같은 인물들이 시선을 사로잡는다. 그들이 소설 속의 주인공인 것은 아니지만, 그들의 모험은 어떤 이국적 색채를 띠고 있다. 어쨌든 많은 사람들에게는 소설이 아카이브에 생명을 불어넣을 가능성이고 어떤 사람들에게는 소설이 역사학이라는 분과 학문의 제약에서 벗어날 이상적인 방법이다.[8]

한편 1920~30년대 한반도의 신문과 잡지의 기사들을 살피며 당대인들의 삶이 어떤 의미망을 통해 퀴어하게 가시화되었는지를 살핀 박차민정은 사료들이 당대의 역사나 퀴어의 진실을 '복원'하거나 '설명'하기 위함이 아니라 당대의 지식이 배치되었던 담론적 환경에 접

8) 아를레트 파르주, 『아카이브 취향』, 김정아 옮김, 문학과지성사, 2020, 96쪽.

근하는 수단으로 삼지 않을 경우 사료와 해석의 물화가 이루어진다고 경고한다. "퀴어한 존재들의 목소리는 매우 드물게만 드러날 뿐 아니라, 등장하더라도 경찰의 심문 내용과 같이 매우 제한적인 맥락 속에서만 나타난다. 그뿐만 아니라 이러한 자료들은 법을 어기지 않았거나 언론의 선정적인 기삿거리로 발굴되지 않았던 사람들, 그렇기에 재현될 기회를 전혀 갖지 못했던 퀴어한 존재들의 경험들 역시 전혀 담아내지 못한다."[9)]

한정현의 소설들이 폭력의 세기 속에서도 소수자들의 역사적 이어쓰기를 통해 무리하다 싶기까지 한 낙관을 기어이 약속한다면, 박민정의 소설은 끝내 불길한 여운을 남기며 종결되는 편이다. 버블 오지상-인셀-넷우익으로 이어지는 3대손 일본 남성들의 부권 인정 투쟁기와 여공-학출-재일 조선인 여성들 간의 사랑과 연대 서사를 버블 오지상의 숨겨진 한국 현지처의 딸이자 서브컬처를 전공한 여성 출판인의 시선으로 겹쳐냈던 'A코 연작' 이후 박민정은 엔터업계 여성 노동자들과 그 소비자들에 대한 이야기를 통해 일본의 서브컬처 문화가 동아시아 청년들에게 끼치는 영향력을 집중 검토한다. 전직 아이돌인 일본인 사촌 '리사'와 소설가로서 사촌의 이야기를 쓰고 싶은 한국인 '지연' 간의 교류를 다룬 '리사 연작'이 그것이다.

물론 이 두 여성들이 서로에 대한 깊은 관심을 가지고 있다 해도 약자들의 연대가 단박에 이루어지진 않는다. 이들이 '한국 여자'와 '일본 여자'로서 문화적 차이 속에서 각기 내면화하고 교육받아온 여

9) 박차민정, 『조선의 퀴어—근대의 틈새에 숨은 변태들의 초상』, 현실문화, 2018, 8~9쪽.

성혐오의 양상이나 욕망이 다르기 때문이다. 「세실, 주희」의 '세실'은 '주희'의 외모를 평가하는 남자 친구들의 말을 전하며 "주희씨도 성형을 좀 했겠죠? 한국 여자분들은 성형을 많이 하니까요. 보편적으로"라고 말하고, 화가 난 주희는 "그러면 일본 여자 대부분은 AV를 찍나요?"[10]라며 무분별한 편견의 일반화를 통해 서로 상처를 준다. '리사 연작'에서도 마찬가지다. 리사는 한국 여성들을 보며 "여학생이 이렇게까지 살이 쪄도 되나"(「빛나고」, 206쪽)라며 여성들의 꾸밈노동을 자연화하고, 지연은 여성혐오가 심한 산업에 종사하면서 나이 많은 남성 오타쿠들의 관심을 갈구하며 돈을 벌었던 일본 혼혈인 사촌 리사를 보며 "소녀들의 워너비였으나 짜릿한 실패를 맛보고 소시민으로 겨우 살아가는 리사를 내 소설의 강렬한 인물"[11]로 대상화하고 싶어한다.

그럼에도 이들이 서로에 대해 이끌리는 이유는 이 여성들이 각자의 일상에서 마주하는 여성혐오가 민족국가의 경계선 내에서 일어난 문제가 아니라 식민주의 근대라는 역사적 층위를 가진 동아시아 문화권의 강력한 남성우월주의 사상을 그 공통적 뿌리로 한다는 것을 경험하기 때문이다. 특히나 '리사 연작'에서 지연이 리사에게 이끌리는 마음은 복잡하다. 소설가로서의 욕망 이외에도 지연은 리사가 외할아버지로부터 "행방을 모르는 일본놈의 자식일 뿐"(「사촌」, 18쪽)이라며 홀대받고, 소식 끊긴 남편 없이 홀로 외국에서 딸을 키

10) 박민정, 「세실, 주희」, 박민정 외, 『2018 제9회 젊은작가상 수상작품집』, 문학동네, 2018, 20쪽.

11) 박민정, 「나의 사촌 리사」, 『소설 보다: 겨울 2018』, 문학과지성사, 23쪽. 이하 인용시 「사촌」으로 약칭하고 본문에 쪽수만 밝힌다.

우는 고모의 가족을 향해 "아동학대에 가까운 잔인한 장면"(같은 쪽)을 연출했다는 것을 기억하고, 비동의하에 유포된 성관계 동영상으로 연일 말썽인 시국에서 선배로부터 자신은 "당당하게 일본산 AV만 본다"(22쪽)는 말을 들으며, 또한 불공정 계약으로 강제로 AV 배우가 된 리사의 전 동료가 한국을 방문했을 때 한국 남자로부터 "아는 사이처럼 친근하게 인사를 하더니 대뜸 어깨동무를 하고 사진 촬영을"(28쪽) 무례하게 요구받았다는 것을 알게 됐기 때문이다.[12)]

딸이 일본인과의 관계에서 아이를 낳았다는 이유로 손녀를 학대한 리사의 할아버지 세대, 여자를 임신시키고 도망간 리사의 아버지 세대, 무대에 선 리사와 동료들을 향해 "너희 나라로 돌아가라! 빨갱이 년!"(「빛나고」, 214쪽)이라는 혐오 발언을 퍼붓거나 난데없이 난입하여 성추행을 하는 리사의 삼촌 세대, 그리고 불법 계약으로 강제로 AV를 찍은 동료의 영상을 웹하드를 통해 무료로 다운받아 소비하는 리사의 동년배와 동생 세대까지, 이 연작 속 두 여성이 자신의 삶에서 만나는 모든 세대 남성들이 내재한 여성혐오의 양상이 전부 자국민

12) 일본의 여성 아이돌이라는 존재는 여성 작가들에게 자주 '입장할 수 없는 심연'으로 극화된다. 교코 미야케의 다큐멘터리 〈도쿄 아이돌스〉(2017)는 아키하바라의 언더그라운드 여성 아이돌 히이라기 리오와 그의 삼촌 팬들을 중심으로 여성의 성을 극단적으로 물화하는 일본 사회의 아이돌 문화를 비판적으로 그려낸다. 여성 아이돌의 연령대가 점차 낮아지고 있는 상황의 위험함을 고발하는 이 다큐멘터리의 결말은 '리사 연작'이 멈춰서는 지점과 거의 동일하다. '나의 직업은 아이돌이 아니라 히이라기 리오'라고 고백하는 리오의 말이나 리사의 노래 〈나는 지금 빛나고 있어요〉라는 문장이 가진 애매함, 즉 무지와 인지 사이에서 흔들리는 이 아티스트들의 자의식과 아이돌 수행의 미학적 순간을 증폭시키며 서사를 종결하는 방식은 해당 업종에 종사하는 여성 노동자들을 무지한 피해자로만 그려내고 싶지 않다는 작가적 의지의 최대치와 그로 인해 설정되는 재현 규범의 한계 지점을 동시에 드러낸다.

여성의 성을 매개로 한 식민화 사업, 민족 간의 복수, 혹은 상업적 교환으로 변모해온 '여성 거래'의 일환라는 것을 한국인, 일본인 사촌 모두 잘 알고 있다.

'리사 연작'에서 두 여성의 관계는 AV 산업 피해자인 동료를 돕기 위해 남성 오타쿠나 동노조 삼촌들과 연대하는 리사의 행위자 주체성을 의심에 부치고 리사의 삶을 예술의 소재로 대상화하고 그를 구조적 앎에 무지한 피해자로 위치시키려는 지연의 욕망으로 인해 끊긴 것으로 나오지만, 연대의 조건을 모색하는 하나의 방법이 실패한 것일 뿐, 동아시아 여성 폭력 문제를 함께 고민하기 위한 한일 여성들 간의 만남의 필요성은 여전히 절실하다.

일본 애니메이션으로 대표되는 서브컬처와 한국의 아이돌로 대표되는 음악 엔터테인먼트 산업은 규모적 측면에서 동아시아 청년 문화권의 가장 주요한 텍스트들 중 하나이다. 서브컬처 비평가 우노 츠네히로는 현실 변혁을 꿈꾸었던 전공투 세대의 실패 이후 소비사회의 대대적 확대 속에서 부상한 일본의 서브컬처 붐을 "일종의 정신사"[13]로 파악한다. 그는 오타쿠 문화의 인식론을 "혁명을 통해 세상을 바꾸는 것이 아니라 자의식을 바꿔서 세상을 보는 법을 바꾸는 것"(48쪽)으로 해석하며, 버블 경제의 황금기 시절 양산된 애니메이션들에서 나타나는 다양한 남성들의 성장 서사가 사실은 성장을 가장한 노악적인 반성장 서사였음을 면밀하게 증빙한다. 그는 이들의 상징적 종말로, 서브컬처의 기표와 밈을 적극적으로 활용한 옴진리

13) 우노 츠네히로, 『젊은 독자를 위한 서브컬처론 강의록』, 김현아·주재명 옮김, 워크라이프, 2018, 30쪽. 이하 인용시 본문에 쪽수만 밝힌다.

교 테러 사태를 지목하고, 버블 경제 붕괴와 자연 재해 이후 일본 문화 대중들의 욕망이 애니메이션이라는 2D적 세계가 아니라 아이돌 산업(특히 총선거를 통해 정예 멤버를 선출하는 AKB48의 시스템)이라는 3D의 세계로 대거 옮겨왔다고 주장한다.[14)]

서브컬처 세대로서 자신이 심취한 문화의 종결을 고한 그는 만화 속 이미지로만 가능했던 트랜스포머가 로봇공학을 통해 실제로 구현될 수 있다는 것을 알게 되고, 서브컬처의 이차원적 상상력의 마지막 가치는, "아직은 존재하지 않지만 나중에는 존재할지도 모를 것을 제대로 만들고, 생각하고, 창조"(337쪽)하는 것이라는 주장을 내놓지만, 매일 공연을 열고 악수회를 개최해 아이돌 노동자들을 가까이 '체험'하게 하고, 투표를 통해 '참여'의 감각까지 만들어주는 현재의 아이돌 산업에서 해당 업종에 종사하는 이들의 노동조건이 훨씬 더 열악해지고, 여성의 성이 도착적 형태로 물화될 수밖에 없다는 사실에 대해서는 함구한다. 서브컬처나 아이돌 산업에 내재한 다른 전복적 가능성을 읽어내려는 시도가 부족했다는 문제는 차지하더라도, 애니메이션 속 전후 남성들의 성장의 문제가 "신체적으로는 아이지만 성적인 능력만은 발달한 유형성숙neoteny"(60쪽)이라는 형태로 나타난다고 진단했다면, 현실적 구현을 배태할 허구적 상상력의 가능

---

14) 츠네히로는 연애를 했다는 이유로 지방 아이돌 그룹으로 좌천당했지만, 프로듀서로서의 역량을 발휘하여 재능을 입증한 후 중앙 총선거에서 다시 1위를 차지하여 복귀한 AKB48의 사시하라 리노의 언더도그 스토리를 "'라이브 아이돌'이 아니라 옛 '미디어 아이돌'로 완전하게 후퇴"(316쪽)한 것으로 비평한다. 이는 음악 산업이 음악 외적인 것에 의해 좌우되는 사태에 대한 비판의 형식을 취하지만, 여성혐오적인 산업 속에서 실력과 주체성을 발휘한 여성 노동자가 전국구 스타로 도약하여 닿을 수 없는 존재가 되어버린 것에 대한 아쉬움의 표현으로도 읽힌다.

성을 낙관할 수만은 없는 일이다.

박민정의 「바비의 분위기」가 다루고 있는 지점이 바로 그 부분이다. 부모로부터 방치당하고, 친구들로부터 따돌림을 당하며 홀로 골방에서 일본 서브컬처에 문화에 탐닉하던 외톨이 사촌 오빠가 로봇공학자가 되어 자신이 스토킹했던 여성의 얼굴을 닮은 로봇을 만든 것을 보고 충격에 휩싸인 여성의 이야기를 담은 이 소설은 서브컬처의 상상력을 경유한 젠더와 과학기술 간의 관계를 묻는다. 리얼돌 수입을 허가하는 대법원 판결(2019. 6. 13)로 인해 실존 인물을 본뜬 섹스 토이를 제작하는 것이 가능해진 현실 속에서, 인간의 역량을 증대시킬 것이라 기대되는 '과학기술'이라는 인류의 꿈이 여성의 존엄을 훼손하고 그 가능성을 억압하는 방식으로 실현될 공산이 크기 때문이다.

한정현의 소설이 자기 지시를 통해 일종의 '한정현 유니버스'를 이루어 확장해나가거나 박민정의 작품들이 안정적 봉합 없이 마무리[15)]되며 연작에 대한 기대감을 품게 만드는 것은 작가들이 시각의 다초점화를 통해 인물들이 처한 진실의 층위를 복잡하게 만들기 위해서이기도 하지만, 이 문제들이 근본적 해결 없이 양태만 바뀌어 온존하는 불길한 현실의 층위와 너무나 가까이 있기 때문이기도 하다. 이십

15) 'A코 연작'의 경우, 정치적 내셔널리즘 사상을 기치로 한 신흥 종교에 가입했다가 재특회(재일 특권을 용납하지 않는 시민 모임)의 헤이트 스피치에 맞서는 카운터스 행동대 오토코구미(혐오 세력에 무력으로 응대하는 남성들의 조직)로 소속을 옮겨 혐한 정서를 품고 살아온 자신을 반성하는 일본인 남성에게서 느껴지는 미심쩍음이, '리사 연작'의 경우 강제 계약으로 AV 배우가 된 친구를 위해 오타쿠나 노조 아저씨들과의 연대를 마다하지 않겠다는 아이돌 가수 출신 여성에게서 느껴지는 불안의 감정이 이 서사들의 종결을 지연시키는 요인이다.

대 가수에서 사십대 배우까지, 세대와 활동 분야를 막론하고 엔터테인먼트 업계 남성 노동자들이 성매매와 위계를 이용한 성폭력을 행사하고 있음이 지속적으로 폭로되고 있는 와중에 단역배우에서 한류스타까지, 동일 산업에 종사하는 이십대의 여성 노동자들이 성폭력, 가해자 중심의 법적 판결, 악플 속에서 끝내 죽음을 택하는 상황 속에서 유독 현실과 바짝 붙어 가는 이 연작들은 단편소설 분량 내에서 추인될 수 있을 법한 서사 미학이나 독해법 자체를 바꿀 것까지 요청하고 있다.

3. 한일 '위안부' 우정의 서사와 탈식민주의 페미니즘

동아시아 패권 경쟁 속에서 재무장화를 추진중인 아베 내각이 시민단체 '새로운 역사 교과서를 만드는 모임'을 후원하고 이 단체의 핵심 목표가 일본군 '위안부' 부정이라는 사실은 잘 알려져 있다. 조경희는 "90년대 후반 이후 젠더 백래시와 역사수정주의는 상승하면서 세력을 키웠고, 그들의 동력의 핵심에는 일본군 '위안부' 문제가 있었다"[16)] 고 주장한다. 그는 일본 정부의 정치적 우경화가 포스트페미니즘 논리와 함께 진행되었음을 밝히며 그것이 현재 일본 정부와 사회의 중심 논법이라 일본의 미투 운동이 어려움을 겪고 있다 말한다. 동시에 일본의 시민사회에서는 미투 운동과 '위안부' 이슈를 연결하며 사유하는 경향이 강하고, '위안부' 문제에 대응하는 한일 여성들의 공조와 연대의 경로가 미투 운동에서도 지속적으로 연장되어

16) 조경희, 「일본의 #MeToo 운동과 포스트페미니즘—무력화하는 힘, 접속하는 마음」, 『여성문학연구』 제47호, 2019, 96쪽.

이용되고 있다고 분석한다. 미투 운동이 처음 엔터테인먼트 업계에서 점화되었다는 것, '코덕'이자 K-뷰티 산업 노동자인 「세실, 주희」의 주희와 한류 스타의 팬으로 좋아하는 가수를 가까이 보기 위해 이주노동자로 살고 있는 세실이 결국 히메유리 학도대와 '위안부' 문제에 대해 토론하게 되는 것은 우연이 아니다.

이혜령과 허윤의 지적대로 2015년 한일 '위안부' 합의 이후 대거 등장한 대중 '위안부' 서사들은 대부분 가족 없는 '독신의 노년 여성'[17]이나 '위안소 생활을 함께한 두 여성들의 우정 관계'[18]를 통해 조망되고 있으며 권명아의 지적대로 모두 '민원 창구 공무원'을 등장시킴으로써 피해자 등록을 관장하는 국가 행정 시스템의 역할과 한계를 보여준다.[19] 위안소 생활을 함께했던 친구를 '대의'하기 위해 긴 침묵을 깨고 발언한다는 상상력(영화 〈눈길〉 〈아이 캔 스피크〉 등)[20]이나 그 과정 속에서 여성 시민사회의 '조력'을 부각하는 방식(김숨의 '위안부' 증언 소설들, 영화 〈허스토리〉 등)[21]들은 모두 '위안부' 문제가 무엇보다 여성들 간의 사적, 공적 연대를 통해 사회 내 성원권을 가지게 되었다는 사실에 방점을 찍고 있는데, 이러한 전략은 단연 그간의

---

17) 이혜령, 「그녀와 소녀들—일본군 '위안부' 문학/영화를 커밍아웃 서사로 읽기」, 권보드래 외, 『문학을 부수는 문학들』, 민음사, 2018, 116~152쪽 참조.

18) 배삼식·박민정·허윤 대담, 「두 여자 이야기—역사와 민족의 경계를 질문한다」, 『문학동네』 2019년 겨울호, 77쪽 중 허윤의 발언 참조.

19) 권명아, 『여자떼 공포, 젠더 어펙트—부대낌과 상호작용의 정치』, 갈무리, 2019 참조, 229쪽 참조.

20) 권은선·김청강·오혜진·허윤 대담, 「대중매체를 통해 바라본 일본군'위안부'의 재현」, 웹진 결, 1부 권은선의 발언 참조.

21) 같은 글, 오혜진의 발언 참조.

'위안부' 서사가 '가족주의적 육친성에 호소'하거나 민족주의 담론 속에서만 논의되었던 것에 대한 경계의 발로이기도 하다. 또한 '법정 서사'로서의 '위안부 서사'는 '위안부'의 존재를 부정하는 일본 당국에 대한 법률적 저항의 의미를 나타내기도 하지만, 고통받은 여성의 목소리를 비체적인 구성적 외부로 취급하기를 그친다는 점에서 의의가 있다.

배삼식의 희곡 「1945」는 두 명의 여성을 통해 '위안부' 문제를 끌어오는 또하나의 '위안부' 우정 서사지만, 두 인물의 국적이 다르다는 점에서 기존의 서사들과는 차이를 보이며 2015년 이후 나온 많은 '위안부' 서사들 중 이례적으로 2015년 이후의 현재를 서사화하지 않고 있다. 만주에서 함께 위안소 생활을 하고, 종전 직후에는 전쟁 고아가 된 아동을 함께 매매하기도 했던 전쟁 동지 '명숙'과 '미즈코'는 종전이 선언되자 돌연 "적"[22)]이자 "원수"가 되어 헤어져야 하는 상황에 처한다.

미즈코: 먼스끄…… 와따시따치 고레데 오와카레나노?(명숙, 이제 우리 헤어지는 거야?) (……) 도오시테?(어째서?)

명숙: 도오시테모 고오시테모 나이데쇼! 니혼진와 니혼진 도오시, 조센진와 조센진 도오시, 소레조레노 미치오 이꾼다요! 소레가 도쿠리츠데모노난다. 와카루?(어째서는 뭐가 어째서야! 일본인은 일본인대로, 조선인은 조선인대로, 제 갈 길로 가는거다. 그게 독립. 알겠

22) 배삼식, 「1945」, 『1945』, 민음사, 2019, 27쪽. 이하 인용시 본문에 쪽수만 밝힌다. 2017년 7월 5일 명동예술극장(서울)에서 초연.

어?) (……)

미즈코: 면스끄와 도꼬니 이꾸노?(명숙은 어디로 가?) (……) 구니니 가에라나이노?(고향으로 가는 거 아니야?)

명숙: …… 다른 데는 다 가도 거긴 안 가. 거기만 아니면 어디든지.(21~22쪽)

그러나 해방 후 피란민들 사이의 강한 반일 정서 속에서 목숨을 위협받는 미즈코가 임신 소식을 전하며 명숙에게 동행을 요청하고, 이를 외면하기 어려운 명숙은 미즈코를 언어장애가 있는 친동생으로 위장하여 '조선인 전재민 거주소'에 머물도록 돕는다. 「1945」에서 각별히 부각되는 것은 해방 후 한일 여성들이 처하게 된 특수한 성폭력의 양태와 민족국가 수립 과정에서 작동하는 다양한 배제의 논리들이다. 일본인 남성과 결혼한 조선 여성은 해방 후 돌연 "내선일체를 몸으루 실천한, 황민화의 모범"(79쪽)이라며 길거리에서 구타를 당하는데, 이는 "조선 것들은 아직두 멀었어. 남의 불에 게 잡는 셈으로 독립을 해노니, 정신들 못 채리고"(38쪽)라고 말하며 식민지 근대화론을 체화한 친일파 조선 남성인 '최주임'이, 명숙에게 편안한 잠자리를 빌미로 성적 접근을 할 수 있는 권력을 가진 피란민 임시 거주소의 관리자가 된 것과는 상반된다.

작가는 직접 재현이 아닌 소식의 형태로 여성들을 대상으로 한 강간, 살해를 서사 내부에 들여오고, 이에 대한 상반된 반응을 보여줌으로써 해방 후 단일민족국가 수립 과정 속 성 정치 작동법을 묻는다. 여성에게 유무형의 폭력을 직접 휘두르거나 생활에 전혀 무능한 남성들 외에 명숙과 미즈코의 로맨스 상대로 나오는 이른바 '선량한 남성'들의 논리는 작품 속 갈등의 정점에 해당한다. 해방 후 "미즈코가 로스케들 노리개가 되는 건 도저히 참을 수 없다"(26쪽)며 그의 명예와 자존심을 지켜주기 위해 자살을 권하면서 독약을 마지막 선물로 선사하는 미즈코의 애인이나, 두 여성의 '위안부' 이력이 밝혀진 후 이웃들이 그들을 배척하자 "운이 나빴을 거에요. 우리가 씻어줘야죠. 그 고통을. 지옥에서 건져 내야죠"(148쪽)라며 그들을 장엄하게 비호하는 '영호'는 해방 이후 민족국가 정상화 과정 속에서 '위안부' 여성들의 경험이 민족 수난 서사 내부로 종속변수화되고 있음을 보여준다. 어렵사리 돌아온 '위안부' 여성들의 이야기는 오랫동안 전해지지 않았는데, 이는 "전쟁에서 돌아온 학병들이 일본군의 만행을 증언하며 '민족의 아들'로 귀환하였으며, 이들이 '학병 서사'라 불리는 문학적 전환점을 이루"[23)]며 남성 젠더화된 민족국가 신화를 다져갔던 정황과도 대비된다.

영호의 시혜적인 발언에 명숙은 자신이 더이상 그들과 함께하지 않겠다고 선언하며 일본인임이 들통나 이미 귀국 행렬에서 배제된 미즈코의 손을 잡는다. "우린 당신하고 같이 가지 않아. (……) 당신이 뭔데, 우릴 데려가구 버리구 한다는 거야? 씻어줘? 우리가 더럽다구? 아니. 우린 더럽지 않아. (……) 더러운 건 우릴 보는 당신, 그 눈이지. 씻으려면 그걸 씻어야지. 하지만 아무리 씻어두 아마 안될 거야. (……) (미즈코에게) 그 거짓말 속에두, 꿈속에두 미즈코 네가 있었어. 내 지옥을 아는 건 너뿐이야."(148~149쪽) 귀국을 하더라도

23) 허윤, 「양공주, 자유부인, 위안부… 한국의 '여성혐오'史」, 일다, 2019. 9. 22. https://www.ildaro.com/8553

고향으로는 절대로 돌아가지 않겠다는 결심한 바 있던 명숙은 영호의 말을 통해 '위안부'라는 성폭력 피해 이력이 드러나는 순간 자신이 다시는 안정적인 지역사회 내에 귀속될 수 없다는 것을 깨닫게 되는데, 이는 1991년 김학순의 첫 공식적 증언이 나오기까지의 사십여 년 동안 긴 침묵의 세월[24]이나 일본의 배봉기와 송신도, 태국의 노수복, 중국의 하상숙과 홍강림 등 종전 후에도 귀국하지 못했던/않았던 여성들이나 그 외 이름조차 알 수 없는 수많은 미등록 '위안부' 여성들을 떠올리게 한다.

결국 미즈코와 명숙은 무리로부터 떨어져나와 과거 두 여성을 착취한 위안소 중간 관리인이자, 그들보다 먼저 '위안부' 생활을 했던 약물중독자 '선녀'와 함께 전염병에 걸린 이를 돌보고, 이들을 제외한 모두는 한 팀으로 열차에 탑승해 고국 땅으로 향한다. 이야기는 "독립이 되구, 우리 조선 사람끼리만 사는 다음에야 그러게 악독한 짓을 할 머리가 있나"(84쪽)라고 말하며 해방 후 민족국가 수립이 되면 폭력이 해소될 것이라 주장하는 '이노인'의 낙관을 비웃듯 명숙을 "머리에 스카프를 두르고, 하늘하늘한 원피스를 입고, 검은 썬글라스를 끼고, 빠알간 구찌베니를 바른"(156쪽) '양공주'로 재등장시키며 해방 이후 미군정의 보호를 받은 민족국가 대한민국이 상납처만 다를 뿐 자국민 여성의 성을 다시금 납품의 대상으로 여겨왔음을 보여

24) 정신대문제대책협의회의를 발족시킨 초대 공동대표 윤정옥은 '위안부' 당사자로서 처음 증언에 나섰던 故 김학순이 북한 출신이기 때문에 남한에 가족이 있는 다른 생존 여성들에 비해 먼저 용기를 낼 수 있었을 것이라 회고한 바 있다. 윤정옥·김수진, 「"얘들, 어떻게 됐나? 내 나이 스물, 딱 고 나이라고."」, 『여성과사회』 2001년 가을호, 118쪽, 윤정옥의 발언 참조.

준다. '위안부' 여성의 존재가 단일민족국가 수립 서사의 핵심 맹점이라는 것, 그렇기 때문에 그 여성들은 돌아오지 못하도록 버려졌거나 돌아오지 않기로 선택했다는 것, 바로 이것이 '피해자 등록제'와 '배상'을 중심으로 한 최근의 '위안부' '법정 서사'가 묻지 못했던 것이다.

「1945」에는 명숙을 중심으로 하여 주요한 관계 세 쌍이 있다. 명숙과 미즈코와의 관계에서는 '국적'이, 명숙과 선녀와의 관계에서는 '계급'이, 명숙과 영호의 관계에서는 '성차'가 이들 간의 연대를 결렬시키는 중심축으로 설정되는데, 이는 '위안부' 문제가 다양한 교차성 위에 놓인 사안이라는 것을 나타내준다. 박유하 사태 이후 '위안부' 문제가 민족주의 혹은 페미니즘이라는 단순한 진영 논리로 양분되어 버리고, 이를 옹호한 우에노 지즈코 등의 보편주의적 페미니즘이 역사수정주의 논리에 힘을 실게 된 정황 속에서 「1945」와 같은 '위안부' 서사나 나아가 '위안부' 이슈를 위해 생성된 채널들을 통해 다시금 접속하는 최근의 한일 여성의 서사들은 양국의 여성들이 서로 간의 국적, 문화적, 계급적 차이를 분명히 인식함과 동시에 동아시아 여성혐오의 역사적 계보를 연대 추적하는 탈식민주의 페미니즘의 회로 속에 있음을 예증한다.

4. 나가며: '여자력' 강한 일본 여성이라는 시선

최은영, 박민정, 배삼식, 김금희의 작품들에서 등장하는 일본인 여성들은 일괄적으로 폭력 경험에 오래 노출되어 폐쇄적이거나 흔히 '여자력' 강한 여성이라고 스테레오타입화되는 인물들로 등장한다. 세계 편력을 꿈꿨지만 결국 고향인 시골 마을 떠나지 못하는 최은영

소설의 쇼코, 상식적인 역사 인식이 결여되어 있으며 여성에 대한 외모 칭찬을 정말로 칭찬이라 믿는 박민정 소설의 세실, 순결을 지키지 못할 바에는 자살을 하라고 권유했던 애인의 사랑을 여전히 간직한 배삼식 희곡의 미즈코[25], 혐한의 분위기가 팽배한 대학 사회에서 자신의 '재일 코리안' 정체성을 연루시키지 말 것을 거듭 당부하며 텃밭을 가꾸는 일로 시위를 대신하는 김금희 소설의 '유키코' 등은 그들의 짝으로 등장하는 한국 여성들과 비교하여 다른 방식으로 억압되어 있으며, 그들을 답답하게 지켜보는 한국인 중심 화자의 시선이 소설을 이끌어가는 동력이 되기도 한다.

1990년대 이후 정치, 종교, 문화계에서 각종 백래시가 일어난 일본의 포스트페미니즘 물결 속에서 여성들의 미덕으로 '여자력'이 내세워졌다는 조경희의 분석을 따라 읽다보면, "등장인물도, 내용도, 독자의 반응도, 정치적으로나 페미니즘적으로 올바르다"[26]는 현지 반응 속에서 무고하고 선량한 여성 서사나 Q&A형 페미니즘 서적이 특별한 각광을 받는다는 소식은 모든 이들에게 화급하게 페미니즘적 각성과 세례(?)를 강조하는 일을 숙고하게 만든다. 꾸밈이나 가사 노동 등(성차별주의적 사회에서 발현되는 로컬 여성의 생존 협상의 과정이기도 한) '여자력'을 강조하는 동년배 일본 여성을 보며 당혹감을 느

25) 미즈코의 성격을 '여자력'으로 독해한 것은 박민정과 허윤의 것이다. 미즈코의 수동성을 '여자력'으로 읽거나 미즈코와 명숙 간의 관계에 퀴어적 상상력을 발휘하는 두 사람의 독해를 두고 배삼식은 그것이 결코 자신이 의도한 바는 아니었다고 밝히기도 했다. 배삼식·박민정·허윤의 대담 참조. 이 두 작가들의 독해는 다분히 현 일본의 백래시 경향과 퀴어 정치에 대한 앎을 전제로 하며 이는 저자와 독자 간의 세대적, 젠더적 감수성 차이로부터 기인한 독자성의 발로다.

26) 조경희의 앞의 논문에서 재인용한 소설가 가와카미 미에코의 발언.

끼는 한국 여성의 감정을 지속적으로 서사화해온 박민정의 소설이 멈춰 서는 지점 또한 한일 여성들 간에 페미니즘 의식화 수준이나 위계를 어떤 방식으로든 설정하려는 순간, 이 문제가 다시 민족주의나 식민주의 논법으로 회수될 가능성이 크기 때문일 것이다. "내 어머니의 고향에 살고 있는 수지야, 나는 여전히 서울에는 별다른 흥미가 없구나."(「빛나고」, 221쪽)

김금희의 「마지막 이기성」의 메시지가 맞닿고 있는 고민의 지점 또한 바로 그 점이다. 혐한의 열기로 인해 "상당히 압착되어 있는 듯한 인상"[27]을 풍기며 "무심코 넘길 수 없는 불쾌한 소동들이" 벌어지는 2006년의 도쿄에서, 일본에서 나고 자란 재일 코리안(4세로 추정) 여성 유키코는 혐한 세력에 맞서 캠퍼스에 텃밭을 가꾸는 시위를 한다. 한국인 유학생인 '나'에게 그의 저항 방식은 "신선놀음"이나 한가로운 "가드닝"으로 보이기 때문에 '나'는 유키코를 향해 자기 정체성을 똑바로 마주보라고 명령하며, "슬픔과 우울로 반응하는 건 일종의 지체이고 감상일 뿐"이라고 호통친다. 그런 '나'에게 유키코가 하는 대꾸는 페미니즘의 이름으로 다양한 배제의 논리가 작동하는 현실을 돌아보게 만든다. "지금 네가 이렇게 문제를 키우는 건 우리를 위험으로 모는 거야. 너는 유학생활이 끝나면 한국으로 가겠지만 우리는 아니야. 우리는 여기서 살아야 해." '민족적 동류'나 '생물학적 여성'이라는 동질성만으로 기계적으로 적용하거나 이식할 수 있는 싸움법은 없다는 것. 여성주의적 사유의 확산과 가속을 바라는 마음을 숨기기 어려운 매일의 일상 속에서 서사 안 복잡하게 흔들리는

27) 김금희, 「마지막 이기성」, 문장 웹진 2019년 2월호.

'일본 여성'이라는 존재가 말해주는 것도 바로 그것이다.

(2020)

플레이, 젠더!
—김세희의 『항구의 사랑』[1)]

여성 성장소설과 2000년대 문화사 다시 쓰기

김세희 소설의 가장 큰 미덕은, 진력을 다했지만 서투르고 미숙했기에 "스무살 이후 들어간 세상에서 하찮은 것으로 여겨"(51쪽)지고 "한때 어찌어찌 일어난 일"(153쪽)로 뭉뚱그려지는 여성들의 경험을 진지한 태도와 구체적인 현재적 언어로 뜨겁게 재현해낸다는 것이다. 그의 첫번째 장편소설 『항구의 사랑』은 성인 여성들에게는 '한때의 것'으로 치부되는, 그렇기에 여성 청소년들에게는 '지나갈 것'이라고 명해지는 십대 여성들의 여고 생활을 증언하는데, 작가는 그것을 추억 팔이의 소재로 레트로화하는 대신 성인이 된 현재 '나'를 구성하고 있는 섹슈얼리티의 복잡한 결을 읽으려는 역사적 시도로 삼는다. 그리고 그 과정에서 당대 여성들이 참여하고 향유했던 문화들이 쏟아져나온다. 말하자면 이 소설은 지방 소도시 출신의 한 헤테로

---

1) 김세희, 『항구의 사랑』, 민음사, 2019. 이하 인용시 본문에 쪽수만 밝힌다.

섹슈얼 여성이 자신의 성애의 내력을 짚어보는 성장소설이자 새로운 문화사 쓰기의 한 시도이다.

이 소설에서 재현되는 2000년대는 '팬픽 이반'이라는 코드를 통한 유행이자 문화였던 여고생들의 동성애 경험이 우글대는 퀴어한 시대다. 2000년대 이후의 문화사 서술이 얼마나 철저하게 성차별적으로 이루어졌던가. 로큰롤, 야구, 마블 시리즈, RPG 게임, 힙합(이것들은 세대를 불문하고 남성 작가들이 각별히 좋아하는 삶의 비유들이기도 하다) 등 경쟁과 서바이벌 게임의 방식을 통해 재현되고 있는 콘텐츠들이 남성 팬들의 지지와 숭앙을 통해 빠르게 '정전화'의 길을 걸으며 '레전드'가 되어갈 때, 여성들이 향유했던 문화는 '길티'와 '플레저' 사이에서 없던 일로 치고 싶은 '흑역사'로 간주되어 손쉽게 삭제되거나 혹은 BL 장르처럼 전문화된 채로 음지화되어버린다. 여성 서사는 '클린'해야 한다는 난반사된 정조관념에의 강박은 여성의 독서사를 문화사 일반에 등재되지 못하게 한다.

이 소설에서 잘 드러나듯이 그러나 보이지 않는 곳에서도 여성들의 섹슈얼리티 실험은 언제나 있어왔다. 동성애 문화에 "당혹감"(25쪽)을 느끼며 느닷없는 훈쭐과 매질을 일삼았던 그 시절의 교사들은 여학생들이 도서관에 버젓이 비치된 팬픽 속에서 '오빠'들을 열심히 섹스시켰다는 사실을 전혀 모르듯이 말이다. 영화, 음악, 웹툰, 드라마 등 메이저 유통사를 거느린 고자본 산업들조차 노골적인 퀴어베이팅을 통해 여성과 퀴어 시청자들을 적극적으로 끌어들이고 있는 지금, 2010년대의 문학사를 페미니즘과 퀴어 서사의 부상으로 갈무리하려는 지금, 우리는 그 싹이 배양되었던 2000년대를 여성의 시각으로 다시 돌아봐야 할 것이다. 여성들끼리 살과 삶을 나누는 일이 지극히 평범한 일이었지만, 대학 진학 후 이성애를 중심으로 한 모방 경쟁을 통해 새로운 성 기율을 몸에 새기는 이 작은 여성의 성장 스토리에는 '비혼'과 '탈코'에 대해 토론하는 2019년 청년들의 유년이 아찔하게 담겨 있다.

현실의 레즈비언십과 팬픽의 Boy's Love

여성의 육체가 하나도 등장하지 않기에 BL물은 여성 서사가 될 수 없다는 지적도 있지만[2], BL이 여성이 만들고 여성이 향유하는 콘텐츠들 중 섹슈얼리티를 가장 적극적으로 재현하고 있으며 현실에서는 여전히 금기시되는 여성의 성적 쾌락을 정조준한다는 사실만은 결코 무시할 수 없는 주지의 사실이다. 임신과 출산이 가능한 남성이 등장하는 BL의 오메가버스 서사처럼 더이상 남성의 몸이라고 딱히 부르기 어려운 육체의 성을 무엇이라고 특정할 수 있을 것인가. 그렇다면 문제는 여성들이 자신의 섹슈얼리티를 실험하고 상상할 때 왜 꼭 남성의 육체가 필요하냐는 것이다.

"우리가 좋아했던 팬픽은 로맨스가 가미된 노골적인 야설"(36쪽)이라고 말하듯이 『항구의 사랑』의 주인공 '나'는 팬픽의 애독자이자 직접 팬픽을 쓰는 작가이다. 그는 자신이 좋아했던 가수를 주인공으로 한 중세 궁정풍 로맨스[3]를 쓰는 한편 하드코어 삼각관계를 다루는

2) 여성 서사와 탈비엘 담론과 관련한 논의는 다음 기사에 정리되어 있다. 「페미니즘 시대 '비엘' 논쟁 뜨거운 까닭은」, 한겨레, 2019. 5. 17.

3) '나'가 썼던 팬픽이 궁중을 배경으로 한 시대극(이는 BL 서사의 한 전형이기도 하다)이라는 사실 또한 주목해볼 필요가 있다. 이는 금기를 다루는 방식으로서 성적 금기를 계급적 금기로 치환하려는 시도이기도 하지만, 여성의 권력을 상상케 하는 자원이 극히 제한적이기 때문이기도 하다. 이 소설에서도 자주 등장하고 여성 간의 권력

야설에 심취한다. "난 엇갈리는 세 사람이 나오는 이야기를 좋아했다. A가 C를 사랑하는 B를 자기 집에 감금해놓고 섹스를 하는 내용이다. 이는 하나의 장르를 이루었다."(37쪽) '나'가 사로잡혔던 이 삼각관계 팬픽은 현실에서 자신이 실제 겪었던 관계와 묘하게 연동되고 있다. 소설 속 '나'는 동갑내기 친구 '규인'과 정서적으로나 육체적으로 친밀한 사이이고, 규인의 질투에도 불구하고 연극반 배우인 '민선 선배'에 대한 강렬한 욕망에 사로잡힌다. 또다른 삼각형도 있다. '나'는 '인희'로부터 지속적인 구애와 관심을 받지만 '나'의 관심은 규인이나 민선에게 있다. 즉 현실에서는 레즈비언십을 실천하던 그들이 섹스, 더러는 매우 폭력적으로 치달아가는 육체적 관계의 영역만은 남성 간의 성애를 다룬 팬픽이라는 가상적 형식을 통해 향유하고 있는 것이다. BL 팬픽은 사랑하는 나의 오빠가 다른 여자를 만나게 내버려둘 수 없다는 빠순이의 편협한 망상으로 안정적으로(?) 곡해되곤 했지만, 사실은 여고생들의 적극적인 성애 실험의 현장으로 다시 읽어야 한다.

그렇다면 정말로 왜 여성들은 섹스만은 물화된 남성의 육체로 외주화시켜야 했던 것일까. 그것은 왜 전문 장르로 진화하여 지하에 도시를 세울 수 있는 정도의 많은 작품들을 낳았는가. '나'는 과거 여성들의 동성애적 성향이 보편적인 경험이었다는 사실을 고백하며 다음과 같이 회고한다.

지형을 나타내기 위해 사용하는 '공주' '시녀' '사절단' 등의 표현은, 왕정 시대의 태생적인 계급 말고는 권력을 가진 여성을 상상할 수 있는 상상 자원이 없기 때문에 발생한 결과로 해석할 수 있다.

남학생과의 연애는 기회를 만들기도 어려웠지만 기회가 온다 해도 선뜻 응할 수 없었을 것이다. (……) 거기엔 또한 육체관계라는 미지의 위험이 도사리고 있었다.(40~41쪽)

여성들이 주체적인 섹스를 사유하는 데 있어 하필 남성의 육체를 필요로 하는 것은 이성애 섹스가 현실적인 폭력의 경험과 불가분의 관계에 놓여 있기 때문이다. 여성들의 일상은 스스로가 성경험을 주도하는 것을 상상하기 어려운 방식으로 조성되어 있다. 이 소설 속 여고생들 주변에 있는 남성들이 어떠한가. 골목길을 통해 등교하는 여학생을 낚아채 몸을 더듬고 입을 막으며 성폭행하는 치한, 그런 치한을 만나 집으로 돌아온 딸에게 "무덤덤한 반응으로 (……) 다시 학교에 가"(85쪽)라고 명하는 아버지, 수십 년간 교편을 잡아왔음에도 여학생들을 "이해할 수 없어 불안"(28쪽)해하며 별안간 격분해 몽둥이를 휘두르는 담임교사, 늦은 밤마다 제자에게 유사 연애를 조종하는 문자를 보내는 유부남 교사, "딸을 원했지만 아들만 둘 있다는 이유로 여학생들을 유독 예뻐"(59쪽)하며 늦은 밤 어두운 숲길로 산책을 가자고 손을 이끄는 교사 등 여성 청소년을 보살피거나 책임져야 하는 위치에 있는 성인 남성들이 미성년 여성들이 처한 현실적 위험에 지나치게 무지, 무심하거나 심지어는 그들을 통제할 수 있는 자신의 신분적 권위를 이용하여 누구보다 먼저 여성 청소년들을 성적으로 대상화하고 있었던 것이다. 따라서 이 소설 속에 표표히 진동하고 있는 강렬한 레즈비언십과 BL 팬픽을 통한 성적 쾌락의 가상적 향유는 여성의 육체를 매개로 한 이성애가 폭력 경험으로 점철되어 있으며 그 속에서 여성들의 우정과 연애 감정이 하나의 연속선상에서 수

행되고 있다는 레즈비언 정치학으로 독해해야 할 것이다.[4)]

여성들 간의 사랑의 음모/서사

"우리 고등학교 때 말이야. 그건 다 뭐였을까?"(150쪽) 그렇다고 해서 레즈비언십이 남성이 없는 세상에서 진행되는 여성들만의 평등한 유토피아인 것은 당연히 아니다. 짧은 머리를 하고 통바지를 입고 다니는 여성들이 남성성을 단지 '흉내'내는 역할놀이를 하고 있는 것이 아니듯이 여성들의 동성애는 이성애의 결핍적 대안만은 아니다.

---

4) '호모 소셜'과 '호모섹슈얼'의 연속과 단절 관계 양상은 여성 동성 사회와 남성 동성 사회가 가진 특징의 주요한 차이점이 될 수 있는데, 특히 남성 동성 사회의 경우 양자 간의 모호한 경계를 끊임없이 구분하기 위하여 동성애 혐오적이고 여성혐오적인 문화가 발달한다(Eve Kosofsky Sedgwick, 『*Between Men: English Literature and Male Homosocial Desire*』, Columbia University Press, 1985 참조). 이성애를 강제하는 사회에서 수행되는 성정체화 과정에는 지속적으로 변화하는 '연속성'의 문제가 있고, '정치적 레즈비언'이라는 존재가 가부장제 사회에서 여성 연대를 도모하기 위한 한 시도로서 제시된 바 있다(Adrienne Rich, *Compulsory Heterosexuality and Lesbian Existence*, Johns Hopkins University Press, 1980 참조). 한국문학을 사례로 가령 현대문학사의 '퀴어 성장 소설의 캐논'이라 일컬어지는 성석제의 단편 「첫사랑」은 정상적인 남성으로의 입사가 성폭력 공모와 더불어 이른바 '게이스러운 것'과의 완전한 절연을 통해 달성된다는 것을 적나라하게 보여준다. 반면 『항구의 사랑』은 헤테로섹슈얼 여성이라는 성정체성이 '레즈스러운 것'과의 배타적 분리를 통해 의미화되지 않는다고 주장한다. 성인이 된 '나' 또한 남자친구에게 고교 시절의 동성애 경험의 보편성에 대해 얘기하지만, "자기야, 남자들은 안 그래"(39쪽)라는 대답을 듣게 되는데, 그럼에도 '나'는 오랜 시간이 지난 후에도 레즈비언이었던 유년 시절의 '나'와 이성애자로 살아가는 현재의 '나'를 하나의 서사로 연결시키고자 분투한다. "스무 살이 되어 들어간 세계는 조금 전까지 내가 몸담았던 세계와 이어 붙일 수 없을 정도로 이질적이었다. (……) 이후로는 내 삶에 대해 생각할 때 그 부분을 건너뛰곤 했다. 그때의 나도 나인데 빼버리고 싶었다. 앞뒤와 연결되지 않는 그런 부분이라고 생각했다. 하지만 지금은 그렇게 생각하지 않는다. 이제 그 부분까지 포함한 나 자신이 되고 싶다고 생각한다."(53쪽)

소설은 '나'가 자신과는 달리 이성애와 여성적 꾸밈 노동의 세계로 넘어오지 못한 인희를 창피해하며 그를 가혹하게 차단했던 경험으로부터 출발했다고 고백한다. "나는 또 이렇게 말해주고 싶었다. 정신 차리라고, 현실을 직시하라고. 이제 우리 주변에는 진짜 남자들이 있으니 남자 흉내는 그만두라고."(158쪽) 즉 성인이 된 '나'는 표준적이고 이상적인 여성의 상과 자신이 불일치한다는 막연한 두려움 속에서 인희의 동성애 실천을 '결여'에 의한 '차선'이라고 여기며 관계의 스펙트럼을 성별 질서에 따라 규격화하려 했던 것이다.

페미니스트들이 언제나 남성들의 '간택'을 받지 못한 자들의 사상이라는 역사적 음모/서사plot에 시달리듯이 인희를 혐오하며 서둘러 규범적 세계로 건너가려 했던 '나'는 과거를 돌아보며 자신의 정체성 또한 이성애 중심주의적 사회계약 각본의 산물이었다는 사실을 뒤늦게 인식하게 된다. 그리고 이후 '나'는 과거 '나'의 기습 뽀뽀에 놀라 달아난 민선 선배가 했던 사랑의 말이 무슨 의미였는지를 "처음으로 궁금해하기 시작"(168쪽)하며 소설가가 되고 싶다는 꿈을 키우게 된다. 대학에 가서 남자친구를 사귀고, 결혼을 하고 아파트를 산 민선이 고교 시절 '나'에게 했던 사랑 고백의 고유한 의미를. '이성애' 혹은 '동성애'로 엄격하게 분리할 수 없는 그 마음만의 논리를. 각본script에서 상상력fiction으로, 이성애 중심주의 마스터 플롯 바깥에서 펼쳐지는 여성들의 사랑의 음모/서사를.

『항구의 사랑』은 그리하여 한 여성이 자신의 성애의 이력을 돌아보는 '회고록'에서, 사회의 규범을 이루는 여러 뜬소문들에 참여함으로써 타인의 존재를 부정하려 했던 '반성문'으로, 그리고 마침내 자신이 비가시화시켰던 영역을 채우고자 하는 '소설'로 진화하며 끝을 맺게 된다. 어떤 면에서 이 소설은 우리 시대 소설의 탄생 비화이기도 하다. 누구들은 별로 관심 없었겠지만, 페미니즘을 리부팅시킨 오늘날의 여성 청년들이 겪었던 유년 시절의 '정상적인' 문화란 이런 것이었다.

'웃긴' 여성 문학

개별적인 여성 작가들의 활약과 무관하게 한국문학사에서 '여성문학'으로 라벨링된 사조가 크게 각광을 받았던 것은 1990년대와 2010년대이다. 1990년대 여성성을 천형으로 알았던 문학이 이제는 젠더를 유희해보는 지점까지 왔다. 『항구의 사랑』은 좋은 소설이기도 하지만 웃긴 소설이기도 하다. 많은 여성 독자들이 이 이야기에 공감하고 열광한 것으로 안다. 김세희가 길어낸 여성들만의 기억은 여전히 아프지만, 그만큼의 유쾌함과 즐거움 또한 병존하는 세계다. 극심한 통증으로 체험되는 여성 되기의 구조적 진실만큼 여성으로서 경험할 수 있는 쾌락의 풍성함 또한 마땅히 추구되고 기록되어야 한다는 것을, 그것이 우리 시대 여성 서사의 역할이라는 것을 이 작가는 짚어낸다.

(2019)

글로벌 자유노동 시대, 차별은 여성의 몸을 타고
—서수진의 『코리안 티처』[1)]

'학교'도 '학원'도 아닌 '학당'이라는 오묘한 사어를 내걸고 대학교에 부설되어 있는 곳, '전통'의 이름으로 '글로벌'을 유치시켜 사학 재단의 몸피와 글로벌 지수를 불려주지만 교육의 질은 담보되지 않는 곳, 공공연한 비자 장사를 하며 공부를 하러 온 백인 학생과 불법 노동을 하는 비백인 학생을 나누는 곳, 시스젠더 헤테로 섹슈얼리티를 기준으로 한 문화와 식민주의 지식을 재생산하는 곳, 선생은 점원이고 학생은 손님이라며 엄연한 '시장' 행세를 하지만, 정작 시장이라면 갖춰야 하는 룰은 전혀 지키지 않는 곳, 저성장과 채용 차별로 갈 곳 없는 고학력 여성 노동자들이 흘러들어가게 되는 곳, 서수진의 장편 『코리안 티처』의 배경은 글로벌 신자유주의 교육 시장의 중심이 된 '한국어학당'이다.

교육 경력이 전혀 없지만 "두드러진 성과를 낸 대기업 재무부

---

1) 서수진, 『코리안 티처』, 한겨레출판, 2020. 이하 인용시 본문에 쪽수만 밝힌다.

장"(117쪽)을 대학 총장이 특별히 스카우트한 후 H대학교 부설 어학당은 거센 신자유주의 바람 앞에 서게 된다. 강의 평가 시스템을 도입하여 학생을 소비자로 정체화하고, 계약 갱신을 빌미로 수시로 근무 외 업무를 지시하며 노동자들로 하여금 "까라면 까라지"(41쪽)를 내면화시키고, 급수 제도와 인센티브 시스템을 통해 내부 경쟁과 갈등을 조장한다. 영원히 비정규 시급 인력 신세를 벗어나기 어렵지만, 초심 강사도 경력 강사도 책임 강사도 모두 "여기서 이렇게 나가떨어지면 이 바닥에서 그냥 아웃"(250쪽)이라는 일념으로 생존 일신주의를 체화한다. 학·석·박사를 차례로 밟으며 쌓아온 대출금이 산더미이기 때문이다. 학력만 좋으면 살아남을 수 있는 강력한 학벌 중심 사회의 신화는 이 여성들을 간단히 걸러낸다. 출신 학교와 결혼과 출산 유무, 고분고분한 성격과 인맥 등을 기준으로 촘촘히 위계 지어지는 이 갑을병정의 사회에서 '여성 연대'라는 말 따위는 나른한 허상처럼 들릴 지경이다.

홍미로운 것은 이 신자유주의 기율 속 다시금 차별과 혐오의 중심이 되는 무대가 '여성의 신체'라는 점이다. "월급을 떼먹는 악덕 사장에게 따질 수 있도록"(45쪽) 한국어를 가르치겠다고 분연히 다짐했던 신입 강사는 자신의 모습이 학생들의 SNS 계정에서 #Koreanhotgirl 이라는 해시태그를 달고 돌아다니고 있음을 알게 되지만 신고를 망설이고, 결국 학생 이탈 사태에 책임을 져 재계약 갱신에 실패한 후 우울증과 공황장애를 진단받는다. 학생들과 긴밀한 소통을 중시하며 강의 평가와 인센티브 순위를 석권하지만 그 때문에 갖은 추문에 시달리는 인기 강사는 "I saw your video"(185쪽)라는 협박 문자를 받은 후 사회불안장애와 대인기피증으로 일을 그만둔다. 어릴 적부터 남다른 정의감을 가지고 불의에 저항했던 강사는 백인 여학생의 신체를 남성으로 오해하는 무례를 범하고 고소를 당한다. 초과 업무를 마다않으며 하급 강사들을 굴려 어렵게 책임 자리를 지켜온 강사는 아이를 조산하고, 백인 남자친구로부터 영국으로 돌아가라는 속편한 소릴 듣는다. 수업에 필요한 제반 조건이 갖춰지지 않아 강사들이 보부상처럼 짐을 꾸려 일을 다녀야 하고, 마구잡이로 개설된 수업을 채우기 위해 강사들은 단기간의 채용과 해고를 반복, 상시적으로 겪어야 한다. 그리고 이들은 여분의 꾸밈 노동까지 강요받으며 전문지식을 매개하는 선생이 아니라 여성이라는 육체적 존재로 소급된다. 온라인 성추행을 신고하기 위해 찾아간 경찰서에서 여성 강사들은 모욕적인 언사를 듣는다. "그런데 코리안핫걸이라는 말은 좋은 말아니에요? 예쁘고 매력 있다, 그런 칭찬 아닌가요?"(58쪽) 소설은 이 고학력의 여성 지식 노동자들의 불안한 노동조건을 중심적으로 다루고 있지만, 정말 괴로운 건 이들뿐만이 아닐 것이다.

이 소설이 "새로운 시장을 개척할 필요"(13쪽)가 있다는 주문하에 긴급 신설된 "베트남 특별반"(14쪽)에 대해 다룬다는 사실 또한 각별한 주목을 요한다. 한국은 베트남전쟁 중 일어난 민간인 학살 및 강간 건에 대해서는 감쪽같이 침묵해왔기 때문이다. 소설 속 한국인 강사는 #AsianGirl이라는 해시태그에 분노하지만, 한국은 오랫동안 젊은 아시아 여성의 신체를 전면화해 K-뷰티를 팔았던 나라이다. 학교가 먼저 어학당을 공공연한 불법 취업, 체류의 루트로 활용하도록 종용했으면서 베트남 학생들이 단체로 사라지자 에이전시는 긴급 용역 깡패들을 고용해 한국 내 베트남 커뮤니티를 족치고 다닌다. 편법 취업의 루트로 활용되는 어학당에 들어와 비자를 받아 임금 착취를 당하며 야간에 일하다가 체불 임금을 받아내준 고마운 선생님 사진에 #KoreanPrettyGirl이라는 해시태그를 단 뒤 '여성혐오'라는 낙인이 찍혀 본국으로 쫓겨난 베트남 출신 어린 부모의 죄목은 무엇인가.

재계약 갱신에 실패한 여성 강사들도, 쫓겨나 본국으로 추방당하는 학생들도 모두가 모르겠다는 말을 반복한다. "사실 저도 잘 모르겠어요, 이게 뭔지. 그런데 진짜로 잘 모르겠는 건 뭔 아세요? 왜 이렇게 된 건지 모르겠다는 거예요."(158쪽) 소설의 끝, 기어이 잿더미로 변한 현실 앞에서 이 무지함들에 어떤 책임을 물을 수 있을까. 세계로 뻗어나가는 K-자부심으로 손쉽게 내셔널리즘이 부풀어오르는 지금, 『코리안 티처』가 보여주는 것은 한바탕의 폭죽 잔치가 남기고 간 거대한 잿더미들이다.

(2020)

여자 탈락 여자 문학

—안담의 『소녀는 따로 자란다』와 장진영의 『치치새가 사는 숲』

『소녀는 따로 자란다』는 지체하지 않고 자기 말을 하는 영리한 소설이다. 작품은 소녀 동성사회라는 무지막지하게 잔인한 세계에서 잠시 튕겨져나오는 애들이 고이는 한 인물의 내면을 암팡지게 늘어놓는다. 호강받고 싶은 소녀들이 상처받을 기운이 달릴 때 찾아오는 '나'는 가만히 그들의 머리를 빗어주고 말동무를 해주며 자신은 어떤 종류의 소녀인지에 대해 알아간다.

"여자를 좋아하고 싶다. 나는 그게 무슨 말인지 정확하게 안다. 그건 호강을 하고 싶다는 뜻이다. 고통받을 체력이 회복되고 나면 곧 너 같은 남자를 좋아하고 싶다는 식으로 조건을 붙여 깜찍하게 말을 바꾼다. 그러면 나는 굵은 빗으로 그들의 머리를 윤기가 날 때까지 빗어주면서 겉으로도 속으로도 웃는다. 진심으로? 남자가 이렇게 할 수 있을 것 같애?"[1)]

1) 안담, 『소녀는 따로 자란다』, 위즈덤하우스, 2023, 42~43쪽.

성별이라는 허구의 개념 때문에 떨리고 속상하고 술렁거려본 적이 있는 이라면 이 소설에 공감하기 어렵지 않다.

어떤 소설은 눈보다 빨리 읽히고, 어떤 소설은 눈을 따라잡질 못하는데, 이 소설은 단연 전자다. 심장박동으로 작품을 달리고 나니 '여자애'와 '여자'의 차이란 어쩌면 상처받을 가능성의 정도 차이일 수도 있겠다는 생각을 한다. 매일매일 친구가 건넨 눈빛 하나에 천국과 지옥을 오가던 소녀들이 상처와 모멸을 견디다 그것을 훈장으로 삼아 타인을 조금 업신여기는 방법을 덩달아 배우는 것, 그러나 그럼에도 외로움을 탈출하지 못해 종종 못난 짓을 벌이는 것. 소녀 시절은 누구나 거치는 시기인데 이렇게까지 기억이 나지 않는다는 건, 이런 작품을 읽을 때에만 간신히 발굴되었다가 다시 묻힌다는 건, 섹슈얼리티란 어쩌면 집단 망각의 효과일지도 모른다. 단비 같은 작품이 내리면 흙탕물과 함께 잠시 바닥이 드러났다가 곧 다시 말라붙어 좀처럼 들여다보기 어려운 소녀들의 촉촉한 속내가 여기 있다.

안담의 소설처럼, '여자'에 탈락하는 순간, 궁극의 '여자 문학'이 나오는 것일까? 장진영의 『치치새가 사는 숲』에는 쓰레기 같은 인간들이 산적해 있던 까마득한 시절을 무섭게 더듬어가며 또하나의 여자 기준을 벗겨내는 작품이다. 성폭력 피해자로 법정의 '원고' 자격으로 서게 되었지만, 동시에 그것만은 아니기에 스스로를 '(꽁)치(김)치(조)림'이라고 부르게 된 소녀는 무관심보다 관심어린 폭력이 더욱 고팠다. 드물지 않게 양산되고 있는 고발 서사들이 피해는 반드시 명명백백 밝혀져야 하며, 그렇게 되기 위해서 고발자의 욕망은 확실해야 한다는 함정에 빠져 도리어 당사자를 동여매는 일이 얼마나 빈번한지를 떠올리면, 이 소설은 오해를 무릅쓰고라도 기어이 다른 길을 가길 택한다.

성적 관계에서 동의를 다루는 언어라고는 '매우 동참' 아니면 '강간'뿐일 때, 우리가 지금껏 거쳐온 모든 혼란한 성적 관계들을 명명할 수 없다. 동의했다고 말하기엔 심란하고, 강간이었다고 말하면 더 심란한, 허다했던 그런 일들 말이다. 이 소설은 이러한 성적 동의의 이분법을 깨고 여성 섹슈얼리티의 복잡성을 말하고자 애를 쓰며 운다. "눈물은 슬플 때가 아니라 헷갈릴 때 나곤 하니까."[2] 키스, 러브장, 위협, 합의금, 등등등. 너무 헷갈렸던 일들을 두고, 이젠 헷갈리지 않는다고 말하면 자신에게 배덕을 저지르는 것 같고, 그것이 남들이 가한 폭력보다 더한 상처가 된다는 사실을 이 소설은 어느 순간 깨달은 것 같다. 수술을 받고 깨어난 치치새가 수술중 의식이 없는 와중에 자기의 삶이 얼마간 공짜로 진행되어 좋았다고 말하는 대목에서 멍치를 맞은 듯 아팠다. 교복을 입은 여학생들을 보는 일은 언제쯤 덜 불안해질까. 어찌어찌 통과만 할 수 있을 뿐, 누구도 지도를 그릴 수 없는 숲에서, 무궁히 자유로워 또 그만큼 무궁히 두려웠던 치치림의 날갯짓이 페이지 내내 쉼없이 파닥인다. 숲처럼 빽빽하고 컴컴하고 아득히 번쩍하는 소설이다.

(2024)

2) 장진영, 『치치새가 사는 숲』, 민음사, 2023, 33쪽.

대화하는 인간, 진화하는 패턴
—황정은의 대화론[1)]

1. 말의 터를 다지기: 대본과 대화의 차이

우리는 언제 어떻게 말을 하는가. 연설이나 발표에서라면 우리의 말은 스크립트에 가깝다. 준비된 말이 있고 그 말을 위해 마련된 순간이 있다. 하지만 타인과의 대화에서라면 우리의 말은 즉흥에 가깝다. 관습화된 회화 예문을 읊어야 할 때가 아니면 우리는 언제나 예정되지 않은 말을 하고 그 말은 대화 현장에 있는 사람들을 모두 얼마간 미지의 곳으로 데려간다. 대화 상황에서 우리는 상대의 말뿐만 아니라 이에 응하는 자기 자신의 말 또한 낯설게 듣게 된다. 생산적인 대화는 그래서 언제나 미래완료형이다.

---

1) 이 글에서 다루는 작품은 다음과 같다. 『일곱시 삼십이분 코끼리열차』, 문학동네, 2008; 『백의 그림자』, 민음사, 2010; 『파씨의 입문』, 창비, 2012; 『야만적인 앨리스씨』, 문학동네, 2013; 『계속해보겠습니다』, 창비, 2014; 『아무도 아닌』, 문학동네, 2016; 「웃는 남자」, 『웃는 남자—2017 제11회 김유정문학상 수상작품집』, 은행나무, 2017. 이하 인용시 본문에 쪽수만 밝힌다.

소설 속의 대화는 작가의 의도하에 설계된 언어일 수밖에 없지만, 인물의 입장에서 그 말은 다소간 즉흥적이다. 독서는 그 시차를 감지하는 작업이기도 하다. 기승전결의 내용 전달만이 문학의 유일한 목적이었다면 소설에서의 대화 장면은 별로 쓸모가 없을 것이다. 대화 장면에선 시간이 더디게 흘러가는데다가 대화를 제시하는 것만으로는 작가가 뜻하는 의미가 분명히 전달된다는 보장도 없기 때문이다. 대사를 삽입하는 대신 화자가 인물들이 나누는 대화의 내용을 요약하거나 의미화해서 전달해주는 것이 훨씬 효율적이다. 하지만 현대소설은 '스토리'가 아니라 스토리'텔링'이 요체인 장르다. 핵심 사건만이 전부가 아니다. 특정한 인격과 역사와 버릇을 가진 인물들이 그들이 겪게 될 사건과 조화롭게 엮여갈 때 하나의 세계는 설득력을 얻는다. 우리는 이를 내러티브라고 부르며 잘 빚어진 소설은 요약하는 순간 궁색해진다.

플라톤은 문학의 이야기 전달 방식 중 서술자가 독자에게 이야기를 정리해서 전달해주는 것을 '디에게시스', 인물들이 스스로 말하게 하는 것을 '미메시스'라고 부른다. 후일의 서사학자들은 이를 '말해주기'와 '보여주기'라고 구분하기도 한다. '말해주기' 기법보다 '보여주기' 기법에서 두드러지는 특징은 단연 인물의 직접적 현장성이다. 서술자가 편집자적 입장으로 인물의 생각을 정리하여 제시해줄 때의 말은 언제나 다음 이야기를 예비하기 위한 포석에 불과하다. 반면 인물들이 스스로 입을 여는 형태로 입장이 제시되면 각각의 순간 인물이 생각하고 느낀 사유의 궤적이 그 말 속에 고스란히 보존된다. "노인은 아폴로 신께 많은 기도를 했다"와 "노인이 기도했다. '신이여, 내 소원을 들어주소서'"의 차이는 극명하다. 전자에선 '기도했다'라는 서술어를 통해 노인의 행위만이 전달될 뿐이다. 즉 말 건넴이라는 행위가 사건화되지 않는 반면, 후자에선 "신이여" 하고 누군가를 호출하는 노인의 목소리가 직접 들림으로써 말을 통해 타인과 소통할 수 있는 가능성의 자리 또한 보이는 것이다.

황정은 작품 속의 대화 장면은 언제나 그 지점, 즉 타인과 소통할 수 있는 가능성의 터를 다지는 데에서부터 시작한다. 작가의 첫 장편 『백의 그림자』의 도입부는 이러한 미메시스의 기능이 극대화된 장면이다. 숲속에서 길을 잃은 연인 '은교'와 '무재'가 대화를 나눈다.

> 무재 씨, 하고 내가 말했다.
>
> 우리 여기서 나갈 수 있을까요.
>
> 글쎄요.
>
> 나가지 못하면 어떻게 되는 걸까요.
>
> 죽지 않을까요.
>
> 죽나요.
>
> 어디서든 언젠가는 죽겠지만 나가지 못한다면 나가지 못한 채로 죽겠죠.
>
> 무서워요.
>
> 무서워요?
>
> 무섭지 않아요?
>
> 무서워요.
>
> 무서워요?
>
> 네.
>
> 성큼성큼 걸어가며 무재 씨가 말했다.

무서워요, 나도.(14쪽)

황정은은 인물이 단둘만 있는 장면에서도 "무재 씨" 하고 굳이 상대의 이름을 부르게 만들어 대화가 시작되는 그 자리를 정확히 짚어준다. 위와 같은 대화를 통해 얻을 수 있는 정보값은 미미하다. 이때의 두 사람은 대화의 내용을 나눈다기보다는 대화라고 하는 형식 그 자체를 나누고 있는 셈이다. 소통이 완수된다기보단 소통의 가능성이 확인되는 정도다. 상대의 이름을 부르는 것으로 시작된 이 대화는 무재의 간명한 대답과 서로의 말을 반복해서 곱씹는 두 사람의 화답으로 덤덤하게 이어진다. 이름을 부르고, 서로의 말을 성심껏 듣고, 정성껏 응대하는 자세. 단순히 상대의 말에 답변을 하는 것이 아니라, 서로의 존재에 응답하고 있다는 느낌. 이제는 공히 황정은표 대화라고 특허할 수 있을 만한 이 같은 장면을 읽고 있자면, 한 자루의 피부로 분리된 각 개체들이 언어를 통해 타자와 교류하고자 하는 소통의 시원적 풍경이 가지런히 모습을 드러내는 듯하다.

그렇다면 대화를 통해 각 개체는 무엇을 얻을까, 아니 대화를 통해 사람은, 사람들은 무엇이 될까. 대화라는 상황의 특별함에 주목했던 것은 합리적이고 조정적인 공공 커뮤니케이션의 이상을 꿈꿔왔던 사회철학자들뿐만이 아니었다. 작가 클라이스트는 「말을 하며 점차적으로 생성되는 의식에 대하여」라는 서간 형식의 짤막한 에세이에서 발화와 의식에 대한 흥미로운 이론을 제출한다. 즉 모르는 문제가 있을 땐 일단 아무나하고 그 주제에 대해 얘기를 시작하면 대화를 통해 의문이 해소될 수 있다는 것이다.

다만 나는 내가 찾고 있는 것과 막연하나마 어떤 관련성이 있는 어렴풋한 상념을 가졌기 때문에, 이를 근거로 과감하게 말을 시작하면, 말이 진행되는 동안 마음속에 있는 느낌은 일단 시작한 말을 끝을 내야 한다는 필연성 때문에 앞서 말한 어렴풋한 상념을 명백하게 표현하게 되고 인식은 놀랍게도 완전한 복합문으로 끝을 맺게 된다네. 이때 나는 분명하지 못한 소리를 내기도 하고, 접속사를 길게 늘이기도 하며, 필요 없는 동격을 사용하기도 하고, 말을 길게 연장하기 위한 모든 기교를 다 사용하여 이성이라는 공장에서 사상을 제조하네. (……) 우리 앞에 서 있는 상대방의 얼굴에는 이상하게도 영감의 원천이 있는 법일세.[2)]

20세기 초중반, 의식이 언어를 채택하는 것이 아니라 언어가 의식을 견인한다고 하는 소위 '언어학적 전회'를 선취하는 듯한 이 논지는, 그러나 말을 단순한 의미론적 단위가 아닌 대화의 맥락 속에서 파악함으로써 의식이 랑그 법칙뿐만 아니라 대화의 주고받음이라는 형식 속에서 조형된다는 사실을 밝혀낸다. 클라이스트는 수학 문제 풀이, 예술작품 창작, 혁명적 사건의 발단, 목숨 부지를 위한 기지 발휘 등의 다양한 예시를 들며 대화의 형식 자체가 주는 오묘한 생산성에 대해 얘기하는데, 이 사례들은 공통적으로 자신의 욕망이 무엇인지 잘 모르는 상태에서 일단 말을 시작했다가 대화를 하면서 방금 전까지도 스스로 인식하지 못했던 앎을 제출하게 된 사태를 나타낸다. 클라이스트는 이와 같은 의식 현상을 '말하는 사유'라고 정의하는데,

2) 신태호, 『하인리히 폰 클라이스트의 노벨레 연구』, 삼영사, 1984, 110쪽 번역 참조.

황정은의 대화 장면은 클라이스트가 말한 이 특별한 의식 현상을 매우 잘 보여준다. 『백의 그림자』는 은교와 무재가 나누는 대화가 두드러지는 작품으로 둘은 대화를 통해 세상에 대한 시각을 갖게 되며 서로를 좋아하는 스스로의 감정을 알게 된다. 이 같은 특징은 대화를 하는 인물의 의식 발전 과정에서만 드러나는 것이 아니라 황정은 소설이 전개되는 방식 그 자체이기도 하다. 작가 특유의 독백적 서술과 담백하게 표현을 곱씹다가 홀연 서늘한 문장을 띄워 올리는 푸른 문체는 말을 하며 생성되고 있는 사유의 시적 순간을 오롯이 담지하고 있다.

2. 제대로 생각해: 우리가 먹고 큰 말들

'대화'라고 하는 말의 형식에 주목하여 황정은 소설을 읽어내려는 시도는 작가가 만들어내는 캐릭터 분석에도 용이하다. 그가 만들어낸 캐릭터는 크게 두 부류로 나눌 수 있다. 무책임한 부모 세대와 불우하게 성장한 자식 세대가 그것이다. 첫 소설집 『일곱시 삼십이분 코끼리열차』에서부터 가장 최근에 출간된 소설집 『아무도 아닌』에 이르기까지 황정은 소설 속의 어른들은 예외 없이 가난하다. 그들은 고된 노동을 하다가 사고를 당하거나 질병에 걸리거나 간병을 하다가 무력해져버려 결국에는 아이들을 학대하거나 방치하게 된 자들이다. 그러나 이 어른들은 황정은 소설의 진짜 주인공이 아니다. 그의 소설 속 주인공은 부양자의 폭력과 무관심으로 인해 빚어진 소외된 세상에서 상처받으며 성장한 아이들 세대다. 때리는 것만이 폭력일까. 적절한 관심과 환대, 온기가 필요한 아이들에게는 작은 불화나 소소한 방임도 무지막지한 폭력이 될 수 있다. 가령 아이가 소중히 여기는 작은 물건을 가치 없다는 듯 여기는 태도(「옹기전」, 『파씨의 입문』), 성한 우산이 없어 언제나 비를 맞고 등하교해야 하는 상황(「디디의 우산」, 같은 책), 외출 후 귀가했을 때에도 자신을 내다보지 않는 부모의 등(「소년」, 『일곱시 삼십이분 코끼리열차』) 등은 모두 아이의 마음에 우묵한 홈을 낸다. 그러나 황정은 소설에선 어른들의 핍진하고 안타까운 전사는 축약된 형태로만 제시될 뿐이고, 아이들의 시점에서 바라본 어른들의 현재 모습이 더 중요하게 서술된다. 작가는 대물림되는 가난과 폭력의 이력을 세세하게 따지거나 기성세대에게 언죽번죽 변명할 수 있는 입을 주기보단 폭력적인 유년 시절을 겪은 이들이 다르게 살기 위해 어떻게 자존의 서사를 만들어나가는지에 더 관심이 있는 듯하다. 가난은 대물림될 수 있어도 폭력은 대물림되어서는 안 된다는 것. 인간은 스스로의 불우함을 변명 삼아 타인에 대한 테러를 정당화하지 않을 때 존엄성을 지킬 수 있다. 이때의 아이들이라 함은 실제 청소년기의 소년들이기도 하고, 막 어른이 되어 미약하나마 스스로의 생존을 책임질 수 있게 된 청년기의 사람들이기도 하다. 황정은이 이 자녀 세대를 주인공으로 삼는 이유는 명백하다. 그들은 자아가 아직 완성되지 않았기 때문이다. 소년들은 불우한 생활환경 속에서 생존의 기술과 눈치를 익히고 어른들의 생활과 그들이 만들어놓은 세계를 성찰하며 자신은 어떤 어른이 될 것인지를 고민하고 있다. 황정은의 인물들이 대화를 통해 사유를 형성하고 있다는 사실은 이같이 주인공들이 인간의 생애주기에 있어서 특정한 국면, 즉 성장기를 거치고 있다는 사실과 조응함으로써 더욱 설득력을 얻는다. 작가는 자신의 인물들을 앞질러나가지도, 작시 상황에서 필연적으로 발생하게 되는 시간적 우위에 서서 인물들을 조람하지도 않는 편이다. 황정은 소설에선 사건을 요약하는 편집자적인 서술, 즉 디에게시스적 서술 기법은 어른 세대의 삶을 요약할 때에만 쓰인다. 그에 반해 소년들은 지금 현재, 당해 소설의 지면 위에서 그 자신으로 되어가고 있는 중이다.

황정은의 세번째 장편 『계속해보겠습니다』는 사고로 남편을 잃고 세상을 등진 엄마 '애자' 밑에서 방치된 채로 성장한 '소라', '나나' 자매와 자매의 오랜 지기 '나기'의 이야기다. 나나는 남자친구 '모세'와의 사이에서 아이를 가져 임신한 상태로, 결혼을 원하는 모세네 집에 인사를 갔다가 그 집에 요강이 있는 것을 보게 된다. 모세를 통해 모세의 아버지가 요강을 사용하고 어머니가 그 요강을 비운다는 사실을 알게 되는 나나는 자신이 느끼는 꺼림칙한 기분에 대해 소라와 나기에게 말한다.

> 그런데 모세씨는 그 점을 생각해본 적이 별로 없는 것 같았어. 요강을 채우는 사람과 요강을 비우는 사람이 따로 있는데 모세씨는 그것을 이상하다고 생각하지 않아. 생각할수록 나나는 그게 더 이상한 거야. 실은 그게 가장 이상하고 궁금해. 모세씨는 왜 그럴까. 모세씨의 아버지는 왜 그렇게 할까. 모세씨의 어머니는 왜 그걸 치울까. 세 사람 사이엔 도대체 어떤 흐름이 있는 걸까. 그것은 뭐라고 할 수 있을까.(115쪽)

언니 소라는 모세네 집에 있는 요강의 의미가 무엇인지 잘 모르겠다고, 그것은 그저 "불가사의한 구멍 같은 것. 미스터리 홀"이며 "하여간 핵심은 도저히 모르겠다는 거"(116쪽)라고 대답한다. 소라의 말을 들은 나나는 돌연 울컥하며 "그게 뭐야"라고 쏘아붙인다.

> 그게 뭔데, 그게 무슨 소리야.
>
> 어?
>
> 도저히 모르겠다고 생각하니까 그런 게 그 자리에 있는 거잖아. 아무도 제대로 생각해주지 않으니까, 그런 게 거기 있는 거고, 여전히 그렇게 하고 있는 거잖아. 그게 뭔지는 몰라도 그게 뭔지, 제대로 생각해야지, 제대로.
>
> 제대로?
>
> 제대로.
>
> 그럼 너도 제대로 생각해.
>
> 무엇을?
>
> 왜 낳으려는 거야.(116~117쪽)

나나는 '제대로'라는 부사를 통해 '모름'이라는 사유 불능의 세계로 물러나려는 소라를 끄집어내고, 이 말은 소라를 통해 다시 나나에게 돌아온다. 남편을 잃고 자신들을 방치한 애자 밑에서 어렵게 성장했던 이들 자매에게 출산은 자신들이 겪어야 했던 상처가 반복될지도 모르는 중대한 사안이다. 나나는 소라와 나기와의 대화를 통해 출산과 결혼 문제에 대한 자신의 생각을 만들어간다. 애자가 정신적 진화와 변신의 가능성을 상실한 채로 그저 흘러가는 시간 속에서 풍화되어가는 정물 같은 존재라면 소라와 나나는 더 나은 해결책을 찾기 위해 끊임없이 고민하고 길항하는 존재들이다. '제대로 생각하라'는 말은 나기가 어린 시절 금붕어를 괴롭히며 놀던 나나의 뺨을 때리며 알려준 사유의 준칙이기도 하다. 나나가 뺨을 맞아 아프듯 금붕어도 아플 수 있음을, 그것을 "잊어버리면 남의 고통 같은 것은 생각하지 않는 괴물이 되는"(131쪽) 것임을.

황정은은 모세네 집안이 가부장적이라고 확정을 내려 전달해주기보단 나나의 눈에 비친 모세네 가정의 분위기나 그곳에서 느끼는 나나의 감정 변화를 묘사함으로써 두 가족이 속한 언어 공동체의 차이를 보여준다. 모세네 집안을 휘도는 불평등과 소통 불능의 기미는 "어이"(107쪽)라는 말로 아내를 불러 이런저런 지시를 내리는 모세 아버지와, "저 아인 집에 들어와서는 아무 말도 하지 않아. 뭘 물어도 제대로 알려주지 않아"(110쪽)라고 말하는 모세 어머니의 혼잣소리 같은 말, 전반적인 침묵과 텔레비전만을 향해 있는 소파의 배치 등으로 표현되고 있다. 나나는 생각한다. "세사람에겐 이 각도와 이 순서와 이 전개가 익숙하구나."(108쪽) 이는 대화에 온전히 집중하고 있는 소라, 나나, 나기 세 사람이 나누는 대화 방식과 극명하게 대비된다. 생산적 대화가 부재하고 그저 관성적 스크립트만으로 소통하는 관계, 다만 요강 그 자체가 아니라 요강에 대해 아무도 더이상 '제대로' 고민해보지 않는 태도가 나나에겐 더 문제인 것이다. 나나는 숙고 끝에 그런 모세와는 가족이 될 수 없다는 판단을 내린다. 모세는 제 뜻이 관철되지 못하자 완력을 사용하며 자신이 나나네 공동체의 일원이 될 수 없다는 사실을 최악의 방식으로 증명하고 만다. 이 공동체가 폐쇄적이어서가 아니라 그가 대화를 할 줄 모르는 사람이기 때문에 그는 초대될 수 없다.

치명적인 실언으로 연인의 가족들을 비웃은 「상류엔 맹금류」(『아무도 아닌』)의 화자 또한 자신이 동경했던 공동체 속으로 진입하지 못한다. "그럴 땐 버려졌다는 생각에 외로워진다. (……) 무뚝뚝해 보이고 다소간 지쳤지만, 상냥한 사람들에게."(87쪽) 대화의 터를 지성스레 닦아온 황정은 세계에서 가장 큰 죄악은 그 자리를 우습게 여기는 태도, 즉 모욕이다.

대화가 전개되는 양상을 통해 인물의 사유 과정을 보여주는 방식은 트릭처럼 사용되기도 한다. 「일곱시 삼십이분 코끼리열차」(『일곱시 삼십이분 코끼리열차』)는 외삼촌네 집에서 학대당하고 자란 형제 '파씨'와 '기린', 그리고 파씨의 동거인인 '나'가 함께 동물원에 나들이를 가는 이야기다. 소설의 전반부는 '나'와 파씨가 카드 게임을 하며 나누는 대화로 채워진다. 파씨는 그들 형제가 유년 시절 외삼촌네 집에서 지내는 동안 당했던 잔혹한 학대에 대해 말해주고 '나'는 파씨의 상처를 다독거리며 이야기를 잠자코 들어준다. 성년이 되어서도 파씨는 낯선 사람을 두려워하고 동생 기린은 최소한의 일만 하며 밖에 나가지 않고 잠만 자는 은둔생활을 하며 지낸다. 소설의 후반부는 파씨의 제안으로 동물원에 나들이를 간 세 사람이 우리에 갇힌 짐승들을 구경하고 식사를 하는 내용인데, 마지막 대목 즈음에 가서 소설의 작은 반전이 일어난다. 동생 기린이 말한다. "어째서 자기를 파씨라고 불러. (……) 파씨는 어렸을 때 우리가 기른 토끼의 이름이잖아. 왜 자기를 그런 것으로 불러."(88쪽) '파씨'는 '나'이고 '나' 또한 '파씨'였던 것이다. 대화라고 여겼던 소설의 전반부는 모두 '파씨인 나'의 혼잣말이었던 것이다.

혼잣말을 대화의 형태로 제시하는 것을, 스스로에 대한 거리를 확보하려는 시도라고 볼 수 있을까. 이는 마치 정신분석 상담에서 '환자의 독백'이 '의사와의 대화'라는 형식 속에 얹히면서 환자가 자기

말에 대한 객관적 거리를 확보하게 되고, 그리하여 환자에게 내재되어 있던 억압과 욕망의 경로를 추적할 수 있게 되는 절차와 유사해 보인다. 프로이트를 재서술한 라캉은 이 대화라고 하는 형식의 반복이 도리어 치료를 방해하는 기제가 될 수 있음을 지적하기도 했지만(매주 상담을 하기 때문에 근본적 치료를 거부하는 영영 환자인 상태), 그의 지적은 임상 현장에서 환자와 의사 사이의 대화가 주는 긴장감이 치료에 도움이 된다는 사실을 전적으로 부정한 것은 아니었다. 도리어 환자가 '자신의 상황에 대해 잘 알고 있는 주체'를 가정하는 것만으로도 치료가 시작될 수 있다고 했으니, 그가 말하는 대화는 대화 상대의 물리적 현존이 없어도 구성될 수 있는 더욱 급진적인 형식이라고 할 수 있다. 소통의 부재를 전면으로 주제화한 이오네스코의 작품에선 의례적이고 소모적인 대화의 연쇄가 두드러지는데, 소통이 성취되고 있지 않음에도 대화라고 하는 형식만을 강박적으로 반복하는 듯한 이 같은 말들의 충돌을 소통의 불가능성이 아닌, 소통에 대한 그리움을 표현한 것이라고 할 수 있지 않을까.

「일곱시 삼십이분 코끼리열차」에서 파씨와 '나'의 대화라는 형식으로 전개되는 파씨의 독백 또한 자신을 객관적으로 성찰하기 위한 수단적 분열이라고 볼 수 있다. 파씨 스스로도 자신이 '나'라는 것을 이미 충분히 알고 있었음이 곧 드러나니 말이다. 동생의 지적으로 반전을 맞은 이야기는 이어 파씨가 '나'에게 혹은 동생에게 말하는 듯한 긴 독백으로 이어진다.

> 고등학교를 졸업한 해였을 거야. (……) 오렌지를 쪼개면서 나는 생각했어. 외삼촌과 같은 인간이 되어서 어두운 얼굴로 어두운 짓을

되풀이하고 싶지는 않다, 그건 정말 끔찍하게 싫다, 라고. 이모는 완전히 외삼촌의 탓만은 아니라고 말했지만, 그건 사실과 다르다고, 오렌지를 씹으면서 나는 생각했어. 외삼촌은, 자기를 괴롭힌 사람의 다트를 응시하느라 자기 속의 다트를 보지 않은 거야. 그러니까 외삼촌이 우리에게 한 일에 대한 몫은 완전히 외삼촌 한 사람만의, 자발적인 몫인 거야. 그러니까 내가 가지고 있는 다트를 계속 지켜보자, 나는 생각했어. 내가 뭘 하려고 했는지, 내가 하려고만 하면 뭘 할 수 있었는지를 정확하게 아는 것이 중요하다고 나는 생각했어. 다트가 있고, 그걸 지켜보는 내가 있어. 잔혹한 방법으로 어딘가에 보복하고 싶어하는 내가 있고, 그것을 하지 않는 내가 있어. 외삼촌과 나는 바로 여기서 구별되는 거야. (……) 다트의 에너지는 전혀 사라지지 않아. 다트는 굉장해. 그것을 계속 들여다보는 나도 굉장해. 그런데 이것은 좀 쓸쓸한 일이야.(89~90쪽)

대화라고 하는 구조적 계기를 통해 한 사람이 두 사람이 되는 것. 이는 '파씨'인 '나'가 고백하는 이야기 속 '외삼촌에게 보복하고 싶은 나'와 '보복하고 싶은 나를 바라보는 나'라고 하는 자아의 분리를 통해서도 반복되는 형식이다. 다트에 응집된 분노의 에너지를 다스리는 파씨의 모습은 상처의 자장으로부터 쉽게 벗어나지 못하는 인간의 한계를 나타내주기도 하지만, 기어코 폭력의 연쇄를 끊기 위해 자신과의 거리를 유지하려 진력을 다하는 주체의 강한 의지를 보여주기도 한다. '쓸쓸함'은 고통을 인정하고 상처와 더불어 살아가려는 사람이 느끼는 감정이다. 스스로를 성찰하는 주체이자 성찰되는 대상으로 나누는 이 같은 전략은 분리를 통해 자기에 대한 거리를 조형하여 타자성을 확보하려는 시도다. 혼자 있어도 두 사람이 있는 것 같은 황정은 소설 속의 주체들은 그렇기 때문에 홀로 있을 때조차도 완전히 고립되지 않은 윤리적 주체들이다.

이전 세대의 잘못을 되풀이하지 않기 위한 분투는 황정은 소설의 주인공 세대가 자신보다 더 약한 이의 책임자가 되어야 하는 순간에 더욱 첨예해진다. 임신을 하거나 어린 동생을 책임져야 하거나 반려동물을 기르게 될 때가 그런 순간들이다. 이 같은 책임감은 「곡도와 살고 있다」(같은 책) 같은 소설에서 우화적으로 드러나기도 한다. 주인공 'G'는 매 순간 맥락을 설명하는 일이 번거로워 가급적 입을 다물고 사는 사람으로 어느 날 지인으로부터 '곡도'를 선물받게 되면서 곤란을 겪는다. 곡도는 일종의 사이보그 반려 생물로 보호자가 곡도를 제대로 챙겨주지 않거나 흥미로운 이야기를 해주지 않으면 퇴화단계에 접어들다 죽음에 이른다. 문제는 곡도뿐만 아니라 곡도의 보호자 또한 함께 시들어간다는 것. 사육에 실패하면 보호자 또한 "자신감이나 미소나 그림자를 잃"(179쪽)는 등 사람으로서의 표지가 점점 지워진다. 오랜 시간 말을 하지 않고 지냈던 G는 곡도와의 관계를 통해 "자기가 잃어버린 말들이 너무 많"(169쪽)았음을 깨닫고 곡도와 자신을 지키기 위해 말을 시작하다 이윽고 트라우마적인 기억까지 꺼내놓게 된다. 생산적 대화 관계를 생명이 좌우되는 운명 공동체로 그려내는 이 소박한 환상소설은 우리 모두의 존재가 사실은 타인의 경청에 상당히 빚지고 있다는 것을 귀엽고도 간곡하게 알려주고 있다.

그러나 황정은의 소년들이 '제대로' 해보고자 하는 이 노력들이 언제나 희망적인 비전을 기대하게 하는 방식으로만 끝나진 않는다. 「소년」의 주인공은 동생이 더 좋은 환경에서 성장하기를 바라는 그 나름의 정의로운 판단으로 지하철에 동생을 버리고 도망치는 섬뜩한 결단을 감행한다. 그런가 하면 『야만적인 앨리스씨』의 '앨리시어'의 동생은 앨리시어가 이제는 아이들을 학대하는 어른들보다 자신의 힘이 더 세졌다는 걸 깨달은 그다음날 재개발이 진행되는 동네의 공사장 어귀에서 압사된 채로 발견된다. 소년들은 자기보다 더 연약한 자를 지키기 위해 애를 쓰고 있지만 그들은 여전히 서툴고, 세상은 소년들이 미처 손을 써보기도 전에 발 빠르게 약한 이들을 앗아간다.

3. 마지막 목격자들의 침묵: 언어의 패턴 해체하기

근래의 황정은 소설이 나아가는 지점도 바로 이 부근이다. 다르게 살아보려 나름 열심을 부린 것 같은데, 어쩌다보니 이미 자신 또한 딱딱하고 형편없는 세속의 일부가 되었다는 자각. 점차 어른 세대가 되어가고 있는 황정은의 주인공들이 보이는 이 같은 반성은 그의 최근 작품들 속에서 '마지막 목격자'라는 모티브로 반복 표현되고 있다. 제대로 응대하지 못한 상대가 곧 죽어버리는 황망한 현실과 그 순간 자신도 달리 어찌해보지 못했다는 절박한 공포가 최근 황정은 소설을 지배하는 세계 감각이다. "내가 그녀를 마지막으로 목격한 사람이었다./비정한 목격자./보호가 필요한 소녀를 보호해주지 않은 어른./나는 그게 되었다."(「양의 미래」, 『아무도 아닌』, 56쪽) 실종된 소녀의 마지막 목격자가 된 서점 직원(「양의 미래」), 물놀이 갔다가 자식을 잃은 부모(「누구도 가본 적 없는」, 같은 책), 차 사고가 나서 병원으로 실려가는 직원과 마지막으로 대화를 나눈 사장, 버스 전복 사고로 반려자를 잃은 청년(「웃는 남자」, 같은 책) 들은 모두 이 마지막 목격자들로, 특징적인 것은 그들이 목격한 죽음이 대개 사고사였다는 점이다. 사소한 부주의가 초래한 사고가 가족, 연인, 동료, 생면부지의 타인 모두를 죽음으로 내몰고 마지막 목격자들은 죄책감에 시달린다.

황정은의 근작 「웃는 남자」 시리즈는 이 난처의 자장을 더듬는다. 주인공은 버스 전복 사고의 생존자이자 사고로 연인을 잃은 유가족으로 집안에 스스로를 가둔 채 사고의 순간을 끊임없이 복기하는 중이다.

> 다른 차원의 소용돌이에 휘말린 것처럼 버스가 크게 회전했을 때…… 어깨에 메고 있던 가방을 있는 힘껏 붙들었지. 그 짧은 순간…… 나는 디디가 아니고 가방을 붙들었지.
>
> 가방을.(「웃는 남자」, 181쪽)

이 소설은 "오랫동안 나는 그 일을 생각해왔다"(165쪽)라는 문장으로 시작해서 "그리고 그 일을 생각할 때, 무슨 이유에선지 열에 서너 번의 빈도로 나는 아버지를 생각한다"(167쪽)라는 문장으로 넘어간다. 긴박했던 순간에 반사적으로 나온 자신의 행동을 아버지와의 관계를 통해 반성해보는 것이다. 주인공의 아버지는 말끝마다 "알아?"(174쪽)라는 말을 덧붙이고 잘못을 지적받으면 버럭 화를 내는 옹색한 노인으로 '나'는 그런 아버지에 대해 "어쩔 수 없을 것이다. (……) 잘못이 있었는지도 모른다는 것을 진지하게 생각하기 시작하면 그도 나처럼 틀어박혀야 할 것이다. (……) 이제 와 모든 걸 다시 생각해보는 것은 그처럼 나이를 먹어버린 사람에겐 너무 가혹한 일일 것이다"(169쪽)라고 생각한다. 그러니 텅 빈 방에 앉아 생곡을 씹어 먹으며 인생을 통으로 반성해보고 있는 지금 '나'의 행동은 아버지와 자신을 구분 짓는 기준이 되는 행위이기도 하다. 매사 남 탓만 하며 분노를 주체하지 못하는 "아버지가 유일하게 대놓고 후회하는 일"(184쪽)은 젊었을 적 동료였던 '혜지 아저씨'가 차 사고로 병원에 실려가며 뭐라 말하려 하자 "닥치고 있으라고 열불을 냈"(183쪽)던 일이다. 혜지 아저씨는 그대로 죽어버렸고, 아버지는 장례식장에서 남편이 남긴 마지막 말을 묻던 혜지 아저씨의 부인에게 아무 말도 해주지 못한다.

> (……) 나는 언젠가 그에게 왜 그렇게 했느냐고 물은 적이 있었다. (……) 그러게 자신이 무슨 생각으로 그랬는지 참 후회가 되지만 그때는 그냥 아무 생각이…… 없었다고 내 아버지는 말했고 그건 아마 사실일 거라고 나는 생각했다.
>
> 아무 생각이 없었을 것이다.
>
> 그는 그냥 하던 대로 했겠지. 말하자면 패턴 같은 것이겠지. 결정적일 때 한 발짝 비켜서는 인간은 그다음 순간에도 비켜서고…… 가방을 움켜쥐는 인간은 가방을 움켜쥔다. (……) 땋던 방식대로 땋기. 늘 하던 가락대로 땋는 것. 누구에게나 자기 몫의 피륙이 있고 그것의 무늬는 대개 이런 꼴로 짜이는 것은 아닐까. 그렇지 않을까. 나도 모르게 직조해내는 패턴의 연속, 연속, 연속.(184쪽)

혜지 아저씨의 마지막 목격자였던 아버지와 '디디'의 마지막 목격자였던 '나'. 아버지와 다른 사람이 되고자 노력했고, 그렇게 된 줄 알왔지만, 결정적인 순간 드러난 자신의 '패턴' 또한 아버지의 '패턴'보다 그다지 더 나은 게 아니었다는 걸 '나'는 깨닫게 된 것이다. 혜지 아저씨의 말을 중단시켰던 아버지의 행동은 순간의 판단이 아니라 그저 오랜 패턴이 작용한 결과일 뿐이었다. "디디의 죽음을 생각할수록 나의 삶을 생각한다. 어떻게 살았나. 어떻게 사는가. 살아서 그것을 생각한다."(같은 쪽) 불시에 종료되어버리고 마는 생명의 취약함을 가까이에서 경험한 이 '마지막 목격자'는 타인의 목숨만큼 우연하게 남겨진 자기 삶의 자리와 가닥들을 점검하게 된다. 이 과정에서 어느 무더운 여름날 버스 정류장에서 자신의 옆에 서 있던 노인이 쓰러지는 것을 간발의 차이로 피해 버스에 승차했던 경험이 계속 불려 나오는 것도 '나'의 생활이 타인에 대한 자동적인 무심함 위에 세워진 것이었으며, 그것이 의도치 않았던 참담한 결과로 이어질 수 있었음을 스스로가 힘겹게 깨달아가기 때문이다. "너의 죽음은 나에게 슬픔의 공감과, 우정의 연대를 서명하는 일만이 아니라 나의 생존, 그 익숙한 삶의 감각을 심문"[3)]하게 한다. 디디 외에는 그 무엇에도 별 관심을 두지 않았던 '나'의 패턴이 끔찍하게도 디디의 죽음에 영향을 미치게 된 것이다. 황정은 작가가 보여주던 작은 아지트의 세계는 이렇게 바깥 세계와 연결되어 있다. 모르는 이를 도울 수 없다면, 사랑하는 이를 지킬 수도 없다. 대부분의 순간 우리는 외부의 시선에 태연해야 할 필요가 있지만, 그같은 방어적 태도가 약자에게 가해지는 폭력의 가장자리를 이룰 때에는 현실의 환멸을 똑바로 마주할 줄도 알

3) 권명아, 『무한히 정치적인 외로움—한국 사회의 정동을 묻다』, 갈무리, 2012, 79~80쪽.

아야 한다.

골방에 틀어박혀 자신과 싸우던 단편 「웃는 남자」(『아무도 아닌』)의 '나'는 중편 「웃는 남자」(『웃는 남자—2017 제11회 김유정문학상 수상작품집』)의 삼인칭 'd'가 되어 다시 세상 밖으로 나온다. 세운상가에서 택배 일을 시작한 d는 누구와도 말을 나누지 않고 관계를 맺지 않는다. 반려자의 죽음으로 언어 공동체가 파괴된 후 그는 어디에도 말 붙일 곳을 찾지 못한다. d는 "거의 매일 보는 사람에게도 안녕하시냐는 인사 한마디 하지 않았고 농담을 들어도 웃지 않"(53쪽)고 하루 열두 시간 묵묵히 일만 한다. 말이 퇴각한 곳에서 길을 내는 것은 몸이다. 단편 「웃는 남자」가 일인칭 주인공인 '나'가 펼치는 반성과 반문의 현상학이었다면, 중편 「웃는 남자」는 d의 생각이나 관념보단 d의 일과와 동선, 몸 상태의 변화를 차근히 묘사하는 일에 집중한다. d는 택배 업무를 하며 복잡한 상가 골목을 익히고 매일 지나다니는 길목에서 마주치는 상인들의 이름, 버릇, 취미, 그들 간의 관계와 해당 장소를 둘러싼 정황에 대해 조금씩 알게 되고 상가 상인들 또한 d의 존재를 알아간다. 그렇게 d는 스스로도 인지하지 못하는 사이에 인간관계 속으로 편입되어간다.

그리하여 어느 날 "나 알지?"(44쪽)라며 불쑥 말을 걸어온 오디오 수리 기사 '여소녀'를 "d는 그를 몰랐고 그를 알았다"(45쪽)라는 애매한 인지 상태로 마주하게 된 것이다. "어떻게?/d는 그 남자의 가게로 가는 길을 알았다. (……) 지난 칠 개월 동안 하루에 두 번, 그 방에 들렀으니까."(45~46쪽) 공식적으로 둘은 아는 사이가 아니지만, 일상의 루틴과 리듬 속에서 무시로 마주치는 둘은 모르는 사이라고도 할 수 없다. 여소녀의 "나 알지?"라는 말은 아버지의 말버릇인

"알아?"와 정확히 대척점에 있기도 하다. "알아?"가 '넌 아무것도 몰라'라는 속뜻을 품고 있다면 "나 알지?"에는 '넌 이미 알고 있다'라는 가정이 전제되어 있다. 전자는 배제하는 말이고 후자는 초대하는 말이다. 여소녀의 우연하고도 느닷없는 개입은 d를 다시금 소통과 관계의 세계로 이끌도록 돕는다. 여소녀가 소리가 나지 않는 고장난 오디오를 고치는 전문 수리 기사라는 점은 d가 언어를 잃은 사람이라는 사실과 조응한다. 고장난 오디오 같았던 d는 여소녀의 가게 한편에 앉아 죽은 연인의 소유였던 엘피 음반을 들으며 망자를 애도하고 스스로를 치유하기 시작한다.

소설이 끝나가도록 d가 다시 타인과 변변하게 대화하는 장면은 나오지 않는다. d가 여소녀의 가게에 와서 음악을 듣거나 가끔 여소녀의 말을 들어주는 것이 두 사람 관계의 전부다. 하지만 이때의 침묵은 과거의 침묵과는 그 결이 다르다. 이 소설에서 d의 침묵은 여소녀가 수리하는 오디오의 '진공관'과 d가 퇴근길에 지나가게 되는 '광화문광장'과 환유적으로 연결되어 있다. 소리를 만들어내는 얇은 유리 껍질 속의 가열한 진공상태와 추모 집회를 저지하기 위한 차 벽으로 가로막힌 광화문광장의 들끓는 공동 상태. 소설의 마지막 문장은 진공관을 무심코 만졌다가 손을 데는 d에게 여소녀가 하는 경고의 말이다. "우습게 보지 말라고 여소녀가 말했다. 그것이 무척 뜨거우니, 조심을 하라고."(102쪽)

그리고 소설에서 묘사하는 2015년 4월 16일의 광화문광장에서 이후 어떤 일이 벌어졌는지 우리는 잘 알고 있다. 그러니 d의 침묵은 단순히 말이 없는 상태가 아니라 임계점에 이른 침묵의 한 국면이다. 말이 터져나오기 직전의 강렬한 침묵. 진공관의 유리처럼 약하지만 뜨거운 에너지를 가진 이 침묵은 곧 터져나올 미래의 소리를 예비하고 있다. 대화 공동체가 파괴되고 언어를 잃은 d가 지금 할 수 있는 일은 다만 새로운 패턴을 만들어낼 생활의 근력을 기르는 일뿐이다. 집 안에 갇혀 모든 짐들을 다 걷어내고 가열한 음식을 거부한 채로 살아가던 d는 어느새 다시금 타인의 온기와 손길을 머금은 사물들의 세계 속에 돌아와 있다. 우리의 패턴이 타인의 죽음 앞에서 속수무책이었다면, 하나의 생명은 누군가가 평생 짜온 패턴에 달려 있다는 뜻이기도 하다. d가 매일의 일상 속에서 마주치는 사람들을 '모르면서 알듯' d 또한 여소녀를 비롯한 상가 상인들의 생활 세계 속에 이미 자리하고 있다. 스스로는 아직 명확히 인식하지 못했지만, 그의 패턴은 우리 존재의 수탁적 네트워크 속에서 새롭게 짜여가고 있으며 그것이 또 다시 닥쳐올 생의 어느 결정적 순간, d와 이웃을 구원하는 삶의 안전망이 되어줄 수 있을 것이다.

(2018)

시간을 달리는 소녀
: 최진영 소설에 나타나는 미성년 여성 성장담을 중심으로

—『내가 되는 꿈』 읽기

1. 들어가며: 시민으로서의 어린이

누구나 유년을 거쳐오지만, 유년의 감각을 오래 기억하고 사는 이는 드물다. '성장'을 '발전'으로, '자립'을 인간의 '표준'으로, 생을 그러한 성숙한 인간됨의 과정으로 이해하는 인식론하에서라면 어린이로서의 시간은 완숙한 삶을 위한 예비 단계일 수밖에 없다. 더군다나 나이에 따른 입사 절차 전반이 규범적인 사회에서라면, 시간은 단계적으로 더욱 빠르게 극복될수록 유리하다. 시민 계층의 성장과 함께 시작된 근대의 교양소설 모델은 보통 이러한 '단절'의 논리를 따르고 있다.[1] 유년 시절을 때묻지 않는 순수 시대로 정립하여 스스로의 기억과 공모하며 비루한 어른의 삶을 견딘다는 염치없는 어른의 서사를 얼마나 많이 보아왔던가. 반면 성장을 직선적이고 발전론적 시간

1) Wilhelm Dilthey, *Poetry and Experience*, Princeton University Press, 1985, pp. 335~336.

관으로 파악하지 않는다면 어린이 시기의 삶은 그 자체로서 이미 온전하다. 단지 삶의 시야와 감각이 지금과는 달랐을 뿐이다. 우리가 유년을 미숙한 성년으로 칭한다면, 반대로 어른이란 퇴화된 어린이라고 말할 수도 있을 것이다. 어린이 인물을 앞세우고, 어린이들의 구체적 감정을 전면화하는 최진영의 소설을 읽는 과정은 이 퇴화된 감각기관들이 잠깐이나마 다시 깨어나는 과정을 경험하는 일이기도 하다.

십대 여성들을 조직적 성범죄에 연루시켜 인격을 유린하고, 고교생을 저항하기 어려운 하도급 노동자로 주체화시켜 산재 현장으로 내몰고, 부모가 자녀를 지속적으로 학대하여 사망에 이르게 하는 일련의 사건들을 차례로 경험하며 미성년자의 시민성을 고민하게 만드는 시기에 최진영의 작품을 읽는 일은 더욱 각별하게 느껴진다. 그러나 작가는 이 미성년자들의 삶을 짓누르는 더러운 세상의 메커니즘을 폭로하고 고발하는 일에 자신의 에너지를 쏟지 않는다. 가부장적 사회 체계의 작동법은 다룰 가치가 없다는 듯 이미 논외다. 그는 어떠한 사건이 일어날 때 인물 바깥의 객관적 질서를 설명하기를 멈추고, 오직 어린이 마음의 격랑을 묘사하는 일에 집중한다.

폭력적인 부친과 매맞는 모친을 떠난 어린이가 어떤 방식으로 새롭게 가족을 구성해나가는지(『당신 옆을 스쳐간 그 소녀의 이름은』), 자살 유족 청소년들이 어떤 색깔의 안경으로 일상을 감각하는지(『나는 왜 죽지 않았는가』 『비상문』 「피스」), 가족에게 버림받은 남매와 출산 기계이자 공짜 노비로 취급당하는 자매들이 어떻게 서로를 돌보며 살아가는지(「팽이」 『끝나지 않는 노래』), 아포칼립스 세계에서 착취의 표적이 된 아이들이 어쩌다 살육을 저지르고 사랑을 개발하는지(『해가 지는 곳으로』), 친족 성폭력 피해를 입고 고향을 떠나온 십대 여성이 왜 가장 가까운 친구들과 멀어지기로 결심하게 되는지(『이제야 언니에게』), 부모의 경제력에 따라 각기 다른 학교로 진학하게 된 동네 친구들의 일요일 풍경이 어떤 식으로 변화하는지(「일요일」) 등 최진영 소설의 장기는 특정한 순간에 놓여 있는 인물의 행위와 생각과 감정들을 순차적이고 세세하게 묘사하는 데에 있다. 그렇게 어린이와 청소년은 감동과 깨달음을 경유하여 계몽을 촉구시키는 약자가 아니라 정당한 한 사람의 몫의 시민 주체가 된다.

처음부터 그의 소설 속 어린이는 단지 '보호'와 '구제'의 대상이거나 위협적이지 않은 귀여운 존재가 아니었다. 무자비한 폭력을 휘두르는 아버지의 집을 나와 '진짜 엄마'를 찾겠다며 떠돌던 미등록 여아는 경찰의 손에 이끌려 보호 시설로 갈 위기에 처하자 다시 자신이 애써 일궈온 관계들로부터 떠나기로 결심한다. "내게 중요한 건 안전이 아니다. 언제나 그랬다."[2] 이 소녀가 원하는 건 무탈한 평화가 아니라 강력한 애정이다. 소녀는 자신이 어떻게 행동해야 타인에게 받아들여질지 거의 본능적으로 안다. 순진한 다방 마담의 아들을 꾀어 레지 언니들의 사랑을 받고, 말 못하는 아이로 가장하여 외로운 독거노인의 보살핌을 얻고, 필요하다면 어린이다움을 연기하며 구걸한다. '진짜 엄마'를 찾겠다는 단순하고 철없는 욕망에 사로잡힌 듯 보이지만, 이 소녀는 확실히 정치 감각이 있다.

그의 소설을 채우는 것은 티 없이 맑은 시야로 세상을 정화하는 어린이나 그런 아이로부터 도덕을 배워 반성하는 어른이라는 '유형'들이 아닌 어린이의 시야로 묘사되는 세목의 질서와 이를 자기만의 방

---

2) 최진영, 『당신 옆을 스쳐간 그 소녀의 이름은』, 한겨레출판, 2010, 221쪽.

식대로 수용하며 통치성을 익히는 '자율'의 감각들이다. 어린이들이 주로 쓸 법한 어휘들로 어른이 상상할 수 있는 지옥의 지도를 짓는다는 점에서 그의 소설세계 전반은 참혹하지만, 시선의 연령대를 낮춤으로써 딸려오는 인식의 다양성이 그의 작품을 윤기 나게 한다. 어린이가 잡아먹히고 여성들이 윤간당하는 재난 상황에서 립스틱을 주워다 서로에게 향기와 색깔을 입혀주고 크리스마스카드를 나눠 가지며 세속의 지옥을 잠시나마 수련회 캠프 상황으로 만드는 잡다한 놀이들, 음흉한 인심을 베풀며 접근해오는 친척 아저씨의 호의를 거절하기 위해 친구와 싫다고 말하는 연습을 하다 친구가 너무 좋아 차마 연습이 성립되지 않는 바람에 웃음이 터지는 어느 오후의 물기들, 단짝과 보물 창고를 건립해 비밀을 공유하고 의식을 치르며 온 우주를 자신들의 언어와 기분으로 물들이는 마법들, 좋아하는 나무를 지정해놓고 인격을 부여해 고민을 털어놓으며 내면을 개발하는 마음의 안쪽 모퉁이들, 친구가 교실 밖으로 호출하면 잽싸게 교복 치마를 둘둘 말아올려 입는 손짓의 기대감 같은 것들이 그의 소설들에서 반짝이며 벅적거린다.

2. 소녀 정치학: 순애보와 배제의 동역학

소녀라는 인구 집단의 특이성과 미성년 자율 생태계를 주요한 미학적 연원으로 삼는 최진영 소설은 어린이를 화자로 세우지 않은 경우에도 빈번이 학창시절로 돌아가는 편인데, 이유는 단 하나, 모든 관계의 원형과도 같은 '그 여자애' 때문이다.

소녀들 사이에 일어나는 갈등의 특수성에 대한 대대적 현장 연구를 실시했던 레이철 시먼스는 상냥함과 배려심이 강제되는 소녀들의 갈등 문화는 가시적인 소년들의 공격 문화와는 완전히 다른 방식으로 전개된다고 말한다.

> 소녀들은 친밀감을 거리낌없이 나눈다. 소년들은 어머니와 떨어져서 감정의 억제라는 남성적 태도를 보여야 하지만, 딸들은 어머니의 양육적인 행동을 익히도록 격려된다. 소녀들은 아동기에 서로 돌보고 보살피는 연습을 한다.
>
> (……) 사실 소녀들의 공격의 특징은 대부분 관계에 대한 소녀들의 깊은 지식과 가까운 친구들에게 쏟는 열정과 관련이 있다. 가장 고통스러운 공격은 대체로 가까운 우정 안에서 일어나며, 비밀과 한때 교환한 약점을 악용하여 더욱 과격해진다.
>
> 더구나 관계 자체가 종종 소녀들의 무기가 된다. 공격하지 않도록 사회화되고 "완벽한 관계"를 맺는 착한 여자로 키워지므로, 소녀들은 갈등이 있을 때 타협하는 방법을 모른다. 그 결과 사소한 다툼 때문에 관계 자체가 의문에 빠진다.[3)]

소녀들의 무기는 언어나 주먹이 아니라 눈빛과 몸짓을 통한 우회적 공격과 귓속말과 소문을 통해 전달되는 은밀한 배제 정책들이다. 여성의 사회적 자본 자체가 '관계성'에 달려 있기 때문에 고립이 가장 큰 징벌이 되고, 협상 대신 관계 자체를 버리는 방법이 문제 해결을 위한 유일한 대책으로 간주된다. 마치 드넓은 운동장 한편에서 치

---

3) 레이철 시먼스, 『소녀들의 심리학—그들은 어떻게 친구가 되고 왜 등을 돌리는가』, 정연희 옮김, 양철북, 2011, 42~43쪽.

러지는 더없이 잔인한 스포츠 피구처럼, 여학생들 간의 관계 게임의 가장 중요한 기술은 치고받고 싸워 이기거나 골을 먼저 넣는 것이 아닌 날아오는 공을 잘 피하는 데에 있다. 정말이지 소녀 시절을 거쳐왔던 이들은 누구나 안다. 우리를 진심으로 꼼짝할 수 없게 만들었던 것은 불공평한 사회 체제나 어른들의 호된 꾸지람만이 아니었다는 것을, 소녀들은 단짝 친구가 잠시간 내비친 싸늘한 눈빛이나 냉정한 침묵에 하늘이 무너지고 땅이 꺼지는 추락을 경험하며 성장한다는 것을 말이다.

「후5」[4]는 십대 여성이 여성 동성 사회 내에서 어떤 환희와 지옥을 맛보며 성장하는지를 선명하게 보여주는 작품이다. 학년이 바뀌어 친하게 지내던 친구와 반이 갈라진 '나'는 "같이 앉자고 말할 사람이 없"다는 사실이 불안한 근심 많은 아이다. 등교 첫날 '나'는 성적이 비슷하여 평소 신경이 쓰였던 '지현'에게 "갑자기 친한 척"을 해 옆자리에 앉히는 데 성공하지만, 지현이 다른 친구들 무리로 가버릴까 봐 전전긍긍이다. 점심시간이 되어 지현의 친구들이 우르르 몰려오고, "나는 잠이 오는 척 책상에 엎드"리지만, 지현이 함께 밥을 먹으러 가자며 '나'를 챙겨준다. '나'는 그렇게 지현의 무리와 급식실과 매점과 화장실과 분식집으로의 여정에 동행하게 되고, 여자애들 무리에 안착했다는 사실에 조용히 가슴이 부풀어오른다.

> 종종 그런 나를 상상하곤 했었다. 무리 속에 어울려 어색하지 않게 웃고 떠드는 나를. 남들에게는 흔한 일인데 나는 그런 그림 속에

4) 최진영, 「후5」, 문장웹진 2019년 11월호.

들어가 본 적이 없지. 그런데 나는 오늘 정말 그랬어. 창가 아이들의 뒷모습을 보며 그들의 이름을 하나하나 외웠다. 나민정, 오수경, 김유진, 김석미.

이후 '나'는 이 경이로운 일들이 자연스럽게 일어날 수 있도록 해준 지현에게 점차 집착하게 된다. 지현이 말도 없이 혼자 화장실에 가면 불안하고, 지현이 다른 친구들에게 더 신경을 쓰면 비참하다. '나'는 지현이 공부를 소홀히 하면 울며 다그치기도 하는데, 성적이 떨어지면 지현은 기숙사를 떠나야 하고, 지현이 기숙사를 떠나면 '나'는 다시 혼자가 되어야 하기 때문이다.

나는 아침마다 지현을 깨우러 301호에 갔다. 매일 레모나를 챙겨줬다. 자판기에서 내가 마실 커피를 뽑을 때는 지현의 커피도 같이 뽑았다. 숙제했느냐고 물어봤다. 지현이 덜 한 숙제를 같이 하기도 했다. 지현이 찾으면 바로 줄 수 있게끔 각종 필기구로 필통을 채워놨다. 휴지와 생리대와 진통제도 책가방 앞주머니에 넣고 다녔다. 지현이 잘 때 선생님이 시험에 관해 중요한 얘기를 하면 적어뒀다가 지현에게 알려줬다.

여자 친구들 간의 친밀성은 미시적 돌봄의 양상을 띠며 형성되고, 이때 사용되는 기술은 과민한 눈치보기와 수동 공격이다. '나'는 지현이가 치약을 다 쓰는 타이밍까지도 알아맞힐 정도인데, 지현은 정작 '나'가 이기적이라고 말한다. "너는 정말 네 생각만 한다". 지현만을 생각하는 방식으로만 자기 자신일 수 있는 '나'는 폭발한다. "나보다 너를 더 걱정했다고, 그런 날들뿐이었다고, 그런데 네가 어떻게 그렇게 말할 수 있느냐고". 애정 관계의 기울기를 조정할 다른 기술을 개발하지 못한 채 점차 무거워지는 자기감정의 하중을 못 견딜 지경에 이른 '나'는 돌발적으로 화를 내며 지현 전체를 차단해버리고, 가장 애틋한 애정 표현은 곧장 절교 선언이 되어버린다.

여성들에게 권장되는 미덕이 상냥함과 친절함일 때 여성 동성 사회 내부에선 숙청과 따돌림이 은밀히 자행되는 방식으로 권력관계가 조율되고 이는 비가시화되기 쉽다. '분위기'를 파악할 줄 아는 능력이 여성의 재능으로 간주되고, 여성의 악덕이 '무법적'이거나 '난폭'하기보다 '교활'하고 '간사'한 것으로 묘사되는 것은 그 까닭이다. 소녀의 밑지는 버릇과 눈치보기는 그 수동성으로 말미암아 또다른 타인에 대한 배제의 분위기를 공모하는 요인이 되기도 한다.

여성 커뮤니티 내부의 '분위기'에 대한 성찰은 「유진」에서 잘 나타난다. '나'는 고교시절 '무영'과 비밀을 나누는 친밀한 사이였지만, 몸이 아파 입원한 무영에게 낙태 수술을 받았을 것이라는 추측과 악의적이고 과장된 소문들이 더해진 후 덩달아 친구를 슬금슬금 기피하게 된다.

> 나는 안다고. 내게 다정하고 상냥한 친구들이 언제든 적으로 돌변할 수도 있다는 걸. 그건 충격이나 배신이라고 말할 수도 없을 만큼 흔한 일이라고. 나는 사람 안 믿는다고. 분위기를 믿는다고.[5)]

---

5) 최진영, 「유진」, 『문학동네』 2020년 봄호, 264쪽. 이하 인용시 본문에 쪽수만 밝힌다.

우정의 원리가 '배제'라는 걸 깨달은 소녀는 무영에 대한 죄책감과 자신 또한 소문의 주인공이 될 수 있을 것이라는 불안감으로 인해 친구를 사귀지도 못하고 주변의 분위기를 살피는 데에만 급급한 채 내내 겉돌다 아르바이트를 시작하는데, 그곳에서 매니저 '이유진 언니'를 만나게 된다. 유복한 건물주의 딸이지만, 어쩐지 오빠가 사장인 레스토랑의 매니저로 일하며 지하 단칸방에 사는 유진 언니는 여러모로 '분위기'를 어긋내는 사람이다. "댄스곡을 틀어놓고 막춤을 추는 야유회에서 혼자 진지하게 발레를 하는 사람"(262쪽)처럼, 유진 언니는 작은 규모의 생활을 정성스럽고 우아하게 관리하며 살아간다. '나'는 유진 언니의 유능함과 자존감을 동경하지만, 그의 조촐한 살림은 막 성인이 되어 하고 싶은 일이 너무 많은 여대생들에겐 흉허물로 비춰진다. 회식차 유진 언니의 집으로 간 한 친구가 묻는다. "근데 언니, 언니는 왜 이런 데서 살아요?"(269쪽) 이후 자족적인 삶을 즐기는 유진 언니를 깎아내리는 비난 여론이 선동되고 '나'는 과거와 동일한 행동 패턴을 반복한다. 또다시 주변 분위기에 편승해 유진 언니가 보여준 소박하지만 충만한 세계를 버리듯이 떠나버리는 것이다.

지현, 무영, 유진을 비롯하여 「후1」의 '노마', 「돌담」의 '장미' 등 최진영 소설에서 언제나 외상처럼 남아 있는 '그 여자'들은 인간관계의 원형으로 보존된다. 여성들 간의 친밀함을 다루고 있다는 점에서 그의 소설은 자주 퀴어해지기도 하지만, 그의 세계에서 사랑은 성애 분화의 수행성을 탐구하기 위해 실천되는 무대로 제시되기보다는 애착의 강렬함을 나타내는 척도로 기능하는 데에 그치는 편이다. 사랑이 언제나 협상 불가능한 지점으로 격상된 순애보의 형상인 것은 지적했듯 배려와 양보가 강요되는 여성이 익힌 관계의 기술이 '무조건'

의 형식인 이유와 멀지 않을 것이다. 사랑은 연필로 써서는 안 되는 것, 중요한 것은 오직 관계의 보존, 애착의 가능성과 그곳에 투여되는 에너지의 강도, 사랑의 전능함과 사랑의 수치심. 중간치는 용납될 수 없다. 빚쟁이들에게 쫓기던 애인이 사망하자 여자는 연인과 영원히 이별하지 않기 위해 시체를 뜯어먹기에 이른다(『구의 증명』). 하지만 성장이란 내 마음에 대한 보답의 필연성이 좌절되는 과정이기도 하다. 유아기적 애착은 예정된 경로를 밟으며 파멸로 향하고, 거대한 배타적 애착의 파토스 끝에는 분노와 수모가 범벅된 뜨거운 자기혐오가 잿더미처럼 남는다.

3. 소녀의 성장: '나'를 키운 여자들과 보은의 타임라인

최진영은 여성 청소년들의 '버림받음'과 '거절당함' '폭력 피해' 등의 경험을 질료로 윤리적 디스토피아를 구축한다. 어린 세대의 미숙하지만 절대적인 사랑의 역능을 지렛대삼아 인간성의 회복을 타진하는 경우 어린이는 진정성을 담보하는 경유지로, 타락한 어른의 세계와 대비되는 신성불가침한 영역으로 타자화되는 경향이 없지 않다. 『해가 지는 곳으로』 세계관 속 자녀 세대인 '도리'와 '지나'의 절대적인 사랑과 청각장애인인 '미소'와 가정폭력 피해 아동인 '건지'에 대한 돌봄의 힘은 가부장적 세계 체제와 대비되며 부모 세대의 인물인 '해민'을 각성시키는 계기가 된다.

한편 초기의 설화적 특성에서 조금 멀어지고 있는 근작들에서 보이는 미성년 여성들의 성장담은 훨씬 구체적인 만큼 감정적 물화가 덜한 편인데, 이들이 상처를 입었다고 해서 곧장 죽음 충동이나 무한한 사랑의 주이상스에 추동되지 않는다는 점에서 그렇다. 성인이 된 여성이 자신의 유년을 회고하는 서사적 패턴이나 부모가 아닌 관계의 성인과 아이를 함께 놓아 두 여성 간의 시차적 인식을 견주는 일련의 작품들의 목표는 소녀들을 질식시키는 분위기에 대한 성찰과 환기다. 이는 작가가 그리는 인물이 점차 나이를 먹어감에 따른 일반적인 현상임과 동시에 여성과 아동의 존재론에 대한 사회적인 분위기 쇄신 현실을 반영한 것으로 보인다. 「겨울방학」과 『이제야 언니에게』 등 느슨한 인척 관계에 있는 싱글 여성이 '정상 가족'의 돌봄 공백을 메우며 여아를 책임지는 주체로 등장하는 것은 부모를 넘어선 돌봄의 책임이 확장되는 통로를 가리키며 이는 성장의 수행성을 부각시키는 설정으로 전면화된다. 이제 질문은 '진짜 엄마는 누구인가'에서 '나는 누가 될 것인가'로 전환된다.

브랜드 아파트에 사는 「겨울방학」의 초등생 '이나'는 방도 하나뿐이고 신발장도 없고 수건도 얇은 고모네 집에 머물며 계급적 차이를 체감하는 동시에 자신이 보아왔던 어른과는 상이한 삶을 사는 고모의 생활을 열람함으로써 물적 조건과 자기 정체성을 다르게 잇는 법을 배운다. 지역의 유지인 친족에게 성폭력 피해를 입은 『이제야 언니에게』의 '이제야'는 피해 사실을 숨기기에 급급한 가족과 피해자의 행실을 비난하는 이웃 공동체를 떠나 엄마의 친구인 이모네 집에 머물며 고통의 원인이 자신에게 있지 않다는 이해에 어렵사리 도달한다. 자립을 최우선 목표로 삼고 살아온 듯한 두 소설 속 이모와 고모 또한 '여성의 독립'과 '일신주의' 간의 차이를 다시 골몰하게 된다. 물론 깨달음은 늦기 마련이라 보은은 거의 언제나 불가능하다. 「유진」 속 이유진을 떠나온 '최유진'은 「겨울방학」 속 이유진을 닮은 최이나의 고모가 되고, 최이나는 최유진을 이해하는 나이에 뒤늦게 도달한다. 칼을 지니고 다니며 남을 죽이거나 자신을 죽일 것이라는 투지에 사로잡혀 있던 이제야는 이모를 닮은 늙은 이제야의 존재를 무수히 상상한다. 고마움과 미안함은 끝내 당사자에게 전해지지 못하지만, 그 마음은 다른 곳을 찾아가며 온기와 연대의 연쇄를 만들어낸다.

두 세대 여성들 간의 시각 차이를 작은 환상 장치를 이용하여 한 인물 안으로 포개 넣은 근작 「내가 되는 꿈」은 당사자에겐 닿진 못했지만 결코 소멸되지 않는 보은의 마음이 그 누구보다 스스로를 먼저 구원한다는 사실을 보여주는 작품이다. 졸업, 부모의 별거, 이사 등의 이슈로 시작되는 이 소설은 전형적인 소녀의 입사 성장담이지만, 대단한 일탈을 경험한 후 일상으로 돌아와 성장을 '완료'했다고 주장하는 일반적인 교양소설과는 거리가 멀다.

매일같이 추락하는 꿈을 꾸는 열네 살의 '나' '이태희'의 삶은 지금 위기로 가득하다. 손꼽으며 태어나길 기다린 엄마 뱃속의 동생은 사산되고 엄마는 우울증을 앓는다. 단짝 친구 '배순지'가 손바닥을 맞을 때 응원하기 위해 미소를 지었을 뿐인데 비웃었다는 오해를 입어 서로 말도 안 하는 사이가 된다. 담임은 여학생들에게 성추행과 매질을 일삼는다. 사람을 잘못 믿어 집을 날려먹은 부모는 '나'를 멀리 사는 외할머니네에 맡겨두고 별거를 시작한다. 낯선 고장에서 새로운 학교에 입학한다. 남자친구와 싸운 이모가 한방을 쓰는 '나'에게 하소연을 하며 술주정을 부린다. 친구 관계는 틀어지고, 가정은 화목하지 않고, 어른들은 성숙하지 못한 이 지극히 평범토록 불행한 세계에서 '나'는 미래로부터 온 한 통의 편지를 받는다.

편지는 "일 년 뒤의 나에게 편지를 보내준다는 카페에서"[6] 마흔 살의 이태희가 보낸 것이 시간을 거슬러 과거에 떨어진 것으로, 그 내용에 따르면 마흔 살의 이태희는 "자기를 너무 사랑해서 나를 사랑하는"(122쪽) 애인과 "정말 너무"한 회사가 내면화시키는 "똥보다 지독한 모욕감"(121쪽) 때문에 매일 비상계단에서 우는 어른이다. 마흔 살의 이태희를 모를 수밖에 없는 열네 살의 이태희는 이해하기 어려운 내용들이 적혀 있는 그 불시착한 편지를 교재 삼아 자신의 삶에 산적한 문제들을 푼다. 단어와 의미를 뜻풀이해보며 친구와 화해하고 담임에게 복수하고 이모의 고민과 엄마의 슬픔을 이해하게 된다.

'나'에게 아무것도 제대로 알려주지 않는 이 소설 속 무정한 어른들은 사악한 악마들이 아니다. 소설은 나쁜 어른이 잔인한 말로 아이에게 비가역적인 상처를 주는 장면으로 클라이맥스의 능선을 넘어가지 않는다. 마치 그런 말만 안 한다면 아이는 상처받지 않는다는 듯 굴지 않는 것이다. 성장은 누가 내게 상처 줄 때가 아니라 타인이 상처받는 일을 목격할 때 발생하는 사건이 아니던가. 타인의 상처를 알아볼 수 있는 능력이 주는 상처. 그러니까 겨우 딸의 '생리' 발언 하나에 깜짝 놀라 허둥대며 난데없이 돈 삼만원을 들이미는 아빠가 아니라 홀로 육남매를 건사했지만 아들에게 무시당하고 손주 양육까지 도맡은 할머니와 선을 봐서 결혼하는 대신 자유연애를 하고 전문대학이라도 가고 싶어하는 이모, 그리고 아이를 유산하고 홀로 타지에서 회사생활을 하며 각종 자격증을 준비하는 엄마 등 '나'는 '나'를 책임지는 사람들이 각자의 삶에서 감당하고 있는 상처를 볼 줄 알게 되며 비로소 자란다. 이모의 블라우스를 입어보고 화장품을 찍어 바르

6) 최진영, 「내가 되는 꿈」, 『현대문학』 2020년 5월호, 120쪽. 이하 인용시 본문에 쪽수만 밝힌다.

며 성인 여성을 흉내내던 '나'가 난처한 이모를 구해주기 위해 엄마가 보고 싶어 우는 아이를 연기하며 울 때, "내 핑계 대지 마"(156쪽)라며 엄마에게 쏘아붙이던 '나'가 "엄마가 내 핑계를 대고 잘 지내면 좋겠다"(158쪽)고 생각할 때, 가까이 보아 잘 감지되지 않았던 성장의 더께가 덜컥 전해진다.

이 소설은 시간의 왜곡을 도입한 일종의 타임슬립물이지만, 그 목적은 후회스러운 과거의 행동을 '바로잡으려는 것'에 있지 않다. "네가 거기서 잘 버티고 있다고 상상하면 나는 조금 용기가 난다."(123쪽) 겁이 많고 무기력한 어깨를 들썩이고 있을지라도 이태희가 단지 과거에 존재했고, 미래에도 존재할 것이라는 사실이 지금의 이태희들을 격려한다. 허구 장치만이 잠시 허락한 이 자기 응원의 릴레이 속에서 이태희는 지금과는 다른 이태희가 되겠다는 꿈을 꿀 수 있다. 마흔 살의 이태희도 육십 살의 이태희에게 응원을 받고 있을까. 열네 살의 이태희가 넘어지고 깨어지고 울면서도 마흔 살의 이태희를 만나러 달려야 하는 것이 삶이라는 것, 미래의 이태희를 이룩할 지금의 이태희는 힘들다고 해서 하루하루를 건너뛸 수는 없다는 것. '내가 되는 꿈', 이라는 삶의 시간을 달리며 소녀는 자란다.

4. 나가며: 구체성의 세계

어린이의 세계를 마주하는 일은 '의존'이 무엇인지를 이해하는 일이다. 세상을 증오하는 인간을 키운 것조차 '불신'이 아니라 '의존'의 능력이었다는 것을 최진영이 그리는 어린이들이 알려준다. 그의 소설 속에서 언제나 줄줄이 나열되는 감각적 구체성은 그 흔적들이다. 두부 반찬을 싸가면 누가 특히 환영했다든지, 춤에 빠진 친구가 시도 때도 없이 관절을 꺾고 웨이브를 했다든지, 친구에게 뺏긴 팔찌를 돌려받기 위해선 어떤 책략들이 필요했다든지, 데이트 나간 이모를 숨겨주기 위해 베개를 이용해 잠든 이모의 모양을 어떻게 만들었다든지 하는 등의 어린이 생활에 대한 구체적 묘사들은 불신으로 무장한 채 뭉툭하게 살아가는 이들을 잠시 멈춰 세운다. 기억해보라고, 우리가 얼마나 삶에 정성을 다했었는지를, 우리가 어떻게 타인에 대한 믿음을 끝없이 회복해왔었는지를.

(2021)

4부

독자의 광장과 감염의 독서

독자 오더메이드 소설, 국산 SF 문학이 걸어온 어느 길
—김보영 스페이스 오디세이 트릴로지 읽기

1. 들어가며: 장르문학 약진론

SF 소설이 문학 부문 베스트셀러 차트를 석권하며 출판계에 관심을 모으고 있다. 한국출판문화연구소는 2019년 올해의 키워드로 '주류가 된 장르'를 꼽으며 문단의 스타 작가들의 신작들이 흥행에 부진하며 2010년대 밀리언셀러가 실종되었다는 사실을 들어 "순수문학 시장"이 "몰락"했으며 이에 반해 "서브컬처는 약진"했다고 평가한다. "이제 서브컬처가 메인컬처가 되었다는 느낌마저 든다."[1] '서브'와 '메인'을 나누는 기준이 무엇을 중심으로 구성되는지, '몰락'과 '약진'의 주체가 완전 호환이 가능한 시장인지 등의 문제들은 우선 차치해두고, 도서 판매 시장의 주 소비자인 이삼십대 여성들의 지지와 함께 SF 소설 시장이 지난 십 년 새 5.5배 성장[2]했다고도 하니 장르문

1) 기획회의 편집부 엮음, 『한국 출판계 키워드 2010-2019—2010년대 출판계 이슈로 바라본 한국 사회』, 한국출판마케팅연구소, 2019, 484쪽.

2) 「'어떻게 살아야 하나' 불안함, '휴먼 SF' 열풍 부르다」, 중앙일보, 2020. 2. 12; 「SF

학이 근래 큰 폭의 확장세를 이룬 것만은 분명해 보인다.

신규 창작, 비평 웹 플랫폼들과(브릿G, 텍스트릿)과 전문 잡지(『오늘의 SF』)가 생기고, 국내 최초의 SF 장편 공모상이 제정(문윤성 SF 문학상)되고, 과학소설작가연대가 생기고 계간지와 한국문화예술위원회 웹진, 비평 포럼 등에서 '장르문학' 비평 특집이 속속들이 꾸려지고 있다. 플랫폼과 특집 기획의 존망과 난립이 어제오늘 일은 아니지만, '장르문학'이라는 분명한 주제의식을 가지고 시장을 개척하는 근래의 움직임들은 응당을 주목을 끈다. 알파고 쇼크, 문단문학의 부진, 페미니즘의 부상[3] 등 부흥의 이유도 다양하게 분석되는데, 이 형

가 바꾼 오늘, 더 SF 같은 오늘」, 경향신문, 2020. 5. 30; 「SF소설 시장, 10년 새 5.5배 성장, 가장 많이 팔린 책은 '멋진 신세계'」, 매일경제, 2020. 7. 15. 참조.

3) SF와 페미니즘이 관계는 과학기술과 여성주의 인식론을 결합하며 마지 피어시, 옥타비아 버틀러, 어슐러 르 귄, 제임스 팁트리 주니어, 조애나 러스 등의 문학 작품을 폭넓게 참조한 도나 해러웨이의 연구를 통해서 잘 알려진 바 있다. 조애나 러스는 소설의 내러티브를 구성하는 서구의 신화적 마스터플롯들이 지나치게 젠더화되어 있기 때문에 작가가 여성 인물들을 그리며 이 명료한 도식을 넘어서기란 대단히 어려운 일이라고 진단하고, 그 하나의 대안으로서 비성별화, 비인종화 등 비인간화된 도상을 차용하는 SF의 상상력을 이용한 새로운 신화 만들기를 제시하며 다음과 같이 설명한다. "SF 신화는 개념적으로 새로운 세계(반드시 물리적으로도 새로운 세계인 것은 아니다)를 탐험하고, 필요한 물리적 또는 사회적 장치를 만들고, 테크놀로지적 변화나 기타 다른 변화의 결과를 평가하는 등등의 흐름을 따라간다. 이것은 남자로서의 남자, 여자로서의 여자를 다루는 이야기가 아니라, 인간의 지능과 적응 능력을 다루는 신화다. 이 신화는 젠더 역할을 무시할 뿐 아니라—적어도 이론적으로는—문화에 구속되지도 않는다. SF에 등장하는 가장 매혹적인 인물 중 몇몇은 아예 인간이 아니다. 물론 문화적 구속을 깨부수고 나가려는 시도가 '악한 흑인/선한 백인'같은 낡은 신화(또는 조지프 콘래드의 소설에서 따옴 '암흑의 핵심(Heart of Darkness)' 신화를) '악한 거대 개미/선한 인류'같은 새로운 어리석음으로 바꾸는 것만을 의미할지 모른다는 지적은 옳다. 하지만 적어도 후자는 인종과 성별을 막론하고 모든 인류의 지지를 얻을 수 있다. (……) 우리에게 상속된 문학적 신화는 우리가 겪어야만 한다고 생각하는 경험

세의 설명하기 위한 단골 언급 사안 중 하나는 단연 2019년 초여름에 알려진 김보영의 하퍼콜린스 계약 성사 건이다. "한국 SF 작가로는 최초로 영미권 주요 출판시장에 진출한 쾌거"[4]로 보도된 이 소식은 이른바 '장르문학 약진론'에 무게를 실어주는 사건이었다.

2. 1인 독자를 위한 소설에서 시리즈가 되기까지

2020년 5월 김보영의 소설 세 편이 '김보영의 스텔라 오디세이 트릴로지'라는 이름으로 간행되었다. 세 편의 소설은 세트로 묶여 있으나 각각 발표된 시기나 지면, 방법 등이 모두 상이하다. 이 시리즈의 1편인 『당신을 기다리고 있어』는 김보영 작가가 독자로부터 개별적인 청탁을 받아 2014년에 쓴 글로, 한 독자가 김보영의 팬인 여자친구를 위해 프러포즈용 낭독 소설을 작가에게 의뢰하였다. 의뢰인은 "혹여나 출판사가 아닌 개인이 이런 식의 청탁을 한다고 불쾌해하시면 어쩌나 하는 생각이 끊임없이 들었지만"[5]작가가 "다행히도 청탁을 받아주"(같은 쪽)었다고 당시를 회고한다. 단 한 사람의 부탁에 위해 쓰여진 이 낭독용 소설은 2014년 집필되어 어느 "한밤의 한강변"(107쪽)에 주차된 자동차 안에서 의뢰인이 직접 녹음한 MP3 파일 형태로 초연되었고, 마침 소규모의 SF 문학 출판사를 운영했던 의

의 종류를 말해줄 뿐이다." 조애나 러스, 「여주인공은 무엇을 할 수 있는가? 또는 여자는 왜 글을 쓸 수 없는가?」, 『SF는 어떻게 여자들의 놀이터가 되었나』, 나현영 옮김, 포도밭출판사, 2020, 217~218쪽, 강조는 원문.

4) 「김보영 SF, 美최대출판사 하퍼콜린스에 판권 팔려」, 연합뉴스, 2019. 6. 13.

5) 김보영, 『당신을 기다리고 있어』, 기적의책, 2015, 106쪽. 이하 인용시 본문에 쪽수만 밝힌다.

뢰인 덕분에 이듬해 책으로 출간되어 대중에게도 공개되었다가 해당 출판사가 곧 문을 닫으며 한동안 절판되었다.

2편인 『당신에게 가고 있어』는 시리즈 중 가장 최근에 완성된 작품으로 1편과는 완전히 상이한 과정을 통해 대중에게 공개되었다. 어느 도서관에서 『당신을 기다리고 있어』를 재밌게 읽은 영국 국적의 한국문학 번역가 소피 바우만(그는 한국의 퀴어, 여성, 과학 소설을 영미권에 번역, 소개하는 번역가 모임 'Smoking tigers' 소속이다)이 하룻밤 새 샘플 번역해 런던 도서전 아시아 번역 공모전에 제출해 당선되어 영미권에 소개됐는데, 2019년 한국 작가로서는 처음으로 대규모 출판 그룹 하퍼콜린스에 판권이 팔린 것이다. 2020년 완성 출간된 트릴로지의 2편인 『당신에게 가고 있어』는 그간 여러 차례 발행 예고가 있었다가, 여자 쪽 이야기를 써달라는 하퍼콜린스측의 계약 조건을 계기로 비로소 완고되었으며 완성본의 집필과 번역이 동시적으로 이루어졌다. 번역가 개인의 발굴 작업을 통해 이 작품이 해외에 소개되었듯이 그사이 해외에 김보영의 작품을 알린 이들도 국내 SF 문학의 팬과 동료들이다. 동료 작가 정보라는 세계SF대회에서 『저 이승의 선지자』를 소개하여 해외에 김보영의 작품을 알렸다. 또한 국제 SF문학웹진 'Clarkesworld'에 김보영은 2015년 한국 작가로는 최초로 작품을 실었는데, 그의 설명에 따르자면 중편 『진화 신화』가 해당 매거진에 실린 것은 "순전히 팬이라는 이유로 제 작품을 번역해준 부부가 '제일 유명한 곳부터 투고해보자'고 제안"[6] 했던 것이 그 계기라

6) 「김보영 월드로 입장하시죠」, 월간 채널예스 2020년 2월호. clarksworld는 이후 한국 SF 문학계와 물꼬를 터 2019년 다수의 한국 SF 문학을 게재하기로 결정했고, 편집장의 홈페이지에 그 사정이 간략하게 소개되어 있다. Neil Clarke, "Clarkesworld

고 한다.

3편인 『미래로 가는 사람들』은 시간적으로 가장 뒤의 내용을 담고 있지만, 가장 먼저 세상에 나온 소설이다. 해당 작품은 김보영이 2004년 제1회 과학기술창작문예의 당선자로 선정되며 정식 데뷔했을 때 함께 투고되었던 작품으로, 수상에는 실패했지만 이후 웹진, 전자책, 앤솔러지, 한정판 등 다양한 형태로 공개되었다가 2010년에 데뷔 육 년 만에 나온 첫번째 단독 작품집 『멀리 가는 이야기』에 실렸다. 그 작품이 이번에 스텔라 오디세이 시리즈로 함께 묶이며 1편과 2편이 이 소설의 프리퀄이라는 설정이 확정된 것이다. 이 트릴로지의 세계관을 완성시킨 것은 흥미롭게도 다시 1편을 의뢰했던 독자를 통해서인데, 소설 프러포즈를 통해 결혼한 부부가 자녀를 출산했고, 부부가 아이의 이름을 김보영의 초기작이자 이 트릴로지의 3편의 주인공 이름을 따서 지었던 것이다. 작가는 생명의 탄생을 축하하며 그의 출생일에 맞춰 2편의 예고편을 웹진에 올리며 연재를 예고하기도 했다.

장르문학 작가들의 책이 으레 그렇듯 이 세 책의 출판 역사는 상당히 복잡한 편인데, 요는 이 시리즈의 출판 역사 자체가 국내 SF 문학이 걸어온 어느 길을 보여주고 있다는 것, 독자와의 관계에서 그 길이 다져져왔다는 것이다. 한 명의 독자를 위해 시작된 작품이 하나에서 둘 그리고 셋이 된 독자에 의해 세계관이 확장되었고 그것이 그사이 복수의 다른 독자에 의해 세상에 퍼지며 새로운 문화적, 상품적 가치를 창출해왔다는 것, 2000년대 중반부터 시작된 이 소설들의 다소 너

Receives Grant to Publishing Korean Science Fiction", http://neil-clarke.com, 2019. 7. 2. 포스팅 참조.

저분한 출판 이력과 2020년 나온 최신 판본의 멀끔한 새 단장 사이에 숨은 담론적 의의와 작금의 SF 문학 성황을 함께 살펴볼 필요가 있는 까닭이다.

이문열이나 받았던 상을 받으며 "순수문학 작가들이 인정"[7]하는 SF 작가가 등장했다고 반응하고, 한국 SF 소설이 넷플릭스 제작으로 알폰소 쿠아론에 의해 영화화가 되었으면 좋겠다는 제국주의적 욕망[8]까지 나오게 된 것은 소수의 탁월한 작가가 기습적으로 출현했기 때문이 아니라 인터넷 보급 이후 웹을 중심으로 창작, 비평, 번역, 제작, 홍보, 유통 등의 영역들을 망라하며 전문 동호회 체제를 일구어온 국내의 SF 마니아 독자들의 게걸스러운 독서 실천이 있었기 때문이다.

3. 기근의 2010년과 SF 작가의 생존법

3.1. 살아남기: 누가 SF를 소비, 생산하는가

2010년대 중후반 정세랑, 구병모, 김초엽, 문목하 등의 작가들의 작품이 차례로 베스트셀러 목록에 오르게 되었지만, 2010년 초반까지만 해도 이런 현상을 예측하기란 쉽지 않았던 듯하다. 김보영은 SF 작가가 겪는 특수한 고충이나 생존법, 작법에 관한 산문도 여럿 썼는데, 한 에세이에서 그는 과거를 회고하며 다음과 같이 말한 바 있다. 가히 "기근의 2010년"[9]이었다고.

---

7) 신준봉, 「순수문학 작가들이 인정하는 SF 작가 김초엽」, 『월간중앙』 2020년 1월호.

8) 한소범, 「한국문학은 이제 새로운 미래로 간다」, 『자음과모음』 2020년 봄호.

9) 김보영, 「함께 솟아날 구멍을 찾는 일, 공동 단편선 기획」, 리디셀렉트, 2020. 5. 19.

내 느릿느릿한 소설쓰기로는 전혀 생활이 되지 않았다. 나는 중단편 하나 쓰는 데 3개월에서 4개월씩 걸렸는데, 당시 장르 단편은 고료로 30만원 정도를 받았다. 소설 하나를 쓸 때마다 3개월의 생활비가 사라지는 셈이었고, 그때 가서 허겁지겁 아르바이트를 해도 이 손실은 메워지지 않았다.

(……) 어느 시기에는 그나마의 의뢰도 끊겼는데 정확한 시기는 기억나지 않았지만 2010년에서 2012년 사이였던 것 같다. (……)

이때 판타스틱 잡지가 폐간되었고 그나마 장르 단편집을 활발하게 내주던 웅진이 파산했다. 황금가지는 호러로 전환했고 행복한책읽기 출판사는 출간을 한동안 중단했으며 잠시 유행했던 장르 공모전은 모두 없어졌다. 이때는 계약도 많이 따낸 한 시나리오 작가가 생활고로 죽은 무렵이기도 했다. 예술인 복지제도는 그 이후에 생겼다.

생각해보면 상황을 파악했으면 일찌감치 작가 업을 중단하고 직장을 잡는 게 정상적인 대응이었겠지만, 어느 시기를 놓치고 나니 정상적인 대응이고 뭐고 되지가 않았다. 한 달 뒤 받을 월급을 기다리며 직장에 다닐 차비도 식비도 없었다. 친구들이 놀러온다고 하면 외식비 2만원이라는 거금을 만들기 위해 한 달 전부터 책을 내다팔고 있었다. 그것도 감당이 안 되기 시작하자 나는 친구들에게 '밥값 낼 돈이 없어서 더이상 만나지 못하겠다'고 고백했다. 그후 일어난 일은 내 상상을 약간 넘는 것이었다. 친구들은 하나같이 "대체 왜 말하지 않았느냐"고 아우성치며 나와 만날 때 드는 모든 비용을 대주었고, 알바를 연결시켜주고 집에 음식을 보내고 통장에 입금을 해주었다.

그 시기에 내가 알게 된 것이 있다면, 내가 지금까지 한순간도 혼자 산 적이 없고, 혼자서는 살 수 없고, 내가 무엇을 이루든 혼자 이루는 것이 아니라는 점이었다. 나는 꽤나 망해 있었지만 그때까지 버틴 것도 나 혼자 힘이 아니었다.

그리고 매년 돌아가던 일은 한 해라도 멈추면 안 된다는 생각도 하게 되었다. 어떤 사람에게 1년은 아무것도 아닌 시간일 수 있지만, 자원이 없는 어떤 사람에게는 도저히 버틸 수 없는 시간이 1년이다. 실상 3개월만 수익이 없어도 사람은 그 직업을 유지할 수가 없다. 최근 SF어워드가 한 해라도 멈추면 안 된다고 생각하고 관여한 것도 그래서였다. 어쩌면 누군가에게는 그해가 유일한 해일 수도 있지 않은가.

나중에 SF어워드가 생기고 예술인 복지제도가 생기면서, 상금과 지원금으로 겨우 늪에서 헤어나올 수 있었지만, 여전히 소설을 낼 지면은 보이지 않았다. 그래서 나는 단편집을 기획해보자고 생각했다.[10]

농사를 짓던 김보영은 『호연피망』이라는 동인지를 만들어 판매('호연마을'이라는 농장에서 난 피망과 아삭이 고추를 사면 동인지를 염가로 끼워줬다)했는데, 독자들이 반응을 보이자 다음 기획 도서를 내기로 한다. 김보영은 이후 주변에 SF 작가들을 모아 출판을 기획하고, 직접 타깃 독자층과 표지 디자인 예시, 마케팅 방법, 시장가치 등을 적은 '출판 기획서'를 동봉하여 출판사에 투고한다. 그렇게 장르 작가들이 생존을 위해 '함께 솟아날 구멍을 찾는 일'은 『이웃집 슈퍼히

10) 같은 글.

어로』『근방에 히어로가 너무 많사오니』『다행히 졸업—소설가 8인의 학교 연대기』『엔딩 보게 해주세요—하이퍼리얼리즘 게임소설 단편선』『전쟁은 끝났어요』『텅 빈 거품』 등의 앤솔러지 단행본 출판으로 이어졌다.

김보영의 작품을 모아 보려면 수십 권의 책을 구해야 하거나 그나마도 절판된 것이 많아 공립 도서관을 샅샅이 뒤져야 하는 평자의 '불편함'은 장르문학 작가로서 살길을 도모해온 그의 '생존법'과 관련되어 있다. 그러므로 그가 '기근의 시대'를 벗어나던 무렵 세상에 나와 드라마틱한 삶을 살게 된 한 책이 팬의 사적 요청에 의해 쓰여졌다는 사실은, '프러포즈용 소설'이라는 청탁 내용의 낭만성 때문이 아니라 개인 '독자의 요청'에 의한 것이었다는 청탁 형식의 독특성 때문에 SF 문학의 담론사를 점검할 때에 주목하게 될 수밖에 없는 지점이다.

김보영은 책을 출판할 때마다 SF 작가와의 계약은 처음이라는 등, 한국은 SF 불모지라는 등의 말을 끊임없이 듣는 일의 괴이쩍음을 지적한 바 있다. "나는 세계시장에서 흔하디흔한 종류의 글을 쓰고 있다. 그런데 뻔히 그 책들을 내고 있는 출판사가 내게 한 번도 너와 같은 것은 본 적이 없다고 한다."[11] 그러니 김보영의 성취는 '토종 SF'가 세계 시장에서 승부를 볼 수 있을 만큼 실력을 길러온 'K-문학'의 자랑스러운 결실이 아니다. SF는 과학이라고 하는 세계 표준 문법을 공유하고 있고, 국내 장르 독자들의 입맛 또한 세계적으로는 오히려 '흔하디흔한' 것이니, 한국 장르문학의 소수자성은 해당 독자들의 지

11) 김보영, 「SF 작가로 산다는 것」, 『기획회의』 461호, 2018, 41쪽.

닌 '남다른 취향'으로 말미암은 것이 아니라 이를 지속적으로 게토화해온 기존의 문학비평, 교육 등의 사회적 장치들을 통해 이루어진 명백한 '정치적 효과'다.

오랜 시간 작품활동을 한 SF 작가에게 존중 없이 알짱거리다가 모욕과 상처를 남긴 '악스트 사태', 문단문학 작가가 SF 작가 단행본 표사에 'SF 같지 않다'는 문구를 칭찬의 의미로 써 독자들의 어리둥절함을 불러일으킨 일, 장르적 색채가 짙은 소설을 두고 매번 '진짜 SF'냐 아니냐를 운운하는 등의 크고 작은 일들은 지속적으로 일어나고 있고, 이는 사실 새로운 일도 아니다. 전민희나 정은궐 등의 가까운 예만 볼 때에도 장르 작가에 대한 결례와 냉담은 늘 있어왔다.

별 성찰도 없이 지나치게 답습되는 '문단 VS 장르'의 구도 또한 끝없이 반대항을 구성, 강화한다는 점에서 게으르고 의심스럽기 짝이 없다. 김보영과 듀나, 김초엽은 한 대담에서 SF의 가치를 진작부터 알아보지 못한 "문단의 게으름"[12]을 꾸짖어줄 것을 요청받자 다소 지친 기색을 보인다.

> 듀나: 글쎄, 전 문단의 반응에 대한 질문을 받을 때마다 케이팝 노래를 분석하는 클래식 음악가들이 떠올라요. (……) 저에게 가장 중요한 건 장르 전문가 또는 장르 독자들의 반응이고 비전문가는 그다음이죠.
>
> 김초엽: (이런 문제는) 작가나 독자 당사자보다는 언론이 가장 궁

12) 김초엽, 김보영, 듀나 대담, 「2020년 'SF 원더'는 계속된다」, 『한겨레21』 1298호, 2020.

금해하는 토픽(이야깃거리)인 것 같아요.

김보영: (……) 장르 집단을 하나로 설명할 수 있다고 여기는 건 그 집단을 잘 모르기 때문이라는 걸, 모른다는 것을 인지할 수 있으면 좋겠어요.[13]

정작 당사자들은 이러한 대립 구도에 무관심한 것 같은데, '주류가 된 장르'라는 라벨링은 독자들의 외면을 받으며 주류에서 밀려나는 쪽의 다급함이 섞인 표어가 아닐는지. 개성적인 가치 체제를 가진 집단들이 병렬할 수 있다고 보지 않고 세대적으로 일괄 교체될 수 있다는 듯 불안을 드러내는 것은 특정한 가치 체제의 기득권을 유지하고자 하는, 혹은 시장을 복수로 분할하고 싶지조차 않은 전형적인 기성 권력의 증상이다.

3.2. 글쓰기: SF를 규정하는 규범은 무엇인가

온존하는 공공연한 선 긋기 전선을 보며 생성되는 질문은 그럼 '세대교체'나 '주류 역전'이 일어나면 차별이 종식될 것인가 하는 점이다. 문제는 개별적 몰이해라기보다는 '교체' 혹은 '역전'이라는 대립각을 양산하며 집단 정체성의 동일성을 끊임없이 가정, 생산, 분배하는 질서 그 자체다.

'순문학'은 '장르문학'과 달리 "이야기 자체의 재미나 흥미보다는 이야기로부터 삶이나 인간에 대한 보다 근본적인 사유에 가까워지려는 성격"이 있으며 "문학적 깊이"[14]라는 특정한 가치를 공유하는 '하

13) 같은 글.

나의 장르'라는 분석과 같이 문단의 위계를 재배치하는 자성의 노력조차도 다시금 동형 정체성을 구성하는 모순에 빠지고 만다. '순문학'을 하나로 묶고 그 하위 범주를 또 나누고 하는 식의 정체성 구별 짓기를 언제까지 반복할 것인가. "SF 장르의 '침공'으로부터 '본격문학'의 가치를 수호하려는 발언들"[15]을 비판하며 장르적이라고 일컬어지는 규약들이 경계 없이 이미 섞여 있음을 증명하는 시도가 이미 예전에 있었다. 그러므로 더 밝혀져야 할 것은 특정 장르의 정체성을 '정의'하려는 시도가 아니라 이미 상당히 자의적이라고 밝혀진 해당 구분법이 그사이에 왜 다시 부활했는지, 혹은 장르문학에 관한 논의들이 쌓이지 못하고 지속적으로 리셋되고 있는 것은 아닌지 하는 의문들이다.[16]

---

14) 노태훈, 「순문학이라는 장르 소설」, 문장 웹진 2016년 11월호.

15) 박진, 「장르들과 접속하는 문학의 스펙트럼」, 『창작과비평』 2008년 여름호, 33쪽.

16) 2000년대 초중반에도 '장르문학'에 대한 논의들이 이미 제도권 내에서 활발하게 이루어졌었다. 한국출판마케팅연구소에서 발행했던 계간지 『북페뎀』의 2004년 여름호에는 '장르문학'에 대한 학계, 비평계, 산업계, 팬덤 등을 망라한 다양한 필자들이 참여했다. 해당 지면에 초대된 작가들은 '장르문학'과 '순문학'이 '고급'과 '저급'이라는 가치가 상당히 문제적일뿐더러 구분이 잘 불가능하다는 사실을 지적하면서도, 명백하게 선을 전제하고 '정의'를 내려주기를 원하는 질문들로 인해 해당 장르의 '경향' '코드'나 '패턴'과 같은 특징들을 면밀히 분석한다. 우지연, 「꿈꾸는 세계가 있는 자만이 장르를 지지한다—어른을 위한 고급 엔터테인먼트는 가능한가」; 송경아, 「장르문학과 순문학의 벽을 넘어서—순문학은 장르문학을 수용할 수 있는가」 등. 한편 이 '코드'나 '패턴' 등은 대량으로 복제가 가능한 부가가치로 인식되었기 때문에 이에 대한 상업적 기대감을 보이기도 한다. "장르문학이 정형화된 패턴을 갖고 있고 할리우드가 영화화하기 적합한 만큼 인터내셔널한 문학이란 느낌이 듭니다."(머리말, 「21세기, 장르문학의 시대」, 19쪽) '장르적 코드'를 추출하면 문학을 넘어 영화나 게임 등의 거대 자본을 창출할 수 있는 화수분이 될 수 있다고 여겼기 때문이다. 폄하와 기대가 뒤엉킨 이 상황 속에서 구조적 피해를 보게 된 것은 다시 작가들이다. 여성향 인터넷 소설의 경

김보영은 SF 작가가 마주하게 되는 독특한 고충과 자신이 이를 돌

우 영화화되었을 경우 영화 시나리오 작가에 비해 더 싼 비용을 들일 수 있다는 것이 장점으로 꼽히기도 했다. "〈그 놈은 멋있었다〉를 제작하는 무비캠의 사례를 보면, 신인 시나리오 작가는 2,300만원선을 받는 데 비해 인터넷 소설가는 그 5분의1 정도를 받는다. 아무리 많아도 1000만원을 넘기는 경우가 없다. 인터넷 소설은 단순히 조회수로 인기를 가늠할 수 있을 뿐, 소설이나 만화책의 판매량 같은 공신력 있는 수치가 없다는 점도 원작료를 적게 지불하도록 부추긴다."(이상용, 「영화는 왜 인터넷 소설에 주목하는가—엔터테인먼트로 거듭나는 인터넷 소설」, 84쪽) 또한 판타지 작가가 온라인 게임에 아이디어를 도용당해 송사에 휘말리는 일도 왕왕 있었으니 대중적이고 저급한 텍스트라는 장르물에 대한 인식에는 정당한 대가를 지불하지 않기 위한 의도가 반영된 것일 수 있다(이상 직접 인용 및 참조는 모두 『북페뎀』 2004년 여름호). 바로 다음 계절인 『문학과사회』의 2004년 가을호 특집인 '한국 장르문학의 현재와 미래'의 내용은 현재 논의되는 내용들과 겹치는 지점이 많다. 판타지를 향유하는 방식은 독자의 현실 인식과 관련이 있으며 판타지가 현실의 소망을 가상적으로 외삽하기 때문에 현실 비판적 가치가 높다는 이영도의 글(「장르 판타지는 도구다」), SF를 정의하는 일반적인 성격 같은 건 존재하지 않는데 자꾸 SF를 정량화하려는 시도들이 지친다는 듀나의 글(「SF 문학의 오늘—'일반'의 부재」), 무협은 대여점 시스템이라는 유통 체제와 관련이 깊으며 세대적 계보도 있고 마니아들이 생산과 소비를 동시에 한다는 좌백의 글(「통신 무협과 신무협」), 인터넷 소설은 수용자 중심 문학이며 독창성과 과장성이란 특징은 성 규범의 전형을 깨뜨린다는 최수완의 글(「열려진 판도라의 상자, 인터넷 소설」) 등 이 특집에 글을 실은 모든 작가들의 이야기는 현재 생산되고 있는 논의와 별로 다르지 않다. 김봉석, 김영하, 박상준, 이상용, 김동식이 참여한 좌담 「장르문학과 장르적인 것에 관한 이야기들」도 마찬가지다. '장르문학'에 대해 문단을 중심으로 한 '억압 모델'과 '다양성 모델'의 다이어그램을 그려놓고 장르 정의를 시도하다 점차 장르 구분이 과연 가능한가 회의하고, 그럼 그 구분법이 왜 생산되었는지를 따져보며 문단의 위계 권력을 비판하고, 각자 장르 애호의 역사를 늘어놓으며 매체의 발달사, 팬덤의 기능, 문화를 즐길 수 있는 제반 환경과 교육의 문제 등을 되짚다 결국 연구 기반의 확충에 대한 염원으로 이어지는 좌담 전개는 페미니즘이나 소수자 정치에 대한 논의가 없다는 것을 제외하고는 몹시도 낯익고 익숙하다. 이 글들이 십오 년 전 것인데도 말이다(이상 『문학과사회』 2004년 가을호 특집 전체 참조). 오늘날 논의들이 이미 예전에도 동일하게 반복되었다는 사실은 해당 지식과 담론이 두텁게 축적, 유통되지 않는다는 것을 말해준다. 그렇다보니 계속해서 '장르문학'이 더러는 저급한 것으로, 더러는 대안적인 것으로 지속적으로 타자로서 호명되는 것이다. 사정이 이러

파해온 방식에 대한 흥미로운 산문을 쓴 바 있다. 그는 편집자들로부터는 '어렵다', 과학자들로부터는 '틀렸다'라는 지적을 허다하게 받았다고 한다. 편집자들이 숨겨놓은 반전을 전혀 알아채지 못하거나 최신 지식에 능통한 초엘리트 과학 박사들로부터 미숙하다는 평가를 받는다는 것이다. 이어 그는 자신이 궁리한 하나의 해법을 제시하는데, 이른바 '플롯의 이중 구조 짜기'가 그것이다.

나는 소설을 이중 구조로 써야겠다는 결론을 내린 편이다.

사람들이 익숙하지 않은 부분은 아예 인지조차 하지 않고 넘어간다면, 그 부분을 전부 보지 못해도 이해할 수 있도록 이중의 스토리라인을 만들면 될 것이다. 구성을 한 줄이 아니라 두 줄로 짜는 것이다. 아주 최근의 작품은 이 생각을 적용해서 쓰고 있다.

그 생각은 영화 〈인터스텔라〉를 보고 더 분명해진 편이다. 그 영화는 내가 보기에 놀라울 정도로 어려웠다. 과학자들 사이에서도 논쟁거리인 온갖 최신 과학 이론이 쏟아져나온다. 그런데 그 어려운 영화가 관객을 동원하는 것이다! 더 놀라운 것은 우리 엄마도 그 영화를 보고 오셨다! 그리고 정말 재미있었다고 하시는 것이다. 〈터미네이터〉도 〈에일리언〉도 〈반지의 제왕〉도 이해 못하신 분이! 나는 조심스럽게 질문했다. "어떤 이야기였는데?"

"아버지가 딸 보고 싶어하는 이야기 아냐?"

그러니까, 이 영화는 엄마에겐 그런 이야기였다. 내게는 인류를

니 SF 문학 시장에 대한 비평 담론이 운좋게 안정화되더라도 문단은 또다른 타자를 찾을 가능성이 크다는 불안이 들 수밖에 없다.

구하고 블랙홀의 내부를 탐사하는 이야기였는데. 솔직히 내 입장에서 딸이니 아버지니 하는 건 거대한 우주에 압도되어 보이지도 않았다. 하지만 이해할 것도 같았고 그 영화가 관객을 동원할 수 있는 이유도 알 것 같았다.

영화에 두 개의 스토리 라인이 동시에 흘러가는 것이다. 그래서 둘 중 하나만 받아들여도 영화를 이해할 수가 있다. 그것이 감독의 의도였든 아니든.[17]

그는 비교적 단순한 과학 지식을 이용한 자신의 소설을 잘 이해하지 못하던 어머니가 최신 과학 이론이 범벅된 영화 〈인터스텔라〉(2014)를 보고 와서는 대번에 주제를 꿰는 감상을 전한 순간 '플롯의 이중 구조'라는 자신의 비책에 대해 확신을 가졌다고 전한다. 나는 이 이야기를 꽤 좋아하는데 시장에서 주목을 받지 못하던 작가가 스스로 생존 전략을 개발해온 흔적이어서이기도 하지만, 더 근본적으로는 서사를 향유하는 데 '작품 내적 요소'라는 것이 독자의 가변적인 역량과 관심사를 통해 취합된다는 것을 알려주고 있기 때문이다. 즉 "평가와 감상의 도구가 되어줄 메타 정보의 리스트는 자연발생하지 않는다"[18]는 문화 향유 행위의 보편적 진실 말이다.

이어 그는 과학 지식이 부족할 경우 '대놓고 틀린다'고 고백한다. "내가 초광속이 불가능하다는 것을 뻔히 알면서 초광속 여행 이야기

17) 김보영, 「SF를 쓴다는 것」, 박상준 외, 『한국 창작 SF의 거의 모든 것』, 케이포북스, 2016, 43쪽.

18) 배명훈, 「문단의 문학과 비평은 어떤 점에서 독특한가?」, 제6차 요즘비평포럼 '異fan(tasy)思判(이판사판)—장르로서의 한국문학/비평' 기조 발표문, 2019. 1. 13.

를 하면 아무도 뭐라고 하지 않지만, 정말 가능한 줄 알고 쓰면 문제가 생긴다. 이 기준은 놀랍도록 들어맞는다."[19] 독자가 과학 지식을 모르거나 혹은 작가가 그것을 틀리게 구사해도 SF가 능히 성립하고 유통될 수 있다는 점은, 특정 장르의 합의라는 것이 매우 유연하고 가변적이어서 사실상 공통 합의를 전제한다고 가정되어 묶이는 대부분의 구분법이 절대적인 규범이 아니라는 사실을 보여준다.

과학 지식의 이러한 유연한 작동 방식과 개별 독자의 자체 필터링 기능들을 고려하자면, SF가 꼼짝 없이 엘리트주의적인 것만도 아니다. 창작자의 의도를 떠나 입맛과 능력에 따라 가리사니만 잘 잡으면 누구나 SF를 향유할 수 있으니 말이다. 그러므로 "장르문학에 대하여 지나치게 마니아로서 접근하는 감수성이야말로 역설적으로 지성주의의 외관을 쓴 반지성의 한 가지 형식임"[20]을 지적하며 SF가 "높은 이해와 까다로운 취향을 지닌 마니아들만을 위한 전유물도, 작가 자신만의 독창성 있는 세계를 과시하기 위한 장식품"도 아니어야 한다고 계도 비평하다가 『이승의 선지자』를 두고 "몰입이라는 입구를 제공하지 못하는"(221쪽) "사변적인 순문학 소설에 가깝다"(222쪽)는 판결에 도달하는 비평은 작품과 독자 사이의 관계성을 지나치게 단순화한 분석이 아닐 수 없다. 작품의 미학은 생산자의 의도와 능력에 달린 것만이 아니라 수용자의 독서 실천 방식과 긴밀히 조응하며 발생한다. 김보영 소설에 몰입했던 일군의 독자들이 그 사실을 차근히 증명해왔다.

---

19) 김보영, 「SF를 쓴다는 것」, 46쪽.

20) 박인성, 「장르문학 되감기(Re-wind)」, 『자음과모음』 2017년 가을호, 214쪽. 이하 인용시 본문에 쪽수만 밝힌다.

4. 가족 서사 혹은 자립 서사: 탈진한 남자, 싸우는 여자, 떠나는 아이

'김보영의 스텔라 오디세이 트릴로지'는 광속 여행을 모티브 삼고 있다. 1편인 『당신을 기다리고 있어』는 결혼식을 올리기 위해 광속으로 성간 여행을 하다 애인과 시간대가 엇갈려 홀로 고립된 채 우주를 떠돌게 된 남자의 목소리를 담은 서간체 소설이다. 애초에 낭독을 위해 제작된 텍스트이기 때문에 플롯도 단순한 편이고, 문장도 비교적 짧다. 소설은 우주 공간의 시차를 활용하여 연인에 대한 그리움과 애틋함을 광대한 스케일로 그려내고, 만날 수 없는 이를 그리며 살아간다는 것에 의미를 탐구한다. 로맨스 코드로만 보자면, 남자 쪽의 목소리만 일방적으로 전달되고 있고 그것이 격정적으로 낭만화되고 있기 때문에 소설의 특수한 제작 용도에 대한 참고 사항이 없다면 이 소설은 자기중심적인 남성 판타지로 읽힌다. 화자가 혼자 폐쇄된 곳에서 세상을 관찰하며 이야기를 서술하는 구도이기 때문에 정치 쿠데타, 국가 부도, 원전 사고와 같은 재난들도 남자의 애끓는 사랑을 더욱 강화할 고비와 역경으로 소급된다. 다른 한편으로 이 작품의 집필 시기가 2014년이라는 점을 참고하자면, 그해는 전국민이 돌아오지 못한 배에 탄 이들을 향한 오랜 기다림을 시작한 때였으니 작은 배에 고립되어 긴 세월을 견디며 가족을 그리워하는 소설 속 주인공이 느끼는 광막함이 다르게 다가오기도 한다. 생이 그저 느리고 긴 이별과 애도의 과정이라는 것을 알았을 때 삶에 의미를 부여하는 것은 무엇인지, 이 소설은 묻는다.

남자편이 화자의 내면을 극대화하여 감정 전달에 주력했다면, 여자편인 『당신에게 가고 있어』는 그보다 훨씬 역동적인 편이다. 여자는 오랫동안 아버지로 인한 가정폭력에 시달렸고, 이제는 원가족을

면 행성으로 떼어놓고 연인과 새로운 가족을 이루려 하는데, 여자 쪽 역시 크고 작은 사건들에 휘말리며 결국 난민이 되어 불법으로 운영되는 듯한 배에 올라타 우주를 떠돌게 된다. 작가는 식민지 개척, 계급 관리, 군사주의, 난민 혐오 등의 문제를 형상화하며 이 세계가 차별 기계 그 자체라고 말하면서도 시민 교육을 통한 낙관의 가능성을 열어두는 방식으로 이야기를 이끈다.

기다리는 쪽과 가는 쪽이 각각 남자, 여자라는 작은 관습 깨기도 흥미롭지만, 남자 쪽이 '내면에 집중한 고독의 서사'였다면, 여자 쪽이 '행위에 집중한 공동체의 서사'라는 점은 더욱 절묘하다. 1편의 남자가 눈물을 뿌리고 슬픔 속에서 홀로 흙으로 밥을 지어 먹으며 여자를 기다릴 때, 동 시간대 2편의 여자는 사악한 존재들과 맞서 싸우며 공동체의 선을 고민하는 대의적인 존재로 거듭난다. 2편을 따로 떼어 보자면 이 소설은 결혼식을 하러 가는 예비 신부의 심정에 관한 이야기라기보다는 「얼마나 닮았는가」와의 연장선에서 AI를 주요 모티브로 삼아 젠더와 타자성에 관한 질문들을 던지는 이야기다. 두 연작의 차이는 소설의 용도뿐만 아니라 1편과 2편 집필 사이(2014~2020)에 일어났던 일련의 사회적 변화들, 가령 성차별의 구조적 모순 폭발, 난민 배제 정동의 강화, 환경 정책 실패 등의 이슈들이 적극 반영된 결과이기도 할 것이다.

3편은 1, 2편과의 연속성이 훨씬 약하다. 3편의 주인공은 1, 2편의 주인공의 자녀이지만, 우주선에서 태어난 아이는 중력에 지배를 받는 지구에서 태어나 성장한 부모와는 달리 '정착'이 아닌 '방랑'이라는 만유인력에 지배를 받는다. 그가 떠돌며 조우하는 네 개의 세계를 그리고 있는 이 소설은 한 사회의 유사 종교적 열정과 이로 인한 집단

간의 갈등은 신념의 차이가 아니라 문명의 격차 때문에 발생하는 것이라는 진보적 과학주의의 입장으로 시작하여 현재 지구인의 관점에서 하위 신체, 하위 성별, 하위 민족의 지표라고 여겨지는 것들을 다른 권력 지형도에 배치하고, 유성생식조차도 없는 낯선 세계의 모습을 예시해준다. 그러나 시간을 여행하던 주인공은 이윽고 인간 문명이 반목과 싸움으로 멸망의 길을 반복하게 된다는 사실을 깨닫게 됨으로써 짙은 염세에 중독되고, 그 어떠한 문명 자체도 목격, 개입할 수 없는 '우주의 끝'으로 날아가려 한다. 그러나 결국 그의 노력은 얄궂게도 우주의 탄생 순간, '빅뱅'이 되어버린다. 김보영의 최근 작업들에서는 잘 볼 수 없는 초월성을 띤 이 소설은 유기체의 일원론적, 순환론적 상상력을 기반으로 발생반복설의 기본적 아이디어를 차용하여 개체와 전체가 연속되어 있다는 순환 구조로 문명의 시간 구조를 설명한다. 한 개체의 노스탤지어와 멜랑콜리아의 끝과 시작에는 다시 전체가 태어나는 창조의 경이가 있다.

올해 막 완간된 이 시리즈에 대해 가장 빠른 반응을 보인 곳은 신문사도 문예지도 대중문화 잡지도 아닌 한 온라인 장르문학 독자 모임이다. 책이 발행된 지 약 이 주 만인 6월 초, '장르소설읽는모임'이란 이름의 어느 오래된 독자 모임은 이 시리즈에 대한 감상을 함께 나누고, 대화록 전문을 온라인에 공개했다.[21] 해당 글에는 이 작품이 로맨스 계통이라 파란미디어에서 나온 것이라는 출판사 경향성 분석부터, 평론가가 붙인 해설이 전문성이 떨어진다는 평가, 해설보다 의뢰

21) 공개된 전문은 다음 링크에서 볼 수 있다. https://docs.google.com/spreadsheets/d/1HyJIOSPUbAHNRmCCzqrIckFckozz09QYiuJLpfAjvfc/htmlview#

자들이 덧붙인 말이 더 좋았다는 논평, 과학기술 설정 용어에 대한 지적, 취향대로 시리즈에 순번 매기기 등 책의 내용과 형식을 넘나드는 감상들이 격의 없이 담겨 있다. 내가 가장 재밌게 읽은 부분은 이 엄청난 스케일의 이성애 로맨스에 대해 누구는 "내 삶은 어둠이었고, 지옥이었는데 너만이 내 구원이고 그런 거"[22] 아니겠냐고 해석하고, 다른 이는 "이렇게 고통을 감내하는 게 사랑이라는 이데올로기가 수많은 한국 여성들을 고통의 구렁텅이로 이끌었다"[23]고 반박하는 장면이다. 문단 잡지에서는 잘 볼 수 없는 종류의 생생함이었다.

현실과의 고리를 통해 이 작품들이 묶이니 공교롭게도 시리즈가 '엄마-아빠-아들'이라고 하는 '이성애 정상 핵가족 체제' 구성을 갖추게 되었지만, 세 편이 각자 우주를 떠도는 이야기라 전권을 통틀어 가족 모두가 오순도순 모여 있는 장면은 단 하나도 없고, 단지 언젠가 한 번 만나 언젠가 한 번 아이를 낳았을 것이라는 세계관의 아교만이 이들을 가족으로 묶을 수 있을 뿐이다. 이를 근대적 의미의 정상 가족 체제라고 부르기는 어렵다. 전체로 보면 가족 서사지만, 하나씩 떼어 놓고 보면 자립 서사인 이 스페이스 오디세이의 짜임은 한 존재의 개성의 발명은 사회적 관계들과의 조응을 통한 것이라는 사실을 천천히 탐구하며 공동체의 오류와 대안의 가능성을 함께 고민하는 김보영 문학세계의 기조를 반영한다.

22) 같은 글.

23) 같은 글.

5. 나가며: 독자 시대의 SF 여성 작가들

혹자는 지금이 '한국 SF 문학의 빅뱅'이라느니 하는 호들갑으로 문화의 기원을 재지정하려고 하지만, 국내 SF 문학의 역사가 이미 오래 축적되어왔으며 그 안에서 김보영의 명맥을 찾는 일은 어렵지 않다. 김보영의 작품을 읽고 SF 작가가 되기로 결심했다는 전삼혜, 김보영을 통해 자신이 쓰는 글의 종류가 SF라는 걸 알게 되었다는 문목하, 존경하는 선배로 김보영을 꼽는 김초엽 등 최근 활동하는 일련의 젊은 여성 SF 작가들이 모두 김보영의 애독자들이었다는 사실은 '독자 시대'라는 작금의 문학 출판계가 어떤 회로로 작동되고 있는지를 보여주는 측면이 있다. 그러니까 국내 SF 소설의 독자였던 여성들이 SF 작가가 되는 순환 고리가 있다는 사실을 말이다.

김보영은 그럼 갑자기 튀어나온 개인일까. 당연히 그럴 리 없다. 그는 정식 데뷔 전 온라인 SF 동호회에서 활동[24]했었으며 오래전 한 인터뷰에 따르면 그는 하이텔 SF 게시판에서 연재되던 김주영의 『나호 이야기』(이후 『그의 이름은 나호라 한다』로 종이책 출판)를 찾다가 뚝섬에서 SF 헌책 벼룩시장이 개최된다는 것을 되었고, 거기서 구매한 웹진 '거울'의 무크지를 읽고 동료를 만났다는 생각이 들어 '거울'의 필진으로 합류했다고 한다. 그럼 김주영은? 그는 신일숙, 김혜린, 강경옥, 김진 만화가들의 팬이었다고 한다. 그럼 신일숙은? 그는 엄희자와 민애니의 작품을 읽고 따라 하며 작가의 꿈을 길러왔다고 한다. 여성들의 문화 실천을 통한 영향 관계의 계보가 존재한다. 그러므

---

24) 김보영은 공모전을 통해 정식 데뷔하기 전인 2002년 경부터 '정크SF'라는 웹진에서 활동했다고 밝힌 바 있다.

로 문화계에 여성 서사에 대한 요청이 마치 천지개벽 미증유 현상인 것처럼 말하는 것은 오랫동안 여성들이 구축해왔던 아카이브를 존중하지 않는 일이다. 여성들이 갑자기 계몽된 것이 아니라 여성들은 그저 좋아했던 걸 계속 좋아하고 있는데 세상의 시각이 달라진 것뿐이다. 이 시차를 곰곰이 음미해볼 필요가 있다.

(2020)

그날 이후 우리가 세상을 걷는 법

—은모든의 『모두 너와 이야기하고 싶어 해』[1)]

3일 연속 휴가가 시작되기 전날 자정, 수학 과외 교사인 '경진'은 그날의 마지막 과외 학생이었던 '해미'의 부모로부터 딸이 사라졌다는 소식과 함께 해미가 수업 중 이상한 기색을 보이지 않았냐는 질문을 받는다. 그날 학교에서 반 전체가 혼나 기운이 없다던 해미는 "어째서 그런 일이 생겼느냐고 물어봐주었으면 하는 눈치였지만 경진은 궁금하지 않았다"(11쪽). 고등학교 학급 분위기가 어수선한 건 지극히 평범한 일상이므로, 하루종일 빗길 속을 이동하며 식사도 잘 못 챙기고 연속 수업을 해서 무척이나 피곤하므로, 이 시간만 넘기면 아주 오랜만에 긴 휴가를 보낼 수 있으므로. 해미의 실종 소식을 들은 그 밤 경진은 안경을 깔고 앉는 작은 실수를 한다. 경찰차 사이렌 소리가 유독 크게 들리며 수 년째 데면데면하게 지내온 엄마가 꿈에 나온다.

---

1) 은모든, 『모두 너와 이야기하고 싶어 해』, 민음사, 2020. 이하 인용시 본문에 쪽수만 밝힌다.

그리고 시작된 짧은 휴가, 이상하게도 경진이 만나는 모든 이들이 갑자기 자신의 내밀한 이야기들을 들려주기 시작한다. 경진이 소식을 듣고 싶은 단 한 사람, 해미를 제외하고.

별안간 모든 사람들이 무언가에 홀린 듯 경진에게 말을 걸어오는 희한한 소설적 세계가 시작되는데, 사실 휴가 내내 침대에만 붙어 있을 작정이라던 경진이 가만히 집에 있지 못하고 돌아다니며 오히려 사람들을 찾아 헤매는 것인지도 모른다. 해미의 이야기를 제대로 들어주지 못했다는 부채감이 경진을 타인 쪽으로 기울게 하는 것이다. 해미에게 무슨 일이 있었는지는 정확히 잘 모르지만, 여성 청소년, 학급 전체가 관련되었던 일, 학교 밖 어른을 향한 구조 요청과 무시 등의 요소들은 이미 한국인의 불안을 자극하기에 충분하다.

IMF 때 실직해서 우울증으로 집안에만 은둔하며 지냈다는 안경집 사장의 느닷없는 고백을 시작으로, 학부모, 식당 주인, 결혼을 앞둔 옛 룸메이트, 길에서 전화기를 빌려준 가족, 옆자리에 앉은 승객, 우연히 만난 고등학교 동창, 산책하다 마주친 개의 반려인, 목욕탕 세신사 등 경진이 만난 모든 이들이 자신의 이야기들을 전해오는데, 그 이야기들의 면면에는 지극히 평범한 분노와 불안, 우울의 감정이 깃들어 있다. 출산을 강요하는 예비 시부모와 부모, 그리고 그 앞에서 실실 웃을 뿐인 남자친구 태도에 실망하여 결혼 생각을 접으려는 예비신부, 인스타그램으로 연락해온 수상한 남자를 만나러 가겠다는 여중생 딸과 사태를 수수방관하는 남편 때문에 속이 터지는 엄마, 학교폭력에 시달리다 전학을 갔지만 여전히 급우들에게 따돌림을 받고 도둑질을 강요받는 남고생, 돈이 없어 수학여행을 가지 못하는 처지를 친구들 앞에서 대놓고 모욕하는 교사 때문에 주눅든 여고생, 어렵사리 인테리어 공사를 해 차린 가게에서 쫓겨난 상인, 초과 근무를 한 달에 100시간도 넘게 시키는 회사에 다니는 직장인, 없는 집안에 중간에 끼인 딸로 태어나 부모에게 관심받지 못하고 자라 자기 자식만은 사랑을 듬뿍 주며 키웠지만 진상 규명이 되지 않는 큰 재난 사고로 딸을 잃은 엄마의 사연 등이 이어진다. 작가는 경진이 만난 이들이 겪었던 사건을 직접 언급하진 않지만, 세월호와 스쿨 미투, 학교 폭력과 여성혐오 범죄, 건물주 갑질 사건 등의 구체적 현실이 끝없이 환유된다.

그리고 경진은 이 기묘한 휴가 기간에 엄마의 이야기도 듣게 된다. 공기업 취업에 실패한 후 비정규직 독신 여성으로 사는 살고 있는 경진에게 "너 언제까지 자리 못 잡고 그러고 살래"(67쪽)라며 시도 때도 없이 속을 긁어대던 엄마가 실은 몇 년 전 작은 수술을 받은 후 가난한 독신 노년 여성의 삶에 대한 불안을 체감하며 무기력증을 앓았다는 사실을, 그러다 주변의 권유로 여행을 가게 되었는데 짧은 산책을 통해서도 몸과 마음이 회복된다는 것을 깨닫게 되어 전 직장 상사 남편의 회사 산악 동호회 단풍 모임에까지도 부지런히 깍두기로 껴 다니며 활력을 되찾았다는 사실을, 무능한 술고래 남편과 두 딸을 건사하며 평생 사치로만 여겨왔던 취미생활을 가꾸게 되었다는 사실들을 알게 되며 해묵은 원망을 털어내게 된다.

걷기라는 나긋한 형식과 듣기라는 수동적인 소통 양식을 취하고 있는 이 산책과 대화의 소설은 끝없이 부유하는 불안한 마음과 쉽사리 답을 주지 못하는 무능한 입의 감각을 밝은 필치로 전달하고 있다. 해미의 실종이라는 검은 구름이 소설 전체를 휘감고 있지만, 이 소설이 선사하는 평온함은 불안을 억지로 봉합하려는 위태로운 표면

장력은 아니다. 오히려 이 소설은 비극과 우울이 필연인 삶의 기조 속에서도 작은 움직임을 통해 참혹함이 깃들어 있는 세계의 배치를 바꾸어내는 일상의 실천들을 주목하려 한다. 어린 조카들을 키우며 사는 고교 동창이 삶은 폭력과 착취의 연속일 뿐인 것 같다고 하자 경진은 말한다. 이 족쇄 같은 폭력의 연쇄 체제는 뒤집어 생각하면 공생의 체제이기도 하니 조카들에게 그 점을 알려주라고. "얘기해주면서 같이 더 많이 찾아봐. 그럼 피부로도 느껴질지 모르잖아."(152쪽) 가만히 다시 들여다보면 경진이 들은 이야기들 속에는 끔찍한 사건과 고립감뿐만 아니라 그만큼 서로의 삶을 돌봐주는 호혜적 곁들도 존재한다. 가족도 있고, 친구도 있고, 무당도 있고, 약사도 있고, 계모임도 있고, 사회복지사도 있고, 단골도 있고, 반려동물도 있고 늙은 나무도 있다.

몸을 움직이는 실제 물리적인 산책뿐만 아니라 오늘날 우리의 디지털 산책이 이 소설의 경진의 경험과 닮아 있다. 공론 수렴이라는 미명하에 사이버 불링을 조장하는 무책임한 온라인 플랫폼 속 혐오 표현들을 신고하고, 민의를 반영하지 못하는 공권력에 대한 갑갑증 속에서 간절한 사연을 담은 국민청원 게시글을 찾아 읽고 동의 버튼을 누르며 이게 다 무슨 소용이 있을까 싶다가도 그렇다고 손놓고 있을 수만도 없는 세계에 우리가 지금 살고 있기 때문이다. 매일매일 입장문을 읽어야 하는 사회, 피해자의 이름을 딴 법안이 줄줄이 입법을 기다리는 사회, 내 삶이 가해 구조 속에 놓여 있음을 인정하지 않을 수 없는 이 사회에서 다시금 공생 관계를 발견하는 산책의 힘을 은모든이 개발하려 한다.

여러모로 착잡하고 슬픈 이야기를 가득 담은 이 소설이 유난히 담백한 필치로 재현되고 있다는 점은 이상한 아이러니라서 오히려 이 소설이 유지하고자 하는 산뜻함이 보이지 않는 미래를 억지로 끌고 오려는 강박처럼 느껴질지도 모르겠다. 어떻게 타인의 아픔을 자기 진정성을 증명하는 연료로 소모하지 않을 수 있을까. 그래서 듣는 귀의 입장을 보여주는 이 소설이 조금 더 열심히 가벼워지기로 한 것일까. 짧은 휴가가 끝난 후 볼이 빨갛게 부은 해미를 다시 만난 경진은 말한다. "무슨 일이 있었는지 선생님한테 한번 말해봐."(170쪽) 다만 들어야 하는 이야기들 앞에서 결코 쉬이 절망하거나 참혹해지지 않겠다는 태도가, 가장 힘든 사람은 들어야 하는 사람이 아니라 말하는 사람이라는 것을 잊지 않겠다는 자세가 이 소설에 있다. 걷다보면 잡념이 씻겨 잠시 가지런해지듯 읽고 나면 한동안 간직하고 싶은 개운함을 마음 안에 발생시킨다.

(2020)

장막, 그림자, 증강 현실
—박솔뫼론

박솔뫼의 소설 「원준이와 정목이 영릉에서」[1]는 이십여 년 전 원준이와 정목이와 정목이 아버지가 계곡을 산책하던 날에 현재의 '나'가 함께하게 된 이야기다. '나'는 원준이를 통해 그날을 알게 되었다. 그런데, 사람이 이십 년도 더 지나버린 날을 살 수 있을까?

1. 장막

문학은 투명한 매체일까? 정답은 '아니오'지만, 꽤 그런 것 같기도 하다. 나는 가끔 거의 완전히 투명해서 그 어떤 비밀도 숨어 있지 않은 텍스트를 시시하게 통과해버린 듯한 기분이 들 때도 있다. 예술작품에서 재현되는 것들의 의미는 드러남과 물러남의 긴장이 교차적으로 상연될 때만 발생한다는 오래된 미학 관념의 영향일까. 모든 미메

1) 박솔뫼, 「원준이와 정목이 영릉에서」, 『악스트』 2020년 11/12월호. 이하 인용시 본문에 작품명과 쪽수만 밝힌다.

시스의 목적이지만 굴절이기도 한 매체의 결절들로 인해 대부분의 텍스트는 보편적으로 비밀의 옹이를 갖추게 된다. 비밀은 아는 사람 때문이 아니라 모르는 사람의 존재 때문에 성립하는 역설적인 형태의 앎인데, 인지나 위상의 한계로 인해 필연적으로 더 많고 더 다양한 비밀들이 이론상 무수히 양산된다. 어떤 사람에게는 환하게 명징한 것이 다른 사람에게는 깜깜하게 비어 있다. 그것들은 서로 경쟁을 하기도 하지만, 동시에 견주어볼 기회를 얻지 못하기도 한다. 이 명징함과 깜깜함이 영원히 병렬할 것이고, 사람들은 각자의 가시 세계를 두고 싸우다 지쳐 죽고 말 것이라는 이 각자만의 단자적 유니버스에서, 꼭 그렇지만은 않다고 말하는 어떤 씩씩한 믿음과 부지런한 동작들이 박솔뫼 소설의 매혹적인 비밀을 만들어낸다.

어떤 이유로든지 주름을 만들어내는 '장막'으로 인한 비가시성의 절대성은 박솔뫼 소설의 오랜 주제였다. 광주를 배경으로 한 「그럼 무얼 부르지」는 '그날의 광주'와 '오늘의 광주'의 사이에 놓인 아득한 격차로 인해 갈 곳 잃은 애도에 관한 이야기다.

> 키스를 마친 남자가 말했다. 잔을 높이며, 그 노래를 틀어요. 그 노래. 그 노래는 그해에 서울에 있는 광장에서 부를 수 없게 된 노래였다. 왜인지 납득이 가지 않는 이유로 부를 수 없게 되었고 그 때문에 노래를 부르고 싶은 사람들을 구차하게 만들었다 (……) 모든 명확한 세계들이 내게서 장막을 치고 있었다 (……) 나는 그런 명확한 세계에 없었다. 마치 아주 복잡한 지도를 보고 있는 것처럼 거기는 어디지? 하고 들여다보아야만 했는데 그렇다고 무언가가 보이는 것도 아니었다. 나는 그렇게 들여다보는 사람이었으므로 당사자는 아

니며 또한 명확한 세계의 시민도 아니었다. 내 앞에는 장막이 있고 나는 장막을 걷을 수 없으므로.[2)]

당파적인 이해관계를 이유로 '그날의 광주'를 상징하는 '그 노래'를 부를 수 없게 된 상황에서 '나'는 그 까마득한 '장막'의 절대적 엄연함을 체험한다.[3)] '나'는 그때 직접 광주에 있었던 '당사자'도 아니고 진상이 규명된 '명확한 세계의 시민'도 될 수 없다. 이러한 막막함은 분노와 멜랑콜리아로 이어지기 쉽다. 가령 부산 인근에서 발생한 원전 사고와 '그날의 부산'을 재현하는 미디어 스펙터클에 지친 「겨울의 눈빛」의 '나'는 재난 영화가 못마땅해 극장에 앉아 스웨터 보풀을 입에 넣고 굴리다가 화가 나고, 살아남아 개를 만지는 일에 모멸감과 허무함을 느낀다.

두 남자와 개 한 마리는 채널을 바꿔가며 뉴스를 보았고 인터넷 창을 수시로 새로고침하며 새로운 이야기가 없나 우리를 안심시켜 줄 그런 이야기가 없나 보고 또 보았다. (……) 내가 아는 누가 또 누구누구가 지금 무얼 하는지를 말하는 것으로 이토록 모멸감이 드는 이유는 무어야. 우리가 개를 보고 싶다고 말하는 것으로 이렇게 허무해져야 하는 것은 또 무어야.[4)]

---

2) 박솔뫼, 「그럼 무얼 부르지」, 『그럼 무얼 부르지』, 민음사, 2020, 150~156쪽.

3) '그 노래'는 〈임을 위한 행진곡〉으로 추정되는데, 이명박 정부 시기 해당 곡의 제창이 국가 기념일 공식 식순에서 제외되어 논란의 중심에 섰다. 이후 박근혜 전 대통령의 퇴진 운동 이후 2017년부터 다시 공식 제창되었다.

4) 박솔뫼, 「겨울의 눈빛」, 『겨울의 눈빛』, 문학과지성사, 2017, 91~105쪽.

「이미 죽은 열두명의 여자들과」의 강간 살해 피해자는 자신을 비롯해 다섯 명의 여자를 강간 살해하고 교통사고로 죽은 '김산희'를 가상으로 음독 살인해보는 상상적 복수의 반복의 반복으로도 이미 일어난 사건의 비극과 영속적 가해가 해결될 수 없다는 걸 알게 된다.

그것을 스무 번도 넘게 반복한 끝에 저자가 정말로 단순한 생물이었고 여전히 겁나고 죽은 이후에도 떨리고 무섭고 괴로운 마음을 이기기가 힘들었으나 방에 있는 바퀴벌레 한 마리 죽이자 기둥 뒤의 바퀴벌레가 또 나타나고 그걸 다시 죽이고 그런 식으로 그저 어떤 식으로든 살았다라고 말할 수 있는 자 그 자체였다는 것을 받아들일 수 있었다. 생각했는데 이미 죽은 내가 이미 죽은 김산희가 괴물이고 비겁하고 치졸하며 아무 생각도 없는 자였으며 그자는 그저 살아 있었고 생물이었고 이제 죽었고 그러나 죽은 후에도 나는 그를 괴롭게 하여 그에게 죽음의 고통을 반복하게 할 수 있었다는 것을 깨달았다는 것이 그것이 무엇이라고 할 수 있을까.[5)]

그러나 박솔뫼 소설이 주목받아온 이유는 그 '장막'과 n개의 재현물들의 경합과 조합을 지면 위에 수놓으며 익숙한 불가능성을 재확인하면서도 결코 좌절하지 않는다는 점에 있었다. 「그럼 무얼 부르지」의 화자는 술집 사장으로부터 광주의 온갖 시시한 음식들과 식당 설명을 한참 듣고, 「겨울의 눈빛」 화자는 사건 이듬해 부산을 떠나 해

5) 박솔뫼, 「이미 죽은 열두명의 여자들과」, 『우리의 사람들』, 창비, 2021, 97쪽.

만에 피난을 온 사람들의 마을에 정착하여 해운대 이야기를 들으며, 「이미 죽은 열두명의 여자들과」의 '나'는 살아 있는 여자들 사이에서 지도에 없는 이정표를 만들기 시작한다. 국가 폭력, 안전사고, 페미사이드 등을 비롯하여 박솔뫼가 다루는 폭력과 저항의 체험록은 조명되지 못했던 희미한 존재들의 열망과 행위들을 비추는 대안적 서술의 가능성으로, 모든 사료를 한데 집적시키는 아카이브의 열병 가운데에서 화석화를 거부하는 역동성으로 해석되곤 했다.[6)]

정말로 그렇다. 진상 규명이 되면 이제 그 역사를 그만 얘기할 것인가? 기념비와 아카이브는 조성되는 순간 무한한 소실점으로서 다시 그 자신의 재료로, 기둥과 인화 물질들로 향한다. 가령 진실과 이해와 화해와 평화를 위해 이장된 중세 왕의 장지가 아이들이 떠돌고 연인들이 데이트하는 마을의 공원이 될 때까지 말이다. 「원준이와 정목이 영릉에서」의 '나'가 이십여 년 전으로 합류하게 된 원준이와 정목이의 동네가 오백칠십여 년 전에 죽은 조선의 임금 세종대왕의 묘지 영릉인 것은 이유가 있다.

---

6) 백지은은 『미래 산책 연습』에서 이야기의 제도화를 가능케 하는 음화된 이야기의 착상을 본다. "보이고 보고 남기고 남는 것들에 대한 생각-가정은 역사/세계에 대한 확신을 낳지만, 그 확신이 가능하지 않은 역사/세계도 있(을 수 있)다. 그 있(을 수 있)었던, 존재(하지 못)했던 역사/세계에 대한 생각-가정은, 그것이 실재했다는 확신과는 거리가 있겠으나 그렇다고 오직 꾸며진 가상의 역사 같은 것은 아니다. 그것은, 보이고 찍히고 남았기에 확실하게 인식되는 역사/세계가 바로 그렇게 있었다는 사실을 뒷받침하기 위해서라도, 마치 우주의 암흑물질처럼 알 수 없음과 불확정성의 상태를 가정한 채로 존재하여 알 수 있음과 확정의 상태를 역으로 증명해내는, 다른 위치의 역사/세계다." 백지은, 「안으로 나가는 역사」, 『문학동네』 2022 봄호, 190쪽.

2. 증강 현실

증강 현실은 실재하는 현실에 가상의 사물이나 정보를 더해 마치 그것이 원래부터 그 환경에 존재하는 것처럼 보이게 만드는 그래픽 기술로, 일상적 사물들에 리추얼한 시공간 감각을 부여한다.[7] 이러한 증강 현실은 기술적 유희가 되기 훨씬 이전부터 현기증을 불러일으키는 질병의 오랜 양태로 이해되기도 했다.[8] 박솔뫼 문학에서 손쉽게 일어나는 아나크로니즘은 유희와 트라우마를 가로지르며 펼쳐져왔다. 계엄령이 떨어진 광주와 원전이 폭발한 부산, 강간 살해가 일어난 서울, 그리고 장막이 걷히지 않은 그 밖의 모든 곳에서 박솔뫼의 화자들은 저택과 같은 건물이나 공사장의 비계처럼 드나들 수 있고, 헤맬 수도 있고, 거주할 수도 있는 시간 속을 방랑한다. 그것들은 '들은 이야기치고는' 엄청나게 직접적이어서 마치 증강현실처럼 느껴진다. 「원준이와 정목이 영릉에서」도 그런 일이 일어난다.

---

7) 한병철은 반복의 리추얼을 통해 사물과 다른 관계를 맺는 것을 생산 강제 사회의 덧없는 감정 소모와 대별한다. "감정은 사물보다 더 덧없다. 따라서 감정은 삶을 안정화하지 못한다. 게다가 감정을 소비할 때 사람들은 사물이 아니라 자기 자신과 관련 맺는다. 감정적 진정성(Authentizität)이 추구된다. 그렇게 감정의 소비는 나르시시즘적 자기관련(Selbstbezug)을 강화한다. 그리하여 사물들이 매개했어야 할 세계관련(Weltbezug)은 점점 더 상실된다." 한병철, 『리추얼의 종말』, 전대호 옮김, 김영사, 2021, 13쪽.

8) 이는 폭력 사건 생존자들의 '증강 현실적 신체 감각'에 대한 권명아의 논의에서 아이디어를 얻은 것이다. "생존자의 현실 감각은 일상적인 공간 감각이나 현실 감각과는 매우 이질적인 복잡화되고 증강된 신체 감각을 갖게 된다. (……) 이런 현실 감각의 변용이 '우울증, 정신착란, 사회부적응, 히스테리' 등 병리적 이름으로 명명된 것도 이런 현실 감각의 착란화 혹은 복잡화를 논의하는 이론과 방법론이 부재한 결과다." 권명아, 「증강 현실적 신체를 기반으로 한 대안기념 정치 구상—애도 주체와 현실의 증강, 그리고 '완서학'의 원천」, 『여성문학연구』 40권, 2017, 194~197쪽.

어느 토요일 여름 중학교 1학년생인 '정목이'는 '원준이'에게 전화를 걸어 아버지와 함께 계곡 낚시를 가자고 제안한다. 그들은 정목이 아버지의 차를 타고 계곡으로 간다. 세 사람은 계곡으로 가 낚시를 하고 물놀이를 한다. 그런데 차를 가져온 정목이의 아버지가 두 아이를 두고 먼저 집에 가버린다. 말하고 듣는 일에 불편함이 있는 정목이의 아버지는 급한 일이 생겼을 때 사람들의 시선을 붙잡아 글을 쓰거나 수어로 의사를 전달해야 했는데, 아이들에게 사정을 설명하기 번거로웠기 때문이다. 신발을 차에 두고 내린 두 소년은 맨발로 계곡을 내려와 히치하이킹을 해서 집으로 돌아가기로 한다. 두 사람은 영릉으로 향하는 한 아저씨의 차를 얻어 탄다. 정목이가 먼저 내려 가까운 친척집에 가고, 영릉에 도착한 아저씨는 그곳에서 누군가를 만나고, 원준이는 어느 밥집 앞에서 졸며 다리쉼을 하다 가게 사장으로부터 물과 참외를 얻어먹은 뒤 집에 돌아간다. 다음날인 일요일에 원준이는 자전거를 탄다. 정목이는 아버지 차에 두고 내린 원준이의 옷가지들을 가져다준다. 그렇게 두 사람의 중학교 1학년 어느 여름 주말이 흐르고, 그들은 2학년이 되고 3학년도 된다. 이후 정목이는 전학을 가고 원준이는 그를 다시 만나지 못한다.

시원한 계곡, 조용한 아버지, 초여름의 볕, 생수와 참외의 맛, 소년들의 맨발, 까무룩 든 낮잠의 이완 등 감각 묘사를 제외하면 정말로 삼삼하고 거리 없는 이 이야기는 그러나 작품의 후반부 미래에 사는 '나'로 인해 펼쳐졌다는 것이 밝혀지며 독특한 위상을 갖게 된다.

원준이가 정목이와 계곡에 갔던 이야기를 나에게 해준 것은 그로부터 20여 년이 지난 어느 날이었다. (……) 나는 원준이에게 정목이랑은 이제 안 만나느냐고 물었고 원준이는 정목이가 3학년 때 이사를 갔다고 말했다. 엄마들끼리 친했는데, 그때는 정목이네 엄마 또 다들 엄마들끼리 연락하고 지내서. 정목이는 뭐 하고 지내? 궁금하네.

정목이는 근데 고등학교 때 오토바이를 타가지고 이야기를 듣기로는.(「원준이와 정목이 영릉에서」, 202쪽)

그러니까 이 소풍날은 이십 년 후 원준이가 '나'에게 전해준 이야기라는 것, '나'는 원준이의 이야기를 듣다가 일종의 증강 현실 속에서 이십 년 전의 그날 소풍을 함께하기에 이른 것. 그런데 자세히 보면 '나'가 사후에 체험한 증강 현실이라고만 하기에는 이십 년 전 원준이와 정목이도 어떤 기척을 느낀 것 같다. 나란히 걷는 세 사람 뒤에 누군가가 한 명 더 있을 것만 같다는 묘사가 끈질기게 이어지기 때문이다.

정목이의 아버지 정목이 원준이가 계곡을 향해 걸었다. 정목이 아버지가 성큼성큼 앞서 걸었고 정목이 아버지의 뒤를 정목이와 원준이가 나란히 따라 걸었다. 그런데 뒤를 따르는 것은? 정목이와 원준이가 정목이 아버지를 따르는 것처럼 정목이와 원준이를 따르는 것이 있었는데, 뒤를 돌아보면 알 수 있겠지만 뒤를 돌아보지 않았다.(같은 글, 194쪽)

물론 그곳은 여름의 무성한 숲속이고 수많은 생물들은 각자의 생장으로 분주하고 소란스럽다. 세 사람 분을 초과하는 기운은 그저 여름의 자연이 만들어낸 화려한 자연 감각일 수 있다. 설마 누가 더 있을까? 점점 크게 보이는 물고기, 시선을 감지하는 벌레, 자기들끼리 소곤대는 개미, 사람 사이를 가로지르며 지나간 고양이는 계곡과 거리에 있는 것이 자연스러운 존재들이지만, 동시에 초과분의 기색을 끊임없이 암시한다. 오직 만물의 영장이라는 사람만이 그것을 못 느끼는 듯이 말이다. 그렇게 하루종일 모종의 인기척이 감돌지만, 이내 그것이 동물의 소리라는 것이 반복해서 밝혀진다. 정목이와 헤어져 식당 앞에서 졸다 깨어난 원준이는 선잠 상태에서, 가을도 아닌데 이상하게 자꾸만 나타나는 잠자리의 목소리를 듣는다. "지금이 내가 사는 때야."(199쪽)

이 잠자리의 목소리는 누구의 것일까. 고등학교 때 오토바이를 타고 다녔다는 정목이는 아마 죽었을 것이다. '나'는 성인이 되기 전에 죽은 친구의 동창생 이야기를 반복하여 듣다 그날을 함께 체험한다. '나'는 그 증강 현실 속에서 정목이 아버지와 정목이와 원준이 뒤에서, 벌레와 개미와 고양이와 잠자리의 양상으로, 말을 건넨 것인지도 모른다. "지금이 내가 사는 때"라고. 이 증강 현실은 원준이가 설풋 든 선잠 속에서 상호적이 된다. 오토바이를 타던 정목이가 사고를 당한 날이나, 사고에 대한 온갖 말이 나도는 때가 아니라, 혹은 그 밖의 다른 특이하고 평범한 날도 아니라, 우연히 마주친 이방인과 이웃들의 무심한 보살핌 덕에 집으로 무사히 돌아올 수 있었던 두 소년의 여름 나들이 속을 함께하는 '나'의 증강 현실은 그저 가만히 아름답다.

3. 그림자

물론 이 시공간의 왜곡은 물리적으로 반증 가능한 것은 아직 아니지만, 아예 다다를 수 없는 것도 아니다. '장막의 기술'이 있기 때문이다. 박솔뫼의 근작 「믿음의 개는 시간을 저버리지 않으며」는 '그림자 개'가 깊은 슬픔에 잠긴 사람들에게 나타나 산책을 요구하고, 그 산책의 시간은 시간과의 관계성을 회복할 실마리를 준다는 설정의 소설, 혹은 증강 현실 문학이다. 다만 게임과 다른 것이 있다면 인물에게 플레이 수락과 종료 권한이 없고, 규칙에 대한 고지 없이 느닷없이 현상이 시작된다는 데에 있다.

그런데 이때 진짜 개, 살을 비비거나 사진을 찍을 수 있는 실물 개가 아니라 '개의 그림자'가 나타난다는 것은 의미심장하다. 소설 속에서 어느 날 자신을 찾아온 그림자 개의 존재가 의심스러운 '태식'은 그러나 이미 눈앞에 나타난 명백한 것을 부정할 수 없다. 규칙을 모르는 게임에 이미 참가되어 미로를 헤매는 것, 가령 카프카에게 이런 것은 악몽이었다. 게다가 실물도 아닌 그림자가 길을 안내한다. 그러나 이 정처 없는 여행이 꼭 미로에 갇힌 악몽만도 아니다. 사물들이 일상의 리듬을 멈추고 고유의 동작을 개시하는 시간, 아이가 잠든 후 움직이는 장난감들의 세계처럼 사물을 소모하는 어른이 입장하면 고요해지지만 그것을 향유하는 어린이가 드나들면 전혀 다른 생동성으로 활기를 띠는 세계, 그림자 개는 최면을 거는 것처럼 느닷없이 나타나 인물들을 더 깊은 세계로 안내하기 시작한다.

우리가 우리 자신과 세상을 연결하는 끈이 느슨하다고 느껴질 때 기억해야 할 것이 있습니다. 첫째로 하나. 눈을 감고 당신을 찾아오는 이를 떠올리세요. 둘. 그들은 당신을 산책으로 이끌 것입니다. 그렇게 하나 둘 셋을 셋을 셌는데.

—세번째는 뭔데?

—셋.

셋.

눈을 떠.[9)]

증강 현실, 꿈, 동면 등 아직 단단한 것은 아니지만 완전히 환상이라기엔 지나치게 감각적이라 믿지 않을 수도 없는 중간 지대. 눈을 뜬 태식은 자신이 들어간 증강 현실의 규칙을 서서히 알게 된다. "어딘가 먼 곳에 개가 있고 그 개가 반사되어 그림자로 나타나는 것이 아닐까 생각했다. 영화 같은 것이라고 할 수 있지 않을까."(「믿음의 개는 시간을 저버리지 않으며」, 143쪽) '그림자'는 '장막' 위에서만 가능한 베일이다. 그림자 개가 출현하는 일의 선결 조건이 장막인 것이다. 물리적, 심리적, 정치적 풍화 현상이 빚어버린 장막 때문에 우리는 무언가를 볼 수 없지만, 장막이 있어 그림자 개가 찾아오기도 한다.[10)] 증

9) 박솔뫼, 「믿음의 개는 시간을 저버리지 않으며」, 『믿음의 개는 시간을 저버리지 않으며』, 스위밍꿀, 155~156쪽.

10) 오석화는 영화관이 자주 등장하는 박솔뫼의 소설들에서 '장막'과 '그림자 개'의 존재론적 관계성을 읽어낸다. "그림자와 영화는 우선 원본에 해당할 것의 존재나 빛으로 이루어진다는 점 등에서 서로 닮아 있지만 나는 그보다도 그 빛이 투사될, 즉 가로막힐 평면을 필요로 하며 그로부터 발생한다는 점에 주목하게 된다. 그림자 개의 가장 중요한 존재론적 특성이 여기서 비롯되기 때문이다—지금까지의 박솔뫼의 '장막'이 어떤 불가능성의 은유로서 기능해왔다면 그림자 개는 바로 그 '장막', 즉 불가능성 위에서 태어난 존재다. 나아가, 우리가 알던 그림자가 자신의 원본에 종속돼 동일한 시

강 현실이 증강 안 된 현실과 동일하고 나란하게 성립할 수 있다는 가능성의 발견. 「원준이와 정목이가 영릉에서」의 마지막은 증강 현실 속에서 이윽고 증강 안 된 현실은 없다는 화자의 희미한 깨달음으로 끝이 난다.

> 원준이는 이 이야기를 매번 크게 더하지도 빼지도 않고 여러 번 반복해서 해주었다. 계곡을 향해 걷는 원준이와 정목이 정목이 아버지. 정목이 아버지가 먼저 성큼성큼 계곡을 향해 걸었다. 그 뒤를 정목이와 원준이가 따라 올라가고 나는 그 뒤를 따라서 천천히 쏟아지는 녹색 속으로, 물소리, 나무와 바람 속으로 걸었다. 풀 냄새와 나무 냄새로 가득하고 나는 바위 위에 누워서 그것을 듣다가 눈을 감고 나를 따라온 것이 무엇이었는지 생각해보려 하지만 물소리는 쏟아지고 감은 눈으로도 선명한 햇볕은 알아차릴 수 있고 나뭇잎은 흔들리고 그 역시 알 수가 있고 그런데 금세 잠이 들어서 내가 그곳까지 어떻게 걸어왔는지 그것이 내가 평소에 걷는 것과 어떻게 달랐는지 구분할 수가 없었다.(203쪽)

이것은 허구를 통해 과거를 수정하고 보완하는 대체 역사라는 소설의 일반적 기능에 관한 것은 아니다. 작가는 장막만을 강조하며 그 불가능 앞에서 사건을 신성화하는 대신 다양한 감각적 과부하를 통

공간에 자리할 수밖에 없는 것이었다면 그림자 개는 실제 개의 여부와도 무관하게 자신을 필요로 하는 사람을 스스로 찾아 나설 수 있는 존재다. 다시 말해, 그림자 개는 그 자체로 '장막'의 불모성과 절대성에 대한 박솔뫼식 반증이다." 오석화, 「그림자 공동체—박솔뫼의 부산, 산책, 그리고 그림자들」, 『동리목월』 2021년 가을호.

해 실재적인 것의 유일한 권위를 폐지시킨다.[11)]

*

어떤 비극적인 일이 일어나고, 성찰과 반성과 정비를 거쳤다고 주장해도 비슷한 일이 다시 일어나고, 또 일어나면, 서둘러 장막들이 쳐지는 동시에 그것을 보고 들은 사람들의 움직임이 그림자처럼 솟아나 증강 현실을 형성한다. 단일한 현실이 단일하지 않다고 주장하는 현실들이 무수히 생겨난다. 그러니까 「원준이와 정목이가 영릉에서」의 화자는 이십 년 전 어느 날로 자꾸 돌아가 원준이와 정목이를 따라다니다가 원준이와 정목이가 직접 체험하지 못한 그날의 다른 세부도 환하게 알게 되는 것처럼 말이다. 가령 원준이가 전해주었을 리 없는 정보들, 영릉에 간 아저씨와 여자가 나눈 대화, 그들의 저녁식사 메뉴 같은 것들 말이다. 그것은 원준이도 정목이도 모르는 것들이다. 그런 이야기들이 원준이가 말로 전해준 그날의 세부와 동시에 나란히 가능한 현실이라는 점이 박솔뫼의 소설을 멜랑콜리와 멀어지게

---

11) 이러한 해석은 강보원의 글에 자세히 담겨 있다. "다가갈 수 없음을 전제로 픽션이 가능해지는 경우, 우리는 이 픽션의 가능성을 보존하기 위해 그 사건 자체에 접근하지 않으려 할 것이다. (……) '픽션의 한계를 지킨다'는 윤리적 강력 속에서 은밀하게 사건 자체를 실체화하며 동시에 결코 닿을 수 없는 어둠 속으로 밀어 넣는다. 그렇기에 이 관점은 "중요해 보일 법한 장면"을 화면에 담아야 한다는 요구와 상반되는 외관에도 불구하고 그 요구가 궁극적으로 표현했던 전혀 보지 않으려는 마음을 정확히 공유한다. (……) 즉 여기서 부재하는 것은 내가 결코 갈 수 없는 특정한 장소라기보다, 그러한 장소를 내가 실제로 있는 장소와 구분 짓는 질서이다. 픽션이란 다른 것이 아니라 바로 이 병렬과 중첩의 가능성, 즉 '현실적인 것'의 지위 상실이다." 강보원, 「지나가기 혹은 영원히 남아 있기」, 『우리의 사람들』 해설, 창비, 2021.

한다. 우뚝한 기념비와 장엄한 아카이브로부터 나와 공원과 산책길로 접어들게 만든다.

트라우마로 인해 솟아오른 과거의 어느 날을 반복 재생하는 것만이 아니라 감각의 증강 속에서 다른 세부들을 발견하며 다른 가능한 현실을 열어가기. "정목이는 뭐하고 지내? 궁금하네.//정목이는 근데 고등학교 때 오토바이를 타가지고 이야기를 듣기로는"(202쪽)에서 끊긴 그전과 그다음에 일어났고, 일어날 수 있었던 무수한 일들을 말이다. 오백여 년 전 죽은 왕의 무덤을 배경으로 이십여 년 전 사람들을 따라다니는 '나'는 정목이도 정목이의 아버지도 모르는 사람이다.

(2022)

발열 없이 아팠던 전염병 시국 속 여성들

—최은미의 「여기 우리 마주」[1)]

소설 「여기 우리 마주」는 십대 딸을 키우는 자영업자 기혼 여성의 시선으로 '코로나바이러스감염증-19'의 유행과 'N번방'의 충격으로 공황 상태에 빠진 2020년의 한국사회를 날카롭게 묘파하는 수작이다.

소설의 화자 '나'는 비누와 캔들을 만드는 홈 공방을 시작한 지 구 년 만에 막 가게를 차려 독립한 참이다. '나'는 그간 가사와 공방 업무가 분리되지 않는 곳에서 일하며 무엇 하나도 제대로 해내고 있지 못하다는 분열 감각에 시달려왔다. 집이 오직 휴식의 공간일 수 있는 남편은 "집에 와도 쉬는 기분이 안 들어"(54쪽)라며 불평불만을 표하고, 전문성 있는 강사로 인정받으려면 "멀쩡하고 깨끗하게, 주부로서의 노동만을 선별해서 지워"(74쪽)버려야 했기에 개업은 '나'의 오랜

1) 최은미, 「여기 우리 마주」, 『눈으로 만든 사람』, 문학동네, 2021. 이하 인용시 본문에 쪽수만 밝힌다.

꿈이었다. 그러나 전염병이 대유행하면서 공방 경영은 곧바로 위기를 맞게 되고, 설상가상으로 학교에 가지 못하는 열세 살 딸의 일상이 전부 엄마의 책임으로 전가되며 '나'는 또다시 수렁에 빠지게 된다.

전염병과 N번방의 공포 속 안전을 희구하고자 하는 지당한 욕구는 그러나 더더욱 '나'를 옥죄어온다. 어려운 상황에서 모두 힘을 합쳐 성실하고 모범적인 방역, 안보 주체가 되어야 한다고 말하기는 쉽지만, 이미 성역할이 염연히 분할되어 있는 가부장제 사회에서 책망의 화살은 유독 여성에게 가혹하게 떨어지기 때문이다. 아이들의 가정학습 계획은 오직 학모의 휴대폰으로만 전송되고, 맞벌이 부모를 둔 아이들은 번화가를 배회하며 그애들에겐 "엄마도 포기한 애"(70쪽)라는 딱지가 붙는다. 귀엽고 사랑스럽기만 했던 딸아이는 사춘기에 접어들며 점차 다 통제할 수 없는 사생활과 내면을 만들어가는데, N번방이 버젓이 운영되는 세상에서 '나'는 딸을 다그치며 아무것도 하지 말라고 불가능한 주문을 할 수밖에 없다. 남편은 딸의 표정이 좋지 않은 날이면 모녀 갈등을 다룬 소설을 사오는 것으로 육아의 소임을 다하며 자신이 "굶기는 것도"(71쪽) 아닌데 왜 그렇게까지 무리해서 일을 하냐며 사기를 꺾는다. 그리고 '그렇게까지 해서' 차린 가게마저도 유지가 어려워진 상황, 일하는 엄마로서 내면화된 '나'의 만성화된 죄책감과 우울은 이 시국을 통과하며 서서히 임계점에 다다른다.

소설의 다른 한 축에는 친구 '수미'와 그의 딸 '서하'가 있다. '나'의 '워킹 맘' 동지인 수미는 운전과 승하차 지도를 한 번에 해결할 수 있다는 이유로 환영받는 학원의 여자 기사로 과중한 업무와 메마른 남편과의 관계에서 지쳐 있는 또 한 명의 여자다. 술에 취하면 "나처럼 엉망인 여자는 아이를 어떻게 키워야 하는지"(71쪽) 묻던 수미는 아이들을 싣고 나르며 감정을 들키지 않기 위해 늘 선 캡을 쓰고 다니는데, 그것은 자기주장이 강한 그의 딸 서하가 늘 과민한 죄책감에 시달리는 엄마를 안심시키기 위해 양순한 딸을 연기하는 것과 마찬가지다. 마치 '나'가 강사가 되기 위해 주부를 지우며 엄마가 되기 위해 노동자를 지우듯, '나'의 딸 '은채'가 온라인 공간에 처음 스스로를 드러내며 주의할 테니 욕하지 말아달라고 애원하듯, 이 여성들은 나이를 막론하고 '조심'과 '죄송'을 제2의 천성으로 여기며 '나'로 살기 위해 '나'를 지우는 모순적 상황에 스스로를 몰아세우게 된다.

그래도, 그렇기에, '나'는 더더욱 공방 운영을 포기하지 않고자 했다. '나'는 타인의 시선으로부터 얼마간 자유로울 수 있는 편안한 공방을 만들고자 했다. '나'는 여자친구의 선물을 만든다는 핑계로 자주 공방을 찾는 게이 커플이 위협을 느끼지 않고 다정한 데이트를 즐길 수 있다는 것, 자녀를 키우는 엄마들이 어딘가에서 아이와 격리되어 있지 않고 모임을 만들어 "숨쉴 곳을 찾아 어디라도 나와 있다는 것"(66쪽), 그곳이 바로 '나'의 공방이라는 사실에 안도감과 자부심을 느낀다. 하지만 '나'가 애써 가꿔온 안전 공간 속 친밀감 나누기는 그리 오래가지 못한다. 강력한 거리 두기 정책으로 피로가 누적된 상황에서 동선 공개는 "살짝만 당겨도 죽는 집단과 제대로 당겨도 죽지 않는 집단"(80쪽)이 무엇인지를 명확히 드러내주었기 때문이다. 공방에 모여 앉은 엄마들 사이 수미가 말한다. "우리가 취미질을 하던 여기가 확산의 진원지가 된다면, (……) 우린 아마 총살을 당할걸?"(같은 쪽)

그리고 수미의 예상은 불행히도 적중한다. 거리 두기 완화 정책이 시행될 기미를 보이던 5월의 황금 연휴, 가정의 달을 맞이하여 카네이션 캔들 문의가 쇄도하며 공방이 활력을 되찾기 시작했을 무렵, 아이들의 등교 계획이 차례로 수립되며 학모들의 숨통이 트여갈 무렵, 가정의 다복한 안녕을 훼방놓는 이들이 모인 이태원 클럽발 대유행과 그 여파로 인한 수미의 확진으로 소설은 갈등의 절정에 이른다. 맘카페는 퀴어 커뮤니티를 욕하는 글들로 도배가 되고, '나'는 게이 커플에게 없는 여자친구의 안부를 집요히 물으며 그들이 만지고 간 비누에 소독약을 뿌린다. 내내 신경을 곤두세우고 살다 인내심이 바닥난 수미는 결국 딸 앞에서 정신을 놓은 채 난동을 부리고, 온라인 수업중 카메라를 켜지 않아 꾸중을 듣곤 했던 서하는 카메라와 오디오를 켜 구조를 요청해온다. 이미 취약했던 공간은 더 취약한 상태에 빠진다. 같은 건물에 위치한 노래 주점과 건전 마사지숍과 대화 카페가 아니라 살균과 힐링 제품을 만드는 공방이, 수미의 남편이 회식을 하는 B 룸살롱이 아닌 수미의 딸 서하가 갇혀 지내는 집이 피해를 입는다. 여성들, 퀴어들, 아이들의 공간의 안전 공간이라고 믿었던 곳이 그렇게 결딴난다.

소설 중간에 서술된 '나'의 악몽 같은 삽화는 성차별 사회의 억압과 증오가 발현되는 메커니즘을 잘 보여준다. "물줄기가 터져나오려는 호스의 입구를 한 손으로 틀어막고 한 여자가 서 있다. 다른 한 손으로 아이의 손을 잡고 있다. 여자는 휘청거린다. 호스에 장전된 것의 무게가 너무 무거워서, 정신을 차리지 않으면, 정신을 차리지 않으면, 정신을 똑바로 차리지 않으면, 호스가 튕겨져나가버릴 테니까. 물줄기가 요동을 치면서 가장 가까운 곳을, 가장 약한 것을, 가장 사랑하는 것을 찌를 테니까. 머리 위에 찬물을 끼얹고 자신의 뺨을 내리치면서라도 이 분노를, 이것을, 정확한 곳으로 겨냥하려고, 제대로 가

누려고, 겨누려고, 안간힘을 쓰다가, 어느 날은 그냥 호스를 놓쳐버린다."(83~84쪽)

엄마들과 엄마들, 엄마들과 딸들, 엄마들과 퀴어들 간의 적대. 그리고 어디에서도 '나' 자신으로서 온전히 존대받을 수 없어 "허공처럼 외로워"(82쪽)진 마음들. 소설은 결국 약자들이 서로를 겨누게 되는 모습을 보여주며 성의 분할 통치는 결국 분열을 초래하고, 안전을 추구한다는 구실로 정당화되는 분리주의 정책은 혐오를 재생산한다는 사실을 통렬히 보여준다. "발열 없이 계속 아팠"(81쪽)던 그해 봄의 여성들, 여기, 마주앉은 자리에서도 고립되어갔던 우리들의 모습은 더이상은 지탱될 수 없는 가부장제의 당착을 맹렬히 증언하고 있다.

(2021)

여성들의 잡스러운 독서사, 불투명한 문서고와 환상의 그림자들

—『원본 없는 판타지』[1)]

여성들은 무엇을 어떻게 즐겼고, 페미니스트 역사 연구자들은 또 이를 어떻게 기록하고자 하는가. 여성들의 문화 향유와 페미니즘 시각의 문화사 서술을 시도한 책 『원본 없는 판타지』가 던지는 질문이다.

표제에서부터 넉넉히 암시되고 있듯 이 책은 성적 실천이 오리지널 판본 없는 퍼포먼스와 패러디 전략을 통해 구성된다는 퀴어 이론을 그 지적 자양분으로 하며 창작자 개인의 성적 정체성이나 전기적 사실보다는 여성 독자들의 주체적 수용 양상이나 예술의 매체적 특수성에 방점을 찍는 여성주의 수용이론 혹은 매체이론을 그 방법론으로 채택하고 있다. 민족과 젠더 등의 상상력을 구성하는 유물론적 장치들과 이를 비트는 여성 독서 실천의 사료들이 함께 소개되어 독서의 재미를 더하는데, 특히나 SNS를 통해서 각양의 젠더 횡단적 실

1) 오혜진 외, 『원본 없는 판타지 — 페미니스트 시각으로 읽는 한국 현대문화사』, 후마니타스, 2020. 이하 인용시 본문에 쪽수만 밝힌다.

천들을 성별 환원주의에 기반한 '오리지널 여성(+서사)'이라는 기준으로 솎아내고, '한남 문학'(?)의 기계적 짝패로서 '한녀 문학'(?)을 여성 억압의 기제로 지목하는 시기에 도착했기에 더욱 흥미롭다. 약 백 년의 시간을 포괄하는 이 책이 그저 증명하는 것은 여성들의 문화 향유는 언제나 한녀적(?)이지도, 언제나 전복적이지도 않았다는 독서사 연구의 평범한 진실이다. 다만 섞여 있었고 중층적이었으며 사후의 눈으로 볼 때에도 여성들의 문화 실천은 여성 해방을 향한 역사의 합목적적 발전 과정에 따라 단선적으로 발전되어왔다기보다는 '비동시적인 것들의 동시적 성좌' 구성에 각자가 알게 모르게 참여하는 방식으로 이루어져 있었다는 것이다. 여성 문화사의 문서고에는 개인들이 접속했던 정보들을 도열해낼 하나의 투명한 정렬 함수가 없으며 외려 그곳에는 '여성적인 것'의 뚜렷한 실체 대신 수행으로서 존재를 증명해냈던 '여성적인 것'의 그림자들만이 아우러져 있다.

강연에서부터 출판까지, (아마도 반도에서 유일하게 유학을 필수 교과목으로 지정하고 있는) 전통적인 수도권 대학의 국어국문학과가 주도하고, (사학 재단의 기업화 이후 대학 인문학 위기의 가속화를 찬조한 원흉으로 꼽히곤 하는) 코어 사업단이 후원한 기획이지만, 책의 공저자들이 기반하고 있는 분과 학문의 영역은 다종다기하며 전통 학계에 소속된 연구자들뿐만이 아니라 예술가, 현장 비평가, 시민단체 활동가가 함께 참여했다. 이 대중 기획의 1탄 격인 『문학을 부수는 문학들—페미니스트 시각으로 읽는 한국 현대문학사』(권보드래 외, 민음사, 2018)이 문학만을 우선 다루었다면, 이번 기획은 영화, 미술, 드라마, 예능, 만화, 연극, 음악, 게임 등의 문화 영역으로까지 그 범위를 확장했다. 발표는 연구자들을 대상으로 한 학술회의가 아닌 일반 시민을 대상으로 한 대중 강연 형태로 진행되었으며 이를 위해 서울시여성가족재단이 협력했다는 사실 또한 특기할 만하다. '사립대 국문과' '시립 여성재단' '사회과학 서적 출판사' '대중'이라는 항은 2010년대 여성 지식의 유통 과정을 일람하게 해준다. 책을 통독한 후 이중 몇 개의 글이 KCI 마크를 달 수 있을 것인가 하는 얄궂은 생각이 문득 들었던 것도 이 기획이 당장에 그 같은 아카데미 지식 실천의 방식을 정확히 의심하고 있기 때문일 것이다. 총 열네 편의 글이 연대기에 따라 네 개의 챕터로 묶여 있고 공저자 개인의 단행본이나 논문, 도록 등의 형식을 통해 이미 출판이 되었던 원고들이 다수 보충되어 실려 있다. 『지극히 문학적인 취향—한국문학의 정상성을 묻다』(오월의봄, 2019)의 저자인 오혜진이 『문학을 부수는 문학들』에 이어 기획을 총괄했다.

산만한 독서의 퀴어링 모먼트

오혜진은 잡지와 무크지가 쏟아지고 ISBN 등록과 전산화된 출판 체계가 태동되었던 변혁의 시대 1980년대가 "여자들이 책을 죽어라 안 읽는 시대"(214쪽)로 기록되었다는 사실에 천착해 진지한 독서를 하지 않는 집단으로 지목되었던 십대 여성들과 주부들의 독서 실태를 들여다본다. 계를 조직해 하이틴 로맨스 소설을 구입해 돌려 읽으며 섹슈얼리티 놀이를 즐겼던 십대 소녀들과 성생활, 보육, 요리 혹은 천편일률적인 가십만을 소비하는 주부들이 경험했던 '독서의 경력단절'에 대한 분석 끝에는 단골 미장원에서 『여성동아』를 뒤적이다가 갑자기 소설을 쓰고 싶다는 충동에 사로잡힌 박완서의 각성의 순간이 있다. 즉 당대 여성들에게 독서란 '정전을 홀로 묵독'하는 것이 아니라 '이것저것을 여럿이 음독'하는 것이고, 그렇게 "기성 문학·지성사의 위계질서와 무관하게 행해진, 정전canon과 비정전을 망라하는 박완서와 여성들의 게걸스럽고 치열한 문화 실천이야말로 '여성 문학' 및 '여성 지성'의 비선형적 계보를 성립시킨 동력"(248쪽)이라는 분석이다.

여성들의 공동체적 독서의 불온한 실천 현장은 다른 이들의 글에도 있다. 한채윤은 치마, 화장, 긴 머리를 거부하며 등장한 1980년대의 이선희가 성애화되지 않은 소년으로서 안정적으로 용인되었던 측면이 있었다고 분석하며 그럼에도 그가 여성에게 강요되는 꾸밈을 거부했기 때문에 무대 위에서 만들 수 있었던 이미지는 이선희의 '언니 부대'들에게 규율적인 성별 동일시 교란을 초래하는 퀴어한 순간이 되기도 했다고 말한다. 허윤은 한국 만화가 중 최초로 팬클럽을 가진 작가로 기록된 1990년대의 순정만화 작가 이은혜의 텍스트를 분석한다. 그는 군사정권 시절, 성적인 재현에 대한 검열 시스템 속에서 순하고 정한 만화들이 탄생했다는 사실을 밝히며 이은혜가 반복적으로 그렸던 이성애 삼각관계와 근친성애적 구도 속에 있는 '오빠들만의 퀴어한 순간'을 발굴해낸다. "가장 순정한 이성애 관계는 가장 강력한 동성 관계"(273쪽)가 되어버리는 역설.

이들이 공통적으로 기반하고 있는 전제는 퀴어 서사가 창작자의 성별이나 성적 정체성으로 만들어지는 것이 아니라 창작자와 독서자 간의 상호적인 독서 행위를 통해 구성된다는 것이다. 퀴어링은 이선희가 남자나 레즈의 욕망을 따라 했기 때문도 아니고, 할리퀸 로맨스나 순정만화의 창작자들이 현실 남자들에 대한 메타 재현을 곧게 의도했기 때문에 가능했던 작가성의 산물이 아니라 한정된 책을 읽으며 온갖 상상을 다 했던 망상 분자인 여성 독자들이 함께 만들어냈던 순간이라는 것이다. 따라서 페미니즘 시대에 여성향 문화인 BL 향유를 전부 그만두겠다고 선언하는 것은 지난 삼십 년 동안 여성들이 만들어왔던 독서 실천에 대한 부정이다. 김효진은 여성이 등장하지 않는다는 비판에서 시작된 탈BL 선언이 게이 섹스에 대한 혐오를 동반하며 공수 관계의 삽입 권력을 물화하고 독서시 발생하는 주체의 다중 동일화에 대한 몰이해에 기반하고 있다고 단호히 주장한다.

여성혐오적인 현실에 대한 피로 속에서 증가하는 여성 야망 서사에 대한 대중들의 욕구 속에서, 현실과 재현의 대응 관계에 대한 결코 간단치 않은 논의들이 휘어지며 다른 종류의 소수자 혐오를 양산하기도 하는 여성 독서 연구의 뜨거운 현장이 이들의 글 속에 기록되어 있다. 이 논의들을 연속선상에서 살피면 '1980년대의 하이틴 로맨스, 1990년대의 순정만화와 팬픽, 2000년대의 BL'로 이어지는 유의미한 계보 그리기도 가능하다.

지난 세기 여자들의 욕망을 보려는 지금 시대 여자들의 욕망

독서사 연구는 또한 일종의 독서이기도 하다. 디지털 자본주의 세상으로서의 소녀들의 SNS가 뷰티 꿀팁을 공유하는 시장이자 놀이터였지만 탈코르셋 운동을 독려하는 광장으로서의 기능으로 전회하기도 했다는 김애라의 십대 여성 SNS 분석이나, 남다른 먹성과 힘을 가진 비혼의 중년 여성 이영자가 뉴트로 셀럽으로 부활하는 순간에 대한 심혜경의 '이영자 현상' 연구는 새로운 여성상의 출현을 기다리는 연구자들의 욕망을 다분히 반영하고 있다. 민주 정치의 적통임을 자임하는 현정권의 옹립 과정에서 탄생한 '내셔널 시네마'들 속에서 정작 현실 여성은 지워지고 상징으로서의 여성만 남는다는 손희정의 2010년대 한국 역사 영화 분석은 인권에 순서표를 배분하는 현실과 적극 소통한다.

이들의 독서는 페미니스트 비평을 실천하는 여성의 희열과 불안을 동시에 보여주는 지점이 있다. SNS를 통해 페미니즘이라는 빨간약을 삼키라고 권한다는 십대 여성이나 험한 판에서 어렵게 살아남은 이영자가 페미니즘을 배우며 "탈-꼰대의 길을 모색"(466쪽)하게 되었다는 발전론적 서사는 계몽 서사로서의 여성 서사만을 승인하려는 기획과 멀지 않고, 정치적 수사로 변주된 브로맨스를 즐기는 여성 유권자들의 유희와 실제 표심을 바로 증명하는 것은 상당히 어려운 문제다. 현실의 시간과 바짝 붙어 가기에 더 어렵기만 한 이 독서들의 뜨거운 욕망이 분기하는 지점에 우리 시대 페미니즘 현장 비평의 기능이 있는 듯하다. 보는 방법이 보이는 자들에 대한 새로운 존재론을 구성한다는 확신이 이들에게 있다.

게임 서사를 연구한 조혜영은 여성 게이머들이 게임의 마스터플롯을 바꾸고 있다고 주장한다. 〈브레이드〉의 시간 되감기 버튼이 "'게임 보이'들의 성차별적 역사를 매매고고학적 환기"(491쪽)하는 측면이 있다는 지적과 〈툼레이더〉 시리즈의 페미니즘 리부트가 인종주의를 제물로 삼게 된 정황은 "게이머성gamership의 알레고리"(500쪽) 젠더성을 묻는다. 특히나 〈포탈〉의 성애적이고도 폭력적인 여-여 관계 속에서 시공간을 회절시켜 게이머로 하여금 모험과 동반자들 간의 관계성을 탐사하게 하고, 최종적으로는 우울증을 야기하는 기원을 자가 삭제한다는 서사는 상처의 역사를 간단하게 '삭제'하는 일이 불가능한 현실에서 멀고 다른 미래를 상상하게 만든다. 게임을 하며 지금과는 완전히 다른 시공간을 경험하고 상상하는 일은 과거의 여성들이 가졌던 욕망들에 지대한 관심을 보이는 지금 우리의 욕망과 상당히 닮아 있다.

원본이라 여겨지는 것들의 의미 구성의 메커니즘을 살피면서도 그곳에 새로운 욕망을 불어 넣는 일은 우리가 가장 잘 알고 있는 검증된 페미니즘 연구 방법론이다. 식민지 시대의 퀴어 문화를 연구한 박차민정은 근대적 여성 교육 기관 형성과 함께 두드러지게 목격되기 시작한 1930년대 여성들 간의 퀴어한 삶의 양식이 동아시아의 총동원 체제하에서 만혼으로 인한 출산력 저하의 우려 속에서 '정신 위생'을 강조하는 우생학과 근대 정신의학의 레이더망에 포착되었다는 사실을 보여주며 페미니즘 인식론 구성 회로의 역사성을 발굴해낸다. 이화진의 글은 식민지기 일선동조론의 구체적 실현 방식이었던 '에스닉 크로스 드레싱'이 주로 여성들에 의해 수행되었는데, 이것이 옷을 바꿔 입어도 결코 무화될 수 없는 권력의 불균형성이나 두 국가 남성들 간의 권력관계를 공고히 하는 '내선 연애/결혼'의 매개로 기능하는 한편 그 유희성이 강조되면서 오히려 내선일체라는 구호 자체가 '통속화'되어 서로의 민족의상을 바꿔 입는 수행성이 식민자의 불안을 자극하는 전복적 행위가 될 수 있다는 효과를 갖는다는 크로스드레싱의 양가적 의미를 면밀히 짚어낸다. 진보의 잔여물로서의 객관세계를 완전히 수락, 수긍할 수 없는 약자의 메시지가 통속극을 만들어내는데, 외환 위기 이후 부활한 "'한국적 신파'가 남성 젠더의 내면이 가공된 결과"라면, 막장 드라마는 그 울면서 자기 연민을 수행하는 이야기들이 지겨운 "여성 젠더의 현실을 다분히 키치적인 감각으로 전달하는 판타지"(316쪽)라고 분석하는 이승희의 글은 유쾌하며 설득적이다. 미8군의 위안 공연에서 시작된 여성 가수들이 수난과 착복 구조 속에서 지독히 성애화된 무대들 위에서 해방감을 느꼈으며 그 무대가 다시 성매매 집결지이자 퀴어 게토가 되었다는 김대현의 연구는 멜랑콜리한 퀴어 정동의 아스라한 연기적 세계를 실증 역사학 안에 기입한다.

페미니즘 역사 서술이라는 난제와 전략들

문화사에서 남성 엘리트 중심주의적 서술을 적발해내는 것이 너무 쉽고 자명해진 상황에서 안티테제로서 페미니즘 문화사를 서술하려는 시도는 자칫 페미니스트 시각이 견지해온 비평적 개입의 존재 양상과 대립될 수 있는 특수한 위험 상황에 처한다. 한국 문화사의 주인공이 아니었던 이들, 가령 이 책에 등장하는 모던 퀴어, 이태원의 가수들, 저급한 텍스트의 애독자들, 온라인 공간 속의 여성들을 호명하고 그들에게 양지바른 비평적 자리를 마련해주는 방식으로 새로운 대안 문화사를 쓰려고 할 때 나타나는 안정화의 시도는 타자성을 기왕의 상징 질서 내부로 흡수하려는 기획과 접촉되었을 때 형식과 내용의 부조화가 발생하기 때문이다. 페미니즘 역사 서술이라는 난제가 이 지점에서 발생한다.

현대미술가이자 전시 기획자인 두 현장 예술가들의 글은 역사 서술 방법론에 대한 단초들을 제공해준다. 나치의 예술 검열을 노골적으로 드러내주었던 1937년의 퇴폐미술전을 패러디한 전시를 기획한 안소현은 작가들의 작품들에 나치의 수사를 미러링한 언어를 붙여 전시를 하기로 결정했는데, 작가들이 "원색적인 비난 문구를 접하자 당황한 기색을 감추지 못"(370쪽)했으며 기획자 스스로조차 "혐오의 언어를 일방적으로 따라 하는 일에 쉽게 싫증이 났다"(371쪽)고 기록한다. 맥락이 탈각된 채 돌아다닐 때 위험해지는 미러링 기법의 도덕적 딜레마뿐만 아니라 미러링의 반복 속에서 "관객들은 곧 지루해할 것이고 전시의 긴장감도 급속히 떨어질 것"(같은 쪽)이라는 현장 감각에는 예술이라는 특권적 영토는 현실에 대한 단순 반영성의 논리로는 신선도를 지속시킬 수 없다는 메시지가 있다. 퇴폐를 퇴폐 아닌 것의 거울상으로 제시할 때, 그것은 얼마나 퇴폐적일 수 있는가.

여성 국극에 대한 작업을 지난 십 년간 지속해왔던 정은영이 던지는 '상상의 계보학'이라는 역사 쓰기 시도는 이러한 문제의식 속에서 탄생한 하나의 대안이다. 여성 국극에 대한 공식적인 아카이브가 없는 상황에서 "더 많은 자료를 입수하는 것이 더 좋은 연구를 하는 길이라 확신"(101쪽)했던 그는 열화된 이미지를 좇아 사료를 채집하여 색인화 작업을 하거나 여성 국극을 전통적으로 다시 복원해내는 길을 택하는 대신 레즈비언 연극 배우, 드랙킹 퍼포머, 장애여성극단의 연기자, 트랜스젠더 전자 음악가를 텅 빈 무대 위로 불러낸 후 조각난 신체, 조명, 음악 속에서 진행된 그들의 퍼포먼스를 기록한 후 여성 국극을 "'퀴어 공연'이라는 맥락으로"(123쪽) 소환한다. 그것은 "'역사적 복권'과 '가시성'이라는 일견 당연해 보이는 목적에 거리를 두고, 어째서 그 목적이 당연한지를 묻고 또 묻는 일을 행하는 것. 그것은 규범적 재현을 거부함으로써, 역설적으로, 끝내 재현을 포기하지 않으려는 의지의 표현"(113쪽)이다.

페미니즘 비평은 문화사를 어떻게 쓸 것인가, 정전화 작업이라는 역사 쓰기의 고질적 성질을 어떻게 극복할 것인가, 원본과 중요 저본의 차이는 큰가, 우리는 또 무엇을 반복하고 반복하지 않을 것인가.

페미니즘이 시대정신으로 갈음되는 상황 속에서 우리는 여성주의 서사들에 대한 은근하고도 집요한 백래시뿐만 아니라 기묘하리만치 후하고 성긴 우대들, 다소 막연한 형태의 환대들 또한 지속적으로 의심해야 할 것이며 이에 페미니즘 비평 또한 끊임없이 더 섬세해져야 할 것이다. 페미니즘 비평의 대세 속에서 새로운 역사 서술을 고민하는 이들에게 도움닫기가 되어줄 책이다.

(2020)

정세랑의 많은 사람들
—정세랑론

1. 들어가며: 정세랑의 가벼움

정세랑의 소설[1)]에는 의외로 재난이 잦다. 이유가 설명되지 않는 자연재해에서부터 이유가 너무 많은 안전사고까지, 그의 거의 모든 작품에서 재난 사건이 발생한다. 그럼에도 불구하고 이 사실이 '의외'인 이유는 그의 소설을 마주할 때 느끼는 독자들의 기대와 관련되어 있다. 정세랑의 독자들은 그가 그려내는 재난이 완전히 불가역적인 파국으로는 끝나지 않을 것이라고 믿는다. 그러니까 재난은 있지만 그것이 완전한 재앙으로까지는 이어지지 않는 세계, 시스템은 잦

---

1) 이 글에서 언급되는 정세랑의 작품은 다음과 같다. 『덧니가 보고 싶어』, 난다, 2011; 『지구에서 한아뿐』, 네오픽션, 2012; 「보늬」, 『옥상에서 만나요』, 창비, 2018; 『이만큼 가까이』, 창비, 2014; 「효진」, 『창작과비평』 2014년 겨울호; 『재인, 재욱, 재훈』, 은행나무, 2014; 『보건교사 안은영』, 민음사, 2015; 「현정」, 정세랑 외, 『열일곱』, 알라딘, 2016; 「이마와 모래」, 『문학동네』 2016년 여름호; 『피프티 피플』, 창비, 2016; 「이혼 세일」, 『현대문학』 2017년 8월호; 『섬의 애슐리』, 미메시스, 2018. 이하 인용시 본문에 작품명과 쪽수만 밝힌다.

은 고장을 일으키지만 누군가는 그것을 수리하기 위해 묵묵히 일하고 있는 사람들이 존재하는 세계, 그것이 정세랑의 세계이다. 재난이 일상이 되어버린 우리 삶의 현장에서 제멋대로 뒤틀린 인간의 갖은 꼴들과 복잡하게 허술한 이 사회 시스템에 대한 환멸이 끝없이 밀려올 때, 정세랑을 읽는 것이 조금은 도움이 된다.

정세랑의 재난소설들은 진지하고 웃기다. 진지해서 웃긴 것이 아니라, 진지하지만 유머를 잃지 않는다는 의미이다. 그의 장르는 씁쓸한 웃음을 자아내는 블랙코미디가 아니라 그 자체로 건강한 쾌감을 선사하는 소규모 히어로물에 가깝다. 작가는 인물들이 서서한 내면 변화를 통해 비로소 행동에 나서게 되는 대목을 묘사하는 대신, 인물들이 빠른 행동 전환을 통해 당면하고 있는 미션들을 '클리어'하는 과정을 서술하는 편이다. 복잡하고 해결이 불가능해 보이는 문제들도 정세랑이 그려내는 인물들을 만나면 어느새 해소 국면에 접어든다. 이 간극이 정세랑의 소설을 가볍게 만든다.

가령 이런 식이다. 버섯을 잘못 먹고 환각 상태에 빠진 이들이 칼을 들고 학교를 습격하면 아무때고 엘리베이터를 움직일 수 있는 초능력을 가진 고등학생이 친구들을 대피시킨다. 손톱에서 자라난 세포가 강력한 방탄 소재가 될 수 있음을 알게 된 과학자는 폭발 사고가 자주 발생하는 실험실의 동료 연구자들의 가운을 훔쳐와 옷깃에 자신의 손톱을 바느질해 넣는다. 이별을 받아들이지 못하고 폭력적으로 돌변한 친구의 전 애인을 처치하기 위해 그가 알레르기 반응을 일으킬 만한 물질로 만든 네일 아트를 친구에게 해준다. 대기업의 사주를 받고 학교 밑에 잠복해 나쁜 영향력을 끼치는 용을 퇴마 능력이 있는 보건교사가 비비탄총과 무지개 검을 이용하여 무찌른다. 건물에서 불이 나면 모두가 투철한 직업 정신과 침착함을 발휘하여 전원이 무사히 구출된다.

현실의 레퍼런스가 알레고리처럼 등장하는 초능력 판타지물뿐만 아니라 그 대처 방식이 매우 상식적이고 깔끔해서 판타지가 아님에도 판타지처럼 느껴지는 작품들까지, 그의 재난소설에선 모든 이들이 빠짐없이 구조되고 있으며 그 과정의 정의로움과 다정함은 안전한 웃음과 함께 넉넉한 감동을 유발한다. 장르문학과 문단문학의 경계를 가로지르며 활발한 활동을 이어나가고 있는 정세랑의 작품들은 무거운 사회적 문제들을 명랑하게 풀어나간다는 점에서 로알드 달을, 소망을 판타지에 투영한다는 점에서는 어슐러 르 귄 등을 떠올리게 한다. "재난물이되 칙칙한 호러물이 아니라 마구 달리는 소년 만화"(『보건교사 안은영』, 186쪽) 같은 정세랑의 소설들이 선취하는 이 역동성과 긍정성은 동시대에 생산되고 있는 여타의 다른 재난소설들과는 그 무드 면에서 상당히 이질적이고 더러 생경하기까지 하다. 정세랑의 이 한없이 가벼운 소설들을 어떻게 읽어야 할까.

2. 사건과 이후의 삶: 한국형 재난 서사가 남긴 것들

거리의 종교인들이 임박한 최후를 운운하며 속인들을 겁박하듯이, 난세에는 종말론이 유행하기 마련이다. 일반적으로 재난 서사는 목숨에도 급이 있다는 사실을 알려주기 위해 쓰여진다. 위기 상황이 아니었다면 변명이 가능한 삶의 무수한 조건들이 생존이라는 단일한 목적 앞에서 예각화되고, 극단적 상황 속에서 발현되는 이웃의 이기주의나 이타주의는 인간성의 궁극을 실험하는 맞춤한 설정이 되어주었다. 2000년대 이후 한국문학도 재난과 관련한 묵시론이 지속적으로 생산되어왔다.[2] 재난물들은 재난을 발생시키는 사회적 무의식을 궁구하기 마련이기에 그 경향을 살펴보는 것만으로도 한 사회가 앓고 있는 문제들을 측정할 수 있게 해준다.

2000년대의 한국의 재난문학들이 환경주의적인 상상력을 바탕으로 한 뮤턴트들의 디스토피아였다면 2010년대의 재난물들은 현실 사회의 몇몇 국면을 거치면서 사회의 안전 시스템과 무능한 공공 서비스에 대한 문제의식으로 이어졌다. 그리고 일주일에도 여성 여럿이 정기적으로 살해되고 있는 오늘날 한국사회에서의 재난 이야기는 단연 섹슈얼리티와 신극우주의의 문제를 다룬다. 자연재해와 부패한 공권력과 언론, 그리고 여성 억압으로 가파르게 이어져온 문제의식의 변화는 재난을 발생시키는 결정적인 변수들이 시대에 따라 변화했기 때문만이 아니라, 재난이라는 주제 자체에 대한 세밀화의 결과일 수 있다. 2000년대 이후의 한국형 재난물에서 재난을 발생시키는 조건의 변화를 하나의 내러티브로 성글게 연결하는 것도 가능할까. 가령 작금의 생태계가 무너진 것은, 인간의 탐욕 때문인데, 그것은 여성을 괴롭히며 전개되었다는 식의 플롯 말이다.

---

2) 2000년대에 대거 등장한 재난 서사에 대한 독해를 통해 파국을 현실의 알레고리로 파악하고, 파국 서사가 선사하는 멀티 엔딩이 문학적 상상력과 사회적 감각의 확장으로 이어질 수 있다는 결론에 이르는 주장은 정여울, 「구원 없는 세계에서 살아남기—2000년대 한국문학에 나타난 '재난'과 '파국'의 상상력」, 『문학과사회』 2010년 겨울호. 2000년대 후반에서 2010년대 중반 사이 재난소설을 불안과 강박증 시대의 '마스터 플롯'의 변주로 독해하며 재난 모티브의 다양한 서사화 전략을 살피는 작업은 강유정, 「재난 서사의 마스터플롯」, 『세계의문학』 2014년 봄호. 이외 재난 서사의 발생 요건과 정동이 관리의 대상이 되는 애도 정국 사회의 정치화 가능성에 대한 이론적 탐구는 문강형준, 「재난 시대의 정동—애도의 가능성과 불가능성」, 『여성문학연구』 35호, 2015 등을 참조.

악몽과 재난의 일상화에 대한 문제의식을 줄곧 탐구해온 편혜영의 필모그래피를 이 플롯으로 설명하는 것이 가능하다. 편혜영의 세계는 서사를 초월하는 실재적 감각의 묘사로 점철된 「아오이 가든」의 뮤턴트들의 세계로 시작하여, 어디선가 끊임없이 개가 짖는 「사육장 쪽으로」의 전원주택 세계를 경유한 후, 전염병이 창궐하여 세상의 온갖 부조리가 현실화되는 『재와 빨강』의 세계를 거쳐 아내가 죽은 뒤 온몸이 마비된 채로 장모와 함께 남겨진 홀아비의 세계인 『홀』로 이어졌다. 혹은 이 재앙의 발생 조건들이 하나로 응축된 최근의 작품도 있다. 최진영의 『해가 지는 쪽으로』가 바로 그것이다. 이유를 알 수 없는 바이러스의 창궐로 생명을 가진 모든 것들이 죽어나가고, 이 아비규환의 상황 속에서 목숨을 담보로 여성과 어린이들이 가차없이 착취당한다. 그리고 그 와중에 레즈비언 로맨스가 태동한다. 이 소설은 오늘날의 여성 동성애자들이 처한 성 정치학의 지형을 한눈에 보여줌과 동시에 한국형 재난물의 결정판이기도 하다. 동시대 미국에서 양산되고 있는 트럼프 시대의 포스트 호러 무비들처럼, '사회파 재난물'이라고 할 만한 이 같은 이야기들은 말초신경을 자극하는 액션 서사라기보다는 해당 사회의 정동을 측정할 수 있는 증상적인 텍스트로 기능한다.

재난 서사와 짝을 이루고 있는 서사는 바로 재난 이후 남겨진 이들에 관한 이야기들이다. 한국사회에서 각종 재난이 일상화되고 계급적, 성적, 당파적 목적에 따라 사건이 편파적으로 전개되거나 수습되면서 애도와 기록은 상징적, 행정적 절차를 넘어선 투쟁의 문제가 되었다. 2014년 봄 이래로 재난 '이후의 삶'을 보내고 있는 유족과 생존자의 이야기가 대거 등장하게 된 것은 그들의 증언을 피로한 것으로 치부하거나 거짓말이라고 매도한 현실에 대한 저항들이었다. 공통적으로 이 소설들은 피해자 정체성에 대한 의문을 뜨겁게 문제시하고 있는데, 이는 유족이나 생존자의 행실을 문제삼아 그들의 목소리가 유통되는 통로 자체를 오염시켜버렸던 현실 사회에 대한 문화적 대항들이었다.

그런데 이런 작품들은 어떤 공통적인 정서를 발생시킨다. 돈을 모으기 위해 자발적으로 참사 현장으로 이주했지만 노역과 성 상납을 강요하는 상황 속에서 전염병에 걸려 결국 온몸이 석회로 굳어가는 레즈비언 커플의 생존기를 그린 강화길의 「방」, 버스 전복 사고로 반려자를 잃고 집안에 틀어박혀 타인과 자신 모두에 대한 지독한 환멸에 시달리는 유족·생존자의 내면을 그린 황정은의 단편 「웃는 남자」, 교통사고로 아이를 잃은 후 동네 사람들로부터 끔찍한 소문에 시달리는 부부의 이야기인 김애란의 「입동」, 군 의문사를 당한 아들의 시신을 칠 년째 안치하지 못한 채 지쳐가는 엄마의 이야기인 정용준의 「7년」 등과 같은 작품들은 작품 말미에 열어둔 얼마간의 여지들에도 불구하고 모두 할말을 잃게 만드는 데가 있다. 돌이킬 수 없는 불행, 규명되지 않는 진상, 지옥 같은 타인, 요원해 보이는 회복 등 이야기 속의 상황과 감정들이 독자의 현실과 강력한 고리를 만들어내며 엄청난 무력감과 도무지 나아질 가망이 없을 것 같다는 망연함의 정서가 독자들을 속수무책으로 휩쓸어간다.

정세랑의 작품 중 예외적이라 할 만큼 돌이킬 수 없는 비극적 사건을 품고 있는 『이만큼 가까이』가 봉착한 지점도 바로 그러한 회복의 불가능성과 사회적 관계의 절단, 총체적인 낙망과 같은 고립감의 정조들이었다. 마약중독의 경험으로 집안에만 갇혀 살던 '나'의 남자친구 '주완'이, 무장한 탈영병이 버리고 간 총으로 동네 개들을 죽이던 초등학생 '수호'—그 또한 보호받지 못한 소년이다—에게 살해당한 후 같은 버스를 타고 등하교하던 여섯 친구들의 우정 공동체는 해체된다. 수호의 누나인 '수미'만 "제대로 인사도 못하고 우리의 인생 밖으로 걸어나가야"(175쪽) 한 것이 아니다. 그들은 사회적 관계의 반경이 넓지 않은 고등학생들이고, 동네 친구들 누구를 만나도 부재하고 있는 이가 상기되기 마련이다. "친구들에게서 조금 멀리 있을 필요도 있었다. 주연이를 보면 주완이가 생각났고, 모두 모여 있으면 수미가 생각났다."(178쪽)

'나'와 '나'의 친구이자 주완의 동생인 '주연'은 주완의 죽음 이후 어느 날 다음과 같은 대화를 나눈다.

> 주연 내 생각에, 인간이란 종은 아주 가끔을 빼곤 좀처럼 아름답지 않아. 아름다운 생물이 아냐.
>
> 나 그럼 언제가 그 가끔이야?
>
> 주연 플래시몹을 할 때? 아주 성공적으로 플래시몹을 할 때 정도만.(154쪽)

모든 이가 사전에 계획된 하나의 합으로 연결되는 이벤트. 완벽하지만 그러나 결코 계속될 순 없는 플래시몹의 연극적 순간만이 유일하게 인간이 아름다울 수 있는 가능성이라는 주연의 말은 설계된 작전에 따라 계획한 대로 행동하지 않는 현실의 인간에 대한 지독한 염세를 나타내준다. 그에 따르면, 삶은 플래시몹이 아니니 인간은 결코 아름다울 수 없다.

첫사랑을 잃고 정상적인 애도의 과정을 거치지 못한 채 성인이 된 '나'는 영화미술을 직업으로 삼는다. 영화 감상은 집안에서만 살던 주완의 유일한 취미이자 그들의 주된 데이트 코스였다. 홀로 성인이 된 '나'는 "주완이가 살아 있었으면 좋아했을 영화"(189쪽)들의 끝나지 않을 리스트를 만들다가, 어느덧 카메라를 들고 다니며 사건 이후 흩어져야 했던 동창생들의 현재 모습을 카메라에 담는다. 서술되고 있는 과거 시간의 흐름을 끊으며 소설 초반부부터 곳곳에 배치된 이 짧은 인서트들은 주완의 죽음으로 인해 부서져버린 관계들과 '나'와 친구들의 조각난 마음의 파편들을 의미하는 한편, 과거 시간에 도입된 미래 순간들의 이미지로 그들의 미래가 과거와의 연속선 위에서 점멸하듯 이어지고 있음을 알려준다. 미래 시간의 조각들 속에서 남겨진 이들은 일자리를 얻고, 이사를 하고, 실없는 농담을 주고받고, 새로운 관계들을 맺어나간다.

작가는 남겨진 이들의 이후에 삶에 대해서도 비교적 긴 서술을 할애하고 있다. 성인이 된 주연과 '나'는 어느 날 서로가 각자의 방식으로 주완의 죽음을 견디고 있었음을 알게 된다.

> "(……) 나는 오빠가 결국 못 살아남았을 거라 생각해 (……) 오빠가 이 모든 걸 견디지 못했을 것 같아. (……) 결국 죽었을 거야. 겨우 버틸 만큼 예민하고 부서져 있었어. 오빠는 이미 그랬다고." (……) "나는 그래도 주완이가, 결국은 그 금간 부분을 흔적 정도로만 남게 이어 붙여서 뭔가 다른 게 되었을 거라 생각해, 죽지 않았더라면. (……) 온갖 고장난 부분들을 제어하는 법을 배워서 그 불안을 가지고 아름다운 걸 만들어. 병든 부분을 오려서 모빌처럼 바람에 흔

들리게 해." "그건 멋지네. 나는 단정짓는 걸로 버텼는데, 너는 그 반대로 갔구나. (……)"(185~186쪽)

주연과 '나'는 같은 이유로, 그러나 정반대의 방식으로 주완의 빈자리를 지탱하고 있으며, 죽지 않았으면 그가 살았을 삶에 대한 '나'의 가정은 남은 이들이 살아야 하는 삶의 과제가 된다. 이후 '나'는 어른이 된 친구들의 모습을 찍은 비디오를 이어붙여 엉성한 한 편의 필름 다이어리를 만들어 작은 상영회를 갖는다. 그 영상은 주완이 살아있었으면 만들어냈을 작품의 형식이자 부서진 부분을 오려붙여 무언가를 만들려는 '나'의 긴 애도의 시도이다. 그 부분 부분들이 남겨진 친구들의 미래의 모습이나 미래에 새롭게 등장한 인물들로 구성된 콜라주 다큐멘터리라는 사실은 모든 시간이 하나의 인과적 계선에 따라 봉합될 순 없지만, 예측할 수 없는 미래가 과거를 포옹하는 방식을 통해 부서진 이야기들이 그 자체로도 온전하게 존재할 수 있음을 말해준다. 이후 주연은 '나'의 작업물을 편집하여 다큐에서 픽션으로 영상물의 장르를 변경시키는데, 이는 주연 또한 친구들의 미래의 이야기들을 오리고 붙이는 유희적 작업을 통해 점차 애도와 치유의 길로 들어서고 있음을 의미할 것이다.

그리하여 비극적인 사건에도 불구하고 언제나 다시 낙관적 상상력을 통해 미래를 예비하는 정세랑의 작품들은 현실을 호도하고 있다기보다는, 유족과 피해자에 대한 전형적인 재현 방식에 대한 거리 두기의 결과로 보인다. 정세랑의 작품을 두고 밝거나 명랑하다는 말들은 있어왔지만, 그 같은 낙관이 성취하기 어려운 종류의 긍정성이라는 점은 아직 말해지지 않은 듯하다.

3. 초능력과 직업윤리: 구원 주체의 변화

정세랑의 첫 장편 『덧니가 보고 싶어』에는 장르문학 작가인 주인공이 아홉 번의 소설쓰기를 통해 전 남자친구에게 복수를 한다는 점에서 소설 창작의 욕구와 기원에 대한 자기 지시성이 표기되어 있다. 소설 속에서 전 애인을 죽이며 쾌감을 느끼고, 작품을 통해 헤어진 그와 다시 인연을 맺어 결국 그 연이 목숨까지 구하게 한다는 설정은 허구의 이야기가 현실을 반영하고 있을 뿐 아니라 허구적 이야기가 가진 힘이 반대로 현실을 낳을 수 있다는 작가적 믿음이 판타지적 상상력과 만나 구현된 첫번째 사례로, 곤경에 처한 당사자들을 언제나 전원 구조하고야 말겠다는 의지로 가득찬 정세랑의 다른 작품들 또한 모두 이러한 작가의 소망하에서 전개되고 있다고 할 수 있다. 어떻게?

『재인, 재욱, 재훈』의 경우 끔찍한 사건과 사고를 예방하고, 더 큰 피해를 최소화할 수 있게 하는 힘은 '초능력'이다. 평범한 삼남매인 '재인' '재욱' '재훈'이 우연히 작은 초능력을 소유하게 되면서 시작된 이 노벨레는 자신의 능력에 대한 비밀을 깨달은 이들이 작은 영웅이 되어가는 과정을 그린다. 그들이 가진 초능력의 종류는 우리가 흔히 히어로물에서 본 것에 비해 다소 약소하고 어렴풋하다. 과학자인 재인은 어느 날부터인가 단단하게 자라난 손톱을 배양하여 새로운 방탄 소재를 개발한다. 중동 지역의 개발 공사를 위해 사막에서 일하는 재욱의 눈에는 언제부턴가 위험을 감지할 수 있는 센서가 생긴다. 고등학생 재훈은 언제 어디서나 자신이 원하는 층에 엘리베이터를 소환할 수 있는 능력을 가지게 된다. 이들의 아리송한 초능력은 위기 상황에 처한 지구를 구원하는 보통의 히어로물 스케일을 감당하기에는 아무래도 역부족으로 보인다. 이 희미한 초능력을 가지고 히어로 서사를 만들어내기 위해선 그리하여 하나의 요건이 더 충족되어야 한다. 그들이 이 능력을 선한 영향력을 행사하는 데에 사용하겠다는 적극적 의지를 보여야 하는 것이다. 선량하고 정의로운 개인들인 재인, 재욱, 재훈은 각자 자신의 능력을 활용하여 친구와 동료를, 위험 사고가 잦은 어느 현장들을, 위기의 상황에서 탈출한 낯모르는 타인들을 돕는 일에 사용한다.

『보건교사 안은영』에 이르러 초능력은 '직업윤리'와 결합되는 양상을 보인다. 주인공 '안은영'은 『재인, 재욱, 재훈』의 경우와 유사하게 초자연적인 능력을 보유하고 있는 자로 등장한다. 그의 초능력은 귀신과 소통할 수 있는 능력이다. 어렸을 적부터 자신의 능력을 알고 있던 그가 간호사와 보건교사라는 직업을 선택한 것은 역시나 자신의 재능을 올바른 곳에 쓰고자 하는 인물의 선하고 정의로운 의지를 보여준다. 주인공 안은영은 평일에는 비비탄총과 무지개 검을 이용하여 악귀들을 물리치고, 주말에는 명승고적지들을 돌아다니며 나쁜 기운을 물리칠 힘을 충전하는 일로 하루하루 바쁜 일상을 보낸다. 불량한 일을 계획하는 학생들의 뭉친 마음을 풀어주고, 퇴마 능력을 악랄하게 이용하려는 자를 쫓아내고, 죽을 운명에 처한 학생이 생명 연장 시술을 받을 수 있도록 도와준다. 학교의 평화와 질서를 위협하는 끊임없는 사건, 사고들로 인해 과로한 나날을 보내는 안은영에게 귀신-친구인 '강선'이 직장을 옮기라고 조언하지만, 안은영은 "아직은 있어야 할 것 같아"(192쪽)라고 말하며 끝까지 남아 책임을 다할 것을 다짐하고, 작품의 말미에서 그는 결국 학교에 잠복해 있던 거대 괴물을 무찌르는 일에 성공한다.[3)]

『피프티 피플』에 이르면 사건을 해결하는 것은 초자연적 능력이 아니라 온전한 직업윤리와 소명의식의 몫이 된다. 작품 말미의 화재사고와 구조 작업 장면은 한 편의 플래시몹처럼 완벽해 보인다. 자정 경 허술하게 시공된 극장 건물에서 화재가 난다. 계약직만 남은 극장 직원 중에는 비상 대피 훈련을 받지 못한 이도 있지만, 그들은 침착하게 이동 경로를 확인하고 무전기로 상황을 공유한다. 마침 극장에 있었던 의료인들이 주의를 주며 인원들을 인솔하고 대피로를 만든다. 소방차와 의료용 헬기가 제때 도착하여 사람들을 빠르게 구조해나간다. 어린아이가 가장 먼저 구조되고, 옥상에 남은 이들은 지혜를 발휘하여 물탱크를 열어 화재를 진압한다. "아무도 죽지 않았다. 유가족을 만들지 않았다. 건물은 기울었을 뿐, 무너지지 않았다."(389쪽) 진로에 대해 고민하던 젊은 의사는 산업의학과에 진학하여 자신의 동료들을 비롯한 많은 노동자들의 노동조건 및 환경 개선 방안을 연구하고자 한다.

정세랑이 노골적으로 드러내고 있는 긍정적 결말에 대한 집요한 희구와 강박은 『재인, 재욱, 재훈』 『보건교사 안은영』 『피프티 피플』을 두루 거치며 직업윤리와 소명의식을 통해 현실화된다. 문제의 해

---

3) 2014년 9월에 완성 제출된 『보건교사 안은영』은 작품이 생산된 현실세계와의 관계성 속에서 처음 소개되었었다. "2014년 현재 한국사회가 얼마나 무능한 국가 인프라를 가지고 있는지, 참사 이후에도 얼마나 어처구니없는 불투명한 의혹들만 늘어나는 중인지, 그러나 어떤 방식으로도 혁신이 이루어질 가능성이 보이지 않는지를 돌아본다면, 이 괴물이 뜻하는 바는 보다 명확해지는 듯하다. 그러므로 이 소설의 마지막 장면이 보여주는 스펙터클은 작가를 넘어 이 시대가 간구하는 한 장면이리라 믿는다. "스무 살을 넘기고도 살아보고 싶어요"라 말하는 한 아이의 소망을 실현시켜주며, 모든 아이들의 안위를 위해 계속해서 싸워나가는 주인공 안은영은 우리 시대가 꿈꾸는 메시아 그 자체다." 강지희, 「시대에 대한 명랑한 반란」, 『세계의문학』 2014년 가을호, 7쪽.

결 방식이 개인의 초능력과 사적인 친절함에서 공공의 직업윤리와 그로부터 비롯된 소명의식으로 명백히 전환된 것은 재난에 대한 작가의 입장이 무엇인지를 매우 선명하게 보여준다. 우리 사회가 당면하고 있는 문제들은 더이상 선한 개인들의 친절한 마음씨에 호소하는 방법만으로는 해소될 수 없다. 데이트 폭력과 이별 살해, 난민 문제, 마약중독, 가습기 살균제 피해, 가정폭력, 건축 비리, 대학의 기초학문 통폐합, 여성들의 경력 단절과 독박 육아, 비정규직과 아웃소싱으로 인한 고용 불안, 위험한 노동 환경, 층간 소음, 피임과 임신 중단권, 복지 사각지대의 빈곤 노인, 군사 비리 등 이 소설들의 표면 이야기의 한 꺼풀을 벗기면 드러나는 온갖 사회적 문제들은 개인의 도덕적 감수성의 향상만으로는 해결될 수도 없을뿐더러, 제도적 개선 없이 개인을 질책하는 것은 허구적이며 기만적이다. 따라서 전문성을 통해 사건 방지를 소망하는 정세랑의 재난 서사는 윤리적 감각의 확장만을 요구했던 기존의 타자론과도 차별점을 갖는다.

이 맥락에서 정세랑표 인물 관계의 기본 형식이 변화하는 면모 또한 유의미하게 적바림되어야 할 것이다. 너무나도 다디달아 글을 읽는 것만으로도 이가 상할 것만 같은 기분을 선사하던 그의 초기작들이 거의 남녀 간의 로맨스 관계를 중심으로 진행되었었다면, 최근의 작품들에선 관계의 형식이 점차 확장되고 다양해지는 추세를 보인다. 이 같은 변화는 정세랑의 재난 서사가 강조하고 있는 특성으로 인해 발생한 결과임과 동시에 그가 몰두하고 있는 여성 서사의 두드러진 강조 때문인 것으로 보인다.

4. 송이의 자매들: 정세랑의 여자들

정세랑의 여성 청년들에게는 성격상의 공통점이 하나 있다. 그들은 '마땅히 머뭇거리거나 두려워할 상황에서도 태도나 기색이 아무렇지도 않은 듯이 예사롭다'는 '태연'이라는 단어의 사전적 정의에 매우 부합하는 성격의 소유자들이라는 것이다. 그들은 어느 순간이 되면 때가 되었다는 듯 짐을 싸서 자신이 속한 원공동체를 미련 없이 떠난다. 이를테면 그들은 자신이 속한 원공동체로부터 영영 벗어나지 못할 것이라는 조바심과 여전히 그곳에 남겨진 사람들에 대한 죄책감이 지배하는 최은영의 여자들[4]과는 확연하게 대비된다. 정세랑의 여자들에게는 새로운 삶에 대한 공포가 거의 없다. 그들은 고향, 가족, 국가를 가뿐하게 뜬다. 남편에게 이용당하다가 살해당할 뻔한 여자(『섬의 애슐리』의 '애슐리')는 자신의 신분을 버리고 가족을 떠나고, 다만 이곳이 싫다는 이유로 스튜어디스가 되었던 여자(『이만큼 가까이』의 '송이')는 작은 기회를 잡아 이민을 결정한다. 아내가 아프자 집으로 돌아와 살림을 하라고 서울 간 딸에게 전화를 하는 아버지와 이별을 통보하자 인터넷에 자신의 신상을 유포한 전 남자친구를 떠나 유학길에 오른 여자(「효진」의 '효진')는 새로운 공부를 시작한다. 결혼이 부동산不動産으로 유지되었다는 것을 깨달은 여자(「이혼 세일」의 '이재')는 이혼 후 모든 무거운 짐들을 친구들에게 팔아버린 후 캠핑카에 남은 짐을 싣고 다니며 동산動産형 주거 실험을 시작한다. 심지어는 좋아하는 가수가 실종되자 그를 따라 지구 바깥으로 떠나는

4) 이는 오혜진의 분석에 따른 것이다. 오혜진, 「'성장'이라는 외상을 견디는 여자들의 유대」, 강윤정 외, 『안녕, 오늘의 한국소설!—2017 오늘의 작가상 후보작 리뷰집』, 민음사, 2017.

우주여행선에 기꺼이 몸을 싣는 여자(『지구에서 한아뿐』의 '주영')도 있다. 그리고 그들은 떠나온 곳에 남은 친구나 자매들과 간간이 연락을 주고받으며 먼 곳에서 아주 잘 살아간다.

『이만큼 가까이』의 송이는 정세랑의 이 같은 여성 인물들의 원형이라고 할 만한 캐릭터이다. 발가락에 'MISFIT'이라는 타투를 새기고 다니던 송이는 기회를 잡아 영영 조국을 떠나는 선택을 감행한다.

> 송이뿐만 아니라 송이의 자매들도 여기의 규칙과 오래된 권위들을 요괴 같은 얼굴로 잘도 무시하고 살았다. 그들은 간단하게 이혼을 하고, 외국인과 결혼하고, 이민을 가고, 나이에 상관없는 머리를 하고, 쨍한 옷을 입었다. 그런데 여기는 그런 약간의 파격에 항상 수군거림이 따라붙었다. (……) 무시하고 살려면 또 얼마든지 할 수 있을 테지만 더 재미있고 다양하고 풍부한 곳이 있는데 뭐 하러? 송이의 자매들은 그렇게 생각했을 것이다. (……) 여기가 싫어. 두 마디로 정리하고는 잘도 떠나갔다.(145쪽)

정세랑의 작품에 자주 등장하는 여자들은 바로 이 '송이의 자매들'이다. 그들의 그러한 태연함 혹은 용감함이 독자들에게 어떤 불일치감을 남긴다면, 그것은 작가가 '송이의 자매들'에 대해 다양한 계급적인 고려를 하지 않았기 때문인지, 혹은 그런 여성들의 재현이 단지 낯설기 때문인지를 분명하게 판별하기란 어렵다. 후자의 낯섦이 전자의 학습에서 기인한 측면이 크기 때문이다. 우리는 간단하게 좋은 결말에 도달하는 여자들을 현실세계에서도, 재현 세계에서도 거의 보지 못했다. 간단하게 나쁘거나 복잡하게 나쁜 여자가 아니라면,

복잡하게 불쌍한 여자들만이 여성에 대한 긍정적인 상의 거의 전부였으니 말이다. 이 '송이의 자매들'은 '탈조선' 한다기보다는 '탈고향' 혹은 '탈관계'하고 있다고 말하는 편이 더욱 적확한데, 여성들에게는 국가라는 상위 소속만이 아니라 가족이나 연인과 같은 일상적 관계가 더욱 문제가 되기 때문이다. 여성의 고등교육과 교양 수준이 남성의 수준과 이미 비등하거나 월등해진 오늘날, 머뭇거리다가 이내 선 자리에서 그대로 주저앉고 마는 여성상들만이 계속해서 양산되는 것은 시대착오적일 뿐만 아니라 바람직하지도 않다. '송이의 자매들'은 '먼 곳에 대한 갈망'을 가슴속에만 품고 살아야 했던 많은 여성들의 꿈을 실현하고 있으니, 죄책감 없이 원소속을 떠나는 이들은 진보한 여성상의 재현이라 할 만하다.

그렇다면 그들은 왜 떠나게 되었는가, 그들은 어떤 방식으로 떠날 수 있었는가, 그들은 떠나온 곳을 어떻게 기억하고 있으며 어떻게 현재의 삶을 꾸려가고 있는가. 이 떠나옴의 과정을 소설의 주요 줄거리로 삼고 있는 『섬의 애슐리』나 「효진」을 통해 작가가 원소속을 떠나는 여자들의 삶을 묘사하는 방식의 특징을 알 수 있는데, 두 소설 모두 그들에게 일어났던 '사건'의 끔찍함을 핍진하게 전달하고 있기보다는 그들의 행위성과 그들이 새롭게 꾸려가는 '이후의 삶'에 초점을 맞추고 있다는 점이 공통적인 특징이다.

『섬의 애슐리』의 애슐리는 본토인인 엄마와 섬사람인 아버지 사이에서 난 혼혈로 본토 사람처럼 생겼다는 이유로 일자리를 옮겨야 하는 폐쇄적인 섬에서 나고 자란 여성이다. 공부를 잘한 여동생이 일찌감치 섬을 빠져나가고 부모마저도 본토로 이주해 갈 때에도 그는 홀로 고향에 남아 관광객이 타는 유람선에서 "가슴에 조악한 코코넛 껍

데기를 달고 되도 않는 민속춤을 추는"(18쪽) 일을 하며 살아가는, 딱히 불만도 야망도 없는 심드렁한 여성 청년이다. 소설은 소행성의 충돌 사고로 인해 강력한 생화학 무기고가 터지면서 본토가 엉망진창이 되고 외지인들이 섬으로 피신을 오면서 본격화되는데, 애슐리가 세면대에 손이 닿지 않는 피난민 어린이가 씻는 것을 도와주는 장면을 외국인 기자 '리'가 우연히 사진에 담게 되고, 그것이 바깥 세계에 전송되며 애슐리는 삽시간에 인도주의 성녀가 된다. "애쉬는 모르죠? 저 바깥 사람들은 애쉬의 얼굴에서 차별과 화해, 오리엔탈리즘과 세계 시민 의식, 물질적 가난과 정신적 해방, 비극과 희망을 읽어요. 당신이 딱이에요./남의 얼굴에서 이상한 걸 많이도 읽네, 나는 어이가 없었다."(50~51쪽) 대형 갤러리가 붙어 애슐리와 리는 단독 계약을 맺고 '섬의 애슐리'라는 사진 시리즈를 만들어나가는데, 그 이미지들 속에서 애슐리는 "세기의 나이팅게일"(46쪽)이 되기도 하고 "베네통 광고"(52쪽)의 모델 비슷한 것이 되기도 한다. 섬의 청년 회장인 '아투'는 섬의 아이콘인 애슐리와 결혼하여 이 디스토피아를 관광화 시키고 염전을 메워 신도시를 건립하려는 기획을 추진하며 스스로를 섬의 영웅으로 셀프 메이킹해나간다. 모두가 자신의 이익을 위해 애슐리를 이용한다.

그러나 곧 본토의 상황이 생각보다 이르게 해결되면서 사람들이 다시 섬 밖으로 썰물처럼 빠져나간다. 무리한 간척 사업과 부동산 개발 계획을 추진하던 아투는 자신의 영웅 서사가 훼손될 것이라는 위기감 속에서 아내를 살해하려 시도한다. 불이 붙은 폐선에 애슐리를 묶어버린 것이다. "아투에겐 마지막 비극이 필요했던 것이다. (……) 사고로 일생일대의 사랑을 잃고도 섬에 봉사하는 비련의 영웅으로 남고 싶은 아투."(65쪽) 애슐리가 꼼짝 없이 죽음에 가까워지고 있을 때, 다시 나타난 이는 사진작가 리로, 그는 애슐리를 구조하여 자신의 고향으로 안전하게 대피시킨다. 사정을 모르는 고향에선 애슐리의 장례식이 치러진다. 여기까지 보면 이 이야기는 1세계 남성 저널리스트가 대표하는 보편 인권의 의지와 권력이 2세계 혹은 3세계의 배우지 못한 원주민 여성을 구하는 서사이다. 그런데 신분을 버리고 남편에게서 탈출하여 새로운 곳에 도착한 애슐리는 사진을 공개하여 아투에게 복수하자는 리의 의견에 반대하는데, 이때부터 구원의 도식이 서서히 뒤집어지기 시작한다.

> 리는 내내 나를 설득하려고 애를 썼다. 이제 안전한 곳에 있으니 아투의 진실을 섬사람들에게, 모두에게 알려야 한다고 말이다. 그게 나와 리의 의무라고 했다. 나는 그런 의무보다 두꺼운 옷과 난방비를 스스로 책임질 수 있도록 일자리를 구하는 게 더 급했기에 자꾸 대답을 미루었다.(75쪽)

애슐리는 언어를 배우고 일자리를 구하여 새로운 삶을 시작하여 나머지 인생을 꾸려나간다. 그리고 많은 시간이 지난 후, 아투가 그 자신의 소원대로 존경받는 영웅으로 죽었다는 소식을 듣자마자, 애슐리는 과거의 사진들과 함께 섬으로 가는 비행기표를 예매한다. 자신을 죽음으로 몰아갔던 '섬의 애슐리' 이미지는 이제 애슐리의 무기가 된다. 독자는 당장의 복수를 선택하는 대신 스스로의 삶을 정비하고 재건한 후에야 마침내 대의적 행동에 나서는 애슐리의 모습에서 구원의 주체가 이동하는 것을 확인할 수 있다. 『섬의 애슐리』는 이타적 타인의 도움을 통해 구원의 계기가 마련될지라도 궁극적으로 스스로를 살리는 것은 자기 자신이 되어야 한다는 사실을 강하게 어필한다.

단편 「효진」의 주인공 효진은 애슐리와는 국적도 계급도 교육 수준도 모두 상이한 인물이지만, 여성이라는 단 하나의 공통점은 그들을 구조적으로 매우 유사한 상황에 처하게 만든다. 도쿄에서 제과학교에 다니고 있는 효진이 대학 시절의 룸메이트와 전화통화를 하는 내용으로 이루어진 이 소설은 친구에게 안부를 전하는 효진의 목소리를 통해 그가 한국을 떠나올 수밖에 없었던 이유와 효진의 현재의 상황이 교차되어 진술되고 있다.

효도孝를 다하라盡는 이름을 지어준 그의 아버지는 효진이 딸이라는 이유로 서울의 대학에 보내주지 않고, 엄마가 병이 나자 공부를 접고 고향으로 내려와 살림을 맡으라 명령하는 구시대의 가부장이다. 어릴 적부터 효진은 서울로 시집간 이모들이 책이나 과자 세트를 담아 보내는 택배를 내내 기다리며 일찌감치 사투리를 고치고 서울을 동경했다. 그에게 서울은 타락한 도시 문명이나 비열한 자본의 상징이라기보다는 차별과 여성 노동 착취를 통해 지탱되는 고향이라는 향토적 세계에서 벗어날 수 있는 유일한 대안이다. 오빠의 도움을 통해 가까스로 인서울 하게 된 효진은 명절이 되어도 집에 내려가지 않고, 맛있는 디저트를 먹으러 다니는 대학원생으로 성장한다.

그러나 이성애자 여성에게는 가부장적인 아버지 이외에도 타파해야 할 문제적 관계가 하나 더 있으니, 가부장적인 애인이 바로 그것이다. 효진은 인사차 들른 남자친구의 집에서 남자친구의 어머니가 풍기는 뻔뻔하고 불길한 기운과 그 옆에서 아무렇지도 않게 휴대폰 게임을 즐기는 남자친구의 모습을 알게 되고, 그에게 이별을 통보한다. 이별을 받아들이지 못하는 그는 인터넷에 전 여자친구의 신상과 사진을 올리고, 인터넷상에서 효진은 남자친구의 "집이 가난하다고 홀어머니를 대놓고 무시하면서 도망간" "○○女"(313쪽)가 된다. "처한 상황 모두에 진저리를 치고 있을 때쯤" 마침 효진을 좋게 본 일본의 교수가 방문연구원 자격으로 그를 초청하자 효진은 "하루도 생각해보지 않고"(314쪽) 일본행을 결정한다. 효진은 일본으로 온 후에야 자신에게 더이상 공부의 뜻이 없음을 깨닫고 제과학교에서 새로운 기술을 배우며 일자리를 얻고 새로운 남자친구를 사귄다.

스스로를 "계속 도망치고, 도망치고, 도망치는 인간"(315쪽)이라 생각하는 효진은 "한 시간 사십오 분의 비행이 끝나고 하네다공항에서 수화물을 찾으며 내가 느꼈던 안도감에 대해 죄책감을 가져야 할까. 더 멀리 날아갔다면 더 큰 안도감을 느꼈을까"(314쪽)라고 스스로에게 되물으며 성찰적 감상에 빠져들지만, 작품의 말미에서 그는 도망을 잘 치는 자신의 성격이 어쩌면 특장점일 수 있다는 생각을 하기에 이른다. "상황이 너무 늦기 전에, 다치기 전에, 너덜너덜해지기 전에"(315~316쪽) 빠져나오는 것이 중요하다는 것. 그는 디저트를 점차 능숙하게 만들게 되면서 자신이 도망치는 사람이 되었던 최초의 기억을 떠올리는데, 한 선생이 초등학생인 효진이 보는 앞에서 과학 실험용 램프에 담겨 있던 알코올을 들이켰던 것이다.

> 상처를 주고 싶었던 거라고 생각해. 인생은 아주 불행한 거라고 아홉 살짜리 아이에게 각인시키고 싶었던 거라고 말이야. 잔인하고 이상한 어른이었지. (……) 나는 그때부터 도망쳤던 것 같아. 예고된

불행으로부터 도망쳤어. 만약 도망치는 걸 멈추면 알코올램프보다 더 나쁜 걸 마시게 될지도 모른다고, 나도 모르게 스스로 암시하게 되어버렸던 거야.(316~317쪽)

타르트를 구우며 효진은 트라우마가 되었던 이 원장면을 떠올리고, 이내 '도망'이라는 행위 속에 함의된 비겁함의 낙인에서 스스로 벗어난다. 「효진」이 특별한 점은 여성의 자기 계발과 생계 노동이 "스스로에게 조금 너그러워"(316쪽)지는 계기를 만들어내고 있는 지점을 정확히 짚어내기 때문이다. 효진이 부모와 애인을 떠나 새로운 곳으로 이주할 수 있었던 가장 결정적인 동력은 효진이 고학력자이며 자신의 분야에서 뛰어난 성취 능력을 보여주었다는 점이다. 「효진」은 겨우 기회적 평등을 수혜받을 수 있었던 오늘날의 여성들에 대한 새로운 보고서다. 효진이 죄책감을 덜어내고 자기 배려의 길목으로 들어서게 되는 계기가 외국에서 자리를 잡아가는 과정을 통해서 이루어지고 있는 것은 여성의 자기실현이 물리적, 경제적 독립을 통해 이루어질 수 있다는 기존의 여성 자립 서사를 확인함과 동시에 가족과 나라를 등지고 외국에 머물며 길게 공부를 하고, 외국인과 연애를 하는 국제화 시대의 여성들에게 붙는 온갖 부정적 혐의들에 대한 반격의 시도이다.

『섬의 애슐리』와 「효진」 모두 젠더 폭력의 현실로부터 벗어난 생존자들로, 그들은 타인의 도움과 자신이 가진 역량을 활용하여 가부장적인 남성들의 세계로부터 벗어나는 일에 성공한다. 상처의 경험을 넘어 언제든지 어디서고 다시 새롭게 삶을 지어 올리는 정세랑의 여성 인물들은 피해자 정체성에서 생존자 정체성으로의 이행에 대해 말할 때 반드시 참고해야 할 텍스트다. 반드시 끔찍하고 회복 불가능한 폭력의 경험을 통해서만 여성에게 발언권이 부여된다면, 경험의 외설적인 재현과 그것의 복제 이미지들 사이에서 여성은 더욱 피해자라는 프레임을 벗어나기 어렵다. 따라서 광기의 목소리나 비체적 몸짓 대신 정의로운 타인들의 도움을 통해 상황을 딛고, 가용 자원을 활용하여 다시금 건강한 삶의 궤도에 승선하고야 마는 이 '송이의 자매들'은 전형적인 피해자의 이미지를 어긋내고, 생존자에 대한 새로운 상을 제공한다. '송이의 자매들'이 전하고 있는 메시지는 분명해 보인다. 우리는 다시, 잘 살아갈 수 있다.

5. 나오며: 한 명의 이름들

정세랑의 작품들은 작중인물의 이름이 그대로 제목이 되는 경우가 많다. 이는 캐릭터 자체가 곧 이야기의 전개 방식이나 결말을 예고하는 정세랑 특유의 창작 방식 때문일 것이다. 한아, 애슐리, '하주'(『이만큼 가까이』의 단행본 출간 전 제목), 보늬, 재인·재욱·재훈, 효진, 안은영, 이마와 모래, 현정 그리고 『피프티 피플』을 구성하고 있는 쉰한 명의 각기 다른 이름들까지. 정세랑이 부르고 있는 이 고유명들의 세상은 한 개인의 호의나 악의가 작은 변침이 되어 타인의 삶에 작용하고 있는 곳이다.

『피프티 피플』 속 오십여 명의 인물들은 모두 각자이지만, 그들은 하나의 풍경 속에서 타인의 영감과 참조점으로 존재한다. 싱크홀에 빠져 몸을 다친 대학 강사이자 시인인 '배윤나'와 가습기 살균제 사고로 누나를 잃은 대학생 '한규익'은 기초 학문 통폐합을 반대하는 시위 현장에서 만나 절박한 이야기를 주고받는다. 분노조절장애로 인해 시도 때도 없이 폭력을 행사하다 정신병동에 입원한 '강한정'의 발작을 제압하는 보안요원은 커밍아웃 이후 가족들로부터 정신과 치료를 받아야 한다는 폭언을 들은 '김성진'이다. 엄마와 동생의 자살 시도 현장을 목격한 '정다운'은 친구 '오정빈'이 선물한 그림에 적혀 있는 연락처로 전화를 걸어 교통사고로 반사 상태에 빠진 남편을 돌보며 지쳐가고 있는 '장유라'에게 도움을 요청한다. 보코하람의 박해를 피해 망명을 고려하는 핸드볼 선수 '스티브 코티앙'은 가정폭력 생존자인 여성과 어린이를 위한 센터의 자선 행사를 기획한 의사 '이설아'와 다정한 손인사를 나눈다. 이설아는 생각한다. "가장 경멸하는 것도 사람, 가장 사랑하는 것도 사람. 그 괴리 안에서 평생 살아갈 것이다."(266쪽) 정세랑이 적극적으로 가시화하고 있는 많은 좋은 사람들은 이 괴리를 견딜 수 있게 해주는 힘의 원천이다.

이름이 작품의 제목이 되는 경향은 사실 정세랑만의 특징은 아니다. 김지영, 쇼코, 세실과 주희, 경애 등 최근 한국문학계를 달구었던 일련의 여성 서사들이 모두 한 인물의 이름을 통해 구현되고 있다. 이는 중층적인 정체성으로 구성된 한 사람의 고유한 결을 면밀히 살피는 방식을 통해서만 여성들의 이야기가 온당히 확장될 수 있음을 말해준다. 한국문학의 여성들은 이렇게 '한 명의 이름들'을 통해 다양해지고 깊어지고 있는 참이다. 혹시 그중에서도 유능하고 다정한 여자가 특히 필요한 이가 있다면, 그에게 정세랑을 권하고 싶다.

(2018)

5부

취약한 신체, 불구의 사랑

심리스한 세계와 수선하는 사이보그들
—김초엽·김원영의 『사이보그가 되다』와 김초엽의 「로라」

'사이보그'의 보편적 시각 이미지는 표면이 맨들맨들하며 절단면과 이음새가 버성김 없이 맞물려 있는 '매끄럽고 통합적인 미래적 존재'다. 합리적인 계산법에 따라 작동되는 모션은 다소 기계적이지만, 기술이 발전해나감에 따라 점차 유연해질 것이며 타 유기체와의 결합 싱크로율 또한 향상될 것으로 기대된다. 김초엽과 김원영의 공저 『사이보그가 되다』(사계절, 2021)는 이 매끄럽고 미래적이며 연합적인 사이보그의 이미지를, 껄끄럽고 현재적이며 고유한 경험을 가진 장애인의 존재 방식과 겹쳐 사유할 것을 요청한다.

보조 기기와 더불어 살아가는 장애인은 사이보그적 생활양식이 그다지 매끄럽지 않다는 것을 안다. 기계는 비싸고 조작법이 까다로울뿐더러 염증을 일으키고, 고장이 잦으며 방전되면 무용하다는 점에서 전혀 심리스seamless하지 않다. 운영체제 통합 기술과 디자인 개선을 통해 점차 사유와 행동의 봉제선을 느끼지 않을 것을 추구하는 이 심리스한 세계에서 끊임없이 덜컹거리는 틈새를 가시화하고, 이를 수선하는 장애인 사이보그의 존재는 모듈 간의 차이를 무화하는 첨단 용접 기술의 이데올로기적 편향성을 발견하는 역능을 가진 존재들이다.

두 저자는 '손상된 자'로 취급되는 장애인이 기술 자본의 '수혜'를 통해 인간의 표준적 능력치를 회복할 수 있다는 테크노에이블리즘 Technoableism 서사를 경계하며 '치료받지 않을 자유'를 논하는 동시에 기능 강화와 심미적 향상 등이 포함된 장애인의 '신체 디자인에 대한 욕망'을 폐기하지 않은 채 트랜스휴먼에 대한 상상력으로 나아간다.

'투박한 의수'를 착용하고 타의 추종의 불허하는 운전과 사격 솜씨를 보이는 〈매드맥스: 분노의 도로〉의 퓨리오사는 결함을 극복한 '슈퍼 장애인'처럼 보이지만, '잘빠진 슈트'를 입으면 세계 최강자가 되는 〈아이언 맨〉의 토니 스타크는 인간의 한계를 초월한 신화적 존재로 인식되는 것은 이들의 젠더적, 계급적 차이와 더불어 '치료'와 '증강' 기술에 대한 도덕적 판단이 상이하게 작동하기 때문일 것이다. 치료는 언제나 감동적이지만 증강은 어딘지 비윤리적으로 느껴진다면, 그 기준은 무엇인가.

김초엽의 소설 「로라」(웹진 비유 2019년 10월호)는 몸의 일부를 연장하거나 절단하는 사람들을 다룬다. 소설 속에서 이들은 장애를 낭만화하고 육체를 페티시화했다는 비난에 직면하지만, 이야기는 개개인의 고유한 신체감각과 욕망을 존중하는 방식으로 나아가야 한다고 주장하는 듯하다. 소설 속 화자 '나'는 원래의 몸과 잘 붙지 않아 신체 기능을 저하시키는, 차갑고 단단하고 기름냄새가 나는, 섹슈얼한 감각의 확장과 재배치를 상상케 하는 세번째 팔로 자신을 포옹해주는 연인의 품안에서 생각한다. "사랑하지만 끝내 이해할 수 없는 것이 당신에게도 있지 않나요."

(2021)

열심히 사는 일이 불가능할 때
—송지현의 『이를테면 에필로그의 방식으로』와 이주란의 『한 사람을 위한 마음』[1)]

요양 서사와 수평형 소설

송지현의 『이를테면 에필로그의 방식으로』와 이주란의 『한 사람을 위한 마음』에 등장하는 여성 청년들은 열심히 노동하지 않는다. 아니, 못 한다. 단지 숨을 쉬는 일만으로도 진력을 다 써야 하기 때문이다. 휴식 또한 노동의 구성적 일부라지만, 서른 살 언저리인 이들의 모라토리움은 거의 '요양'에 가까운 수준이다.

여성들은 멋지고 강렬한 페미니스트 서사에 언제나 목마르다. 포르노적인 폭력 묘사로 점철된 여성 수난 서사가 지겹고, 여성의 욕망이라고는 이성애 로맨스나 모성애밖에 모르는 성장 서사들도 기만적이다. 야망 있는 여성 캐릭터에 대한 갈급증 속에서 여성의 성장과 성취를 '직접 재현'해주기를 바라는 여성 성공 서사에 대한 페티시가

---

1) 송지현, 『이를테면 에필로그의 방식으로』, 문학과지성사, 2019; 이주란, 『한 사람을 위한 마음』, 문학동네, 2019. 이하 인용시 본문에 작품명과 쪽수만 밝힌다.

자라나기도 한다.

송지현과 이주란의 소설들은 그러나 그와 같은 욕망을 채워주지 않는다. 두 작가가 그리는 인물들은 사회적 성취를 이루기는커녕 건실한 소시민으로 보기도 어렵다. 이들은 남다른 사회생활 센스로 무장한 장류진의 여성 청년이나 도덕 감각이 섬세한 김혜진의 여성 청년들과는 판이하다. 이들은 생활력이나 사회성이 떨어지고 빈번히 자살을 시도하는데다 자주 술을 마시며 늘 울고 있다.

이 소설들의 플롯은 기승전결로 구성되는 서사적 도약이나 소설적 보상이 거의 없는 편이다. 물론 그러한 소설들은 늘 있어왔지만 그것들이 대개 장르 의미론에 대한 형식적 전위에 가까웠다면, 송지현과 이주란의 소설은 외려 전통적인 편이다. 일상을 꾸리고 간혹 누군가를 만나 대화를 나누다가 이야기가 끝나는 등 진행과 종결이 다만 삼삼할 뿐이다. 외적 성장은 불가능한데 죽는 것도 녹록지 않는 세계, 타인의 폭력과 무심에 진정으로 상처받기에는 심신 단련이 이미 많이 된 주체들, 이 소설들이 돋보기를 대는 곳은 '사건'이 아니라 '생활'과 '마음'이다. 눈을 뜨면 반복되지만 돌보지 않으면 무너지는 생활에 대한 기록들, 고요하고도 격렬한 마음에 관한 일지들, 위를 보는 대신 곁을 살피는 완전한 현재형 이야기들. 이러한 소설들을 '수평형 소설'이라고 부를 수 있을까.

아무 일도 일어나지 않지 않아: 송지현의 『이를테면 에필로그의 방식으로』

후일담을 표방한 송지현 세계의 시제는 어떤 '절대적 현재', 멀쩡게 시작되어버린 '오늘'이다. 그의 등단작 「펑크록 스타일 빨대 디자인에 관한 연구」는 "20세기 후반"(205쪽), 술과 약과 섹스를 탕진하던 펑크 키드들에게 빨대를 배포하고 다니던 "메시아"(208쪽) 빨대맨의 예언으로 시작한다. "펑크의 시대는 끝났네."(같은 쪽) 어찌어찌 학교를 졸업하고 나면, 본격적인 '리얼충 라이프'가 시작된다. '나'는 디자인을 전공했지만 "어느 것도 실물로 제작되지는 않"(210쪽)았기에, 약간의 유입은 있지만 대개는 있던 것들의 회전으로 돌아가는 '도서대여점'에서, "단정하고 예측 가능한"(같은 쪽) 하루하루를 살아간다. 화장실을 이용하고 물을 내리지 않는 것으로 자신의 존재감을 드러내는 동사무소 직원과 인터넷 소설을 읽으며 담배 셔틀을 부탁하는 여고생이 이 세계에 입장하는 손님의 전부다. "시작도 종말도 없"(224쪽)는 라디오를 듣고 삼각 김밥을 먹으며 퇴근하는 삶을 조금 더 살다보면 경영 악화와 가정 파탄으로 가게를 접어야 하는 또 다른 끝이 찾아온다.

범상함은 반복되고 세계는 탈주로 없이 닫혀 있다. "'평범한 것'을 피해 소수의 취향을 선택했지만, 어쩐지 늘 '평범하다'는 말을"(14쪽) 듣는 언니는 자살을 기도하고 매일 똑같은 비스킷을 사 먹는 '나'는 친구와 하염없이 배드민턴을 친다. 세탁소를 운영하는 부모님의 가게에는 "목을 맨 시체처럼 보이"(29쪽)는 옷들이 다소곳하게 걸려 있다. "사실 불행해지는 것도 행복해지는 것만큼 어려운 거거든."(「선인장이 자라는 일요일들」, 20쪽) 이 여성 청년들은 그 어려운 일을 모두 해낼 수 있는 시대에 살고 있다. 자살 또한 거의 제스처에 가까운 것이 된다. 평범한 직장인이 된 예술 동호인들은 툭하면 죽겠다며 창문께로 뛰어가지만, 그들이 술을 먹는 친구의 자취방은 1층이며 창문도 작다. "그곳에선 아무도 자살할 수 없"다.(「이를테면 에필로그의 방식으로」, 62쪽) 죽은 아빠는 좀비로 되살아나 아무리 "다시 죽으려 노력"(87쪽)해도 또 깨어나 결국 출근을 하고, 퇴근 후에는 20년 동안 끓여온 김치찌개를 또 끓여 내온다. 아빠 앞으로 달린 '사망 보험금'에 대한 기대도 접어야 한다.(「좀비 아빠의 김치찌개 조리법」) 애인은 도둑놈과 비슷하게 생겼고 모텔 컴퓨터에는 몰카 영상이 있으며 게이 친구는 위장 결혼을 하고 새벽에 길바닥에 뻗어 있던 여자의 행방은 알 수 없다. 면도칼을 구비해놓고 사는 '나'는 그러나 이대로 죽어버린다면 "결별이나 실직과 연관"(181쪽)될 것이기 때문에 "영원히 살게 될지도 모르겠다는 생각"(182쪽)을 하며 운다. 사이클을 타며 앉은 자리에서 "진화하는 느낌"(184쪽)을 받는 것(「구석기 식단의 유행이 돌아올 때」), 저성장 시대 청년의 삶에 남은 것은 이제 영원히 끝나지 않는 일상이다.

왕년의 로큰롤 스타 존 브라운의 죽음이 회자되고, 프로이트 심리학이 우스꽝스럽게 인용되는 이 소설집은 그러나 과거에 대한 향수나 회한에만 젖어 있진 않다. 소설집은 '망 파트'와 '흥 파트'의 교차로 이루어져 있는데, '망 파트'에 비해 조금 모자란 채로 아슬하게 균형을 맞추는 '흥 파트'는 동네의 '탐정사무소'와 '목욕탕'을 중심으로 벌어지는 일상 소동극들이다.

실종된 남편을 찾으러 온 아내, 저작권을 빼앗긴 뮤지션, 엄마의 죽음을 받아들이지 못하는 아이 등이 겪는 문제들을 처리하는 탐정사무소 직원들의 이야기(「탐정과 오소리의 사건 일지」 연작)와 애인과 헤어진 후 24시 여성 전용 사우나에서 만난 이모들과 바닷가 여행을 떠났다가 가정폭력을 일삼던 이모의 전남편의 전 애인이 운영하는 식당에 들러 밥을 먹고 다 같이 사우나에 가서 서로의 등을 밀어주는 여자들의 이야기(「흔한, 가정식 백반」)는 망한 것 같은 세계가 어떻게 흥으로 다시 소생하고 있는지를 보여준다. 발본적인 해결 없이 심리적 안정에만 집중한다는 점에서 다소 소박한 듯이 보이지만, 정신 건강이 기적처럼 느껴졌던 2010년대를 돌아보면 동의하지 않기도 어렵다. 사립 탐정이라는 과장된 장르적 포즈를 취하지만 재개발 지역을 걸으며 이별 스토킹에 시달리는 낯모르는 여성이 느끼는 공포에 대해 알게 되거나 길고양이를 입양하고 식물을 기르며 현실을 정돈하는 모습은 지극히 현실적이다. 작은 사건 하나를 해결하면 성대한 휴양을 즐기고 겨울에는 동면을 취하는 이 흥신소의 연간 업무 일정은 거의 혁명적이다. 사우나 이모들의 이야기도 마찬가지다. 명절 전날 목욕탕에 모여 고스톱을 치며 식혜를 나눠 마시고 명리학을 공부하여 사주카페를 열거나 면허 취득엔 실패했지만 근사한 자동차 여행 계획을 세워 훌쩍 바닷가로 떠나는 이 여성들의 날렵한 일상 기술들에 마음을 기울이게 되는 것은, 조용하고 심심한 오늘이 사실은 이미 충분히 부산스럽게 지탱되고 있음을, 잘 보이지 않는 누군가의 노동과 여성 연대, 그리고 우정의 힘이 이미 우리 삶에서 일어나는 굉장한 사건일 수 있음을 알려주기 때문일 것이다. "언젠가는 사건이 될 만한 서사"(153쪽)를 기다리던 '나'가 이 여탕의 세계에서 알게 되는 것은 그 가만한 일상을 지켜온 여성들의 노동이다. 평생을 서로 업고 업히며 살아왔는데 "엄마를 업거나 엄마에게 업힌 것이 남자는 아니었다"(같은 쪽). 아무 일도 일어나지 않는 것처럼 보이는 이 세계의 평탄을 책임지는 사람들이 송지현의 소설집에 모여 있다.

영원히 괜찮지 않지 않아: 이주란의 『한 사람을 위한 마음』

송지현이 심심한 일상을 그리며 여전히 사건성을 경유한다면, 이주란 펜촉의 렌즈는 더욱 고배율이다. 그는 '마음'에 대해서(만) 얘기한다. 배율이 높은 만큼 미동도 격랑처럼 감지된다. 사건은 이미 일어났고, 일어나는 중이며 앞으로도 일어날 테지만 작가가 주목하는 것은 특정 사건이 발생하는 메커니즘 같은 것이 아니라 그것이 마음에 남기는 파문과 흔적들이다. 이 소설집에서 인물들을 힘들게 하는 사건들은 아예 설명되지 않는다. 단지 "그 일" "어떤 일" "그날" "겪은 일"로만 언급될 뿐이다. 죽음이든 재난이든 파산이든 그 불행의 구체적 내용이 무엇인지는 중요하지 않은 것이다. 세계는 이미 압도적인 방식으로 돌아가며 주체는 오직 그 사건을 '겪는 자'들일 뿐이고 살아가는 마음은 언제나 애도의 방식으로 작동한다. 압도적으로 힘든 일을 겪으면서도 계속 살아갈 수밖에 없는 사람들의 마음들, 지난 시간에 일어난 일에 대한 애도와 내일을 위한 일상 회복의 기미들, 그것이 이주란 문학이 간신히 그리고 맹렬히 건사하는 것들이다.

소주와 골방 냄새가 진동하던 그의 첫 소설집을 떠올린다면 그의 두번째 소설집 『한 사람을 위한 마음』은 포근한 힐링물로 보일 지경이지만, 가만히 들여다보면 이 책에 나오는 청년들은 모두 과로사 직전이다. 가난에 허덕이고 중병에 걸리는 청년들의 마음 형편을 이렇게까지 담담하고 상세하게 그린 소설은 우리 시대에 더 찾아보기 어렵다. 저장 강박이 있으며 알코올의존증에 시달리다 탄핵 정국 이후에 치러진 "대선이 있고 난 다음날"(149쪽), 통장 잔고 '백오원'을 남기고 자살한 청년과 동생의 유품을 정리하며 "바람이 부는 것처럼 우리는 사라질 것"이라고 생각하는 언니의 이야기(「사라진 것들 그리고 사라질 것들」, 179쪽)는 민주 정권의 옹립 과정에서 소외되었던 빈곤 청년들의 삶을 물끄러미 비춘다.

가난과 질병을 모두 개인이 책임져야 하는 사회에서 가까운 인간관계들은 자주 불화하게 된다. 뇌종양을 진단받은 후 "수술과 치료를 받기 시작하면 지속할 수 없을 것 같은 직장생활"과 "텅 빈 통장" 및 "장애로 남을 후유증"(238쪽)에 대해 걱정하며 결국 "종일 취업 준비를 위한 공부를 하는"(236쪽) 연인을 밀어내는 청년(「나 어떡해」)이나, 가난한 처지와 비만 체형을 두고 "주변으로부터 게으르다는 평"(106쪽)을 들으며 엄마와 연인에게 툭하면 불같이 화를 내면서 "나의 이 잦은 화를 어떻게 해야 하나?"(101쪽)라고 자문하다 유서를 쓰거나 '멀리 떨어진' 곳에 있는 누군가에게 자신의 이야기를 하고 싶다는 생각을 하는 청년(「멀리 떨어진 곳의 이야기」)의 이야기는 가난과 질병의 굴레 속에서 안전망 없이 무너지는 청년들의 사회적 관계를 핍진하게 그려낸다. 궁핍에서 관계 불신으로 이어지는 회로는 오래된 것이기도 하다. 어린 여자들이 동네 남성 어른들에게 성폭력에 시달리는 "한 농촌마을"(250쪽)에서 "사기와 살인 전과"(254쪽)가 있었던 아버지로 인해 유년 시절부터 "심한 분노와 죄책감을 가지"(255쪽)고 있으며 어른들을 위해서는 소주와 담배 심부름을 하고 친구들로부터는 따돌림을 받으며 성장해야 했던 여성은 일찍부터 사랑의 힘을 믿지 못한다. "사람이 사람을 좋아한다고요? 대답해보세요. 사람이……사람을…… 좋아한다고요?"(「H에게」, 254쪽)

과로와 질병으로 무너진 것은 사회적 연결감과 신뢰이기에 이주란 소설의 반경은 좀처럼 동네를 넘어서지 않고 그리는 인물 관계도 한정적인 편이다. 영화 일을 그만두고 "계획해두었던 해외여행 대신 빵

집을 인수"(227쪽)하여 "십 개월 동안 정말 하루도 쉬질 않"(219쪽)고 하루에 열 시간씩 일하는 청년이 자신보다 더 가난하지만 어쩐지 더 여유 있게 살고 있는 전 여자친구와 동네에서 잠시 재회한 후 꿈과 사랑에 대한 마음을 다시 지피는 청년(「그냥, 수연」)이나 "더 가난해지고 싶진 않았지만…… 마지막엔 정말이지 뛰어내리고 싶"(79쪽)다는 생각이 들어 서울 생활을 접고 엄마와 살며 엉망이 된 생활과 인간관계를 정비하는 청년(「넌 쉽게 말했지만」)의 이야기는 과로사 직전 회복의 궤도에 오르는 청년들의 상태를 담담하게 보여준다.

가족, 연인, 친구들과의 관계 회복이나 마음의 평화가 지상 최대의 과제처럼 설정되는 것은 과연 탈정치화일까. "돌아버릴 것 같은데 일을 쉴 수가 없고 죽여버리고 싶은데 참"(128쪽)아야 하는 '나'에게 새벽에 난데없이 "다스는 누구 것이냐는 메시지"(123쪽)를 보내는 사람이 표하는 걱정에 "넌 나의 슬픔이나 기쁨보다는 다스의 진짜 주인을 궁금해하는 사람이야"(124쪽)라며 관계를 끊는 모습은 청년들이 계급투쟁에 전면적으로 나서지 않는다는 관성적 호통에 대한 비판으로 읽힌다. 심각한 우울증에 시달리며 주변 사람들을 괴롭히고 시도 때도 없이 자살 충동에 시달리는 '나'를 지금 살리는 것은 다스의 실체가 아니라 "이젠 좋은 관계에 익숙해져봐"라는 연인의 사려 깊은 말이다.(「일상생활」, 142쪽)

대부분 일기체 형식으로 쓰인 이 소설집을 통독하고 난 후 남는 것은 청년들이 겪는 불행의 세목이 아니라 상처가 삶의 디폴트 형식이지만 스스로의 마음을 솔직하게 복기해보며 자신이 자신으로 괜찮을 수 있는 자리를 찾아가는 과정이 남기는 눈부신 마음의 걸음들이다. 언니의 죽음 이후 조카와 엄마와 함께 살아가는 '나'가 일터에서 쌍욕을 듣거나 친구들로부터 결혼 종용과 개종을 강요당하면서도 "좋으면 좋다고 말하는 게 좋은 거였"다며 일상의 반짝이는 순간들과 소중한 인연들에 더욱 집중하는 이야기(「한 사람을 위한 마음」, 37쪽), "나와 한몸 같았던"(191쪽) 빚을 청산한 뒤 엄마와 펑펑 울고 해외여행을 기약하며 여권을 만들거나, 부자인 연인의 외삼촌의 일을 도와준 후 미래에 태어날 자녀를 생각하며 불안한 마음을 다져가는 이야기(「준과 나의 여름」)들에 이르면 가난과 불행은 동의어가 아님을, 지금의 괜찮지 않음이 영원히 지속될 상태가 아니라는 것을 훈계받지 않아도 완전히 깨달을 수 있게 된다. 언니, 엄마, 조카로 이루어진 여성 가족들의 울타리와 든든한 연인의 신뢰는 죽음에 가까웠던 삶을 생명 쪽으로 다시 이끄는 힘이 된다. 동일한 이름을 공유하는 이 느슨한 연작의 흐름 속에서 투신자살로 죽었던 '조지영'이 되살아나 사랑을 믿는 사람이 되어가는 과정을 읽을 때의 기쁨을 무엇과 바꿀 수 있을까. 태어남과 살아짐을 당하는 인간이 그러나 내내 불행할 수만은 없다고 알려주는 사람들이 이주란 소설집에 모여 있다.

겪었으나, 지속한다

겨우 일상만을 영위하는 이들이 단지 체제 순응적으로 보이는가. 사회구조를 궁구하고 변혁을 실천하는 리얼리즘 문학이 아닌 것 같아 아쉬운가. 일을 그만두거나 심리 안정에 치중하며 결국 문제를 회피하는 것으로 보이는가. 오히려 이렇게 묻고 싶다. 평범한 일상을 이렇게까지 어렵게 마련해야 하는 것은 왜인가. 착취와 적폐가 중중첩첩한 사회에서 열심히 살아간다는 것은 무슨 뜻인가. 다만 소진되지 않으려는 것뿐인데 가난하고 무기력하다고 비웃음까지 당해야 하는 세계는 괜찮은가. 생존은 운이고 건강한 생활은 기적인 세계에서는 일상이 혁명이다. 혁명은 일회적 사건이 아니라 지속이라는 생활의 형식을 통해 깃드는 무언가일 수 있다.

열심히 일을 하며 살아가고 있다는 사실에 어쩐지 자존심이 상할 때가 많다. 열심히 읽고 쓴 글이 헐값에 거래되기 때문이기도 하고, "열심히 일을 했을 뿐인데 계속 부조리에 얽히"[2)]기 때문이기도 하다. 작은 일일지라도 성실히 임해서 규모 있는 결과를 만들어냈다는 성취감보다는 미래 없는 일에 매달리고 있다는 상태 자체가 주는 묘한 탈력감이 늘 더욱 검질기다. 매사에 진력을 다하는 방식이 아니라면 살아남을 수 없는 것일까. 높이 대신 넓이를 확장해가는 '수평형 소설'들이 힘을 발휘하는 때는 이런 순간들이다. 한없이 취약한 이들이 획득해가는 고유한 내구성, 화끈한 한판 승부 없이도 이윽고 괜찮을 수 있는 어떤 항상성. 우리의 성장은 어떤 모양일까. 열심히 사는 일이 어쩐지 다 우습다고 느껴질 때마다 링거 수액을 맞듯 이들의 소설을 찾아 읽게 된다.

(2020)

---

2) ㈜문학사상사 주관 이상문학상 파행에 대한 윤이형의 입장문에서.

이 결말을 축하해주세요
—최현숙의 『황 노인 실종사건』[1)]

요양보호사와 생활관리사 등 노인 돌봄노동 현장에서 구술생애사를 쓰는 작가 최현숙의 첫번째 소설 『황 노인 실종사건』은 독거노인 생활'관리'사의 입장에서 도무지 '관리'될 수 없는 생명의 근기와 취약성에 대한 이야기를 담고 있다.

서울시 변두리의 독거노인을 담당하는 이 년 차 생활관리사이자 구술생애사 작가 '김미경'은 어느 새벽 '끈내두한댈거업서요인저미안해오'라는 문자를 보내놓고 연락이 두절된 담당 노인 '황문자'를 찾아 나선다. 소설은 독거노인 실종 문제를 해결해나가는 탐정문학의 외양을 띠는 동시에 행불의 내막을 추측게 할 황문자의 자기 생애 서술을 교차시키지만, 결과와 근거가 될 두 개의 이야기는 하나의 끝단으로 말끔히 만나지 못한다. 결과는 하나이고 근거는 무수한 이 이야기는 복지관 서류 속 세 줄이나 대중 르포르타주 속 다섯 줄로 처

1) 최현숙, 『황 노인 실종사건』, 글항아리, 2022. 이하 인용시 본문에 쪽수만 밝힌다.

리될 삶과 죽음에 대한 단일한 서사를 거부하며 뻗어나가더니 이윽고 대응 관계를 이루는 추리소설적 쾌감 너머의 질문을 건져올리기 시작한다. 가부장제와 죽음의 의례, 고독사의 증대와 국가의 복지 체제, 여성 노동의 특수성과 친밀성 및 요양 산업의 관계, 아프고 노쇠한 몸을 대하는 공동체와 개인의 서사 등 소설이 던지는 물음들은 돌봄노동에 대한 시각의 대전환을 요청하는 우리 시대의 과제들을 넉넉하게 포함한다.

빈곤한 이들의 죽음을 기록하는 것은 무슨 의미일까. 오래 묵은 불우에는 어떤 구조와 감정과 태도가 깃들어 있는가. 그 불길한 풍문들의 꼴과 결은 무엇인가. 비참과 암담의 표지가 아니라면 좀처럼 비치지 않는 가난한 노인들의 삶과 죽음, 독거노인 생활관리사 김미경이 노인들 곁을 바장이게 된 까닭은 바로 그 "죽음에 관한 흔해빠진 소문이 거짓임을 확인하기 위해서다."(54쪽)

김미경의 담당 노인이자 구술생애사 대상자인 황문자는 평범한 노년의 독신 여성이다. 경상도에서 태어나 일찍 아버지를 여의고 한국전쟁 발발 즈음 시작한 장사를 기반으로 가족의 생계를 책임져온 미등록, 무학의 이 여성은 "평생 내 손으로 식구들 먹여 살려야 하는 팔자"(46쪽)를 원망하는 것을 자력 삼아 생을 헤쳐온 도시 하층민이다. 친정어머니를 모시고 살 수 있다는 이유로 자신과는 달리 많이 배웠다는 이북 출신 남자를 만나 가족을 이루지만, 반공 이데올로기 사회의 이방인으로 살며 한껏 졸아든 "3·8따라지"(27쪽) 남편은 살림에 전혀 보탬이 되지 못했고, 그와 함께 딸려온 시댁 식구들과 줄줄이 태어나 각자대로 말썽을 피우는 자식들을 뒷바라지하느라 닥치는 대로 온갖 일자리들을 전전해왔다. "이 없으면 잇몸으루 살구, 내 꺼 없으면 남의 껄루 먹구살면"(47쪽) 된다는 그의 씩씩한 회고처럼 장사와 동냥을 비롯해 안 해본 일 없이 자기 손으로 삶을 꾸려온 삶의 내력은 자부심으로 남기도 했지만, 끝이 없는 빈곤의 굴레 속 짐이 되어버린 아픈 남편과 노모의 객사를 바라던 심경을 스스로 들킨 일이나 가족 간 다툼과 절연으로 애가 말라버린 사정들은 지워지지 않는 상처로 남았다. "너무 없이 사는 거는 그렇게 죄를 많이 짓는 일"(127쪽)이라는 걸 반복해서 체험했지만, 그 가혹한 세월에도 불구하고 재생산을 통한 계급 반전은 이루지 못했다. 여순 사건과 한국전쟁, 서울 대홍수와 경기도 광주 대단지 항쟁, IMF, 도시 재개발 등의 굵직한 현대사가 배경으로 흐르는 가운데, 황문자의 장남은 일용직 건설 노동자가 되고, 딸들은 조국을 등지거나 비혼모가 되었으며 손위 형제들의 뒷바라지로 유일하게 고등 교육을 받은 막내는 사업 실패 후 행방불명되었다.

고단하고 억척스럽게 버텨온 만큼 사정이 허락하는 한 배움과 베풂의 인정 경제에 참여하며 이웃 공동체와 친교를 맺어왔던 황문자는 "낙천성과 고생과 전략이 뒤엉켜"(35쪽) 있는 말년의 눈빛으로 자신의 삶을 담은 이야기가 책이 된다는 사실에 열성으로 기뻐했다. 육아와 병수발의 수고를 내려놓은 "요즘이 가장 행복하다"(44쪽)고 되뇌었던 말이 진심이 아닐 수 없는 그의 돌연한 실종은 그렇기에 더욱 의문을 남긴다. 마지막이라도 원한이 남지 않는다는 미지의 결단을 통보한 채 사라진 황문자는 가벼운 "나들이 차림"(132쪽)으로 집을 나선 후 다시 돌아오지 않았다.

황문자를 따라가는 화자 김미경 또한 노년의 독신 여성이다. 양반집 규수로 딸을 키우고 싶었으나 "경제적 가장이 되지 못한 열등의식을 순종하지 않는 딸과 아내에게 폭력으로 푸는 아버지"(23쪽)와의 불화와 사춘기에 시작된 액취증과 도벽은 그를 규범적인 삶으로부터 멀어지게 했다. 일찍이 시장통에서 일수 걷는 법을 익히게 하고 야밤에 돈 심부름을 시키면서도 '계집 단속'을 하거나 큰아들에게는 궂은 일을 시키지 않는 부모의 이중성을 알게 된 어린 미경은 빚과 액취증으로 인해 또래 사이에서 배척당하며 평등하게 돌아오지 않는 관심으로 벌어진 내면의 허기를 메우기 위해 도둑질을 시작했다. 심부름값 '삥땅'으로 시작된 소녀의 도벽은 대학생이 되어 학우의 돈을 훔친 것이 발각되어 큰 망신을 당할 때까지 멈춰지지 않았다. 그는 아버지에게 탈출하기 위해 선택했던 가난한 남자와의 결혼 후 아이를 낳아 고되게 사는 와중에도 "나는 누구며 무엇을 하고 살 것인가?"(179쪽) 하는 물음을 놓지 못해 "좁은 부엌 부뚜막에 양은 밥상을 펴놓고 책을 펼친 채 앉았다"(178쪽). 김미경은 남편과 불화하며 사회운동을 시작하고, 이혼 후 자녀로부터 분리되고, 어머니의 죽음을 기점으로 혈육과의 단절을 선언한 후에야 비로소 자기만의 방과 시간을 가지고 싶다는 오랜 꿈을 이룰 수 있었다.

긴 세월을 돌아 김미경은 세상에서 소외된 삶을 향한 자신의 관심, 그리고 사회운동과 글쓰기로 승화되는 소명의식이 액취와 도벽이라는 몸의 증과 습이 옮겨붙은 자리임을 알게 된다. "몸과 마음의 습과 증은 발각과 망신으로는 제거되지 않았다는 사실을 깨달았고, 나아가 제거할 걸림돌이 아니라 다르게 바라보고 제대로 밟고 설 디딤돌임을 알게 되었다."(280쪽) 여자답지 않은 여자의 몸으로, 냄새나는 신체를 견디고, 도벽을 끊기 위해 중독의 목록을 전전하며 살아온 김미경은 이제 그 열정과 도착을 사회운동과 글쓰기에 몰아넣으며 자신의 흉터가 세상의 상식과 통념을 의심하게 해주는 통로가 되었음을 마주한다. "용서니 화해 따위가 아니라 해명하고 싶다. (……) 이해해도 좋고 뒤늦은 욕이나 훈계를 해도 좋다. 자신을 설명하고 싶다."(180쪽) 김미경은 그 "딱딱한 이기의 깡치"(같은 쪽)로, 타인의 재산을 도난하고, 가족의 인정을 거부하고, 이웃의 삶을 글로 옮겨 쓰며 자신의 밥과 약을 지어 먹던 그 염치없음의 저력으로 사회의 정의와 불평등의 역사를 끝까지 노려보고자 한다. 망신과 모욕 속에서 밀려나고 쓸려나 요행처럼 도달한 지금의 자리와 스스로의 영혼을 보존하기 위한 순전한 자기 욕망이 가시화되지 않는 세상의 낮은 삶들을 살피고 그 염려와 분노를 정치적 메시지로 전환해낼 동력이 될 수 있음을 증명하고자 하는 것이다.

황문자 이외에도 김미경이 가까이에서 관찰한 가난한 노인들의 삶은 매양 불행하지도, 그렇다고 노상 다복하지도 않다. 정성스레 분재와 반려동물을 기르며 생활을 가꾸는 이도 있고 아픈 이웃을 위해 음식을 만들어 방문하는 이도 있지만, 동시에 길 하나 건너 이사간 후 아픈 무릎 탓에 친구와 영영 헤어져 현관 의자에만 붙박인 이도 있다. 공짜 밥을 먹기 위해 생떼를 부린 통에 친구 하나를 만들지 못하는 이와 그 억지를 따지고 들어 피차 서러운 꼴을 드러내는 이도 있고, 늘그막에 사랑하는 이를 만나 연애를 하는 이도 있다. 김미경 또한 노인들의 사나움과 고약함을 마주할 때면 자신 안에 혐오와 회피가 부지불식간에 솟아남을 마주하며 빈곤한 자들의 처지를 구별 짓는 버릇을 멈추지 못하지만, "미워할 거면 가진 놈들의 극악하고 거대한 악다구니와, 그 악다구니에 고상함과 합법의 외피를 씌워주는 돈과 권력의 편향을 미워할 일"(193쪽)이라고 스스로를 환기할 정도로 운동에 잔뼈가 굵다. 미경이 관찰한 바에 따르면, 부자 노인이라고 해도 다가오는 소멸의 시간을 피할 수 있는 방법은 없다. 모두가 한 뜻으로 죽음을 바라지만 대궐 같은 집에서 왕성한 식욕만 내보이며 주변을 절망케 하는 이도 있고, 은퇴 후 달라진 몸과 생활의 살림을 감당하지 못해 고급 자택에서 홀로 목을 매는 이도 있다. 죽음은 계급을 막론하고 찾아오지만 마지막 모습은 처지에 따라 상이하게 수습된다.

"미경 업무의 주요 목표는 독거노인의 자살과 고립사 예방"(52쪽)으로, 노인복지 현장의 노동자들은 '생명지킴이' 등으로 불리는데 허울 좋은 자살 예방 교육은 구조적 관점에서 바라본 원인이나 대책에 대해서는 거의 언급하지 않는다. 생애 내내 이어진 구조적 불평등과 낙인에 관해서는 눈감은 채 고령 사회로 인한 국가재정이나 사망 방식의 청결성에 대한 우려가 예방 사업의 주를 이루고 있으며 황문자로부터 심상치 않은 문자를 받은 미경에게 떨어진 복지센터의 주문 또한 '입단속'뿐이다. "정리하면 노인이 안 죽어서 문제가 크다는 것이고, 그러니 죽는 것은 필요한데 죽는 방식은 산 사람 생각해서 보기 좋게 죽으라는 요구다."(53쪽) '위생적이고 비싸고 존엄한 죽음'과 '거북하고 저렴하고 비참한 죽음'으로 죽음 또한 양극화된 사회에서 소설의 마지막에 등장하는 '공영장례'는 남다른 울림을 선사한다.

가족이 인도를 거부하거나 연고가 없는 시신은 지자체와 시민단체의 지원을 통해 공영장례를 치르게 된다. 혈연을 중심으로 보험, 예식, 종교 산업 등이 혼재된 오늘날의 장례 문화는 대가족 체제와 마을 공동체의 와해, 경제 위기 등의 이유로 새로운 국면을 맞이했다. "죽음 이후의 결정권을 자식들에게만 주는 것으로 인해 노인의 말년은 삭제되기 십상"(96~97쪽)인데다가, 장례가 개인과 가족의 문제로 전가되는 방식으로는 빈곤으로 인해 가정이 해체된 독신이나 홈리스의 마지막 길을 배웅할 수 없다. 가족 의례를 넘어선 사회적 장례의 필요성, 죽음 문화에 대한 전반적 재고찰이 요청되는 가운데 혈연관계가 없음에도 "함께하고 싶은 마음 하나로 모인 공영장례는 단출하고 조용"(242쪽)하게 그려진다. 간소한 단상과 진심어린 조사로 이루어진 소박한 절차, 동네 노인의 공영장례를 방문한 황문자는 "돈과 가족을 최고로 치는 세상에서 족쇄를 벗어나는 방법 중 하나는 혈연을 넘어 자유롭고 간소하게 마침표를 찍는 것이며, 그것이 공영장례"라는 미경의 설명을 듣고 "애착이자 족쇄"(244쪽)라는 구절을 유심히 따라 하며 고개를 주억거렸다. "그렇게 살 수도 있는 거네요. 참 좋았겠네요."(같은 쪽)

다른 많은 가난한 노인처럼 죽음에 대해 하나의 확고한 신념이 없어 보이던 황문자는 왜 돌연 그런 마지막을 선택했을까. 엇나간 자식을 키운 어미의 속죄의식을 치르기 위해서? 사채업자들의 보복이 두려워서? 남은 이들에게 짐이 되기 싫어서? 삶이 부여한 족쇄와 애착을 털어버리고 싶어서? 정확히 알 수 없고 하나로 추릴 수도 없다. 다만 자명한 사실은, 뭐 하나 "내가 원해서 선택이래는 걸 해본 적이 없"(244쪽)다던 이 가난하고 못 배운 여자가 생애 처음이자 마지막으로 가져볼 수 있는 유일한 선택지를 알게 되자 그것에 돌이킬 수 없이 매혹되었고, 이를 치밀하고 전략적으로 성공시키기 위해 삶의 마지막 시간을 보냈다는 것뿐이다. "미경의 착오를 노인이 유도한 것인가. 미경이 문자를 오독한 것인가. 미경은 만에 하나라도 예감했던가. 불길한 예감에 노인에게 문자라도 한번 보내야 했던 건가? 어떤 문자를 보내야 했던가? 자살 예방 도우미 문자처럼 생명 존중과 희망을 담은 문자를?"(271쪽) 황문자의 결심에 대한 그 복잡한 무지, 도리 없이 사회적이고 궁극적으로 개인적인, 그 갈무리될 수 없는 죽음의 길을 김미경은 '자유'라고 부르기로 한다.

자발적으로 죽음을 선택하는 개인들의 결심을 저지하는 일에 세상의 복지와 돈이 소용되고 보상의 기약 없이도 호혜와 훈기를 나눠줄 손길이 어딘가에 있다는 것을 모르지 않지만, 황문자의 삶을 읽고 나면 자기 죽음의 성취를 '축하'해달라는 황문자의 마지막 요청을 거절하는 일은 그의 죽음을 막는 일보다 더 불가능해 보인다. 김미경은 황문자의 숨을 마지막으로 지탱해주었던 나무를 찾아가 깊게 포옹하고, 고인의 이야기를 담은 책 『축하해주세요』를 영정 사진 앞에 놓는다. 황문자의 유골은 성명 미상의 갓난아이의 것과 함께 허공으로 흩어지고, 김미경은 묵념한다. "진심으로 원했고 실행했다. 생애 마지막 한 달, 자신의 의지로 자신을 위해 살았다. 잘하셨습니다. 고생 많으셨습니다."(271쪽)

'사는 게 다 그렇다'라는 허랑한 달관과 '억울해 못 죽겠다'는 정념의 악다구니 사이에 문학적 글쓰기의 한 역할이 있다면, 황문자의 가능한 모든 말과 침묵, 몸짓과 표정이 지면 위로 유유히 흘러가며 고유한 무늬를 이뤄가는 이 책은 그 자신의 목적을 성취한다. 가난한 타인의 삶에 개입한 구경꾼 작가로서 감히 느낀 '설렘'을 회피하지 않고 '목격'하는 것이 사회적 글쓰기의 욕망과 책임이라 주장하는 최현숙의 이 소설은 빈곤과 죽음의 관념에 대한 정상성을 도전적으로 신문한다. 삶의 결말은 죽음이라지만, 질문의 결말은 또다른 질문뿐이다. 다시 처음의 물음, 빈곤한 이들의 죽음을 기록하는 것은 무슨 의미일까. 작가는 김미경의 입을 빌려 이렇게 말하는 듯하다. "아직 살아 있으니 닥친 김에 의심의 진도를 더 나가보는 거"(51쪽) 말고는 다른 도리가 없다고. 결론을 낼 수도, 그렇다고 멈출 수도 없는 이 김미경의 질문들을 이제 독자가 받을 차례가 되었다.

(2022)

꿈에 젖은 뇌
—문학적 자살학 시론試論

기차가 밤의 정적을 깨며 울부짖는다. 여자는 종종 그 소리에 잠이 깬다. 때로 그 소리는 여자의 잠에 깃들었다가 동틀녘에 손에 잡힐 듯한 불안으로 다시 나타난다. 여자는 어떤 일이 있었는지 또는 어떤 일이 일어나려는지 알아보려 꿈에 젖은 뇌를 샅샅이 살핀다. 아침 공기는 금귤나무와 미모사 꽃향기로 가득하고, 산비둘기와 오래전에 새장에서 탈출해 지금은 숲에서 번식하는 애완용 앵무새 소리가 사방을 채운다. 여자는 기차가 왜 우는지 안다. 대니의 친구 바비가 어느 밤에 기찻길에서 정신을 잃었다가 목숨마저 잃었다.[1)]

1. 너무 없는 끝

시작이 인정되어야 끝도 납득 가능하다는 사실을 알게 된 건 김지

1) 문화인류학자 캐슬린 스튜어트는 일상에서 일어나는 일들의 질감과 강도를 기록하며 사물과 정서가 사건이 되는 순간의 궤적을 포착한다. 이 글의 제목은 해당 인용 구절에서 가져온 것이다. 캐슬린 스튜어트, 『투명한 힘—꿈, 유령 혹은 우리가 일상이라고 부르는 것』, 신해경 옮김, 밤의책, 2022, 251쪽.

연의 근작 「긴 끝」[2] 덕분이다. 긴 연애와 동거 후 갑작스럽게 헤어지게 된 연인은 관계의 '끝'이 대체 어디인지 헤아릴 수 없다고 느낀다. 함께 이룬 재산과 소유물을 분배하는 일, 같이 살던 반려동물을 돌보는 일 등 합의해야 할 것이 한둘이 아니다. 시작과 끝이 명확한 인연은 어디에도 드물 테지만, 이 소설의 화자가 더더욱 곤란한 느낌을 받는 것은 아마 이들이 시작을 인정받기 어려운 동성 커플이기 때문일 것이다. "헤어지는 데 쓸 수 있는 모든 방법을 다 동원한 다음에도 뭔가 미진한 마음이었고 아직 완전히 끝장나지는 않은 것 같았고 계속해서 이혼을 하고 싶다는 마음을 품었다. 완전히 도장을 찍어버리고 싶다는 생각을 했다. 하지만 결혼을 하지도 않았으므로 이혼을 할 수도 없었다."(154쪽) 비규범적 사랑이었으므로, 새로운 연애의 기미 또한 이전 관계의 끝에 대한 표지라고 확정하기 어렵다. 연인은 한때 코로나19로 관람석이 빈 축구 경기와 무의미하게 느껴지는 언사들이 득실대는 SNS를 보며 이런 대화를 주고받았었다. "객석을 꽉 채운 관중들도 축구 경기의 일부분이었다는 것을 새삼 깨달았다고"(142쪽), "잘 사는 것만으로는 부족해. 그걸 누가 봐주는 사람도 있어야 한다고"(148쪽), "인간들은 더 자주 서로에게 보여져야 한다고 말이야. 잘 살든 못 살든. 그냥 살아 있는 게 목격되어야"(148~149쪽) 한다고 말이다.

그러니 끝이 안 났다는 느낌을 받는 것은 단지 거두지 못한 애착관계에 대한 미련 때문만이 아니다. 시작이 승인되지 못했고, 과정이 목견되지 않았으므로 끝에 대한 이해의 토대가 없는 것이다. "자신을

2) 김지연, 「긴 끝」, 『릿터』 2022년 6/7월호. 이하 인용시 본문에 쪽수만 밝힌다.

욕하던 사람들과는 모두 절연하며 (……) 이 미친 세상에서도 자신의 삶만큼은 구원받았다고"(144쪽) 느꼈던 화자는 관객 없는 사랑이 종료되자 스스로도 뭐라 표현하기 어려운 답답함을 느낀다. 감정은 사적인 것이라지만, 끝의 성립이 시작의 공표와 진행의 가시성과 불가분하다는 것은 인간의 실존이 타인의 목격과 돌봄을 통해서 성립되는 사회적 상황이라는 사실을 적나라하게 보여준다.

마찬가지로 갑작스러운 죽음은 생명의 탄생과 진행이 어떻게 이루어졌는지를 고민하게 만든다. 인간은 주체적이거나 자발적으로 시작되는 존재가 아니며 태어났으면 죽어질 때까지 사는 것이 마땅하다고 여겨진다. 그런 점에서 스스로 끝을 낸 사람들은 시작과 진행과 종료의 자연성을 의문시하는 존재들인 셈이다. 시작도 끝도 없는 것을 그렇지 않은 것으로 만드는 일, 자살 사건은 주어지고 이어지는 것들의 당연함을 정지시킨다.

한국은 OECD 국가 중 자살률 1위라는 타이틀을 이십 년째 내어주지 않을 뿐 아니라 매년 역대 최저치의 출산율을 경신하며 '집단 자살 사회'로 불리는 중이다.[3] 베스트셀러 목록에 자기 계발서와 정신병력기가 나란히 오른 지도 오래다. 지난 2월 당국은 자살률을 2027년까지 30퍼센트 가까이 줄이겠다는 계획을 발표하며 자살 위험자에 대한 모니터링 강화를 중심으로 한 주요 대책을 내놓았다. 자살률과 실업률이 밀접한 연관이 있음이 밝혀지고, 산업재해율이 꾸준히 증가하고 있음에도 경영 의지를 위축시킨다는 이유로 중대재해

3) '집단 자살 사회'는 2017년 방한한 국제통화기금 총재 크리스틴 라가르드가 이화여대 학생들과의 간담회 후에 쓴 표현이다.

처벌법 개정이 논의되고 있는 상황과 생명 존중 문화를 확산하겠다는 발표는 당혹스러울 만큼 모순적이다.

자살은 역사적으로 다양한 이유로 껄끄러운 주제로 여겨졌다. 자살이 통제의 대상이 되어 제도적 관리의 영역으로 들어온 이후 내내 그러했다. 인간의 목숨은 그 자신의 소유가 아닌 신의 몫이므로 자살은 종교적인 악행으로 치부되었으며, 그 때문에 애도는커녕 적절한 장례조차 치를 수 없었다. 종교적인 이유로 자살을 죄악시하는 관습은 근대로 오면서 차차 옅어졌다. 세계문학사에서 가장 유명한 자살자 중 한 명인 『악령』의 '키릴로프'는 신이 없음을 증명하기 위해 자살한다. "인간은 자살하지 않은 채 살기 위해 신을 고안해내는 일을 했을 뿐이다"[4]. 자살이 통계적으로 연구 가능한 사회적 현상임을 밝힌 근대 사회학 이후 자살은 사회학적 사실이자 나아가 불평등의 지표로 여겨졌으며, 이에 더해 현대의 정신의학은 자살을 신진대사 장애에 의해 일어나는 병리학적 작용으로 설명한다.[5]

자살이 앎의 대상이 되고 억압과 질병의 결과로 이를 설명하는 것은 자살을 구제불능의 죄로 여기던 것에 비하면 논의의 여지를 비약적으로 늘린 것이 사실이지만, '사회 결정론'과 '치료 담론'으로만 자살을 설명하는 것은 이를 '피해'와 '선택'에 관한 '책임'의 문제로 만들기 쉽다. 불평등하고 억압적인 사회와 불행을 극복하지 못하는 나약한 정신 때문이라는 식으로 말이다. 자살의 역사를 연구한 알바레

4) 표도르 도스토옙스키, 『악령 3』, 김연경 옮김, 민음사, 2021, 279쪽.

5) 에밀 뒤르켐, 『에밀 뒤르켐의 자살론』, 황보종우 옮김, 이시형 감수, 청아출판사, 2019; 토마스 조이너, 『왜 사람들은 자살하는가?—아버지를 잃은 개인의 기록, 혹은 자살에 관한 과학적 연구보고서』, 김재성 옮김, 황소자리, 2012 참조.

즈는 자살이 저주에서 지식의 영역으로 이행하며 상실하게 된 감각에 대해 다음과 같이 말한다.

> 그러나 본질적인 면에서는 잃은 것도 크다. 자살에 대한 교회의 유죄판결은, 그것이 아무리 잔인하다 할지라도 최소한 그 자살자의 영혼을 중히 여기는 관심을 기초로 한 것이다. 이와 반대로 현대 과학의 자살 묵인은 인간에 대한 무관심 위에 세워진 것 같기도 하다. 자살이 저주의 영역에서 빠져나오긴 했지만, 그와 동시에 비극성과 도덕으로부터도 벗어나게 된다. (……) 말하자면 그들은 자살이 사회적 성격을 설명해주는 한에서만 관심이 있는 것이다. 이것은 암암리에 자살이 사회공학, 사회적 양심, 사회적 관심, 그리고 진정한 의미로 잘 발달된 사회사업에 의해 해결될 수 있는 문제라는 것을 뜻하고 있다.[6)]

사회적 죽음을 외면하고 포괄적 복지를 축소하는 국가에서 공동체의 구실을 따지고 건강한 생활을 장려하는 일은 물론 충분히 검토되어야 마땅하지만, 자살을 반드시 막아야만 하는 사고와 안타까운 피해로만 설명하는 것은 그 행위성에 담긴 실천적이고 경험적인, 그리고 어쩌면 다소 미학적인 뜻마저 누락할 위험이 있다. 자살을 유형화하는 것은 가능하고 또 필요한 일이지만, 동시에 자살은 도무지 복제와 재현이 불가능한 개별적 사건으로서 통계학의 범주를 초과하여 미학의 자리를 요청한다. 죽음을 예방하기 위해서만이 아니라 정치

6) 알프레드 알바레즈, 『자살의 연구』, 최승자 옮김, 청하, 1982, 108~132쪽.

와 인간 실존의 관계를 묻기 위해서 자살을 연구할 순 없을까. 종교적 찬반, 사회학적 지배, 정신의학의 오류라는 프레임을 넘어 문학을 통해 자살을 사유한다는 일은 무엇일까. 의지 없이 시작되어 끝이 없는 삶을 사는 모두에게 자살은 도덕적 공황 상태 이상의 문제일 수 있다.

2. 할말은 많지만 하지 않는 망탈리테

자살이 말하기 곤란한 주제가 된 것은, 그 행위가 살아 있는 사람들에게 불편함이나 부담스러움을 초래할 뿐 아니라 그것이 주목의 대상이 되지 않는 오늘날의 정치적 상황과도 연관이 있다. 여성 청년 자살이 증가했으며 그것이 통계적으로 유의미한 세대적 차이값을 보이고 있다는 주장으로 많은 주목을 받은 젠더 미디어 '슬랩'의 탐사보도 〈'조용한 학살'이 다시 시작됐다〉의 제목이 말해주듯, 코호트 효과로 관측되는 한 세대의 집단적 자살이 진행되고 있으나 그것은 이슈화되지 못한다.[7] 정신건강의학자 김현수는 청년 세대 죽음의 절반이 자살이며 코로나19로 인해 그 위기가 가속화되었다고 분석하며 '청년기본법'을 비롯한 다양한 청년 정책의 실효성에 의문을 제기한다.[8] 노동자와 유명인의 자살을 중심으로 한국적 맥락에서의 자살의 문화사를 연구하는 천정환 또한 한국사회의 민주화 과정에서 정치적 각성의 기폭제가 되었던 분신이나 자살이 더이상 진지하고 신중한

7) 〈'조용한 학살'이 다시 시작됐다〉, 유튜브 채널 슬랩(@whattheslap), 2020. 11. 12; 「'조용한 학살', 20대 여성들은 왜 점점 더 많이 목숨을 끊나」, 한겨레, 2020. 11. 13 참조.

8) 김현수 외, 『가장 외로운 선택—청년 자살, 무엇이 그들을 죽음으로 내몰았는가』, 북하우스, 2022 참조.

방식의 주의를 끌지 못하는 체제 변화를 기술한다.[9)]

자살에 관한 많은 문헌 연구는 자살자의 동기를 사후적으로 추측하기 위해 유서를 대상으로 하지만, 대부분의 자살 연구가 말하듯 자살자의 대다수는 유서를 남기지 않는다. 죽음 앞에서 할말이 없지 않겠지만, 자살자들은 대부분 조용히 죽는 것을 택한다. '할많하않(할 말은 많지만 하지 않는다)'이라는 자조적 유행어는 무기력한 청년들의 정치적 소극성을 나타내는 말이 아니라 도무지 말을 들어주지 않는, 아니 누군가의 목소리가 들리지 않도록 담론장을 특권화시킨 정치에 대한 진단일 수 있다. 굶어죽지는 않을 만큼 고도로 발전된 사회에서 툭하면 못살겠다고 엄살을 부리며 징징대는 여자아이의 형상은 우리 시대 자살자의 대표적 이미지이기도 하다. "난 또 한 명의 자살하려는 백인 여자애일 뿐이다. 그저 사회의 완전한 망상에 굴복한, 또다른 선진국 애새끼일 뿐."[10)]

송지현의 소설에서 삶은 죽고 싶어 마땅한 것이다. 그의 거의 모든 소설은 자살에 관한 욕구와 회복 실패담을 다루고 있다. 자살이 '삶의 실패'가 아니라 삶이 '자살의 실패'라는 그의 작품들의 입장에서 보면, 우정 공동체의 지지와 우울증 약 따위는 차라리 인민의 아편에 가까워 보인다. 삶에 지친 이들을 격려하고 북돋는 세속의 기제들은 죽어 마땅한 세상을 계속 살아가게 만드는 임시적인 마취제에 불과하기 때문이다. 그래서 그의 작품에서 종종 나타나는 삶의 좋은 순간

---

9) 천정환, 『자살론—고통과 해석 사이에』, 문학동네, 2013; 천정환, 『숭배, 애도, 적대—자살과 한국의 죽음정치에 대한 7편의 하드보일드 에세이』, 서해문집, 2021 참조.

10) 제시 베링, 『나는 죽으려고 했던 심리학자입니다—죽고 싶다는 생각은 어떻게 인간을 유혹하는가』, 공경희 옮김, 더퀘스트, 2021, 223쪽.

과 깨달음은 더러 감격적이고, 그것을 눈부신 치료의 도정으로 설명하고 싶은 유혹을 낳는다. 정상 가족과 노동시장의 영락없는 탈락자들인 그들은 세상을 책망하거나 잘되지 않은 여러 가지 일들에 실망할 기운도 없다. 노동이 가능할 만큼의 정신력이나 체력을 지니지 못한 이들에게는 삶 자체가 일종의 산업재해다.

송지현의 「명절 전야」[11]는 동생의 죽음 이후 자살을 시도하는 모녀를 그린 이야기로, 자살, 술주정, 불편한 농담들로 직조된 전형적인 송지현식 가족 서사 중 하나다. 소설의 화자는 잔뜩 술에 취해 죽은 동생의 환영과 대화를(실은 술주정 독백을) 한다.

—내가 최근에 중학교 국사 인강을 들어봤거든. 흥수아이 무덤 맞지? 네가 말해준 것처럼 눈을 감고 들었어. 그러니까 정말 어린아이를 묻은 사람들이 그 주위에 모여서 국화꽃을 한 송이 한 송이 뿌리는 장면이 눈에 보이더라. 요즘 내가 자꾸 과거로 끌어당겨지는 것 같아. 과거가 선명하게 보여.

—왜 그래. 누구보다 미래를 살 사람이.

—맞아, 맞는데, 내가 미래를 모르고 살잖아.

—그래서 미래를 사는 거야, 언니.

동생이 웃는 모습을 볼 수가 없었다. 나는 계속 무릎만 바라보았다. (……) 끝이 뾰족하지 않은 나뭇가지를 상상했다. 둥글게 구부러지는 것들. 닿아도 아프지 않은 것들. 귀여운 해골 피규어와 못이

11) 송지현, 「명절 전야」, 『여름에 우리가 먹는 것』, 문학동네, 2021. 이하 인용시 본문에 쪽수만 밝힌다.

박혔는데 웃고 있는 괴물 같은 것들. (……) 나는 계속 동생에게 말을 걸었고, 대답은 당연히 들리지 않았다. 행인들의 웅성거리는 소리가 들려왔다. 죽기 직전에 가장 마지막까지 살아 있는 게 청력이라고, 누군가 말해준 적이 있었다. 하지만 나는 언제나 살아 있을 것이다. 아니, 언제나라는 말이 언제까지를 말하는지는 불확실하기 때문에 정정하도록 한다. 바닥이 점점 더 축축하게 젖어들고 있었다.(120~122쪽)

할말은 많지만 하지 않는 침묵의 양각화된 버전은 방언放言 혹은 주정일 것이다. 죽은 동생은 말할 수 없지만, 유족인 언니는 동생의 환영과 대화하며 날카로운 것을 상상하지 않기 위해 술에 취해버린다. 송지현의 소설은 늘 농담으로 넘쳐나지만, 소수자의 르상티망으로 물든 탓에 깨끗하고 상쾌한 웃음을 유발하진 않는다.

저항적 수단으로서의 자살이 성립하지 못할 만큼 너무 많은 죽음과 그보다 더 잔인한 침묵이 팽배한 세상이다. 그러나 자살과 자해가 이렇게까지 일상적인 소재가 된 지는 그리 오래되지 않은 듯하다. 2011년 한겨레문학상 수상작인 장강명의 『표백』은 청년들이 자신의 죽음을 라이브 쇼로 공모하는 이야기를 다루고 있다. 소설의 주인공 대학생들은 '와이두유리브닷컴'을 개설하여 일정한 간격을 두고 자살을 중계하며 이를 '혁명'이라 말한다. "자살 선언자들의 목표는 완성된 사회를 무너뜨리는 것이 아니라 완성된 사회의 천박함과 불완전성을 고발하고 자신들이 품고 있는 위대한 가능성을 증명하는 데 있으며, 그 방법은 오로지 죽음이라는 완전한 거부뿐이다."[12] 이 릴레이 자살 쇼는 IMF 이후 청년들의 우울과 환멸을 반성하고 각성하지 않는 사회에 대한 자기파괴적 저항의 형식으로 해석되었다. 관념적 염세론자, 고시에 실패한 청년, 부잣집 도련님 등 젠더도 계급도 다른 청년들이 죽고 싶다는 일념 하나로 자살을 기획한다. 하지만 이 소설이 출간된 지 십 년 남짓밖에 지나지 않았는데도 불구하고, 현재의 시점에서 보면 이 소설에서 그려지는 자살 쇼는 슬프게도 그리 충격적이지 않게 다가온다. 자살이든 학살이든 죽음의 중계가 꽤 흔한 콘텐츠가 되었기 때문이다.

이 소설처럼 자살을 저항의 수단으로 상상하는 이야기들은 대개 '집단 자살'을 소재화한다. 2021년 웹진 '퐁'에 익명으로 올라온 글 「집단 자살을 소망해도 될까요?」는 장강명의 소설과 마찬가지로 집단 자살의 표상에 기대지만, 전자가 운동적 성격으로 자살 현상을 파악한다면 이 글에서 두드러지는 건 자살의 미학적 성격이다.

> 살고 싶지 않은 세계를 만들어놓고 왜 자꾸 도태니 낙오니, 북으로 가라느니 훈계를 하는지 모를 일이다. (……) 딱 보니까 다들 연대할 생각도 없고, 연대가 어려운 삶이 닥쳐 있다. 연대가 어렵다면 공범이 되자고 속삭이고 싶다. 집단 자살의 경이로운 순간을 상상한다. (……) 죽음, 더이상 내일이 없다는 그 묵직하고 관대한 약속. 나와 같은 아픔을 가진 사람들을 모아, 모든 비참했던 삶들을 함께 씹고 들이키며, 추악함과 너절함을 펴 바르고서 단숨에 죽음까지 언도되는 장면을 거듭거듭 상상한다. 모든 분노, 모든 비토, 모든 비탄, 설움, 고발, 눈물, 애수, 광기가 초 단위로 풀썩여 심장 속으로 파고

12) 장강명, 『표백』, 한겨레출판, 2011, 208쪽.

들고 분출되길 반복하면서 들숨 날숨의 순환을 따라 확산되는 죽음이 이윽고 밀폐된 방안 대기를 가득 채우는 숭고를. 세계에 감정의 총량을 달아볼 수 있다면 집단 자살의 순간 슬픔은 줄어드는 것이고, 바꿔 말해 세상은 조금 더 밝아지는 것이다. 지구에서 불행이 그만큼 제거되었으니, 의사 선생님도 기뻐하실 것이다.[13]

무능력한 부모, 약물 처방밖에 모르는 의사, 아픈 몸을 민폐로 취급하는 직장 동료, 몇 마디의 대화만으로 자신을 '찐따'로 판명하고 소외시키는 수많은 사람들. 이 글에는 분기탱천하는 혁명의 후광 대신 분노와 설움의 폭발로 숨이 넘어간 사람들의 비극적 숭고가 넘쳐난다. 자살의 미학적 효과를 운운하는 것이 불온해 보일 수 있다. 신체적 고통을 낭만화하는 일을 경계하는 것도 물론 중요하다. 하지만 예술이란 것이 감각에 형식을 부여하여 표상 불가능한 것을 이해해 보려는 노동의 일종이라 말할 수 있다면, 예술의 대상으로 불온하게 진화해온 자살의 상상력을 살펴보는 것은 자살에 대해 발화하는 것 자체를 터부시함으로써 결과적으로 침묵을 조장하는 기성 공론장에 대한 대안이 될 수 있을 것이다.

3. 의지를 넘어, 자기동일성 서사로서의 자살

자살을 사회 결정론으로 사유하는 것을 경계한다고 해서 그것이 곧장 개인의 온전한 자유의지와 판단의 결과가 되는 것은 아니다. 목

13) 익명, 「집단 자살을 소망해도 될까요?」, 비평 웹진 퐁, 2021. 10. https://view.pong.pub/20

숨이라는 복잡한 현상을 처분 가능한 소유권의 문제로 보는 것은 생명에 대한 쓸모의 측정이나 권리의 양도 등과 같은 자유주의적 도식으로 이어질 수 있기 때문이다. 존엄사, 웰다잉 등으로 죽음 또한 신자유주의적 자기 계발의 형식이 되어가고 있는 시점에서,[14] 자살을 복잡한 사건 그 자체로 받아들이는 것이 더 중요하다.

'의지와 책임의 고고학'이라는 의미심장한 부제를 달고 있는 고쿠분 고이치로의 『중동태의 세계』는 인도유럽어의 역사를 추적하며 능동태와 수동태로 양립된 현대 언어 용법이 시간적으로 뒤늦게 탄생할 수밖에 없는 주어의 '의지'와 '책임'의 문제를 양산한다고 지적한다. 그의 가설에 따르면 언어의 원형은 능동도 수동도 아닌 '중동태middle voice'다. 주체의 의지를 전경화하지 않는 중동태가 쇠퇴하게 된 것은 사건에 주체를 부여하고 의지를 귀속하고 책임을 묻게 되면서부터다. 그는 언어의 역사를 부감하며 다음과 같이 말한다.

> 우선 이 변화의 역사 중 한 측면을 '사건을 묘사하는 언어'에서 '행위자를 확정하는 언어'로 이행해온 역사로서 그려낼 수 있지 않을까 싶다. (……) 능동과 수동을 대립시키는 언어는, 행위에 관한 복수의 요소들의 공유 재산이라 할 수 있는 이 과정을 오로지 나의 행위로, 즉 나에게 귀속하는 것으로 기술한다. 조금 과장스레 말하자면 사건을 사유화한다고 할 수도 있을 것이다. (……) 행위의 귀속을 묻는

14) "언론에 처음 등장한 웰다잉은 이른바 성공학이나 처세술 따위의 자기 계발 담론(혹은 '호랑이는 죽어서 가죽을 남기고, 사람은 죽어서 이름을 남긴다' 식의 교훈)과 궤를 같이하는 말이었다." 송병기, 『각자도사 사회』, 어크로스, 2023, 211쪽.

언어가 그 귀속처로 요구하는 것이 바로 의지다.[15)]

의지를 행위의 원동력으로 간주하지 않는 스피노자와 들뢰즈의 사상을 바탕으로 한 그의 철학은 행위의 결과와 주체성이 아닌 사건의 변용성을 중점으로 사태를 파악한다. 그러니 자살 사건은 당사자가 스스로의 의지로 목숨을 끊고 책임지는 일이 아닌 것이다.

또한 자살은 행복의 반대편에 있는 단어처럼 보인다. 그러나 치유 문화와 자조 담론의 인기를 통해 부상하는 현대인의 감정적 유토피아인 '행복'을 연구하는 사라 아메드는 "행복이 좋은 것이라는 믿음을 유보"[16)]하자고 말한다. 예컨대 누군가에게는 즐거운 웃음을 유발하는 일이 다른 이들에게 그렇지 않은 상황에서, 우리의 인식에 등록되는 것은 소외의 감각이 아닌 웃음과 전염을 통한 동조의 감각이다.

행복은 대상이나 주체 내에 (긍정적인 거주의 형태로) 거주하는 게 아니라 사물들이 어떤 식으로 인상을 만드느냐의 문제이기 때문이다. (……) 좋은 느낌과 나쁜 느낌들이 대상들 "주변에" 축적되면 대상들은 끈적해진다. 대상들은 부정적 감정 상태와 긍정적 감정 상태

15) 고쿠분 고이치로, 『중동태의 세계—의지와 책임의 고고학』, 박성관 옮김, 동아시아, 2019, 208~210쪽. 강조는 원문. 저자는 후기에서 이 책이 자폐증, 알코올과 약물 의존증을 연구하고 의존증 환자를 위한 시설을 운영하는 의학 집단 및 시민사회 운동과의 만남에서 출발한 철학적 응답이라 밝히고 있다. 이 책의 밑바탕이 되었던 글은 일본의 잡지 『정신간호(精神看護)』에 연재되었으며, 이 책은 출판사 의학서원(医学書院)의 돌봄 총서 중 한 권으로 출간되었다.

16) 사라 아메드, 『행복의 약속—불행한 자들을 위한 문화비평』, 성정혜·이경란 옮김, 후마니타스, 2021, 32쪽.

를 왔다 갔다 전환하면서 양가성을 띠게 된다. (……) 우리는 그런 정서적 전환이 어떤 형식을 취할지 미리 알 수 없다. 이 책에서 내가 제기하는 주요 질문 중 하나는 그런 전환이 어떻게 일어나며, "누가" 또는 "무엇"이 나쁜 느낌을 좋은 느낌으로, 좋은 느낌을 나쁜 느낌으로 전환시키는가이다. 우리는 서사를 정서적 전환의 한 형식으로 생각할 수 있다. 서사를 통해 행복의 약속은 한곳에 고정되는 동시에 분배된다.[17]

이어 아메드는 불행이나 불쾌를 극복해야 할 것이 아닌, 더 바짝 다가가야 할 정치적 감각이라 주장한다. "만약 불행할 자유가 없다면 행복할 자유는 인간의 자유를 제한한다."[18] 그는 엇나가(고 있다고 간주되)는 이를 향한 사람들의 흔한 말, '나는 단지 네가 행복하면 좋겠어'의 '단지just'는 불가피한 강제와 동정적인 비난을 복된 걱정의 언어로 감쌀 때 나타나는 당황스러운 머뭇거림의 부사라고 말한다. '단지'에는 너무나 많은 억압과 분노와 슬픔이 함축되어 있다. 스스로가 죽어도 괜찮다고 여겨지는 느낌은 행복의 방향을 자신이 있는 곳과 반대로 지시하는 상황에 의해 발생하고, 그 방향성을 전환할 때 정서는 다르게 변화할 수 있다.

두 사상가의 논의를 종합하자면, 자살자의 의지를 문제삼고 자살을 불행의 서사로 만드는 것은 모두 '징계의 언어학' '책임의 인식론'이다. 이런 연구들은 '인식론적 부정의epistemic injustice'[19]로 인해 들리

17) 같은 책, 84~86쪽.

18) 같은 책, 350쪽.

19) '인식론적 부정의'는 철학자 미란다 프리커가 개념화한 용어로, 불균형적인 '정

지 않는 자살자의 몸짓을 해석할 수 있는 기회를 제공해줄 것이다. 생명이 자신의 존재를 유지하지 못하는 일을 자살이라고 한다면, 자살을 자기동일성의 변용성을 실험하는 급진적인 사건의 장소로 사유해볼 수 있을까.

정체성을 압도하는 병의 우위가 찾아온 순간에 대한 한 조현병 환자의 수기는 자살로 다가가는 과정에서 자기가 해체되는 순간을 다음과 같이 묘사한다. "나는 정체성과 한계, 시작과 끝을 갖춘 한 사람으로서 존재하지 않았다. (……) 나는 명확하지 못하고, 뚜렷한 경계가 없었다. 그래도 나는 여전히 나 자신이었다."[20] 자기동일성의 신화를 해체하는, 끊임없이 실패하며 닥치는 대로 이것저것 시도해보는 서사 투쟁의 시도가 자살일 수 있다. 사망을 선고하는 입장에서 자살은 종결된 사고이지만, 한편으로 그것은 삶에 새로운 주제를 던진다는 점에서 무언가가 개시되고 지속되는 시점이기도 하다.

근래의 한국문학장에 자살자의 죽음의 순간을 다루는 작품이 많아졌다는 사실이 눈길을 끈다. 자살의 순간에 일어나는 일, 극도로 취약해진 자기동일성은 다양한 변용을 양산한다. 김연수의 「난주의 바다 앞에서」[21]는 죽음의 순간 일어날 법한 기적을 다룬다. 소설가인 화자 '정현'은 남해의 외딴섬 추자도에 초청 강연을 갔다 대학 시절 문학

치적 듣기(political listening)'가 만들어내는 상황을 가리킨다. Miranda Fricker, *Epistemic Injustice: Power and the Ethics of Knowing*, Oxford University Press, 2007.

20) 아른힐 레우뱅, 『나는 자주 죽고 싶었고, 가끔 정말 살고 싶었다—조현병을 이겨낸 심리학자가 전하는 삶의 찬가』, 손희주 옮김, 생각정원, 2020, 28~29쪽.

21) 김연수, 「난주의 바다 앞에서」, 『이토록 평범한 미래』, 문학동네, 2022. 이하 인용 시 본문에 쪽수만 밝힌다.

동아리에서 만났던 문우이자 서툰 연애 상대이기도 했던 '은정'을 만난다. "철저하게 계획대로 살아"(53쪽)왔고 앞으로도 그렇게 살기 위해 별로 현실적이지 않았던 정현을 저버렸던 그 시절의 은정은 어떤 이유인지 개명을 했는데, 정현은 섬마을 학생들이 만든 주민 인터뷰집을 통해 은정의 과거에 대해 알게 된다. 아들의 오랜 투병과 이혼을 겪고 땅끝 섬에 정착하게 되었다는 것을 말이다. 정현은 또한 은정이 추자도에 얽힌 '정난주 설화'를 수정하여 자신에게 들려주었음을 알게 된다. 당쟁에 휘말려 제주의 노비로 끌려가던 정난주가 아들을 버리고 떠난 설화는 은정의 이야기에서 정난주가 아들을 살리기 위해 자살을 기도한 설화로 변경된다.

도저히 넘어가지 못할 푸른 벽에 가로막혀 그 바다로 몸을 던진 정난주는 아래로 아래로 떨어지기만 했어. 그렇게 모든 것이 끝나는가 싶었는데, 하느님이 그런 그녀를 건져올렸지. (……) '저를 죽여주십시오, 하느님. 저는 죽어야만 합니다. 제가 죽어야 제 아들이 살 수 있습니다.' 그러자 하느님은 그녀에게 올바르게 기도하는 법을 가르쳐. 따라 해보라시며, '제가 살아야 제 아들이 살 수 있습니다'라고 말해보라시며. 정난주가 머뭇거리며 그래도 되느냐고 묻자, 하느님은 그래야 된다고 말씀하셔. 그녀는 이제 막 말을 배우는 아이처럼 더듬더듬 그 말을 따라 해. '제가 살아야 제 아들이 살 수 있습니다'라고. 그 모습을 보고 하느님은 흡족해하셨지. 그녀의 기도는 받아들여져. 대정읍으로 압송돼 관비가 된 그녀는, 그럼에도 삼십칠 년을 더 살아 할머니로 죽고, 그러는 동안 그녀의 아들은 얼마든지 살 수 있었지. 그 하루하루는 늘 새 바람이 그녀 쪽으로 불어오는 나날이었

다고 해.(65~66쪽)

설화를 변용한 이 이야기는 그것이 자살을 기도했던 은정의 이야기일 수 있음을 암시한다. 아들을 살리기 위해, 즉 아들이 사는 저승에서 살기 위해 이승에서의 죽음을 택했던 은정이 고통과 공포로 터질 듯한 극한의 "사점死點, dead point"(46쪽)에서 신의 음성을 듣고 이승으로 다시 마음을 돌리게 된 이야기로 말이다.

죽음의 고비에서 들려온 신의 목소리를 통해 스스로를 구원하게 된 은정의 일화는 그다지 과학적인 이야기는 아니다. 치유, 극복과 기복 신앙의 과학적인 연관성이 전무함에도 불구하고 질병 앞에서 지속적으로 신을 찾는 환자들을 만나온 정신과의사 랠프 루이스는 세속 종교의 현재적 가치를 고민하며 종교를 로고스가 아닌 뮈토스와 관련시키는 종교학자 캐런 암스트롱의 말을 원용한다. "말하자면 종교는 예술, 시, 문학, 음악, 춤과 같은 영역에 속하고, 인간의 조건에 대해서 표현할 수 없는 것을 표현하는 감정적 및 직관적 수단이거나 바쁘게 살아가는 중에도 묵상과 성찰을 하도록 해주는 의례 행위의 집합"[22]이라는 것이다. 즉, 끝을 찾아 헤매다 추자도로 오게 된 통계학과 출신의 은정은 정난주의 바다에 관한 이야기를 지어낸 소설가 은정이 됨으로써 살 수 있게 되었다. '정난주 설화'와의 만남, 추자도라는 새로운 거주 공동체와 그 안에서 생계로 택한 노약자 돌봄 업무, 그리고 소설쓰기라는 일상의 구체적 노동은 그를 기어이 살려낸

22) 랠프 루이스, 『신 없는 세계에서 목적 찾기—우주를 이끄는 손길은 없어도 우리는 의미를 찾아 나선다』, 류운 옮김, 바다출판사, 2022, 363쪽.

다. 이 소설의 작가가 지난 이십 년간 온갖 종류의 자살, 실종, 학살의 서사를 통해 절망의 심연을 가차없이 써온 이라는 사실을 돌이켜보면, 돌연한 신의 구원은 각별한 울림을 준다. 게다가 거멓고 느린 실의 속에서 오랫동안 고통받아온 인물이 자신에게 찾아온 이 신비하고 주관적인 이야기가 선사하는 마법을 누릴 자격이 없다고 단언할 수 있는 이도 없을 것이다.

김연수의 소설이 기적을 통해 자살자를 구원하는 세속 종교의 복된 순간을 벅차게 그렸다면, 현호정의 「한 방울의 내가」[23]는 보다 원시적인 민담체로 자살자의 마지막 의식 여행을 그리고 있다. "원하지 않으면 놓치지 않을 줄 알았는데 쥐지 않고도 빼앗기고 있"(165~166쪽)다고 느끼는 서른 즈음의 여성 메이는 어느 봄 늦은 저녁 퇴근길, 상실감과 막막함에 북받쳐 눈물을 흘린다. 그리고 소설의 끝에서 겨울이 돌아오자 붉은 끈을 들고 폭설이 내린 한밤의 산에 올라 목을 맨다. 작품의 중간 토막은 메이가 봄에 흘린 눈물 한 방울의 여정이다. 봄에 메이의 눈에서 떨어졌던 눈물은 거대한 자연 순환 체계의 일부로 사계절을 지나는 동안 강물이 되었다가 오리의 난자가 되고, 바다가 되었다가 수증기가 되어 떨어진다. 그렇다면 메이가 흘린 눈물의 여정을 자살한 메이가 경험한 순간의 환각 체험, '트립'으로 볼 수도 있을까.

메이의 눈에서 떨어진 눈물 한 방울이 온 우주를 거쳐 다시 본인에게 돌아가는 여정은 숨가쁘게 진행된다. 물은 동화의 습성이 있어 합

23) 현호정, 「한 방울의 내가」, 『릿터』 2022년 10/11월호. 이하 인용시 본문에 쪽수만 밝힌다.

쳐지고 갈라지며 존재를 전환하지만, 메이의 눈물은 어쩐지 "나를 잃으면 절대로 안 된다는 이상한 다짐"(168쪽)으로 '온', 즉 자기동일성을 지켜나가려 한다. 그 한 방울의 고집으로 메이의 눈물은 결국 "세계의 절반 그 이상"(174쪽)의 물로 커지기도 한다. 그리고 수증기가 되어 메이가 목을 매는 순간 자신의 일부였던 이를 향해 낙하한다.

> 잠시 메이가 주춤하며 하늘을 올려다보았고 우리의 눈이 마주쳤을 때, 메이의 눈과 나의 눈—이 마주쳤을 때, (……) 수렴하는 바다. 얼어붙는 현재. 내리는 가능성들과 증발하는 생. 끓는 고백. 흐르는 기억. 고이는 추억. 흩어지는 과거. 가라앉는 결정. 떠오르는 진심. 터지는 물음. 흡수되는 고통. 쏟아지는 약속. 솟구치는 허기. 젖어드는 한숨. 밀려드는 비밀. 쓸려가는 대화. 굽이치는 피로. 갈라지는 예감. 파고드는 용서. 쓰다듬는 절망. 맺히는 대답. 톡톡 소리를 내며 튀어오르는 결말. 비로소 잠기는 이해. 깊이 소용돌이치는 우리.
>
> 「나는 메이의 눈물. 눈물은 메이의 나.」
>
> 바람이 고개를 저었다.
>
> 나는 메이의 눈동자를 끌어안았다.(179~180쪽)

메이의 눈물은 온 우주의 한 방울의 자리들을 거친 뒤 다시 메이의 몸에 떨어진다. 이는 메이가 산에서 목숨을 끊는 순간에 일어난, 자기동일성이 물과 같이 동화와 분리의 습성으로 우주의 호흡을 따라 커졌다 작아지는 해체와 재구성의 사건일 수 있다. 메이는 자신의 눈물을 통해 지구의 절반만큼 팽창하기도, 가장 작은 물 한 방울만큼 수축되기도 한다. 목숨이 위태로워지며 자기동일성이 해체되는 동시에 무한히 확장되어 세계와 단 한 번의 합치를 이루는 그 순간은 격정적이고도 감미로운 언어로 그려진다.

4. 꿈속의 사람들, 빛들

어쨌든 당사자의 입장에선 죽으면 끝이고, 그 평범한 진리는 유혹적일 수 있다. 그렇지만 자살로 절망이 해갈될 수 있다는 자살자야말로 낙관주의자라는 어느 철학자의 말대로 많은 이들이 가급적이면 "극단적인 폭력 행위로 삶을 포기하지 않고, 삶을 다정하게, 주의 깊게 볼 수 있도록 삶을 정지해 있게 하는 능력"[24]을 고려해보면 좋겠는 것도 사실이다. 자살 대신 '자유 죽음'이라는 용어를 제안하며 자살의 저항적 성격과 자유의 의미를 강조한 장 아메리조차 자살자는 그 자신이 그토록 갈망하던 해방 세상을 누릴 수 없음을 확신한다. 자살자는 "자유를 맛보았으되, 자유의 땅을 체험하지는 못한다".[25]

자살(미수)자의 사후 세계를 다룬 김멜라의 「제 꿈 꾸세요」[26]는 소문 없이 정리되어야 하기에 엄숙한, 그리하여 대화의 가능성을 차단하고 애도를 불가능한 것으로 만드는 퀴어 청년의 죽음을 다루고 있다. 무직의 삼십대 여성인 화자는 모아둔 수면제를 털어먹고 자살을 기도하나 실패해 사흘 후 깨어났다가 급히 먹은 초코바에 목이 막

---

24) 사이먼 크리츨리, 『자살에 대하여—죽음을 생각하는 철학자의 오후』, 변진경 옮김, 돌베개, 2021, 17쪽.

25) 장 아메리, 『자유죽음—살아가면서 선택할 수 있는 유일한 것에 대하여』, 김희상 옮김, 위즈덤하우스, 2022, 244쪽.

26) 김멜라, 「제 꿈 꾸세요」, 『제 꿈 꾸세요』, 문학동네, 2022. 이하 인용시 본문에 쪽수만 밝힌다.

혀 사망하고 만다. 그의 사인은 초코바에 의한 기도 폐쇄이지만, 생애 내내 자살을 시도한 사람에게 자살과 사고사를 구분하는 일은 어렵다.[27] 사망 후 그는 누군가에게 자신의 시신을 발견해달라는 부탁을 하기 위해 깨어난다. 자살 시도를 반복하던 무직 레즈비언의 시체 처리에 관한 영혼의 내레이션임에도 소설은 시종 유쾌하고 밝은 톤으로 진행된다. 화자의 시신 발견자 후보군에 오른 이는 그가 생전에 사랑했던 세 사람이다. 반복된 자살 미수로 "평생 뽑지 못할 못 하나를 더 박는 게 뭐 대수겠나"(270쪽) 싶은 엄마, 자신에게 "발가락 하나 정도는 줄 수 있다고"(276쪽) 약속했던 단짝 친구, "서로에게 준 상처보다 사랑했던 기억이 큰"(281쪽) 전 애인. 화자는 세 후보 중 한 명의 꿈으로 가 자신의 죽음을 알려야 하지만, 각각의 이유들로 그들에게 자신의 아이러니한 죽음을 마주하게 하고 싶지 않아 고민을 거듭한다. 그러다 "일어났을 때 웃게 되는 꿈"(291쪽)으로 자신의 죽음을 알렸다는 길동무의 말에 힌트를 얻어 후보자 모두의 꿈으로 가 그들을 즐겁게 해주겠다고 다짐한다.

27) 예컨대 알바레즈는 문우였던 실비아 플라스의 죽음을 치명적으로 불발된 구조 신호로, 사고사로 해석하며 실비아의 자살 신화가 그의 작품에서 나타나는 저력과 회복의 메시지를 해석하는 일을 방해하고 있다고 주장한다. "그것은 실수였다. 그런데 그리고 그것으로부터 한 신화 전체가 자라났다. 나는 그 신화가 무척 그녀의 마음에 들었으리라고는 생각하지 않는다. 왜냐하면, 그것은 시인을 하나의 희생 제물로 보는 신화이기 때문이다. 말하자면 뮤즈의 손에 의해 갖가지 괴로움을 거친 뒤 그 최후의 제단으로 끌려가 자신의 예술을 위해 스스로를 바치는 신화인 것이다. (……) 그녀를 무저항의 희생 제물로 보는 실비아 신화 역시, 실비아라는 실제의 한 여인에 대한 철저한 왜곡이었다. 그 신화는 그녀의 생동감, 지적 요구, 거친 위트, 위대한 상상력의 자원, 맹렬한 감정, 그리고 그녀의 절제를 간과하고 있다. 무엇보다 그것은, 그녀가 불행을 예술로 바꿔놓을 수 있었던 그 용기를 간과하고 있다." 알프레드 알바레즈, 『자살의 연구』, 67쪽.

그러고 보니 나는 죽어서도 쉬지 못했다. 이유를 찾느라, 인과관계의 인因에 매달리느라 죽음의 효과를 충분히 누리지 못했다. 나는 나라는 존재를 빈 괄호로 두고 싶었다. 이제 죽은 나를 발견해주길 원하지 않았다. 내 죽음의 경위와 삶의 이력들을 오해 없이 완결하고 싶지도 않았다. 대신 나는 나와 이어진 사람의 꿈으로 가 그들을 즐겁게 해주고 싶었다. (……) 내 상상력의 힘으로, 내가 기억하는 기쁨을 위해. 벌써 그 꿈들이 도착해 나와 꿈꿀 사람을 기다리고 있는 듯했다. 어쩌면 그 꿈들이 나보다 오래 머물며 사람들 마음을 떠다닐지도 몰랐다.(295~296쪽)

홀로 죽거나 스스로 죽은 사람은 발견되어야 한다. 그러한 수동성을 능동성으로, 불행한 조건을 갖춘 사람은 비참하게 죽을 수밖에 없다는 논리를 블랙코미디로 전유한 이 소설은 고독한 죽음의 인과를 추측하는 범박한 사회구조론이나 완고한 자유의지론 모두를 거스른다. 이유를 '빈 괄호'로 두어 남은 이들을 울게 하는 대신 웃게 하겠다는 화자의 결정은 자살의 표상을 바꾸고, 이유의 복잡함을 그 자체로 받아들이게 하면서도, 죽음은 모두에게 공평하다는 식의 허랑한 달관과도 결별한다. 이 소설의 세계관에서 '깨어나는' 데에는, 즉 죽은 뒤 영혼이 되는 데는 기준이 필요하다. "깨어났다는 건 스스로 플러그를 뽑았다는 뜻이었다. 아닌가, 죽을 때 혼자여서 세상에 그 죽음을 알릴 사람이 없는 경우인가. (……) 정확히는 모르고 짐작만 할 뿐인데, 어떤 가이드는 빛이 필요한 사람이 길손이 된다고 해요. 어떤 가이드는 세상의 빛이 된 사람이 길손이 된다고 하고."(281쪽)

목숨이 정말 귀중한 것이라면 자살에 대한 문화적 표상은 훨씬 더 많아야 마땅하다. 종결어미가 아닌 자살, 파괴적 쾌가 충만한 자살, 웃음을 주는 자살이 존재할 수 없다면, 자살에 대한 논의는 아직 준비되지 않았다. “빛이 필요한 사람” 혹은 “세상의 빛이 된 사람”들의 죽음을 기억하는 방식이 더 많아진다면, 가슴을 태우는 불가해한 구멍으로 남은 사건들에 다양한 이름 붙이기를 시도해볼 수 있을 것이다. 꿈속에 등장해 자꾸만 우리를 울리고 웃기는, 이제는 없어진 사람들에 대해 말이다.

(2023)

파라노이아 비평을 넘어

1. 어디로 들어와? 어디로든 들어와

"어떻게 미안하지가 않아?" "어떻게든 미안하지가 않아."[1] 권여선의 「사슴벌레식 문답」은 인간의 희망과 절망을 절묘한 언어유희로 보여주는 작품이다. 교수 자리를 보전하기 위해 옛 동지를 배신하여 징역을 살게 하고 그와 연루된 모든 인간관계를 파탄 낸 여자는 사죄와 정정을 바라는 지기들의 부탁을 받아들이지 않는다. "인간의 자기 합리화는 타인이 도저히 이해할 수 없는 비합리적인 경로로 끝없이 뻗어나"갈 수 있으므로, 입신을 위해서라면 기십 년 우정 따위 아무때나 처박아버릴 수 있다고, "필요하면 무슨 법사도 만나고 무슨 포럼에 패널로"(36쪽) 나가 신념을 우습게 만드는 짓도 얼마든지 할 수 있다고, 그 모든 짓들을 하고도 전혀 미안하지 않을 수 있다고 말이다.

---

1) 권여선, 「사슴벌레식 문답」, 『각각의 계절』, 문학동네, 2023, 34~35쪽. 이하 인용 시 본문에 쪽수만 밝힌다.

그러나 가만히 음미해보면 사슴벌레식 문답의 핵심은 조사 '든'에만 있지 않다. 이미 대답의 향방을 정하고 그것을 유도하는 '어떻게'에도 이 시원갑갑한 문답의 신비가 있다. 질문자의 '어떻게'에 이미 묵직한 아픔과 원망이 실려 있기 때문에 대답하는 사람은 자기보존을 위한 이기적 욕구 때문만이 아니라 도무지 덜어줄 수 없는 친구의 고통에 대한 책임감 때문에라도 '어떻게든'의 당위성으로 향해야 하는 내적 압력에 내몰린다.

글자 하나로 모든 우연을 필연으로 바꾸어버리는 사슴벌레식 문답은 묻는 사람에게도 대답하는 사람에게도 좀처럼 반성과 깨달음의 기회를 열어주지 못한 채 모두를 체념과 아집, 차단으로 향하게 하고, 서로의 그 이해받지 못함을 디디고 더한 아이러니와 무저갱의 길을 뚫어간다. 누군가가 아무런 기미나 메시지도 남기지 않고 스스로 목숨을 끊어버리는 사이 다른 누군가는 치아 교정을 하며 삶에 열심을 부리고, 누군가가 술에 취해 관계 복원을 통사정하는 사이 다른 이는 그 애끓는 연락을 싸늘하게 끊어버린다.

독재와 혁명의 긴 시절을 보낸 후에도 반복적으로 다시 부활하는 레드 콤플렉스는 한국사회의 오래 묵은 불안의 층수를 건드리며 인간됨을 고문하기에 더욱 잔혹하고 집요하다. "팩트만 진술"(32쪽)했다는 부분적 사실과 "니가 어떻게 이래?"(37쪽)라는 절박한 하소연 사이, 치가 떨리는 배신이었지만 또 완전한 거짓말만은 아니었다고 주장하며 깨진 관계를 붙여보고자 하는 화자의 노력은 그러나 모조리 수포로 돌아간다. 전자의 철두철미도 후자의 애걸복걸도 그들의 우정을 구원해주지 못한다. 그런 상황에서 우리는 형이상학을 기도하는 신학자 혹은 신학을 증명하는 형이상학자, 즉 투쟁하는 동시에 섬기는 "내시나 상궁들"같이 "갈등과 암투만 먹고 사는 인간"(15쪽)이 되기 일쑤다.

파라노이아에 사로잡혀 이쪽과 저쪽을 동동 오가며 화해를 도모하지만 외려 냉전만 증폭시킨 채 오도 가도 못하는 주인공의 형상. 「사슴벌레식 문답」의 마지막 장면은 고립이다. "이미 오래전 알지 못하는 어느 경로로 잘못 들어가 돌아나갈 길을 찾지 못하고 동그랗게 갇혀"(42쪽)버린 인간들, 이 난리법석의 소요 속에서 이미 죽고 없어진 예술가 친구. 이 소설은 혁명과 우정에 대한 오래된 미래를 보여주는 동시에 우리 시대의 비판적 사고와 감성이란 무엇인지, 나아가 그것을 묻는 예술이 과연 무엇을 실천할 수 있는지에 대한 질문으로 확대된다.

2. 공포와 불안, 행위의 감산주의

미투 운동 이후의 시대를 통과해온 이라면 누구나 파라노이아에 대해서 할말이 있을 것이다. 끝도 없이 발견되는 체계적 불의, 눈앞에서 펼쳐지는 손절매의 수싸움, 해석 언어와 처리 능력의 미비함, 의심과 불안으로 찢어지는 관계…… 정말 많은 것을 배우며 공황을 얻었다.

체계적이고 조직적인 망상을 의미하는 파라노이아는 그럴듯한 근거를 갖추고 있다는 점에서 합리적이지만 현저한 현실 왜곡이 발생한다는 점에서 비합리적인, 상당히 모순적인 감수성이다. 그렇기에 파라노이아는 기성의 방식으로는 표현할 수 없는 여성의 고통을 재현하는 유력한 미학으로 채택되어왔고 미투 운동은 이 개인의 파라노이아를 공동체의 파라노이아로 확산하여 '비정상적 사고'라 여겨졌던 것이 얼마나 보편적인 것인지를 증명하는 계기가 되었다. 그러나 지난 시간은 파라노이아만 먹고 사는 일이 몸에 이롭지 못하다는 것 또한 깨치게 해주었다.

가령 한때 극장가에는 '구겨진 페미니즘 영화 포스터'라고 불릴 만한 소문이 있었다. 여성주의적 색채가 짙은 영화의 홍보 포스터가 구겨진 채로 극장에 전시된다는 것이다. 아무도 진상을 확인하지 못한 채 수년째 떠돌아다니는 이 낭설은 해당 영화의 경향성을 측정하는 바로미터로 기능하며 극장에 입장하기도 전에 관객을 과각過覺 상태에 빠지게 했다. 믿건 믿지 않건, 소문을 들어본 적 있는 사람이라면 누구나 어두운 극장의 복도를 걸으며 전시된 포스터들의 상태에 공연히 눈길이 갈 때마다 모멸을 느꼈을 만하다.

문화 산업 전반에 걸쳐 일어난 들불 속에서 문학계 또한 응당 이러한 파라노이아로부터 자유로울 수 없었다. 성폭행, 표절, 저작권 약탈, 사생활 무단 삽입 등을 거치며 정식화된 캔슬 컬처의 수순 속에서 문건 삭제, 소송, 상징 지위 박탈과 같은 출판 행정, 법, 소비자 권리 이외에도 무엇이 주장, 검토 가능한지에 대한 토론이 이어졌다. 최근 문예지 등에서 꾸려지는 대담들에서도 이러한 분위기를 엿볼 수 있었다.

페미니즘 리부트 이후 불거진 여러 사건에서 점점 더 사법적, 상업적 판단들이 빠르게 가동되고 그와 연루되지 않을 수 없는 상황에서 "비평적 가치와 차원을 이야기하는 것 자체가 공포"[2)]스러워지는 것에 패배감을 느꼈다는 소회는 비평 행위가 처한 파라노이아적 처소

2) 강동호·강경석·김건형·김나영·박혜진 좌담, 「대화, '지금-여기'의 비평을 향해」, 『문학과사회 하이픈』 2023년 가을호, 96쪽, 박혜진의 발언.

를 잘 보여준다. 같은 시기 다른 좌담에 참여한 창작자들 또한 페미니즘 비평의 활성화가 더 넓은 문학적 영토를 마련해주었다는 데에 넉넉히 동의하는 한편으로, 페미니즘이 검열 잣대로 군림하여 창작의 자유를 축소시킨다는 백래시와 그로 인한 무수한 설왕설래로 수업시간에 왕왕 "이런 단어는 쓰면 안 되는 말 아니냐"는 식의 합평이 이뤄지거나 "어떤 누구에게든 폭력이 되지 않는 언어"라는 불가능한 목표를 창작 내규로 인식하는 교육 현장의 난감함을 말한다.[3)]

다루기 까다롭다면 아예 다루지 않아 동티를 내지 않겠다는 태도가 재현 세계에 미미하게나마 발휘되고 있던 다양성을 축소시킬 수 있음은 자명하다. '리스크 관리'라는 이름으로 과각, 금욕, 불안, 강박, 결벽, 편집이 번성한다. 파라노이아가 위험한 것은 단지 불행하기 때문이 아니라 정치적으로 소극적이게 될 수 있기 때문이다. 다른 누가 아니라 내가 그랬다. 모범적이어야 한다는 규범성의 신화로 불화 대신 자책을 선호하는 기질 탓에 약자의 파라노이아는 행위의 감산減産주의로 나아가기 쉽다. 특정한 소재를 사용하지 않기, 충격을 유발할 수 있는 장면을 재현하지 않기 등에 그치지 않고 선언을 통해서건 조용히 사라지건 더이상 창작 자체를 하지 않거나 못하는 작가들 또한 많다. 많은 변화가 촉발되었던 지난 시간을 돌아보며 여성 예술의 전반적 행위성이 위축될 가능성을 짚어보는 일 또한 긴요해 보인다.

3) 노태훈·심진경·이현석·하재연·황인찬 좌담, 「한국문학은 여성의 것이 되었나」, 『자음과모음』 2023년 가을호, 31~32쪽, 황인찬, 하재연의 발언.

3. 의심의 해석학과 우연의 파노라마

예술사를 통해 배울 수 있는 것이 있을까? 에이즈의 시대를 통과한 이후 세즈윅은 비평계를 잠식해버린 일종의 파라노이아 속에서 '비판'을 통해 상황을 해석하고 진단하는 비평 이론의 전통에 대해 고민한다. 파라노이아 속 혐오의 길을 따라 무작위로 번식하는 음모론 속에서 과연 무언가를 안다는 것에 어떤 실천적인 의미가 있을까.[4)]

세즈윅은 폴 리쾨르 등이 정식화한 '의심의 해석학'이 비평계에서 우세종으로서, 나아가 독점적 지위를 누리며 비평과 동일어가 된 과정과 그 문제점을 지적한다. 진실이란 모름지기 베일에 싸여 있으므로 비평의 핵심은 바로 그 베일을 벗겨내는 데 있다고 말하는 인식론 말이다. 의심을 기반으로 하는 모든 비평적 자세를 부정하는 것이 아니라 의심만을 고집할 때에 놓치게 되는 것을 주목하자는 의미에서, '의심의 해석학'만은 절대로 의심에 부쳐지지 않고 존속하는 이유를 고민해야 한다. 페미니즘 비평은 작품에 트집을 잡거나 흠집을 내는 일에만 공력을 쏟는다거나 페미니스트는 대안을 제시할 줄 모른다는 식의 항설들에 대항하여, 바닥없는 냉소와 회의주의 대신 우리 자신이 읽고 쓰는 과정 속에서 다른 가능성을 알아차릴 수 있으며 그것이 비평적 자산이 될 수 있다는 감성적 회복과 발견이 필요해 보인다. 의심을 포기할 순 없지만, 의심만으로 예술을 할 순 없다.

---

4) 파라노이아가 자기중심적이고 박해 망상적인 경향인 데에 비해 음모론은 널리 공유된 집단적 피해의식과 관련된다는 점이 다르며 서로 필수적인 포함관계는 아니지만, 악의적인 원인과 유해한 결과에 강하게 이끌린다는 점에서 둘은 유사점이 있으며 파라노이아의 공포와 고립감은 음모론으로 발전할 수 있다. Anna Greenburgh, Nichola J. Raihani, "Paranoia and Conspiracy Thinking", *Current Opinion in Psychology*, vol. 47, 2022.

'파라노이아적 읽기과 회복적 읽기, 당신이 너무 파라노이아적이라면 이 글은 아마 당신에 대한 것이다Paranoid Reading and Reparative Reading, or, You're So Paranoid, You Probably Think This Introduction Is about You'라는 흥미로운 제목의 에세이에서 세즈윅은 '파라노이아 비평'의 주요 특징으로 다음의 다섯 가지를 언급한다.[5)]

1. 파라노이아는 예측적이다paranoia is anticipatory. 파라노이아는 있어서는 안 되는 '나쁜 놀라움'을 제거하려 하지만, 바로 그 이유로 이미 나쁜 놀라움의 가능성과 싹을 만들어낸다. 파라노이아가 포괄하는 시간은 무한하기에 나쁜 놀라움은 언제라도 미리 알아야 하지만, 어느 때라도 이미 늦을 수밖에 없어 예측적인 동시에 소급적 회로에 놓인다.

2. 파라노이아는 반사적이고 모방적이다paranoia is reflexive and mimetic. 파라노이아는 대칭성을 이루고 있어 네가 할 수 있는 것을 내가 먼저 더 나쁘게 할 수 있다는 식으로, 예상 모방 전략을 통해 의심의 짝패를 지속적으로 생성하며 대안적 이해의 가능성을 봉쇄한다.

3. 파라노이아는 강력한 이론이다paranoia is a strong theory. '강력한 이론'이란 상황을 포괄하는 스케일이 크고 이식 적용이 용이하다는 뜻으로, 굴욕 경험을 최소화하는 데 과도하게 특화되어 있어 인지 방식 전체를 항상 경계 태세에 놓이게 한다. 부정 탐지를 위한 높고 광범위한 조직화 속에서 지엽적이고 작은 이론과 연결된 순간들은 과

5) Eve Kosofsky Sedgwick, *Touching Feeling: Affect, Pedagogy, Performativity*, Duke University Press, 2003, pp. 123~151. 이하의 내용은 이 책을 참고하여 요약한 것이다.

도하게 강력한 이론들 속에 숨거나 배타적으로 제거되기도 한다.

4. 파라노이아는 부정적 감정의 이론이다paranoia is a theory of negative affects. 부정적인 감정을 예상하는 힘은 자기 확산적이다. 쾌락원칙을 추구하다 발생하는 문제를 선제적으로 차단하는 현실원칙의 발달적 명령은 열악한 현실에서 자기 자신에게 기쁨과 영양분을 제공하려는 연약한 관심과 우연한 기쁨의 기회를 차단한다. 부정적 감정과 긍정적 감정을 찾는 동기와 힘은 서로 다른 것일 뿐 어느 하나가 더 진실하다고 가정할 순 없다.

5. 파라노이아는 폭로를 신뢰한다paranoia places its faith in exposure. 파라노이아는 폭로 형태의 지식이 지닌 효능을 특히 강조한다. 폭로는 자신의 이야기가 진실하게 알려진다면 정의가 실현될 것이라고 믿는다. 폭로의 효과에 대한 강한 신뢰는 이미 폭력이 현저하게 노출되어 있는 많은 경우들을 비가시화하며 청자로서 무한히 순진한 자를 가정하는 경향이 있다.

자기 자신을 먹고 자라는 파라노이아의 습성에 따라 의심은 그 어느 때에도 부족하다. 세즈윅 자신이 자주 말하듯 파라노이아는 충분히 파라노이아적일 수 없는 것이다. 폭력의 기미에 대해 예민하게 촉각을 곤두세우고 살아온 이들은 방어적일 수밖에 없지만, 방어 전략은 종종 스스로를 보호한다는 명목으로 배제의 기틀을 세우기도 한다. 예컨대 트랜스젠더를 향한 혐오 폭력에 대해 피해자들이 불안감을 유발하기 때문에 방어적인 목적으로 선제적인 폭력을 휘두른 것이라고 소명하는 '패닉 방어' 논리의 폭력은 더이상 먼 이국에서만 일어나는 일이 아니다.[6] 한국사회에서 트랜스젠더의 숙명여대 입학,

트랜스젠더 군인 등을 둘러싸고 벌어진 갈등은 페미니즘 리부트 이후 여성의 동일성 확인과 강화를 위한 강박적 배제의 실천으로서 '패닉 방어'의 피해자 유발론이 확장되어 나타난 사례로 볼 수 있을 것이다.

또한, 한국은 가해자 처벌에 몹시 관대한 사회라 여전히 쉽게 적용하기 곤란하지만, 예측하고 색출하고 고발하는 힘으로 말미암아 페미니즘 비평이 자칫 국가기관의 통치를 강화하는 '투옥주의'로 나아갈 위험성 또한 고려하지 않을 수 없다.[7] 실제 예술계 내에서 논쟁이 불거지는 경우 점점 더 빠른 속도로 변호사가 개입하고 있는 것이 현실이기도 하다. 반성폭력 운동에서 공권력의 가치를 지나치게 확신하면 계급적 이해관계로 인해 경찰 등에 신고할 수 없는 피해 당사자들이 더 불평등한 구조에 빠져든다는 점은 운동사에서의 중요한 깨우침이었다. 비평적 사고가 언제나 반드시 고발이나 폭로와 연관되는 것은 아니며, 필요한 건 안보의 감각만이 아니다. 틀리거나 다치지 않기 위해 온 에너지를 투여하기보다 틀리면 고치고 다치면 나을 수 있는 탄력성이 더 중요한 자산일 순 없을까.

그러므로 감산과 무로 낙하한 파라노이아의 기나긴 여정을 오래 바라보는 일도 중요할 것이다. 앞의 에세이에서 세즈윅은 파라노이아를 그 자체로 고정적인 것이 아니라 우울과 진동적인 관계에 있는 것으로 보는 멜라니 클라인의 정신분석학을 참고하는데, 클라인에 따르면 우울은 잠시 동안 불안이 완화된 상태로서 상실한 대상을 다

6) 루인, 「피해자 유발론과 게이/트랜스 패닉 방어」, 권김현영 엮음, 『피해와 가해의 페미니즘』, 교양인, 2018, 158~200쪽 참조.

7) 아미아 스리니바산, 『섹스할 권리』, 김수민 옮김, 창비, 2023, 251~305쪽 참조.

른 모양으로 조립하거나 수리하는 과정을 겪는다. 완전히 파괴된 것이 아니라는 것. 세즈윅은 클라인이 말하는 이 회복의 과정에는 사랑이 존재하며 그 과정이 반드시 상실한 것을 그 모습 그대로 복원하는 것을 의미하진 않는다고 말한다.

다시 「사슴벌레식 문답」을 음미해보자면, 소설 속 친구들이 주고받던 그 논법은 그때마다 변화한 인생의 우연들을 모두 승인하는 대화법이기도 하다. 소설에서 사슴벌레식 문답은 어떻게든 강철을 단련시키는 의젓한 것이었다가, 어떻게든 서로에게 생채기를 내고 돌아서는 윽박지름이었다가, 어떻게든 패배를 시인하게 하는 무력의 문답으로 변모한다. 그러나 소설의 마지막 장면이 처절한 고립이라 할지라도 그것이 어쩐지 최종적인 패배로 느껴지지 않는 것은, 기묘한 사슴벌레식 문답이 삶이란 불가역적인 흐름을 가진 완고한 줄기가 아니라 내내 수정과 복구를 반복하며 때우고 기워지는 패치워크 같은 것임을 알려주기 때문일 것이다. 언젠가 다시 이들의 사이가 좋아져도 혹은 더 심각하게 나빠져도 '어떻게든 그럴 수 있다'는 사슴벌레식 문답으로 삶에 일어나는 일들을 일어나게 하고, 그것을 수용하며 다르게 사는 힘을 배우리라는 것을 독자가 느낄 수 있기 때문이다.

4. 아는 자가 모르는 것

포스트 비판적 비판주의 논법이 "비판적 패러다임의 효력 상실을 선언함으로써 그것의 메커니즘을 재생산"[8)]한다고 지적하는 랑시에르는 우리가 비판이 기능을 못하는 것을 인정하지 않는 방식으로 비

8) 자크 랑시에르, 『해방된 관객』, 양창렬 옮김, 현실문화, 2016, 46쪽.

판을 또하나의 스펙터클로 소비하며 그 비판의 행태는 자유민주주의 사회에서 개인의 잘못으로 오남용될 수 있음을 경고한다.

복화술을 쓰는 유령의 목소리가 우리에게 말한다. 우리는 두 번 죄를 짓고 있다고, 두 가지 반대되는 이유로 죄를 짓는 거라고. 우리는 죄책감을 가져야 할 어떤 것도 없다는 사실을 모른 체하면서 현실과 죄책감이라는 케케묵은 생각을 아직 고집하고 있다고. 또한 우리 자신이 상품, 스펙터클, 항의를 소비함으로써 상품 등가의 수치스러운 군림에 일조하고 있다고. 이 이중의 혐의는 정치적 입장들의 주목할 만한 재분배를 함축한다. 한편으로 이미지의 왕국에 대한 좌파의 오래된 고발은 이 불가피한 왕국에 대한 아이러니하거나 멜랑콜리한 승낙의 형태가 된다. 다른 한편, 투사鬪士적 에너지는 우파로 향하게 된다. 우파에게 그 에너지는 상품과 스펙터클을 새로이 비판하는 데 자양분을 제공한다. 상품과 스펙터클의 폐해가 민주주의적 개인이 저지른 범죄로 다시 규정되는 것이다.[9]

상품 비판조차 상품이 되는 사회에서 비판은 지금껏 당연히 전제해왔던 자신의 형식을 재고해야 한다. 지식이 이해되고 확산될 수만 있다면 문제를 해결해줄 것이라거나 식견 있는 사고와 반성을 통해서라면 능히 비판이 순기능 할 수 있을 것이라 여기는 계몽과 주체성 신화의 구호들은 더이상 소용이 없는 듯 보인다. 구조적 문제에 대해 즉각적 해결책을 제시하는 Q&A식 페미니즘은 그래서 징후적이다.

9) 같은 책, 50~51쪽.

빨리 이 정신을 흡수하고 깨칠 것, 그것이 자기 계발을 도모하는 신자유주의적 경향과 결코 떨어져 있지 않음은 자명하다. 앎과 그 실천이 계급적 현실과 단단히 얽혀 있으므로, 비판과 지식을 떼어놓는 일은 중요해 보인다.

페미니즘 예술이 여성은 피해자라는 불가피한 연동에 저항하며 그 관계를 느슨하게 만드는 일에 참여해온 역사를 상기하면서, 반복되는 폭력의 고리 속에서 서로 다른 행위성을 주목하는 일에 더 면밀해질 필요가 있다. 심지어 예술이 억압적이라는 것은 더이상 새롭게 밝혀내야 할 진실조차도 아니다. 문학이 지적 텍스트로서 알려지지 않은 진실한 것을 진단하거나 폭로한다고 가정하는 것 말고도, 텍스트 표면의 고르지 않은 거죽을 탐색하며 무언가를 자꾸만 거대한 진리로 성립시키는 숨바꼭질 자체를 멈추면 어떤 일이 일어날까.

여성에게 강요되는 능력과 그에 따른 선택에 대한 만만치 않은 질문을 품고 있는 이미상의 「모래 고모와 목경과 무경의 모험」은 착취당하는 이의 마음의 구조가 단순히 진실을 알지 못하여 폭력에 노출되는 무지한 여자와 불신과 의지를 통해 진실을 깨단하고 억압으로부터 해방된 여자라는 계몽의 이분법으로 설명되지 않음을 보여준다.[10)] 쌀인 아들과 보리인 딸로 이루어진 가정에서 보리도 되지 못해 모래라는 별명을 가진 '고모'는 "환영받지 못한 막내딸. 처지는 자식.

---

10) 메시지의 모호함 때문인지 이 소설은 비평계의 주목을 두루 받으면서도 문학상이 수여될 때마다 진의 논란에 처해왔다. "이 대관식 장면에 대해 차이 나는 의견이 여럿 제출"되었다는 '이 계절의 소설' 선정 심사평(선우은실, 문학과지성사 웹사이트)과 "놀랍게도 모두 자기 식대로 이 소설을 이해하고 있었다"는 젊은작가상 심사평(신형철, 『문학동네』 2023년 봄호, 302쪽)의 언급 등이 이를 보여준다.

결혼하지 않고 부모와 살며 무상으로 가사와 돌봄과 간병 노동을 제공하고도 끝까지 용돈 말고 자기 재산은 갖지 못한 사람"[11]이다. 그는 툭하면 집을 나가고, 한 달에 만육천원짜리 보험료조차 책임감 있게 납부하지 못하다 의지가지없는 사람들이 모인 종교 공동체에서 사망하는 바람에 죽을 때마저도 가족들을 수치스럽게 만들어 최저가 장례식을 치렀다. 평생 집안의 천덕꾸러기 신세를 벗어나지 못했지만, 어른들의 돌봄을 받지 못하고 방치되었던 두 조카딸들에게는 고약한 동시에 애착과 모방의 대상이기도 한 메리 포핀스 같은 소중한 보모였다.

소설은 어린 두 조카딸과 함께 겨울밤 총을 메고 꿩 사냥을 가는 정신머리를 가진 이 여자가 제공한 돌봄노동, 어찌 보면 차곡차곡 빨아먹히는 착복의 결과이기도 한 그 행위를 '선택'으로 만들어 기묘한 숭고미를 자아내며 여성의 능력과 가치에 대한 기존의 논의를 비틀어버린다. "할 순 있지만 정말 하기 싫은 일./그것은 할 수 없는 일과 다르다. 할 수는 있다. 할 수는 있는데 정말 하기 싫다. 때려죽여도 하기 싫다. 그러나 정말 때려죽이려고 달려들면 할 수는 있는 일이다. 그것은 가능이 아니라 선택의 영역에 속하는 일이다."(308쪽) 할 수 있지만 하기 싫은 마음을 뚫어보고 그 일을 대신 해주기. 산속에서 만난 위협적인 남자들 사이에서 "사람을 얼어붙게 하는 공포의 감각을 배우고 있었"(300쪽)던 화자와 달리 언니는 까만 어둠 속으로 사라짐으로써 고모로부터 후계자 지명을 받는다. "너는 내 딸이구나."(308쪽)

---

11) 이미상, 「모래 고모와 목경과 무경의 모험」, 『이중 작가 초롱』, 문학동네, 2022, 282쪽. 이하 인용시 본문에 쪽수만 밝힌다.

여자라는 싸구려 지위 따위의 대물림을 왕족들이 치르는 대관식인 양 거행하며 도도하게 구는 이들의 태도는 할말을 잃게 만든다. 수모를 왕관으로 여기는 이 여자들에게, 너희들은 사실 이 가부장제 사회에서 그저 착취당하고 있을 뿐이라는 언사가 대체 무슨 의미를 가질 수 있겠는가. 심지어 그 자리는 아무나 물려받을 수도 없다. "고모와 살을 비비고 땀을 핥은"(311쪽), 고모가 사기를 당했을 때 통장을 건네줄 수 있는 자신이 아니라 "햄스터를 두 마리에서 백 마리로 늘리는 사람" "밥솥에 밥을 짓고 일 년 후에 열어보는 사람"(287쪽)인 언니만이 승계받을 수 있는 자리인 것이다. 하찮기 그지없는 자리지만 아무나 가질 수 없다는 점에서 범접할 수 없는 자리. 그것은 "무수한 의도 중에서 실오라기 같은 악의를 건져올리려는 결벽증을 버"(309쪽)리고 보면 심지어 질투까지 자아내는 자리다.

고모의 장례를 치른 목경이 카페에서 엿들은 소설가들의 대화에서도 그 이상한 왕좌, "에피파니"와 "와우 포인트"(276쪽)에 대한 유비가 나온다. "소설에 쓴 모든 문장이 그 '한 방'을 위해 쓰이는 것 같"아 비민주적이라는 이유로 작품에서 '한 방'을 안 친다는 의견과 그건 "소신이 아니라 능력의 문제"(277쪽)라는 지적이 오갈 때, 그러니까 여성의 미달한 예술이 공정이냐 능력이냐를 가지고 벌어지는 오만 논박이 사람들의 귀를 모을 때, 제로 웨이스트를 실천하겠다는 다짐 하나로 명품 스카프에 생고기를 말아 이고 지고 다니는 세번째 여자는 조용히 스스로를 타자화시키며 '한 방'을 치고 사라진다. 타자화되지 않는 것이 중요한 게 아니라 타자화의 방식을 새로이 조정하는 것이 예술의 일이라는 듯이 말이다.

"타인의 삶에 대해 단정지어 비판하거나, 타인의 공격을 미리 짐작하여 자기비판과 자기 옹호 사이를 오가는"[12] 여자들에게 "진짜 싫어"(278쪽)와 "돌겠네"(279쪽)라는 반응을 유발하는 이 세번째 여자에게서 배울 수 있는 것은 바로 그 이해할 수 없고 우스꽝스러운 돌연한 실천, 마치 읽을 수 없는 책처럼 취할 수 없기에 소진될 수도 없어 "무섬증"을 일으키는 "무한한 가능성"(286쪽)의 힘이다. 물론 그 예술적 '한 방'을 친 대가로 그는 영영 그 '한 방'으로만 재생될 뿐 밋밋하지만 온당한 전체로서 알려지지 못하지만[13] 이미 규범적 욕망에서 벗어난 이에게 그것이 아쉬움일 리 없어 보인다. 파라노이아가 발생시키는 감산주의가 위태로운 미니멀함과 우아함이라면, 그 반대 또한 가능할지도 모르겠다. 마치 모든 짐을 이고 나르며 물건들을 우르르 떨어뜨리는 이 세번째 여자처럼 말이다. 실수를 조급하게 처분하지 않는 것, '나쁜 놀라움'을 방지하기 위해 '좋은 놀라움'이 될 가능성을 막지 않는 것은 이 "구제할 길 없는 답답이"(281쪽) 같은 미숙함을 창조적인 힘으로 이해하는 역량에 달려 있을 수 있다. 필연적이지 않은 말들을 잘 들여다보고 싶어지는 까닭이다.

5. 돌봄과 스케일에 대한 비판적 단상

병증을 가리키는 말이기도 한 파라노이아를 극복하기 위한 시대적 화두는 자기 자신을 포함한 서로에 대한 '돌봄'이다. 돌봄이 중요한 가치라는 것에 동의하지 않을 사람은 없지만, 파라노이아가 불러온 '민폐 금지'와 '민원주의' 사회에서 돌봄은 폐쇄적인 방향으로 흐

12) 이미상·이소 인터뷰, 『소설 보다: 여름 2022』, 문학과지성사, 2022, 93쪽, 이소의 질문.

13) 같은 글, 94쪽, 이미상의 대답.

르기 쉽다.

다복한 가정을 꿈꾸는 젊은 임산부 여성이 겪는 파라노이아를 형상화한 유재선 감독의 영화 〈잠〉(2022)에서 주인공 '수진'은 남편의 스트레스성 몽유병이 점차 심해지자 친정엄마가 데려온 무당의 말대로 남편에게 이웃집 할아버지의 귀신이 씌었다고 믿게 된다. 낡은 아파트의 층간 소음을 제외하면 '둘이 함께라면 극복 못할 문제는 없다'는 가훈을 믿고 서로를 의지해온 사이좋은 부부지만, 출산을 앞두고 일어난 남편의 질병이 악화되며 반려견마저 사고로 잃게 되자 여자는 점점 더한 신경증에 사로잡힌다. 유복한 가정에서 구김살 없이 자란 듯하지만 곰곰이 따져보면 수진에게 돌봄이 여성의 몫이 아니었던 기억은 없다. 부재했던 아버지, 직업적으로 안정되지 않은 남편, 자신에게 추근거리던 이웃집 남자, 새로 이사온 이웃집 싱글맘 등이 유발하는 무의식적인 불안은 결국 남편에게 붙은 귀신이 자신의 딸을 죽이고 말 것이라는 확신으로 이어지고, 수진은 결국 납치와 살인 협박을 통해 남편에게 붙은 할아버지의 유령을 쫓는 의식을 치르게 된다. 과학적으로는 타당하지 않지만 실체적으로는 온당한 이 파라노이아가 수진이 평생토록 은은히 체험해온 강간, 실직, 육아 등에 내재된 공포를 응축 표상하는 것만은 분명해 보인다.

치료든 퇴마든 방법을 가리지 않고 수진이 도달하고자 하는 목표는 정상 가족이지만, 영화는 끝내 그 달성 여부에 회의적이다. 작품은 귀신의 메타포를 통해 이웃의 안전과 자신의 안전이 연동되어 있다는 것을 분명히 하지만, 이 메시지는 내 자식을 위험하게 만들면 당신의 자식 또한 위험에 처넣겠다는 협박을 통해서만 전달된다. 여성의 파라노이아가 촉발하는 공동체적 감각이 가족 보호라는 양식으로만 성립 가능하다면, 돌봄은 그 본래적 의미의 돌봄일 수 없다.

대전염병의 시대를 통과한 페미니즘 실천이 공포와 절망으로 인한 '잠재적 피해자주의'로 위태롭게 전화될 수 있다는 사실은 파라노이아의 내일을 고민하는 이들이 숙고해보아야 할 문제다.

> 여성을 모두 잠재적 피해자라고 생각하면 잠재적으로 위험이 될 수 있는 (주로 외부적이고 이질적인) 것으로부터 보호하자는 논리가 페미니즘의 언어처럼 사용되고, 여성들이 서로를 단속하면서 피해자가 되지 않는 것을 독려하고, 위험한 여성과 자격을 갖추지 않은 여성을 비난하는 문화가 만들어지기도 한다. 위험으로부터 안전할 권리를 주장하는 '잠재적' 피해자주의는, 위험 지대에서 살아갈 수밖에 없는, 또는 때로 위험을 기꺼이 감수함으로써 규범이라는 이름으로 자행되는 폭력에 저항하고자 하는 여성의 삶을 타자화하거나 비가시화한다.[14)]

돌봄이 행위의 감산주의나 배제의 정동과 쉽게 연동될 수 있다면 그것을 가장 유효한 여성주의 실천으로 꼽는 일은 신중해져야 할 것이다. 온라인 플랫폼 '포스타입'에 연재되어 '2023 오늘의 우리만화' 최종선정위원 특별 언급 작품으로 선정되며 화제를 일으킨 만화 『지영』은 성 노동자의 일상을 통해 위태로운 삶의 다양한 애착 경험들을 다룬다. 『지영』은 '창녀'의 열악한 처지가 '비창녀'들에게 충격과 공

14) 권김현영, 「여성은 잠재적 피해자인가? — '무해한 존재'라는 이데올로기를 넘어」, 김은실 엮음, 『코로나 시대의 페미니즘』, 휴머니스트, 2020, 42쪽.

포를 유발하는 선정적인 소재라는 재현 윤리의 암묵적 전제를 간단히 무시해버림으로써 할 수 있는 이야기들을 한다. 창녀들 때문에 가정과 국가의 기강이 무너진다는 호도된 구호가 정녕 사실이라 쳐도, 그런 논쟁으로부터 더이상 새롭게 배울 수 있는 것은 아무것도 없다.

이 만화는 가장 개인적인 삶을 가장 정치적인 보편 양식으로 추수하며 자신의 당위를 호소하지 않고, 또 하지 못한다. 성 노동자라는 지위 자체가 사람들에게 도덕적 공황을 안겨주기 때문에 세련된 의미에서의 당사자성, 즉 협상력을 갖춘 공동체의 행위자로서 초대받지 못하기 때문이다. 만화 속에서 화자인 지영이 만나는 이들은 모두 지영의 말이 진짜인지를 묻지만, 진실을 말하건 거짓을 말하건 지영은 이미 진실을 말할 수 없는 사람으로 치부된다. "지영이? 본명이야? 무슨 지영인데?" "강지영이요!" "본명을 그렇게 아무한테나 알려줘도 되는 거?"[15] 어차피 알아주지 않을 것이니, 『지영』은 성 노동자의 비극을 재현하는 데 주력하는 대신 자신의 감정을 따라가기로 한다. 가령 화자는 스스로를 그저 돈이 조금 더 필요할 뿐인 사실은 지극히 평범한 대학생이었다고 설명하거나 성 구매자와 포주들과의 관계가 어떤 경제적 이해관계로 얽혀 있는지 치밀하게 가려내거나 하는 익숙한 성 노동자 재현 문법을 건너뛴다. 『지영』은 창작의 윤리뿐 아니라 독해의 윤리라는 것이 있다는 걸, 새로운 독자를 요청하지 않는다면 그 자신이 말할 수 없다는 걸 직감적으로 알고 있는 듯하다. 작가는 성 노동자의 입장을 설득하려는 의도 없이 설득함으로써 자신을 독해하는 새로운 감수성을 독자가 발명하도록 요구한다. "그

---

15) 지영, 『지영』, 주로출판사, 2022, 14쪽. 이하 인용시 본문에 쪽수만 밝힌다.

래…… 니 좆대로 생각해라."(154쪽)

성 노동 현장 경험에 대한 통렬한 유머가 시종 터지는 가운데, 지영이 만나는 동료, 손님, 매니저, 애인, 반려동물 들과 맺는 임시적 촉각 관계는 유독 각별하게 그려진다. 이런 것 또한 돌봄이라고 부를 수 있을까. 지영이 대기실에서 선배와 함께 쑥갓을 듬뿍 넣은 쌈밥을 먹고, 낙태를 하기 위해 가짜 아빠를 수배하고, 팔기 위해 길러지는 업소의 품종묘를 쓰다듬고, 애인을 걱정시키기 위해 손목을 긋는 행위 같은 것들 말이다. 외로운 지영은 자신 또한 성 구매자가 되는데, 이로써 『지영』은 성 노동이 세상의 외로운 이들을 위한 돌봄 서비스라고 주장하며 돌봄의 신성한 가치를 자본으로 전유하길 불경시하는 결벽을 단숨에 제압한다. 받아들이기 곤란하든 아니든 지영이 전해주는 이야기들은 여성주의 미학이 경합하고 협상해온 올바름의 한계를 넘실대며 요동친다.

그런 점에서 『지영』은 예술에서 '스케일'의 문제를 다시 묻는다. 실질적, 제도적, 감성적 폭력 구조에 얽혀 있지 않은 이는 없고, 이 회로를 잘 알고 그것을 밝혀내는 일이 그것을 파괴하는 힘으로 반드시 전환되거나 통제 가능한 것은 아니라고 말이다. 이 자기 서사는 거대 규모의 문법으로는 결코 번역될 수 없는 부분의 정서를 전달함으로써 자신의 독자를 불러모으고야 만다. 확장성이 없거나 미미할지라도 이들이 보여주는 신뢰, 인내, 유머를 즐기는 일은 어쩐지 도움이 된다.

페미니즘 리부트가 불러온 파라노이아적 사유를 돌아보며, 비판적 사유를 지식, 계몽, 앎 등의 프레임으로 어디에서나 지역화 가능한 프랜차이즈의 스케일로 여길 때 놓칠 수 있는 것들에 더더욱 주목하고 싶다. 불안함, 외로움, 우울증, 공황장애, 갈수록 가난해지는 조건과 사나워지는 성격들은 당연히 구조적 문제지만, 동시에 그것이 전부가 아니라고 주장하는 작고 용맹한 이야기들을 더 많이 주목하고 싶다. 혐오의 이면에 있는 "두려움은 소문일 뿐"[16]이라고 생각하는 일은 값진 진실이나 적용하기 어렵다. 그러나 그 두려움이 단지 소문이 아닌 실체가 되더라도 이윽고 그것을 디디고 사는 일도 가능하다는 것을 알아차릴 수 있으면 좋겠다.

(2023)

16) 최현숙, 『두려움은 소문일 뿐이다』, 문학동네, 2023.

| 발표 지면 |

1부 도전하는 섹슈얼리티

오염과 친밀성의 경계에서—이성애 공포와 여성 섹슈얼리티 재현의 임계점들 『문학동네』 2020년 겨울호

벽장의 문학과 사생활의 자유주의—소수자 시민 가시화의 욕망을 둘러싼 한 쟁점 『문학동네』 2021년 가을호(발표 당시 제목은 '벽장의 문학과 사생활의 자유')

죽을 만큼 사랑해, 죽일 만큼 사랑해—이희주론 『문학동네』 2022년 여름호

명사 퀴어와 형용사 퀴어—퀴어는 대상 선택의 문제인가 『자음과모음』 2024 여름호

총수님과 낙태죄: 박완서의 『그대 아직도 꿈꾸고 있는가』 다시 읽기—'낙태죄' 헌법불합치 판결에 부쳐 『아레나』 2020년 11월호

2부 로맨스 비틀기와 스릴러 재장전

여성, 타인에게 가는 길: 여성 서사의 성장환경과 은희경 다시 읽기—은희경론 『문학동네』 2019년 겨울호

아내가 죽은 후에 벌어진 일들: 홀아비 스릴러의 탄생—편혜영의 『홀』 『문학들』 2019년 봄호

여성주의 가족 스릴러—강화길의 「음복飮福」 『2020 제11회 젊은작가상 수상작품집』(강화길 외, 문학동네, 2020)

공공장소에서 생긴 일—김지연의 「공원에서」 『2022 제13회 젊은작가상 수상작품집』(임솔아 외, 문학동네, 2022)

예술성의 안개를 걷으면—전하영의 「그녀는 조명등 아래서 많은 시간을 보냈다」 『2021 제12회 젊은작가상 수상작품집』(전하영 외, 문학동네, 2021)

사람들이 던진 돌로 쌓은 여자의 성채—강화길의 『화이트 호스』 『악스트』 2020년 9/10월호

3부 동아시아의 소녀들

'혐한'과 '노재팬 운동' 속 일본 여성을 읽는 일 『크릿터』 2호(민음사, 2020)(「여성 독서문화사 소설, 별자리 그리기의 매혹과 불안」(『자음과모음』 2020년 가을호)과 합하여 개고)

플레이, 젠더!—김세희의 『항구의 사랑』 『자음과모음』 2019년 겨울호

글로벌 자유노동 시대, 차별은 여성의 몸을 타고—서수진의 『코리안 티처』 『악스트』 2020년 11/12월호

여자 탈락 여자 문학—안담의 『소녀는 따로 자란다』와 장진영의 『치치새가 사는 숲』 『문학동네』 2024년 봄호(발표 당시 제목은 '많이 먹고 싶었던 숲속의 소녀는 기억해')

대화하는 인간, 진화하는 패턴—황정은의 대화론 『문학동네』 2018년 가을호

시간을 달리는 소녀: 최진영 소설에 나타나는 미성년 여성 성장담을 중심으로—『내가 되는 꿈』 읽기 『크릿터』 3호(민음사, 2021)

4부 독자의 광장과 감염의 독서

독자 오더메이드 소설, 국산 SF 문학이 걸어온 어느 길—김보영 스페이스 오디세이 트릴로지 읽기 『자음과모음』 2020년 가을호(발표 당시 제목은 '독자 오더메이드 소설, '장르 문학' 담론과 한국 SF 문학이 걸어 온 어느 길')

그날 이후 우리가 세상을 걷는 법—은모든의 『모두 너와 이야기하고 싶어 해』 『릿터』 2020년 8/9월호

장막, 그림자, 증강 현실—박솔뫼론 웹진 비유 2022년 12월호

발열 없이 아팠던 전염병 시국 속 여성들—최은미의 「여기 우리 마주」 KBS '우리 시대의 소설 50', 2021. 9. 12.

여성들의 잡스러운 독서사, 불투명한 문서고와 환상의 그림자들—『원본 없는 판타지』 『자음과모음』 2020년 여름호

정세랑의 많은 사람들—정세랑론 문장 웹진 2018년 12월호

5부 취약한 신체, 불구의 사랑

심리스한 세계와 수선하는 사이보그들—김초엽·김원영의 『사이보그가 되다』와 김초엽의 「로라」 위버스 매거진, 2021. 2. 5.

열심히 사는 일이 불가능할 때—송지현의 『이를테면 에필로그의 방식으로』와 이주란의 『한 사람을 위한 마음』 『자음과모음』 2020년 봄호

이 결말을 축하해주세요—최현숙의 『황 노인 실종사건』 최현숙 장편소설 『황 노인 실종사건』(글항아리, 2022)

꿈에 젖은 뇌—문학적 자살학 시론試論 『문학동네』 2023년 봄호

파라노이아 비평을 넘어 『문학동네』 2023년 겨울호

문학동네 평론집
제정신병자들

초판 인쇄 2025년 12월 16일
초판 발행 2025년 12월 24일

지은이 오은교
책임편집 김봉곤 | 편집 이민희
디자인 최윤미 이원경 | 저작권 박지영 형소진 주은수 오서영 조경은
마케팅 정민호 서지화 한민아 이민경 왕지경 정유진 한경화 정경주 김혜원 김예진 이서진
브랜딩 함유지 김은솔 박민재 이송이 박다솔 조다현 김하연 이준희
제작 강신은 김동욱 이순호 | 제작처 한영문화사

펴낸곳 (주)문학동네 | 펴낸이 김소영
출판등록 1993년 10월 22일 제2003-000045호
주소 10881 경기도 파주시 회동길 210
전자우편 editor@munhak.com | 대표전화 031) 955-8888 | 팩스 031) 955-8855
문학동네카페 http://cafe.naver.com/mhdn
인스타그램 @munhakdongne | 트위터 @munhakdongne
북클럽문학동네 http://bookclubmunhak.com

ISBN 979-11-416-0279-6 03810

* 이 책은 서울특별시, 서울문화재단 '2022년 첫 책 발간지원 사업'의 지원을 받아 발간되었습니다.

잘못된 책은 구입하신 서점에서 교환해드립니다.
기타 교환 문의 031) 955-2661, 3580

www.munhak.com